El libro del español correcto

Artes y Letras

Instituto Cervantes

El libro del español correcto

Claves para hablar y escribir bien en español

Florentino Paredes García
Salvador Álvaro García
Zaida Núñez Bayo
Luna Paredes Zurdo

Instituto Cervantes
ESPASA

Avinguda Diagonal, 662, 6.ª planta. 08034 Barcelona (España)
www.espasa.com
www.planetadelibros.com

Adaptación de la cubierta: Booket / Área Editorial Grupo Planeta a partir de la idea original de Grafica
Primera edición en Colección Booket: octubre de 2018
Segunda impresión: junio de 2019
Tercera impresión: marzo de 2020
Cuarta impresión: septiembre de 2021
Quinta impresión: marzo de 2023
Sexta impresión: julio de 2024

Depósito legal: B. 20.462-2018
ISBN: 978-84-670-5365-4
Impresión y encuadernación: QP Print
Printed in Spain - Impreso en España

Índice

2. Hablar correctamente 91

Introducción

La comunicación es posiblemente la actividad social más importante de todas las que realizamos los seres humanos. Para llevarla a cabo nos servimos del lenguaje, una capacidad que, aunque es compartida con otras especies animales, posee en el ser humano unas características absolutamente diferentes y diferenciadoras: de hecho, es precisamente el lenguaje el rasgo que nos distingue como especie.

El lenguaje como capacidad tiene carácter abstracto, pero adquiere forma concreta cada vez que nos comunicamos con los demás. Obviamente, para comunicarnos de manera eficaz en una lengua es necesario conocerla. Pero el grado de conocimiento de un idioma siempre es relativo. Sabemos muchas cosas de la lengua materna por el mero hecho de ser hablantes de ella: tenemos muchos, muchísimos conocimientos adquiridos —y no estamos refiriéndonos a los que se aprenden en la escuela—, tantos que en situaciones normales nos comunicamos sin problemas con las personas de nuestro entorno. Pero hay otras circunstancias que exigen mayor cuidado de la lengua, mayor atención, mayor precisión, y en ellas el saber intuitivo puede no ser suficiente y quizá necesitemos conocer más posibilidades expresivas del lenguaje, dominar otros recursos comunicativos.

Lo habitual es, por tanto, que tengamos que ir ampliando a lo largo de nuestra vida el conocimiento del idioma, añadiendo nuevas palabras al vocabulario, aprendiendo matices de significado, usando estructuras gramaticales más complejas, etc. En ese proceso de incremento del saber lingüístico es muy frecuente que se planteen dudas: sobre el significado exacto de cierta palabra, sobre la manera de escribir una expresión determinada, sobre el empleo de un signo de puntuación, sobre la validez de una construcción sintáctica, etc.

Estas dudas aparecen porque para transmitir una misma información la lengua pone a disposición de los hablantes varias posibilidades que, sin embargo, no son consideradas iguales por la sociedad, sino que se prefieren unos comportamientos lingüísticos a otros. Podemos representar esa gradación en una escala como la siguiente:

Agramatical	Incorrecto	No recomendado	Preferible	Correcto

En el extremo izquierdo de esta escala hemos situado lo agramatical. Aparece sombreado para remarcar que se trata de un fenómeno de índole distinta al resto. La agramaticalidad se produce cuando una palabra o una oración no se ajustan a las reglas de la gramática. Por ejemplo, una palabra como **bandocontra* o una expresión como **la pared tienen algunos mancha* son agramaticales en español, la primera porque rompe con las reglas de formación de palabras que exige que el prefijo se coloque delante, la segunda porque no respeta la concordancia. Estos errores aparecen con relativa frecuencia en los extranjeros que aprenden nuestra lengua, pero nunca entre hablantes nativos de español.

Los otros cuatro grados, sin embargo, señalan el verdadero escalonamiento que se produce en relación con la corrección lingüística. El extremo izquierdo estaría ocupado por aquellos fenómenos que se consideran inaceptables prácticamente en cualquier circunstancia y que deben ser sustituidos por otras formas. El ejemplo más evidente es el de los vulgarismos, esos usos lingüísticos que la sociedad trata de evitar por considerarlos carentes de prestigio, bien por ser propios de grupos sociales de baja instrucción o marginales, bien por juzgarlos usos obsoletos, como ⊗*mondarina* por *mandarina* o ⊗*muncho* por *mucho*. Aunque a veces se consideran dentro del mismo grupo, los dialectalismos o los coloquialismos y otros usos particulares del lenguaje, como el del SMS, no son propiamente incorrecciones, sino modos de expresión que tienen restringido su ámbito de uso. Fuera de él no resultan aceptables, al igual que tampoco lo sería el lenguaje engolado o hiperculto dentro de una conversación coloquial. Se corresponderían, por tanto, con usos no aceptados en determinados contextos, pero no incorrectos.

Entre lo correcto y lo incorrecto hemos situado dos grados: el de los usos preferibles y el de los usos no recomendados. En ellos se sitúan las expresiones que admiten diversas variantes de la lengua, todas ellas aceptables pero con diferente consideración social. Las formas «no recomendadas» están próximas a lo incorrecto, mientras que las «preferibles» se asimilan a las plenamente correctas. Esto es así porque la norma no es inamovible, sino que está sujeta a modificaciones y lo que hoy se considera correcto ayer pudo ser objeto de censura. Palabras ya completamente asentadas en nuestra lengua, como *peatonal, explotar, planificar* o *tráfico,* y expresiones como *olla a presión* o *jugar un papel,* entre otras muchas, fueron en otro tiempo reprobadas.

En el extremo derecho de la escala está lo que se considera correcto, lo que está bien y resulta válido para (casi) todas las circunstancias. Esta es verdaderamente la norma culta del español. Hemos puesto entre paréntesis la palabra *casi* porque incluso lo correcto puede no ser lo más adecuado en determinados contextos. Un ejemplo evidente es el de los escritores que ponen en boca de sus personajes a veces formas incorrectas y vulgares como un modo de caracterizarlos. Es evidente que el uso de la forma correcta resultaría completamente inadecuado para el funcionamiento de la novela o la obra de teatro.

Uno de los criterios fundamentales para establecer la norma de una comunidad es la frecuencia de uso, de manera que suele considerarse más normativo lo frecuente que lo infrecuente o lo raro. Ahora bien, no todos los rasgos lingüísticos asentados en los tratados, los diccionarios, las gramáticas o las ortografías tienen correspondencia con el uso real, y a menudo se producen desajustes fruto de la tensión entre la norma, estática y anclada en un tiempo pretérito, y el uso, dinámico y en evolución permanente. En realidad, una obra sobre corrección idiomática, como esta que el lector tiene en las manos, se ocupa precisamente de ese punto en el que divergen los usos sociales y los usos asentados en los tratados. Es muy posible que muchas de las observaciones que se hagan en estas páginas acerca de lo que se considera fuera de la norma tengan que ser corregidas o rectificadas en el futuro. No sería nada extraño y tampoco debe ser ningún motivo de preocupación, pues lo natural es que la norma evolucione. Pero lo cierto es que la norma de hoy es la que es y es importante que el hablante la conozca, incluso en el caso de que decida no seguirla.

El cuerpo central del libro, encabezado por esta introducción, se estructura en cinco capítulos y se cierra con un índice de materias y expresiones. El primer capítulo está dedicado a la comunicación escrita, particularmente al proceso de creación de textos escritos. Se ofrecen en él consejos y recomendaciones que afectan a todas las fases de la construcción de un texto, desde la planificación hasta la presentación final. Las observaciones contenidas en el apartado de la redacción, además de ayudar a la escritora o el escritor, pretenden ser también una guía de estilo para quienes se inicien en el proceso de creación literaria.

El capítulo dos está dedicado al lenguaje hablado. Además de contener información sobre aspectos básicos de la pronunciación en español, traspasa el ámbito de lenguaje verbal y se interna en la comunicación no verbal, un aspecto crucial para la transmisión eficaz de las propias ideas. En paralelo al capítulo primero, el segundo también ofrece consejos y recomendaciones que pueden ayudar a quien tenga que hablar en público.

El tercer capítulo, el más extenso, es el más estrechamente relacionado con el uso del español correcto. En él se abordan todos los aspectos lingüísticos en los que la norma tiene algo que aportar, desde las unidades lingüísticas más pequeñas hasta las más grandes. El capítulo está organizado al estilo de las gramáticas: comienza con los aspectos relativos a los sonidos y las letras, sigue con las clases de palabras y su combinación y se cierra con el léxico. Los ejemplos sobre los usos lingüísticos tienen distintas procedencias. Algunos se han creado *ad hoc* y otros están sacados de diversas fuentes, entre las cuales destaca el banco de datos lingüístico de la Real Academia Española, el Corpus de Referencia del Español Actual (CREA). Cuando el ejemplo no es original nuestro, indicamos siempre la fuente de donde está tomado.

El cuarto capítulo es un muestrario de textos orales, escritos y electrónicos. Entre los innumerables tipos de texto existentes hemos seleccionado aquellos que consideramos de uso más frecuente en la sociedad actual y que, por ello, pueden resultar más útiles a los lectores de esta obra. Cada texto se describe detalladamente, se analiza su estructura y sus características destacables, se ofrecen recomendaciones de uso y, si es posible, se presentan modelos que los usuarios puedan tomar como ejemplo para sus propias creaciones.

El quinto capítulo se dedica a presentar las herramientas y recursos de que puede disponer quien desee escribir y hablar correctamente. El capítulo presenta tanto las obras impresas que puede consultar el lector interesado como otras fuentes de información que pueden servirle de guía. También aquí el campo era casi inabarcable, así que ha sido necesaria una selección de aquellas que consideramos más útiles —lo han sido para los autores de este libro— o cuya consulta, garantizada su fiabilidad, es más accesible a todo el público a través de internet.

Para determinar qué usos son correctos y cuáles no, hemos seguido los criterios establecidos en las obras normativas, en particular las observaciones y recomendaciones emanadas de las Academias de la Lengua Española. Los tres pilares en los que nos hemos basado para nuestras observaciones son los mismos que sirven para señalar cuál es el español estándar: la ortografía, el diccionario y la gramática. Hemos tomado como referencia las siguientes obras académicas: la *Ortografía de la lengua española* (*OLE*), publicada en 2010, que amplía notablemente los tratados anteriores sobre la materia; el *Diccionario de la lengua española* (*DRAE*), cuya vigesimosegunda edición apareció en 2001 en formato impreso y que está disponible también en internet, donde se incluyen los avances de la vigesimotercera edición —que también hemos consultado—; el *Diccionario panhispánico de dudas* (*DPD*), publicado en 2005 por la Real Academia Española y la Asociación de Academias de la Lengua Española; y la *Nueva gramática de la lengua española* (*NGLE*), que, redactada por todas las Academias de la Lengua Española, por primera vez se construye sobre el español total, con abundantísima documentación de autoridades de una y otra orilla del Atlántico.

Con objeto de facilitar la interpretación rápida, hemos recurrido al empleo de símbolos para representar el grado de corrección del enunciado correspondiente. De acuerdo con lo que hemos expuesto en las páginas precedentes, hemos usado cinco símbolos:

*	Expresión agramatical
⊗	Uso incorrecto
⊖	Uso no recomendado

⊕	Uso preferible
⊘	Uso correcto

Siguiendo el uso del *DPD* empleamos la bola aspada (⊗) para marcar las expresiones incorrectas dentro del cuerpo del texto. Menos usados son estos otros símbolos y recursos que también empleamos en este libro.

~	Se usa entre dos o más palabras o expresiones igualmente válidas.
/	Se usa para contraponer dos expresiones o, dentro de una palabra, para indicar segmentos que pueden alternar.
{ }	Se utilizan para enmarcar dos opciones igualmente válidas en un enunciado.
>	Se emplea entre dos expresiones para indicar que la primera da origen a la segunda.

Tres últimas observaciones. La primera es que el propósito de la obra no es el de censurar ninguna variedad lingüística y menos aún a los hablantes que la usan. La obra pretende tan solo proponer pautas y modelos que pueden seguir quienes estén interesados en conocer los usos más aceptados socialmente en español, que coinciden con el llamado «registro culto». Son muchos los hablantes que están preocupados por mejorar su expresión lingüística y el modo más adecuado de lograr este propósito es conocer a fondo la norma culta del español.

La segunda es que las autoras y los autores de este libro lo hemos creado para que interese a los lectores y a las lectoras y para que sirva de ayuda a escritoras y escritores, a oradores y oradoras. A ellos y a ellas va dedicado, a todos y a todas, a cada uno y a cada una. Pero no podemos recargar las páginas repitiendo cada vez los dos géneros para precisar que a ambos va destinada la obra, pues de hacerlo así pronto nos abandonarían las unas y los otros (y harían bien, porque una redacción así sería insufrible). Baste, pues, con señalarlo aquí una sola vez para que quede claro que cuando hablamos de «el escritor» o «el autor» nos estamos refiriendo a mujeres y hombres, sin exclusión.

La tercera y última es que quienes hemos preparado esta obra estamos convencidos de que la corrección no está reñida con el sentido del humor. Por ello, hemos querido intercalar entre sus páginas algunas pinceladas humorísticas que tienen relación directa con el asunto del que se está tratando en ese momento. Esperamos que, en medio de las recomendaciones, los consejos y las reconvenciones de ceño adusto, estas píldoras sean como chispas que permitan al lector cambiar el gesto e iluminen su sonrisa.

1
Escribir correctamente

LA COMUNICACIÓN ESCRITA

Vivimos en una época en la que se escribe más que en ninguna otra: los jóvenes —y los que no lo son tanto— pasan horas tecleando mensajes en su teléfono móvil o en el ordenador, proliferan las páginas electrónicas personales y los blogs, se multiplican los sistemas y los canales para difundir los textos. Y sin embargo, se ha convertido en un tópico quejarse de lo mal que se escribe hoy. «Mis alumnos cada día tienen más faltas», dicen los profesores; «Los periodistas no saben escribir», se quejan algunos lectores de periódicos; «Esto parece escrito por un abogado», claman quienes tienen que enfrentarse a un texto intrincado; «Fulano no hace nada más que dar patadas al diccionario», se dice de quien deforma palabras o directamente se las inventa.

Las respuestas no son tan coincidentes cuando se pregunta en qué se basa esa opinión negativa. Para muchos, escriben mal quienes no dominan la ortografía o usan mal la puntuación; otros relacionan la mala escritura con el uso de palabras malsonantes o vulgares; algunos consideran que escribir mal está relacionado con el empleo indiscriminado de términos demasiado coloquiales; hay quienes identifican la escritura deficiente con la pobreza léxica, mientras que otros ponen el foco en los defectos en la construcción de la frase; están incluso los que identifican mala escritura simplemente con letra ilegible. Todos ellos tienen razón en parte, pues todo lo que se ha señalado ocasiona deficiencias en la escritura; pero ninguna de las razones basta por sí misma para explicar en qué consiste escribir bien.

Esta situación tiene mucho que ver con el concepto de «texto». Aunque tradicionalmente se asocia solo con la comunicación escrita, es posible entender el texto de un modo más amplio, en el que se incluya también la comunicación oral. Saludar a nuestros familiares por la mañana al levantarnos, escuchar un programa de radio mientras nos dirigimos al trabajo, conversar con los compañeros, enviar un mensaje por el móvil a un amigo, leer un libro antes de irnos a dormir, etc., son actividades sociales en las que siempre se produce transmisión de información de algún tipo, por lo que cada una de ellas es un acto comunicativo, y en todas ellas interviene la palabra o, para ser más preciso, hay actividad verbal. Cada uno de esos actos completos de comunicación constituye un texto.

Los textos son actos complejos en los que intervienen numerosos elementos, lingüísticos y no lingüísticos. Simplificando, podemos decir que un texto consiste en la transmisión de un mensaje o una idea mediante un conjunto de palabras y oraciones. Ese intercambio se produce entre las personas que se comunican, básicamente el autor y el lector en el caso de la comunicación escrita y el hablante y el oyente en la comunicación oral. Además, los textos ocurren en unas circunstancias específicas, en un lugar y un tiempo, que puede ser el mismo para quienes intervienen en el proceso de comunicación o diferente para cada uno de ellos. Todos estos elementos han de ser tenidos muy en cuenta al crear el discurso hablado y, especialmente, el escrito.

Por otra parte, el autor escribe o habla para conseguir un propósito determinado y en la medida en que este se haya conseguido diremos que el texto ha resultado más o menos eficaz. La eficacia, pues, se convierte en uno de los criterios primordiales para determinar si lo que se ha elaborado ha resultado válido o no. Estos son los requisitos que ha de cumplir un texto para que resulte eficaz:

1. Ha de ser coherente, lo cual se consigue, entre otras cosas, cuando el autor incluye todas las informaciones necesarias para que el texto se comprenda y, si hay alguna omitida, el lector puede recuperarla sin dificultad, cuando el autor utiliza bien los fragmentos descriptivos, narrativos, argumentativos, etc., cuando están bien definidas las partes que componen el texto y no hay contradicciones entre ellas.
2. Ha de resultar adecuado, para lo cual ha de cumplir el propósito comunicativo que el autor se haya marcado (informar, pedir datos, presentar una queja...), debe respetar las convenciones sociales y discursivas del género que se haya elegido (la carta, la instancia, el acta...), debe usar la modalidad nor-

mativa o la variedad de español que exige la situación y el contexto y debe elegir el registro apropiado según el destinatario, es decir el nivel de formalidad que va a usar (coloquial o formal), el tono con que se va a transmitir el contenido (serio, bienhumorado, etc.), el tratamiento con el que se dirigirá al lector (de tú, de usted, en tercera persona) y el grado de especificidad del contenido (si va dirigido a especialistas o a quienes no conocen la materia).

3. Debe estar bien cohesionado, lo cual implica que el autor haya usado variados procedimientos gramaticales para enlazar las oraciones y las secuencias, que no haya incurrido en contradicciones o ambigüedades, que haya empleado elementos para relacionar entre sí las oraciones o los párrafos y que se haya servido de los signos de puntuación sin errores y del modo que mejor faciliten la lectura y la comprensión.
4. Ha de estar elaborado correctamente, para lo cual ha de respetar las normas de ortografía y gramática y ha de utilizar el léxico con el significado que le corresponde a cada palabra.
5. Debe tener un buen estilo, es decir, que el léxico sea diverso y preciso, sin repeticiones, que la sintaxis combine estructuras simples y complejas y que sea variada, que utilice recursos para dar mayor brillantez al escrito.

Por otra parte, un buen texto no es sino un modo de comunicación, por lo que debe ajustarse a los principios que rigen el modo natural de la comunicación humana, que es la conversación ordinaria. El filósofo del lenguaje P. Grice, en su obra *Studies in the Way of Words* (Cambridge, 1989), considera que cuando conversamos nos regimos por un principio básico, el de la cooperación con nuestros interlocutores. Este principio, que actúa junto con el de la cortesía, propuesto por G. Leech (⇨ pág. 444), se pone de manifiesto en una serie de comportamientos, que él llama «máximas», que posibilitan que la comunicación fluya. Entre estas «máximas» están la de cantidad, que se cumple cuando se da información completa omitiendo la innecesaria; la de cualidad, que supone que el hablante no debe mentir ni afirmar algo sobre lo que no tiene pruebas; la de relación, que implica que lo que se dice debe estar relacionado con el asunto tratado; y la de modalidad, que se cumple cuando el tema se expone de forma clara, breve y ordenada, evitando la ambigüedad.

LA CONSTRUCCIÓN DEL TEXTO ESCRITO

En la construcción de un escrito se pueden diferenciar tres fases: la planificación, la composición y la revisión. Cada una está interconectada con las otras, de manera que al activar cualquiera de ellas las otras se pondrán también en movimiento, como ilustra la figura siguiente.

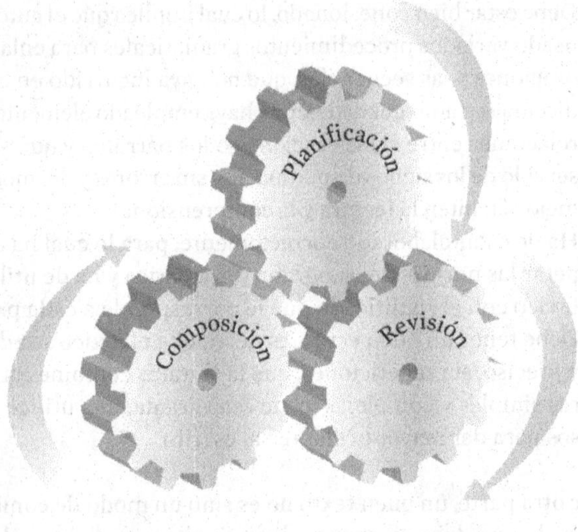

Figura 1. El proceso de composición del texto.

Quien escribe deberá prestar atención a cada una de estas etapas, así como a la interdependencia de las tres. La planificación es la fase inicial, el paso previo al de empezar a dar forma al texto; una vez que se comienza a componer el mensaje, es necesario revisarlo de manera constante y reajustarlo cuantas veces sea preciso hasta conseguir que alcance los objetivos deseados. Durante el proceso de composición, a menudo surgen ideas nuevas que obligan a revisar el plan inicial para ampliar o reducir el contenido o simplemente para reorganizarlo. La revisión es posterior a la composición, pero no se convierte en el último paso, sino que suele obligar a una nueva redacción y con frecuencia también a replantear el texto. Como norma general, la revisión del texto debe tender a acortar la versión inicial. Si un texto comunica lo mismo con menos palabras, resultará más eficaz y, en cualquier caso, un texto prolijo resulta siempre inadecuado.

En definitiva, en el proceso de creación de un texto el escritor debe estar atento al conjunto y a cada una de las partes. Puede servir de consigna aquí también esa máxima atribuida al activista Patrick Geddes y aplicable a contextos muy diferentes, que orienta sobre la reflexión y la actuación:

> Piensa globalmente, actúa localmente.

LA PLANIFICACIÓN DEL CONTENIDO

La lengua escrita, por tratarse de un tipo de comunicación en la que los interlocutores no comparten ni espacio ni tiempo, puede planificarse más fácilmente. Frente a la inmediatez que exige la relación cara a cara en la lengua hablada, el autor de un texto escrito suele disponer de más tiempo para elaborar el texto y organizar el contenido. La planificación es la fase previa a la de la escritura propiamente dicha, pero constituye un momento crítico en el proceso de la creación del texto. Una buena planificación debe tener en cuenta todos los aspectos que intervienen en la escritura, empezando por los puramente materiales.

Antes de ponerse a escribir: propósitos y medios

Antes de ponerse a escribir, conviene detenerse a pensar qué instrumentos se necesitarán (papel, ordenador, lápiz, etc.) y asegurarse de que todo estará dispuesto para cuando nos sentemos realmente. También habrá de tenerse en cuenta el tiempo de que se dispone y, en función de ello, hacer una adecuada distribución de las tareas, considerando que habrá que reservar momentos para la redacción, las revisiones y las consecuentes nuevas redacciones, hasta dar con la versión definitiva. Recordemos las disculpas que pedía Unamuno a un amigo al que había enviado una extensa carta:

> Si me he extendido tanto al escribirte, ha sido porque no he tenido tiempo.

El tiempo que le faltaba al escritor era el de releer, el de revisar y, sobre todo, el de eliminar lo superfluo para de este modo hacer destacar más lo verdaderamente importante.

En todo este proceso previo es necesario también pensar en la extensión que ha de tener el texto que vamos a crear, sin olvidar las restricciones que imponen ciertos canales o ciertos géneros, como sucede en una *carta al director* o en el SMS. El autor deberá también pensar o formular los propósitos y objetivos que persigue: qué desea conseguir con el texto, cómo quiere que reaccione el destinatario, cuál es el mejor modo de abordar el asunto, etc. Una buena planificación implica pensar en el destinatario —que, por otra parte, debe estar constantemente presente a lo largo de todo el proceso de creación del texto— y en el tono que será más conveniente adoptar (serio, humorístico, cercano, distante, etc.). Por último, en muchos casos una vez fijado el tema será necesario —y casi siempre muy conveniente— hacer acopio de información, consultar fuentes bibliográficas y seleccionar las informaciones que pueden resultar de interés para el texto propio.

Recursos para generar ideas

Una vez que se tiene claro todo lo anterior, comienza la verdadera tarea de escribir. Y la primera dificultad con que se encuentra quien se dispone a hacerlo es la de crear ideas que desarrollen el pensamiento personal. No hay ninguna fórmula mágica para resolver este problema, pero hay procedimientos variados que pueden ayudarnos a generar y organizar las ideas.

- **Confeccionar listas.** Consiste simplemente en ir anotando palabras o ideas relacionadas con un tema. Para construir el listado se puede utilizar cualquier soporte: un cuaderno, un *post-it*, un folio, una servilleta de papel...; el teléfono móvil es hoy una herramienta muy útil en este sentido. Lo importante es no dejar de anotar ninguna idea y, para ello, es preciso escribir la idea en el momento en que se nos ocurra. Si la lista se hace sobre papel, conviene que cada idea o cada palabra ocupe una línea y hay que dejar espacios en blanco entre las anotaciones, para poder insertar ideas posteriores que puedan estar relacionadas. No obstante, la fase de organizar y jerarquizar los elementos de la lista es posterior, así que no debe preocuparnos mucho que las ideas anotadas sucesivamente tengan conexiones entre sí.

- **Lluvia de ideas.** Es una variante de la técnica anterior que se suele realizar en grupo —aunque también es posible hacerlo individualmente— y que consiste en anotar durante un breve periodo de tiempo todas las ideas que se les van ocurriendo a los participantes, sin que deban guardar ningún tipo de orden en las intervenciones. La técnica exige dar libertad completa a todos los intervinientes para aportar sugerencias, por extrañas o hasta descabelladas que estas parezcan, con el objetivo de que puedan surgir propuestas creativas y originales.

- **Inventar palabras.** Es una técnica —a la vez que un entretenimiento— que consiste en inventar nuevos términos combinando palabras entre sí o bien añadiendo prefijos (*anti-, multi-, super-, extra-, in-, pre-,* etc.) y sufijos (*-ción, -dad, -eza,* etc.). Es muy útil como técnica para generar ideas que puedan servir, a su vez, para crear historias.

- **Asociación de ideas.** La técnica consiste en tomar una palabra e ir anotando todas las ideas que pueden asociarse con ella. Dos ideas pueden relacionarse porque son similares (analogía), porque son diferentes (contraste), porque una es el origen de otra (causa), porque una es resultado de otra (consecuencia), etc. Los conceptos abstractos pueden asociarse buscando ejemplos de la experiencia propia o ajena; los acontecimientos pueden relacionarse porque uno precede o sigue a otro o porque ambos son simultáneos. Puede ser también un buen recurso generador de ideas, aunque de sentido contrario, buscar asociaciones extrañas, ilógicas o hasta disparatadas entre elementos.

- **Clasificar y agrupar palabras.** Un buen ejercicio para generar ideas consiste en tomar una lista de palabras elegidas al azar y buscar criterios que permitan ir agrupándolas de diversas formas. Por ejemplo, una lista de palabras como *tabla, obediencia, jornal, gato, camino, tuteo* puede agruparse en parejas mediante criterios como los siguientes: las que tienen dos sílabas y las que tiene más de dos, las que se pueden dibujar y las que no, las que tienen dos letras iguales y las que no, las que comienzan por la misma letra, las que proceden de otra y las que no, etc. En este ejercicio lo más importante es buscar criterios originales o sorprendentes de clasificación.

- **Usar apoyos gráficos.** Otro modo de generar ideas es servirse de apoyos gráficos para incentivar la creatividad. Daniel Cassany propone varios modelos en su obra *La cocina de la escritura* (Anagrama, 1995). El de la estrella consiste en usar una figura estrellada, por ejemplo, una rosa de los vientos, y anotar en cada punta una pregunta (quién, dónde, cuándo, cómo, qué, por qué, para qué, cuántos...). Posteriormente se van dando respuestas a esas preguntas en relación con el tema del que se deba escribir. De un modo similar, mediante el recurso del cubo el autor plantea la posibilidad de abordar un asunto desde múltiples perspectivas. La técnica consiste en anotar en las aristas del cubo seis procedimientos desde los que analizar cualquier tema, que él enuncia así: descríbelo, compáralo, relaciónalo, analízalo, aplícalo, arguméntalo. Luego, se procede del mismo modo que en el caso anterior, redactando cada uno de esos aspectos.

- **Elaborar mapas conceptuales.** Los mapas conceptuales son un medio para representar visualmente las relaciones que se dan entre los conceptos. Para elaborarlos, se parte de una palabra o una idea que se encierra en un círculo (nodo) y desde ella se van trazando líneas (aristas) que representan las relaciones con otras palabras que a su vez pueden constituir nuevos nodos. De este modo, los mapas conceptuales no solo relacionan los conceptos, sino que también los jerarquizan y ordenan.

- **Construir esquemas.** Es un recurso tradicional para organizar contenidos, usado generalmente en trabajos académicos. Consiste en ir anotando los capítulos, apartados o párrafos en que se puede dividir el tema sobre el que deseamos escribir. Una vez elaborado el esquema previo, se puede modificar la organización de los bloques y su ubicación, hasta encontrar la estructura más apropiada a nuestras necesidades.

- **Ordenar acontecimientos.** Consiste en presentar una serie de hechos relacionados entre sí y organizarlos de distintos modos. Los acontecimientos pueden narrarse en el orden cronológico en que sucedieron, pero también pueden contarse empezando por el final, o bien empezar la narración con un suceso que se sitúa en medio de los hechos que se quieren contar (*in medias res*) para continuar luego con el resto. Si se trata de dos historias diferentes pero interrelacionadas, también es posible presentar los hechos en contraste o presentarlos en paralelo. Todas estas técnicas las conocen muy bien, además de los buenos novelistas, los guionistas de cine, que se sirven de recursos como estos para hacer más atractivas sus historias.

- **Redactar.** A menudo el hecho mismo de escribir sirve de motor para la generación de ideas. Escribir es en sí mismo un modo de pensar. El acto de escribir no consiste en escuchar una voz interior que va dictando lo que ha de plasmarse en el papel, sino que consiste en ir dando forma sucesiva a los pensamientos propios, de manera que unos pensamientos pueden ir enlazándose con otros y estableciendo relaciones asociativas no previstas.

LA COMPOSICIÓN DEL TEXTO

Componer un texto consiste en dar forma material a las ideas que han surgido en el proceso de planificación. Se ha usado muchas veces la metáfora de la *matrioska* para describir el proceso de creación de un texto. En efecto, como en esas muñecas rusas, un escrito es una especie de gran caja que contiene cajas más pequeñas que a su vez contienen otras aún más pequeñas. Ordenadas de menor a mayor, las «cajas» que componen los textos son las palabras, los grupos sintácticos, las oraciones y los párrafos (figura 2). De esta manera, las palabras se unen para formar grupos sintácticos, con los grupos se crean oraciones, las oraciones se juntan en párrafos y el conjunto de párrafos conforma el texto. Construir buenos textos implica que el autor ha de estar atento a cada uno de estos componentes, desde el más pequeño hasta el mayor, teniendo en cuenta, además, que los cambios en cualquiera de ellos afectarán al conjunto.

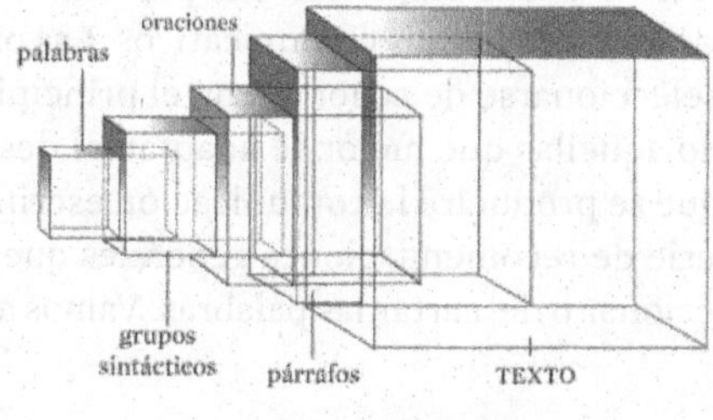

Figura 2. Elementos del texto.

La selección de las palabras

La palabra puede considerarse la unidad mínima de la redacción, independientemente de que se componga de otros elementos más pequeños a los que también hay que atender, como las letras, los sonidos o las sílabas. El primer criterio para seleccionar las palabras es elegir aquellas cuyo significado se ajusta a la idea que se desea expresar. Lo importante de un buen escrito es que sea capaz de transmitir adecuadamente el pensamiento del autor y, para ello, no solo hay que conocer el significado preciso de las palabras, sino también estar atento a los matices que diferencian a posibles sinónimos y a los contextos en que se usa cada palabra. *Vergüenza*, *apocamiento* y *timidez* pueden ser equivalentes en algunos contextos, pero se diferencian en que el *apocamiento* implica siempre una valoración negativa que no posee *vergüenza* (de ahí que se pueda decir *No sientas vergüenza*). Por su parte, el empleo más restringido de *timidez* se debe a su carácter más técnico.

Conocer el significado exacto de las palabras permite usarlas con propiedad y en el momento adecuado, evitando así caer en la pedantería o en equivocaciones ridículas. Como regla general, si tenemos dudas sobre el significado preciso de una palabra, no debemos usarla. Por otra parte, las palabras tienen una combinatoria sintáctica determinada que resulta imprescindible conocer para que los textos sean correctos gramaticalmente. Aunque la causa solemos expresarla en español con la preposición *por*, decimos *avergonzarse de* algo, y no *por algo*, mientras que el sustantivo *vergüenza* lleva un complemento con *de* (*la vergüenza de*). A estos asuntos está dedicado el capítulo 3 de este libro.

En principio no hay unas palabras mejores que otras ni palabras más literarias o más elegantes. Simplemente, hay palabras más adecuadas a los propósitos comunicativos. Las palabras de un texto deben seleccionarse de acuerdo con el principio de adecuación, eligiendo aquellas que mejor se adaptan al destinatario y al contexto en que se producirá la comunicación escrita. No obstante, hay una serie de recomendaciones generales que pueden ayudarnos a seleccionar o descartar las palabras. Vamos a verlas a continuación.

¿Qué palabras elegir?

- **Las palabras cortas.** Una de las máximas de Grice (⇨ pág. 27) habla de la brevedad como condición necesaria para que la comunicación sea fluida. Pero a menudo el lenguaje escrito parece ir en dirección contraria, y hay quienes piensan que las palabras son mejores o más cultas cuanto más largas son. Aurelio Arteta ha dedicado varios artículos de prensa a criticar lo que llama «la moda del archisílabo», esa costumbre social de inventar palabras más largas para suplantar a otras más cortas con el mismo significado. Así sucede cuando se prefieren las palabras de la columna de la derecha frente a las formas más simples de la izquierda.

Preferible	En lugar de
carencia o ausencia	inexistencia
intención	intencionalidad
fin	finalidad
crédito	credibilidad
voluntad	voluntariedad
gobierno o gobernación	gobernabilidad
norma	normativa
abrir	aperturar
aclarar	clarificar
recibir	recepcionar
culpar	culpabilizar
iniciar	inicializar
obstrucción	obstruccionismo
actitud, postura o posición	posicionamiento

El empleo de los vocablos más largos no añade nada al significado que deseamos transmitir, por lo que siempre resulta aconsejable reemplazarlos por el término más breve equivalente. Tenía razón Winston Churchill cuando afirmaba:

> Las palabras cortas son las mejores, y las viejas palabras, cuando son cortas, son las mejores de todas.

Ese mismo criterio sirve también para reemplazar las expresiones más largas y complejas por formas más breves. Graciela Reyes, en *Cómo escribir bien en español* (Arco/Libros, 1998), propone usar adverbios y preposiciones simples en lugar de las locuciones que tienen el mismo significado.

Preferible	En lugar de
como	en calidad de
hoy	actualmente, a día de hoy, en el día de hoy
contra	frente a
muy	altamente, extremadamente, considerablemente
para	en aras de, con vistas a, de cara a, con objeto de
por	a causa de, mediante, a consecuencia de

En este mismo sentido, muchas veces se utiliza una forma perifrástica, un rodeo, expresando las ideas con un verbo más el complemento cuando es posible condensar la información en un único verbo, como vemos en los siguientes ejemplos.

Preferible	En lugar de
avisar	dar aviso
brindar	realizar un brindis
comenzar, iniciar	dar comienzo
convocar, llamar	realizar un llamamiento
crecer, incrementarse	tener un incremento
diluviar	caer lluvia intensa
dirigir	ser el director
durar	tener una duración
lloviznar, chispear	caer lluvia poco intensa
nevar	caer nieve
poder	estar en condiciones de
presentar	realizar una presentación
relampaguear	haber relámpagos
reunirse	realizar una reunión
saber, conocer	tener conocimiento de algo
usar, utilizar	hacer uso
ventiscar	hacer viento fuerte
viajar	realizar un viaje

Así, si se sustituyen los elementos complejos de la columna de la derecha, los textos ganan en claridad y resultan más directos y eficaces. Podemos encontrar más ejemplos de este tipo de formulaciones complejas en el capítulo 3.

- **Las formas populares.** Cuando para una misma palabra se dispone de dos formas, ambas aceptables, en general son preferibles las formas más populares, que a menudo son también las más breves. Entre *oscuro* y *obscuro*, *remplazar* y *reemplazar*, *trastorno* y *transtorno*, *posgrado* y *postgrado*, *prestreno* y *preestreno*, *sobresfuerzo* y *sobreesfuerzo, antincendios* y *antiincendios* se prefiere la primera forma de cada par, la que supone una reducción de sonidos, que suele ser la variante más usada. Igual sucede cuando se trata de palabras que admiten doble acentuación. Aunque se aceptan *médula* y *medula, cíclope* y *ciclope, cónclave* y *conclave*, la segunda opción de cada pareja se considera hoy la forma menos usada y por tanto menos preferible.

Son una excepción en este sentido las palabras *septiembre* y *psicología*, que son las preferidas por los hablantes a pesar de contar con las formas reducidas *setiembre* y *sicología*.

Atención

La opción por las formas reducidas (⇨ también págs. 97-110) no sirve cuando las diferencias en la forma suponen diferencias de uso o significado. *Restablecerse*, que significa 'volver a establecerse', no puede escribirse con una sola *-e-*, pues se confundiría con *restablecerse*, 'recuperarse de una enfermedad'; *conciencia* no puede sustituir a *consciencia* cuando esta palabra se usa como tecnicismo de la psicología o la pedagogía. La simplificación tampoco es posible cuando puede dar lugar a errores en la interpretación: el derivado de *semi-* más *ilegal* no puede ser *semilegal*, ya que este es resultado de *semi-* más *legal*; la forma correcta es *semiilegal*, que no produce confusión.

En este punto hay que incluir también los extranjerismos innecesarios (⇨ págs. 401-403), aquellas palabras procedentes de otras lenguas que se introducen en español sustituyendo a otras formas ya existentes o que pueden traducirse fácilmente. ¿Qué añade *interview* que no tenga *entrevista*? ¿Por qué usar *fast food* si disponemos de *comida rápida* en español? ¿Qué tiene un *sponsor* que no pueda proporcionar un *patrocinador*? A veces se recurre a las formas extranjeras por puro esnobismo (por cierto, voz aceptada procedente del inglés *snob*), por afectación pretendidamente distinguida, pero estas voces siempre resultan menos claras para la comunicación, menos transparentes y, por ello, menos aconsejables.

¿Qué palabras evitar?

- **Las palabras «machaconas»**. La repetición de una misma palabra a lo largo de un texto es un procedimiento habitual, es más, podríamos decir que resulta imprescindible. Un escrito medianamente extenso que trate de los libros es casi seguro que contendrá varias veces la palabra *libro*, como es natural. Esta reiteración es un modo elemental de conseguir que el lector no pierda el hilo del texto y a la vez de mantener el tema y la coherencia.

Ahora bien, la repetición se puede convertir en molesta cuando la misma palabra aparece varias veces en el mismo párrafo y hasta en la misma línea. En estos casos, estamos ante las palabras «machaconas», un mal que debemos evitar. No es un asunto grave, porque disponemos de muchos remedios para ello. En primer lugar, contamos con los sinónimos, esto es, las palabras que significan lo mismo; por ejemplo, en el caso del hipotético texto que comentamos podrían usarse *volumen, tomo* o *ejemplar* para reemplazar a *libro*. En realidad estas palabras no significan exactamente lo mismo, porque en la lengua no suele haber sinónimos perfectos, palabras que pueden intercambiarse en cualquier contexto. La palabra *volumen* designa el 'cuerpo material de un libro encuadernado', es decir, que un mismo volumen puede contener más de un libro; el *tomo* es 'cada una de las partes en que se suele dividir una obra extensa para facilitar su manejo', de manera que varios tomos forman un libro; *ejemplar*, por último, significa exactamente cada una de las copias de un mismo libro. Estos matices de significado son en ocasiones importantes y resultan esenciales cuando se trata de textos técnicos. (A explicar el significado propio de algunas palabras está dedicado parte del capítulo 3 de esta obra ⇨ págs. 353-400). A pesar de lo dicho, en los textos no especializados *volumen, tomo* y *ejemplar* pueden «funcionar» como sustitutos de *libro*, porque, aunque no quieren decir exactamente lo mismo, coinciden en gran parte del significado. En realidad son, pues, cuasisinónimos, que son los equivalentes que solemos encontrar en los diccionarios de sinónimos (⇨ págs. 506-508).

No todas las palabras, sin embargo, tienen sinónimos o cuasisinónimos, por lo que en los textos se sustituyen con otros procedimientos. A menudo la palabra que recoge el tema del texto ha sido reemplazada por otra de significado más abarcador, esto es, por un hiperónimo. Palabras como *obra, escrito, producto* pueden servir de hiperónimos de *libro*. Otra alternativa para sustituir un término es recurrir a una expresión lingüística más compleja, como sucede si usamos la perífrasis *el nuevo producto de la editorial* para referimos al *libro*.

En los textos en general, pueden eliminarse muchas repeticiones recurriendo a sustitutos, como los pronombres personales (*lo, la, se, ello*), los posesivos (*su, mis, nuestra*), los demostrativos (*eso, aquel*) y otros pronombres (*mismo*), o a los adverbios (*aquí, ayer, luego, entonces, después*) para evitar repetir las circunstancias de lugar y tiempo. Otro modo habitual de evitar la repetición consiste simplemente en eliminarlo directamente y dejar que el lector lo recupere. En el fragmento

> El libro me intrigaba profundamente. Tenía una marca en el ángulo derecho de su portada...

el sujeto de la segunda oración no aparece, está omitido, pero se entiende fácilmente que se trata de *el libro*, también sustituido en el pronombre *su* de esa misma oración.

En ciertos textos, no obstante, la reiteración es obligatoria. En las descripciones técnicas se repite una y otra vez el nombre del objeto descrito; en los textos jurídicos o legales también suele repetirse la misma palabra para evitar ambigüedades. A veces la repetición es un intento deliberado del autor para crear un determinado efecto estilístico, como podemos ver en la repetición de *muchas veces* en el siguiente ejemplo:

> Muchas veces me miraba en el espejo preguntándome a mí misma si resultaría fea para los demás. Muchas veces me atormentó la idea de que si, en efecto, era poco agraciada, encima se abatirían sobre mí un montón de defectos inevitables. Muchas veces llegué a la conclusión de que, no sintiéndome en especial intolerante o amargada, estaba cantado que mi físico debía de resultar aceptable.
>
> (CREA, A. Giménez Bartlett, *La deuda de Eva. Del pecado de ser feas y el deber de ser hermosas*, Lumen, 2002, España)

- **Las palabras «pesadas».** Si nos fijásemos en la forma de las palabras, podríamos clasificarlas por lo que parecen pesar. El grado de «pesadez» de una palabra vendría determinado por dos aspectos a menudo relacionados: su longitud y su estructura. Desde el primer punto de vista, una palabra resulta más pesada cuanto más larga es, y ya hemos hecho algunas recomendaciones en párrafos anteriores sobre la preferencia por las palabras y expresiones más breves.

El segundo aspecto que incide en la «pesadez» de las palabras tiene que ver con su estructura, es decir, con los elementos que las forman, y especialmente su terminación. En este sentido, suelen resultar pesadas las palabras que tienen un sufijo muy marcado, como ocurre con los sustantivos derivados en *-ción, -dad, -encia,* etc. La acumulación de este tipo de palabras en un texto no es deseable por dos razones principales. Primero, por la dificultad intrínseca que la longitud de las palabras representa para la comprensión del texto; en segundo lugar, por los efectos acústicos indeseables que la acumulación puede originar. Las palabras suenan, y no solo cuando se pronuncian al hablar o al leer en voz alta: también en la lectura silenciosa las palabras resuenan en el interior del lector. Y esos sonidos crean efectos sonoros que pueden resultar desagradables sobre todo cuando las palabras están situadas ante pausa o al final de los grupos fónicos, ya que crean ese molesto efecto de parecer que el texto tiene rima. Lo vemos en los siguientes ejemplos.

⊖ Se ha hecho pública la sentencia de la Audiencia de Valencia.
⊖ Se necesita una actuación que ponga en acción el valor de esta creación.
⊖ En otro orden de cosas, el proyecto de comunicación al que hice mención al principio de mi intervención, y sobre el cual luego solicitaré una preferencia...

(CREA, Senado de la República Argentina, 28 de octubre de 1998, Argentina)

Solucionar el primer caso no es tan sencillo, pues la repetición de la terminación está obligada por el nombre propio; no obstante, un orden diferente de los elementos y el uso de sinónimos ayuda a paliar el efecto de rima. Para los otros dos casos la solución es más sencilla y pasa por reformular las ideas.

⊕ La Audiencia de Valencia ha hecho público el fallo del tribunal.
⊕ Es necesario hacer que se valore esta obra.
⊕ En otro orden de cosas, el proyecto de comunicación al que me referí al principio de mi discurso, y sobre el cual luego solicitaré una preferencia...

El mismo efecto cacofónico se produce al acumular adverbios acabados en *-mente,* adjetivos con el sufijo *-ísimo* o gerundios, con su característica terminación en *-ando, -endo.* Asimismo, puede resultar cacofónica la repetición de sílabas iguales o muy similares en posiciones muy próximas.

⊖ Llegaron unas mujeres con cestas y otras detrás con cubos.
⊕ Llegaron unas mujeres con cestas seguidas de otras con cubos.
⊖ Normalmente, está asegurado permanentemente el capital, salvo en los casos anteriormente descritos.
⊕ Normalmente, está siempre asegurado el capital, salvo en los casos ya descritos.
⊖ Llegando a este punto, se defendió indicando que era inocente, argumentando que todo había sido una trama en su contra y agregando que no merecía ese trato.
⊕ Llegado a este punto, se defendió diciendo que era inocente, que todo había sido una trama en su contra y que no merecía ese trato.

- **Las palabras «insípidas».** Llamamos aquí insípidas a las palabras que saben a poco, a veces incluso no saben a casi nada. Una palabra «sabe a poco» cuando su significado es tan amplio que no precisa con exactitud lo que quiere decir, carece de los matices expresivos que le den sabor. ¿Cuáles son las palabras «insípidas»? Se incluyen aquí las llamadas palabras comodines, aquellas que, igual que la carta del mismo nombre, sustituyen a cualquier otra; también se les llama «palabras baúl», porque sirven para contener muchas palabras diferentes. Son de este tipo sustantivos como *cosa, cacharro, problema, tema;* adjetivos como *bueno, positivo, interesante;* verbos como *ser, hacer, poner, decir, dejar...*

En los textos conviene buscar palabras más «sabrosas». Por ejemplo, el verbo *decir* puede sustituirse en muchos casos por otras formas más expresivas y que se ajustan mejor al significado del complemento; así, la verdad no se dice, sino que se *declara* o *se manifiesta*, los nombres *se citan* o *se mencionan,* los poemas *se recitan* o *se declaman*, los lugares *se señalan, se indican*. Si hacemos esto mismo con el verbo *dar* preferiremos el expresivo *inspirar lástima* al anodino *dar lástima*; en lugar de escribir que *los datos dan un resultado* precisamos más si usamos *los datos ofrecen, presentan, arrojan... un resultado*; mejor que *dar golpes* es *asestarlos* o *propinarlos,* y mejor que *no dar problemas* es *no crearlos, no ocasionarlos* o *no originarlos*. Fijémonos en los siguientes ejemplos, en los que se emplea de forma monótona y pesada el verbo-baúl *dejar*.

Dejaron al niño solo en casa.
Lo han dejado al cuidado de la empresa.
En este bar no dejan traer comida de fuera.
Dejó la empresa y ahora vende seguros.
Deja lo que estés haciendo y ven.
No deja que nadie se meta en sus asuntos.
Siempre me dejan los trabajos más difíciles.
Dejó su puesto durante diez minutos.
El alcalde dejó que se hiciera la fiesta.
¡Deja el mando de la tele!

Los ejemplos anteriores resultarían más eficaces si, con las modificaciones sintácticas necesarias, se sustituyese *dejar* por un verbo de significado más preciso, como por ejemplo *abandonar, encomendar, permitir, despedirse, interrumpir, consentir, asignar, ausentarse, autorizar o soltar,* respectivamente. Un hablante o un escritor que desee que sus textos tengan buen estilo ha de esforzarse por encontrar la palabra precisa, la palabra que transmita exactamente el matiz que se desea transmitir, sin que ello suponga caer en la pedantería, la afectación, el rebuscamiento o el alambicamiento en la expresión.

- **Las fórmulas «cansinas».** Las fórmulas cansinas son aquellas expresiones rutinarias cuyo uso ha desgastado gran parte de la fuerza expresiva que la construcción pudiera haber tenido inicialmente. Las muletillas y los tópicos son los elementos que con más claridad se incorporan a este grupo, pero no son los únicos candidatos.

Las muletillas son elementos característicos de la lengua oral que pueden llegar a convertirse en rasgos identificadores del habla de un individuo. Se trata de ese tipo de expresiones de relleno que sirven de apoyo al discurso hablado. A veces tienen la función de cerrar el discurso incompleto y otras la de dar unos instantes para que el hablante pueda continuar su discurso. Pero muletillas como *¿verdad?, ¿no es cierto?, ehh, esteee, ¿no?, es decir, o sea, ya te digo* y tantas otras pueden llegar a convertirse en molestos ruidos que dificulten la comunicación y a veces hasta lleguen a impedirla. La lengua escrita, por su carácter más reflexivo, permite mayor control sobre estos incómodos elementos y admite menos su presencia. No obstante, se debe estar atento para evitar la reiteración de términos como *evidentemente, el hecho de que, por consiguiente, a nivel de, en base a, de cara a*, que se cuelan una y otra vez en los escritos.

Sin aparecer tan frecuentemente como las muletillas, los tópicos son expresiones repetidas para designar un mismo referente de la realidad. Puede llegar a causar el mismo rechazo que las cansinas muletillas oír una y otra vez hablar del *pistoletazo de salida* para referirse del primer acto de un proceso, de la *serpiente multicolor* para designar al grupo de ciclistas, de la *espiral de violencia* para hablar del aumento progresivo de la violencia, de la metáfora del *valle de lágrimas* para referirse al mundo o de la *fiesta de la democracia* para hacer referencia al día de las votaciones. Se pueden añadir muchos más candidatos para figurar en la lista de los tópicos, como *dar luz verde a algo, añadir un granito de arena, estar a la altura de las circunstancias, actuar sin trampa ni cartón, ser el secreto mejor guardado* y tantos otros.

El problema de estas combinaciones, que en su origen pudieron ser hallazgos expresivos de su creador, es que se han generalizado tanto que han perdido su capacidad significativa para transformarse en fórmula rutinaria. Mención aparte merecen en este sentido las asociaciones parasitarias de palabras en las que uno de los elementos acaba absorbiendo las posibilidades combinatorias del otro hasta el punto de que resulta casi imposible encontrarlos de manera independiente. He aquí otra lista de expresiones parasitarias que conviene desterrar de nuestros textos:

agenda apretada
animada conversación
antiguas pesetas
aparatoso accidente
aplastante (o abrumadora) mayoría.
baño de multitudes
caldear el ambiente
cochina (o sana) envidia
cómodos plazos
consecuencia irreparable
craso error
dato esclarecedor
debate intenso, acalorado
decisión irrevocable
denodado esfuerzo
desconsolada viuda
desgraciada experiencia
día inolvidable
escena dantesca
estrecha relación
facilidad pasmosa
fatal desenlace
fe inquebrantable
inalcanzable cima
incendio devastador
inconfundible estilo
inquietantes imágenes
lamentable espectáculo (o pérdida)

lucha titánica	penetrante mirada
llamar poderosamente la atención	pertinaz sequía
	poderosas razones
marcada personalidad	precio astronómico
marco incomparable	puntualidad británica (o alemana)
mayoría aplastante	
merecido descanso	rabiosa actualidad
mujer (u hombre) de su tiempo	reconocido prestigio
muro infranqueable	reparto de lujo
oferta irrepetible	situación insostenible
oscuro pasado	tensa espera
paisaje idílico	tortuosa senda
páramo desértico	triste pérdida

- **Los «bichos raros».** El estilo de un autor es un modo específico de escribir que se manifiesta en un conjunto de elecciones de unas formas frente a otras, de unas posibilidades en lugar de otras. A veces esa búsqueda de estilo nos lleva a elegir palabras poco usuales, «bichos raros», como sello personal de escritura. Es conocido el caso del director de cine Luis García Berlanga, en cuyos guiones cinematográficos se incluye siempre la expresión *imperio austrohúngaro*. Consigue, con ello, incrementar el efecto humorístico e irónico que suele ser la marca de sus películas. No obstante, insertar palabras poco usuales en los escritos no suele producir efectos agradables, y menos aún cuando estas expresiones se reiteran. Hay autores que se enamoran de ciertas palabras o expresiones, pongamos por caso *inusitado, enervante, irradiar, cabe señalar* (o *cabe decir*), y las van esparciendo por sus páginas, de tal manera que, como las malas hierbas, acaban estropeando la cosecha escrita.

A veces estos bichos raros se ponen de moda, con lo que se convierten en las «fórmulas cansinas» de las que hemos hablado en el apartado anterior. Estos son algunos ejemplos actuales:

No recomendado	Preferible
emblemático	destacado, relevante, significativo
en el marco de	dentro de
en otro orden de cosas	por otra parte, cambiando de tema
interferir	intervenir, inmiscuirse, injerir, entremeterse,
prosperar	avanzar, progresar, adelantar, pasar, ser aprobado, triunfar
registrar	darse, producirse, suceder, ocurrir
remarcar	destacar, subrayar, llamar la atención sobre

- **Las palabras «con poco tacto».** El buen escritor ha de estar especialmente atento al efecto que pueda ocasionar su texto y, en particular, a evitar la posibilidad de que su escrito pueda resultar hiriente u ofensivo para el lector. Este aspecto suele ser más controlable cuando a quien se dirige el texto es una persona determinada, a la cual se tiene en mente durante la redacción. Pero, cuando se trata de un destinatario múltiple, las interpretaciones del texto también se multiplican, por lo que resulta imprescindible pensar en los posibles efectos que nuestro escrito puede ocasionar.

No nos podemos consentir que alguien se sienta herido con lo que hemos escrito (salvo que el objetivo sea precisamente ese, claro). Y un modo sencillo de hacerlo es respetar en nuestros textos las mismas normas de cortesía que usamos en la vida ordinaria (⇨ pág. 444), recordando siempre que, cuando la cortesía desaparece, las relaciones sociales se vuelven mucho más difíciles. Eso exige que de nuestros textos desaparezcan los exabruptos, los tacos, los insultos, las descalificaciones gratuitas y en general todas las palabras que puedan resultar ofensivas para el lector. (Para el uso cortés del orden en que deben figurar los pronombres personales ⇨ pág. 258).

Particular atención habrá de prestarse a evitar el empleo de las llamadas **palabras tabú**, ya que se trata de términos fuertemente estigmatizados socialmente cuyo uso suele causar el rechazo de los lectores por considerarlos inconvenientes, inadecuados e incluso por resultarles ofensivos en muchos casos. No siempre es fácil saber qué palabras son tabú, pues por lo general se trata de voces de la lengua normal que por razones culturales o sociales diversas han adquirido en una zona un significado especial, relacionado con el sexo, con ciertas actividades fisiológicas o con otras actividades o costumbres sociales. Hay que tener en cuenta que la tolerancia social ante este tipo de palabras es muy diferente según el país y la cultura, de manera que expresiones que en un país como España resultan absolutamente normales, como *hacer cola* para 'esperar el turno en una hilera de gente' o hablar del *culo del vaso,* resultan impensables en muchas zonas americanas, que usan la expresión alternativa *hacer fila* y recurren a otros nombres para designar el fondo del vaso.

Además, el hecho de que en un territorio una palabra se considere tabú no implica que sea considerada así en las áreas adyacentes también. Para conocer si una determinada palabra es tabú en el territorio americano disponemos del *Diccionario de americanismos,* editado por la Asociación de Academias de la Lengua Española (Santillana, 2010), obra en la que se incluyen las palabras que se usan solo en el español de América así como las palabras generales que tienen acepciones específicas en ese continente, indicando para cada una el área en la que se emplea. Entre los americanismos incluye, claro está, palabras tabú como *coger,* que significa 'realizar el acto sexual' en México, Centroamérica, Venezuela, Bolivia, Uruguay y Argentina; o *concha,* que designa la 'vulva' en casi toda América del Sur y algunos países de Centroamérica, compartiendo ese valor con *papaya,* también usada en México y el Caribe. La consulta de esta obra resulta imprescindible para evitar efectos indeseados de nuestros escritos, sobre todo si se dirigen a lectores europeos y americanos.

Tampoco podemos permitirnos que, por falta de reflexión, muchos posibles lectores se sientan excluidos del texto. En este sentido hay que tener especial cuidado con el uso del masculino para referirse a los dos sexos, pues podría hacer que todo un sector, el femenino, se considerase ignorado. En español, y también en otras lenguas románicas, como el francés, el italiano, el catalán o el gallego, el género masculino es inclusivo, es decir, que sirve para referirse a ambos sexos, de manera que si decimos *los españoles son divertidos* estamos incluyendo tanto a los españoles como a las españolas. Por ello, resulta muy pesada esa tendencia reciente de ciertos textos administrativos, escolares y periodísticos que consiste en repetir explícitamente el masculino y el femenino para referirse a las personas (*ciudadanos y ciudadanas, malagueños y malagueñas*).

Esta duplicación ha estado reservada tradicionalmente al empleo del vocativo como signo de deferencia ante el auditorio (*señoras y señores, damas y caballeros*) o bien servía para conseguir un determinado efecto estilístico (*No hay hombre ni mujer que pueda saberlo*). Fuera de estos usos, la reiteración va en contra de la eficacia comunicativa, alarga la frase innecesariamente y oscurece el sentido.

Si queremos que nuestro texto sea respetuoso con los dos sexos, es suficiente con incluir ocasionalmente en el mensaje expresiones que muestren que el autor del texto ha tenido en cuenta a cualquier posible destinatario, sea del sexo que sea. Basta, por ejemplo, con mencionar explícitamente a ambos grupos al comienzo del texto (*compañeras y compañeros*) para que se entienda que a partir de ahí todo lo que se diga estará dirigido al conjunto sin exclusiones, de manera que a partir de entonces sea posible usar el masculino genérico.

Solo habrá que recurrir a la fórmula desdoblada si el contexto no es suficientemente claro o si lo que se pretende es hablar de dos grupos diferenciados.

> A estas pruebas físicas pueden acceder los mineros y las mineras.
> No coincidieron las respuestas de los alumnos y las alumnas.

Tampoco es recomendable el empleo de símbolos como la @ o letras como la *x* para referirse a los dos sexos (*Hola a* ®*tod@s,* ®*Queridxs amigxs*), uso extendido sobre todo en los mensajes electrónicos (⇨ págs. 464-465). Aparte de que resultan muy difíciles de comprender para quien se enfrenta por primera vez a estas monstruosidades gráficas, estos signos han de traducirse a masculino o a femenino al ser pronunciadas las palabras que los contienen, por lo que no resuelven ningún problema, sino que crean uno más.

Consejos para que el lenguaje sea respetuoso con los dos sexos

- Pensar en que hay lectoras y lectores y redactar teniendo en cuenta a ambos grupos.
- Elegir los términos no marcados genéricamente, en el caso de que existan.

  ⊖ Acudieron chicos de varias edades.
  ⊕ Acudieron jóvenes de varias edades.
  ⊖ La biblioteca está abierta para todos los que quieran.
  ⊕ La biblioteca está abierta para quienes quieran.

- En algunos casos es posible usar nombres colectivos para referirse conjuntamente a ambos sexos, como por ejemplo *profesorado, juventud,* etc. Hay que tener cuidado en estos casos, no obstante, ya que no siempre son equivalentes ni en el significado ni en las condiciones en las que se usan: no transmite el mismo contenido *profesor* que *docente;* ni es lo mismo *los jóvenes* que *la juventud* o *los niños* que *la infancia.*
- No emplear asimétricamente los términos. Para aludir al estado civil de una persona, no se recomienda usar *señorita* para la mujer si para el varón no se emplea *señorito* en las mismas circunstancias. Tampoco se debe emplear asimétricamente el masculino, aparentemente como voz genérica para ambos géneros, pero a la vez excluyente del grupo femenino, como sucede en el siguiente ejemplo:

  ⊖ Los colonos ocuparon el Lejano Oeste americano, llevando consigo a sus mujeres y todas sus pertenencias.
  ⊕ Los colonos ocuparon el Lejano Oeste americano, llevando consigo todas sus pertenencias.

La elaboración del grupo sintáctico

De la combinación de las palabras surgen los grupos sintácticos y de estos, a su vez, las oraciones. Los grupos sintácticos son conjuntos de palabras que, aunque suelen carecer de significado completo por sí mismos, cumplen una función dentro de la oración (un grupo es el sujeto de la oración, otro el complemento directo, otro el complemento circunstancial, etc.) o bien sirven de complemento a otros grupos. Se clasifican según la palabra que sirve de núcleo, que puede ser un sustantivo (*muchos libros de mecánica*), un adjetivo (*muy duro por el borde*), un adverbio (*demasiado temprano*) o una preposición (*tras las huellas del oso*). El verbo también forma su propio grupo, pero como la presencia de un verbo conjugado basta para formar una oración, el grupo verbal lo dejaremos para tratarlo en el siguiente apartado.

En cuanto al orden en que se configuran los grupos sintácticos, podemos diferenciar tres posiciones. La posición central suele estar ocupada por el núcleo del grupo correspondiente. A la izquierda se sitúan los artículos y determinantes si el núcleo es un nombre y los modificadores o cuantificadores si el núcleo es un adjetivo o un adverbio. Los complementos son, a su vez, grupos sintácticos u oraciones subordinadas que se colocan a la derecha por lo general, si bien algunos tienen más movilidad, como sucede con los adjetivos, que pueden colocarse delante o detrás del nombre (*nuevas revistas* o *revistas nuevas*). El grupo preposicional, por su parte, por lo común se inicia con la preposición y termina con un complemento que constituye el término; es poco frecuente que lleve un modificador, aunque no es imposible, como vemos en los ejemplos del siguiente cuadro.

Grupo sintáctico	Determinantes, modificadores o cuantificadores	Núcleo	Complementos
Nominal	los otros dos	recibos	nuevos de la luz que acabamos de pagar
Adjetival	muy tan bastante	contento	de los resultados de haber recibido noticias tuyas

GRUPO SINTÁCTICO	DETERMINANTES, MODIFICADORES O CUANTIFICADORES	NÚCLEO	COMPLEMENTOS
Adverbial	demasiado algo tan	lejos	de mí de la ciudad de lograr sus objetivos
Preposicional	casi	sin	motivo pensar en las consecuencias

Como hemos dicho, los grupos sintácticos se combinan entre sí para formar grupos más amplios. Un grupo adjetival puede servir de complemento a un grupo nominal, *la casa más moderna*; un grupo nominal complementa al grupo preposicional, *entre todos los vecinos*; el grupo preposicional puede aparecer dentro de un grupo adverbial, *mañana por la mañana*, etc. Del mismo modo, las oraciones subordinadas pueden servir como complemento en los grupos sintácticos, como se ejemplifica en el cuadro anterior.

Cómo construir bien los grupos sintácticos

- **Ordenar adecuadamente los complementos.** Los complementos también tienen «peso». Igual que las palabras, los grupos sintácticos pueden ser más o menos pesados en función de las palabras que contengan y el orden en que se colocan depende de lo que «pesen». Si el núcleo de un grupo sintáctico tiene varios complementos, el orden más habitual es colocar los más ligeros cerca del núcleo. De este modo, es más natural escribir *las personas afectadas de esta localidad* que *las personas de esta localidad afectadas*, pero resulta preferible *las personas de esta localidad afectadas por el brote de gripe* que *las personas afectadas por el brote de gripe de esta localidad.*

El orden en que se colocan las palabras puede afectar a la interpretación que recibe el grupo sintáctico. Los elementos que se sitúan más próximos entre sí tienden a interpretarse unidos, complementando unos a otros: si encontramos escrito *la mesa verde de cristal* suponemos que *verde* se refiere al color de la mesa en conjunto, mientras que si leemos *la mesa de cristal verde* la interpretación habitual es que es verde el cristal, pero no necesariamente el resto de la mesa. En este sentido, es preciso prestar atención a los posibles efectos en el significado de las distintas colocaciones de los complementos y, sobre todo, es imprescindible en los escritos eliminar las posibles ambigüedades (⇨ págs. 54-56 y 234).

⊖ Guantes de piel de caballero
⊕ Guantes de caballero de piel

- **No abusar de los adjetivos.** Un adjetivo bien elegido y adecuadamente colocado puede resultar un recurso muy eficaz por la capacidad evocadora de estas palabras. Pero los adjetivos son palabras que remiten siempre a un sustantivo, al que caracterizan, por lo que si se abusa de ellos parece que se pone el acento en lo secundario y no en lo sustancial. Los buenos escritores saben que el uso de los adjetivos debe estar muy medido y que hay que colocar los justos, los imprescindibles. En definitiva, la sugerencia respecto a los adjetivos sería la misma que sobre los buenos amigos: pocos, pero bien elegidos.

Hay que evitar sobre todo los adjetivos antepuestos al nombre. Los adjetivos son complementos de los sustantivos y algunos pueden colocarse delante o detrás del nombre. La posición tiene un efecto significativo: la posposición se relaciona con la información objetiva (*una cama cómoda*), mientras que la anteposición tiene carácter valorativo y subjetivo (*una cómoda cama*). Este rasgo se acentúa en algunos adjetivos, que llegan a cambiar de significado según la ubicación: con *una gran mujer* se hace una valoración moral, mientras que con *una mujer grande* se alude al tamaño; *una nueva obra* es 'otra obra más', mientras que *una obra nueva* significa 'una obra reciente'.

Los adjetivos antepuestos marcan, pues, el componente subjetivo del autor. Por ello, a menudo son redundantes y casi siempre puede prescindirse de ellos sin que el texto se resienta (⇨ págs. 43-44). Si se eliminan los adjetivos en grupos nominales como *la afamada actriz, el conocido músico, la inolvidable velada* el texto se hace más ágil y comunica de manera más eficaz. En cualquier caso, podemos comprobar cómo nuestros textos mejoran simplemente eliminando estos elementos.

- **Colocar cada oveja con su pareja.** Los artículos (*el, la, los...*), los posesivos (*mi, nuestro...*), los demostrativos (*este, aquellas...*), los indefinidos (*pocos, varios, cada...*) y otros determinantes se combinan con el nombre, mientras que los cuantificadores (*más, menos, muy, poco, algo, bastante, demasiado...*) se combinan con los adjetivos y adverbios. La razón por la que son incorrectas expresiones como ®*delante mío,* ®*encima nuestro,* ®*enfrente suyo* (⇨ págs. 233 y 298) es porque se están combinando elementos que pertenecen a categorías gramaticales incompatibles, igual que son imposibles combinaciones como **muy casa* o **algo pared.*

> ⊗ Aquí les enseñamos a arreglárselas solos, pero siempre estamos ®detrás suyo, y muchos no saben cómo van a responder y están inseguros.
>
> (CREA, *Revista Cruz Roja*, Edición Internet, n.º 980, 01/03/2002, España)
>
> ⊘ Aquí les enseñamos a arreglárselas solos, pero siempre estamos detrás de ellos, y muchos no saben cómo van a responder y están inseguros.

Del mismo modo, el adverbio *no* se combina con verbos para expresar el modo negativo correspondiente, pero no debe usarse anteponiéndolo a un nombre abstracto, uso hoy generalizado en los medios de comunicación. Este recurso demuestra pobreza de vocabulario y falta de estilo, por lo que se recomienda buscar el antónimo correspondiente, ya sea mediante una palabra de significado opuesto si la hay, ya sea mediante un derivado con prefijos negativos.

No recomendado	Preferible
el no cumplimiento	el incumplimiento, la inobservancia
la no asistencia	la inasistencia, la falta de colaboración
la no aprobación	el rechazo, la desestimación
la no comparecencia	la incomparecencia, la ausencia
la no conformidad	la disconformidad, el desacuerdo, la discrepancia
la no existencia	la carencia, la inexistencia, la omisión
la no intervención	la pasividad, la abstención
la no proliferación	la escasez, la reducción
la no protección	la desprotección
la no renovación	la cancelación, la clausura
los no bebedores	los abstemios
obra de no ficción	obra documental, obra realista

• **Tener cuidado con las oraciones como complemento de los nombres.** Salvo los adjetivos y los nombres en aposición, el resto de complementos de los nombres, incluyendo las oraciones, deben introducirse con una preposición. Algunos errores de estilo se deben a que no se sigue este principio, como podemos ver en los ejemplos que siguen, en los que los autores crean grupos nominales (*el porqué, el cómo*) pero los complementan con una oración sin que aparezca la preposición necesaria para marcar la subordinación.

⊗ Tendrás que aclararme el porqué te callaste.
✓ Tendrás que aclararme por qué te callaste.
✓ Tendrás que aclararme el porqué de tu silencio.
⊗ Los participantes en el foro han realizado un proyecto de investigación analizando el cómo se transmite la imagen del «otro» en sus respectivos países.
(CREA, *La Vanguardia*, 30/11/1995, España)
✓ Los participantes en el foro han realizado un proyecto de investigación analizando cómo se transmite la imagen del «otro» en sus respectivos países.

La construcción de la oración

Tradicionalmente se ha entendido la oración como una unidad de sentido completo, es decir, que puede emitirse de manera independiente y tiene funcionamiento autónomo. Se organiza en torno a un verbo en forma conjugada, que será el que determine su estructura general, especialmente en cuanto a los elementos que obligatoriamente han de aparecer. La falta de algún elemento considerado obligatorio da lugar a oraciones mal formadas.

*El notario ha enviado.
El notario me ha enviado una citación.

La primera de las dos oraciones anteriores es agramatical porque el verbo *enviar* necesita que se formule explícitamente lo que se envía y a quién se le envía, como adecuadamente aparece en la segunda.

Por otra parte, cada verbo tiene su propia estructura sintáctica. Un verbo como *escribir* requiere un sujeto, ALGUIEN *escribe*, y un complemento, *escribe* ALGO; un verbo como *residir* requiere también un sujeto, ALGUIEN O ALGO *reside*, y un complemento, pero en este caso preposicional, *reside en* ALGÚN SITIO. Hay verbos que solo necesitan un sujeto, como *correr*, ALGUIEN *corre*, mientras que los llamados impersonales carecen de sujeto, como *nevar*.

Su hermana escribía un diario.
El gobernador reside en esta casa.

Andrea corre.
Ha nevado.

Los complementos circunstanciales, también llamados adjuntos, tienen muchas posibilidades de aparecer en la oración, ofreciendo informaciones que pueden ayudar a entenderla adecuadamente, aunque no sean necesarios.

Su hermana escribía un diario todas las noches cuando estuvo enferma.
El gobernador reside en esta casa desde hace varios años.
Andrea corre por el parque todas las mañanas acompañada de su perro.
Ha nevado durante tres días seguidos en el norte de España.

Los circunstanciales, además, tienen más posibilidades de movimiento dentro de la oración que los complementos obligatorios.

Todas las noches, cuando estuvo enferma, su hermana escribía un diario.
Cuando estuvo enferma, su hermana escribía un diario todas las noches.
Su hermana todas las noches escribía un diario cuando estuvo enferma.

Para la buena construcción de la frase, hay que atender a aspectos diversos, como la extensión, las posibilidades combinatorias de los elementos que la componen, la estructura, etc.

Consejos para crear oraciones correctas

- **Eliminar la ambigüedad.** Se denomina «ambigüedad» (o anfibología) al fenómeno que se produce cuando un enunciado o una oración pueden interpretarse en dos sentidos diferentes. Salvo que se haya hecho ambiguo el texto de manera deliberada, es un defecto muy grave del lenguaje escrito, pues implica que el autor no ha sabido transmitir adecuadamente su pensamiento.

Hay dos tipos de ambigüedad. La primera es de origen léxico, es decir, se produce porque se usa una palabra que tiene varios significados. Esta ambigüedad solo puede eliminarse en el contexto real o bien sustituyendo el término por un sinónimo.

El banco es nuevo. (¿Qué tipo de banco?).
Estoy dando clases de inglés. (¿Doy las clases o las recibo?).

La segunda es de origen gramatical, es decir, está causada por el modo en que están colocados los elementos de la frase. Esta segunda es más frecuente y, a menudo, pasa más inadvertida, por lo que el autor debe estar más atento a ella en el proceso de revisión de su escrito. Vamos a señalar a continuación algunos factores que pueden ocasionar ambigüedad. Pondremos ejemplos que ayuden a entender lo que estamos expresando y subrayamos en ellos el elemento que origina la ambigüedad.

- ***Ambigüedad ocasionada por la mala ordenación de los complementos.*** Se produce cuando un elemento que complementa a otro se ha insertado entre dos elementos que deben ir unidos, de modo que no queda claro.

  Se ha comprado un coche que tiene asientos de cuero en Barcelona. (¿Los asientos de cuero están en Barcelona? ¿O es el coche lo que se compró en Barcelona?).
  Se comprometió a terminar el trabajo la semana pasada. (¿La semana pasada hizo la promesa o el trabajo tenía que haber estado para esa fecha?).
  Ruedas de coches de caucho. (¿Ruedas de caucho o coches de caucho?).
  Piscinas de plástico para niños con tapón de seguridad. (¿Quién tiene tapón de seguridad, las piscinas o los niños?).
  Kiko en la boda de Garay con Jessica. (¿Se casa Garay con Jessica o Jessica acompaña a Kiko?).
  Se alquila habitación para estudiantes de 15 m. (¿Eso mide la habitación o es lo que han de medir los estudiantes?).
  El deportista declaró que no había ingerido sustancias prohibidas repetidamente. (¿Lo declaró repetidamente?, ¿declaró que no las había ingerido?, ¿que no las había ingerido repetidamente?, ¿o acaso es que no había ingerido las que habían sido prohibidas repetidamente?).

- ***Ambigüedad por falta de cohesión de los elementos de la oración.*** Algunas partículas, como los pronombres o los relativos, se refieren a otros elementos que han aparecido antes en el texto o que aparecen después. Por lo general, el elemento al que se refieren esas partículas no ofrece dudas, pero a veces no está claro con cuál se relacionan. Pueden originar este tipo de ambigüedad los determinantes posesivos *su* y *sus,* los pronombres personales de tercera persona, el adjetivo *mismo,* los relativos *que* y *cuyo* o el gerundio.

Aviso a los clientes: este establecimiento para su tranquilidad utiliza productos de alto poder desinfectante. (¿La tranquilidad del cliente o la del establecimiento).

El juez condenó al acusado por estafar a su hermana. (¿La hermana del acusado o la del juez?).

María fue al cine con Lucía y su marido. (¿De quién es el marido?).

Juan le dijo a María que trajera sus papeles. (¿Los de él o los de ella?).

Elena vio a su vecina con el marido y aprovechó para darle un recado. (¿A quién le dio el recado?).

He regalado una muñeca a una niña que llora. (¿Quién llora, la muñeca o la niña?).

Ana vio a Teresa con su marido, que la insultó. (¿Quién insultó?, ¿de quién era el marido?, ¿quién fue la insultada?).

Alfredo está satisfecho de sus resultados y yo lo mismo. (¿Estoy satisfecho de los resultados de Alfredo o de los míos propios?).

Aquí tienes el retrato de la reina, cuya historia ya conoces. (¿La historia de la reina, del retrato?).

Andrés vio a Pedro cortando el seto. (¿Quién cortaba el seto?).

Me encontré con Ana saliendo del cine. (¿Quién salía?).

- ***Ambigüedad por el uso de nombres que derivan de verbos.*** Los nombres expresan la acción de un modo menos claro que el verbo, ya que no señalan con claridad quién realiza la acción. Por ello, dentro del grupo nominal pueden crear ambigüedad.

El deseo de escapar del león. (¿Desea escapar el león o la gente?).

La elección del nuevo ministro. (¿Elige el ministro o lo eligen?).

La invasión del pueblo. (¿Invade o lo invaden?).

- ***Ambigüedad originada por una puntuación deficiente o por indebida acentuación.*** Una oración puede variar completamente su significado según se coloquen los signos de puntuación (⇨ págs. 165 y 466) y según estén acentuadas las palabras (⇨ págs. 147 y 149-152).

Lo haré como había prometido. (= Lo haré del modo que había prometido hacerlo).

Lo haré, como había prometido. (= Había prometido hacerlo y lo cumpliré).

He encontrado un restaurante; luego comeremos. (= Comeremos más tarde).

He encontrado un restaurante: luego, comeremos. (= Puesto que lo he encontrado, podremos comer).

María Luisa y Marta viajan siempre juntas. (= Dos personas).

María, Luisa y Marta viajan siempre juntas. (= Tres personas).

Los detenidos que tienen antecedentes irán a la cárcel. (= Solo irán a la cárcel los que tienen antecedentes).

Los detenidos, que tienen antecedentes, irán a la cárcel. (= Irán todos a la cárcel, pues todos tienen antecedentes).

El té gusta mucho. (= La bebida gusta).

Él te gusta mucho. (= Una persona te gusta).

Ha preguntado quién está sentado al fondo. (= Ha hecho una pregunta para saber qué persona es la que está sentado al fondo).

Ha preguntado quien está sentado al fondo. (= El que ha preguntado es el que está sentado al fondo).

Corregir con humor

Los siguientes ejemplos, al parecer extraídos de partes de accidentes reales, son ejemplos de textos ambiguos, muy muy ambiguos. Tanto que causan risa. ¡El problema para los autores es que ellos no los hicieron con intención de hacer reír!

El tío estaba por toda la calle y tuve que hacer varias maniobras bruscas antes de atropellarle.

Saqué el coche del arcén, miré a mi suegra y me fui directamente al terraplén.

Había estado todo el día comprando plantas y al volver a casa, cuando llegué al coche, un arbusto surgió de repente oscureciendo mi visión y no pude ver el coche que venía.

Llevaba cuarenta años conduciendo cuando me dormí al volante y tuve un accidente.

Cuando llegué al cruce apareció de pronto una señal donde nunca había habido una señal de *stop* antes, y no pude parar a tiempo.

Para evitar colisionar con el parachoques del coche de delante, atropellé a un peatón.

Estaba convencido de qué el vejete no llegaría nunca al otro lado de la calzada cuando le atropellé.

El peatón no sabía en que dirección correr, así que le pasé por encima.

- **Prestar mucha atención a la concordancia.** La concordancia es la identidad de rasgos gramaticales entre dos elementos. Un principio gramatical básico exige que el sujeto de la oración concuerde con el verbo, es decir, que ambos estén en la misma persona y en el mismo número; del mismo modo, el adjetivo ha de concordar en género y número con el sustantivo al que se refiere.

Trataremos la concordancia más adelante (⇨ págs. 343-352), pero señalamos ahora que la concordancia se produce también entre otros elementos. Las siguientes oraciones presentan problemas en este sentido.

> ⊗ Ya no doy más de sí.
> ✓ Ya no doy más de mí.
> ⊗ Tú eres de los que crees que todo se arreglará.
> ✓ Tú eres de los que creen que todo se arreglará.

A veces el error se produce porque se hace una concordancia falsa entre el verbo y el aparente sujeto, como vemos en los siguientes ejemplos:

> ⊗ En el teatro habían muchísimos espectadores.
> ✓ En el teatro había muchísimos espectadores.
> ⊗ Se detuvieron a los tres asaltantes.
> ✓ Se detuvo a los tres asaltantes.

- **Concluir la frase que se haya empezado (evitar los anacolutos).** Si una oración ha comenzado con un sujeto, exige un predicado. Es muy frecuente encontrar enunciados orales o escritos en los que la oración comienza de una determinada manera y antes de concluir da un giro y cambia su estructura. A ese defecto se le denomina *anacoluto*, que etimológicamente significa 'que no sigue el camino'. Vamos a verlo en el siguiente ejemplo, que también comentamos.

> ⊗ La vecina del tercero, la que vive enfrente de mi suegro, su marido ha tenido un accidente.

El hablante comienza la oración con *la vecina del tercero*, que teóricamente será el sujeto de la oración que se ha de formar, pero luego cambia de idea y coloca otro sujeto, *su marido*, con lo que *la vecina del tercero* acaba careciendo de función en el enunciado. Una forma de corregir la anterior ruptura podría ser la siguiente:

✓ El marido de la vecina del tercero, la que vive enfrente de mi suegro, ha tenido un accidente.

El resultado sintáctico del anacoluto es que una parte del enunciado carece de función dentro de la oración finalmente construida. El anacoluto produce desconcierto en el lector, y lo obliga a tener que volver a leer para entender el significado del texto. Anotamos a continuación otros ejemplos de anacoluto.

⊗ Si alguno de vosotros prefiere practicar otro deporte, lo podéis hacer.
✓ Si alguno de vosotros prefiere practicar otro deporte, lo puede hacer.
⊗ Los nombres de los alumnos que aparecen en el tablón de anuncios es porque no han pasado aún por secretaría a pagar la matrícula.
✓ Los alumnos cuyos nombres aparecen en el tablón de anuncios han de pasar por secretaría para pagar la matrícula.
⊗ El nuevo medicamento se trata de un avance extraordinario en la lucha contra la enfermedad.
✓ El nuevo medicamento supone un avance extraordinario en la lucha contra la enfermedad.
⊗ La economía lo que no se puede es prescindir de ella.
✓ De lo que no se puede prescindir es de la economía. (*O bien,* De la economía no se puede prescindir).

El anacoluto es un fenómeno frecuente en la lengua hablada, y a veces es difícil evitarlo debido a la inmediatez del discurso oral, pero no debe aparecer en la lengua escrita. Para ello es bueno saber cuáles son las causas que lo producen o los contextos en los que se suele encontrar.

- Las oraciones con verbos que expresan preferencias o gustos personales, del tipo *me gusta, me apetece, me interesa, me agrada*, etc., generalmente con el *yo* antepuesto.

⊗ Yo lo que me interesa ahora sobre todo es la situación económica.
✓ A mí lo que me interesa ahora sobre todo es la situación económica.
⊗ Yo por las mañanas lo que me gusta es levantarme con música.
✓ A mí por las mañanas lo que me gusta es levantarme con música.
⊗ Una cosa que yo nunca me ha pasado...
✓ Una cosa que a mí nunca me ha pasado...

- Las definiciones en las que se utiliza la estructura *es cuando, es donde* sin valor temporal o locativo.

⊗ El hipérbaton es cuando se cambia el orden sintáctico de la frase.

✓ El hipérbaton se produce cuando se cambia el orden sintáctico de la frase. (*O bien,* El hipérbaton es el fenómeno que se produce cuando...).

⊗ El principio de Arquímedes es donde un objeto introducido en un líquido desplaza su volumen.

✓ El principio de Arquímedes establece que un objeto introducido en un líquido desplaza su volumen.

- La coordinación de verbos, adjetivos o sustantivos que tienen régimen preposicional distinto.

⊗ Manifestó su adhesión y compromiso con las ideas expuestas.

✓ Manifestó su adhesión a las ideas expuestas y su compromiso con ellas.

⊗ Declaró que ni era partidario ni pertenecía a la organización.

✓ Declaró que ni era partidario de la organización ni pertenecía a ella.

⊗ Han revisado el proyecto alusivo y relacionado con el medio ambiente.

✓ Han revisado el proyecto alusivo al medio ambiente y relacionado con él.

- La oración como complemento del sustantivo usada sin preposición, especialmente frecuente en el caso de *el porqué* (⇨ pág. 188).

⊗ Aquí se explica el porqué la mayoría de las obras ejecutadas son pequeñas.

(CREA, *Vistazo*, 09/07/1997, Ecuador)

✓ Aquí se explica por qué la mayoría de las obras ejecutadas son pequeñas. (*O bien,* Aquí se explica el porqué del pequeño tamaño de la mayoría de las obras ejecutadas).

- La sustitución de un verbo por otro que tiene diferente esquema sintáctico (⇨ págs. 272-292).

⊗ Es que yo lo que me acuerdo con horror eran los mareos.

(CREA, Muestra XX, encuesta 2M/2H-181-d, informante A, Venezuela)

✓ Es que de lo que yo me acuerdo con horror es de los mareos. (*O bien,* ... yo lo que recuerdo con horror eran los mareos).

• **Asegurarse de que haya un verbo en forma conjugada.** Como hemos dicho, la oración se estructura en torno a un verbo principal que ha de estar en forma conjugada. En principio, por tanto, están mal construidas las oraciones en las que se ha eliminado el verbo o que solo lo presentan en infinitivo o gerundio. La ausencia del verbo solo es aceptable cuando, por razones de estilo, el escritor pretende deliberadamente conseguir un efecto (rapidez, concisión, enunciación directa, etc.). El infinitivo y el gerundio solo pueden aparecer como verbos únicos de la oración en circunstancias muy específicas (⇨ pág. 295).

Un defecto muy generalizado en la manera de escribir actual de diversos grupos sociales consiste en iniciar la oración con un infinitivo (®*Por último, decir que...*; ®*Además, señalar que...*). En estos casos, la buena construcción de la oración exige la presencia de un verbo en forma conjugada, por ejemplo, *Por último, tengo que decir que...*; *Además, conviene señalar que...* El autor del siguiente correo electrónico comete este error (que desgraciadamente no es la única «dolencia» del texto).

> ⊗ Estimado/a profesor/a: Informarle que el plazo para contestar la «ENCUESTA DE SATISFACCION DEL PROFESORADO UNIVERSITARIO ESPAÑOL ANTE LA IMPLANTACIÓN DEL EEES» se ha AMPLIADO hasta el 30 de julio, debido al elevado numero de peticiones para aumentar dicho plazo. Recordarle que seria de gran utilidad contar con su colaboracion y conocer la experiencia que tiene.

> ✓ Estimado/a profesor/a: Le informamos de que se ha AMPLIADO hasta el 30 de julio el plazo para contestar la «ENCUESTA DE SATISFACCIÓN DEL PROFESORADO UNIVERSITARIO ESPAÑOL ANTE LA IMPLANTACIÓN DEL EEES», debido al elevado número de peticiones para aumentarlo. Le recordamos que nos sería de gran utilidad contar con su colaboración para conocer la experiencia que tiene al respecto.

En cuanto al gerundio, por influencia (de los malos traductores) del inglés, se han generalizado construcciones del tipo ®*Descargando archivo*, ®*Iniciando Windows*©). La formulación correcta en español exigiría una forma personal del verbo (*Se está descargando un archivo*) o bien una formulación nominal (*inicio de Windows*©).

- **Tener cuidado con las asimetrías.** A menudo, para presentar informaciones paralelas o en contraste, recurrimos a expresiones que anuncian al lector que vamos a iniciar una serie: *o... o, bien... bien, unas veces... otras, por una parte... por otra, en primer lugar... en* *segundo*. Estas expresiones suelen estar compuestas de dos o más elementos y es necesario que si ha aparecido la primera aparezcan también las siguientes explícitamente. Cuando esto no sucede, cuando el escritor se olvida de alguno de estos elementos, se produce la **asimetría**. El efecto que ocasiona en quien lee es también de desconcierto, pues se le anuncia con el primer elemento que va a venir una serie y se omite el elemento que introduce la continuación, dejando perdido al lector.

⊗ Tras el aviso a la policía, unos querían acabar la fiesta en otro sitio pero nadie deseaba marcharse a su casa.

✓ Tras el aviso a la policía, unos querían acabar la fiesta y otros deseaban continuarla, pero nadie deseaba marcharse a su casa.

⊗ La urgencia en su celebración respondería [...] a la necesidad por una parte de que el Parlamento recupere la capacidad de iniciativa política que hoy parece estar en los juzgados y en algunos medios de comunicación y de transmitir a los ciudadanos la constatación de que el Gobierno cuenta con un amplio apoyo parlamentario.

(CREA, *La Vanguardia*, 30/01/1995, España)

✓ La urgencia en su celebración respondería [...] a la necesidad por una parte de que el Parlamento recupere la capacidad de iniciativa política que hoy parece estar en los juzgados y en algunos medios de comunicación y, por otra, de transmitir a los ciudadanos la constatación de que el Gobierno cuenta con un amplio apoyo parlamentario.

Tampoco es aceptable sustituir uno de los elementos correlativos por otro de diferente orden: la expresión *por una parte* necesita el contrapunto de *por otra* igual que *por un lado* necesita *por otro*, pero no es correcto correlacionar *por una parte* y *por otro lado*; *unas veces* ha de complementarse con *otras (veces)* y *en primer lugar* exige un *en segundo lugar, además* o *por último*; *por una parte* se combina con *por otra*, pero no con *por otro lado, así como, en segundo lugar*, etc.:

⊗ Existe por una parte un deseo popular de convertir el islote en un parque natural y por otro están los intereses de una sociedad privada de urbanizar dicha isla.

(CREA, *El País*, 24/08/1977, España)

✓ Existe, por una parte, un deseo popular de convertir el islote en un parque natural y, por otra, están los intereses de una sociedad privada de urbanizar dicha isla.

⊗ El Gobierno ha corregido, por un lado, los desfases en las cuentas públicas de las comunidades autónomas, así como las nuevas propuestas presupuestarias de las administraciones locales.

✓ El Gobierno ha corregido, por un lado, los desfases en las cuentas públicas de las comunidades autónomas y, por otro, las nuevas propuestas presupuestarias de las administraciones locales.

Otro tipo distinto de asimetría se produce como consecuencia de coordinar elementos que pertenecen a categorías gramaticales diferentes: un grupo preposicional y una oración, un adjetivo y un grupo preposicional, etc.

⊗ Lograrás tus propósitos con tesón, con esfuerzo y si te aplicas al trabajo.

✓ Lograrás tus propósitos con tesón, esfuerzo y aplicación al trabajo.

- **No omitir lo necesario.** En la construcción de las oraciones es muy frecuente que se emplee una sola vez una palabra común para varias unidades análogas: un verbo para varios sujetos, un adjetivo para varios sustantivos, etc. Este recurso, denominado *omisión*, es de uso muy frecuente en la lengua:

Era una persona afable, servicial, de una cordialidad admirable. (Se omite *era*).

Lo vi salir, pero no regresar. (Se omite *lo vi*).

No es aconsejable la omisión cuando para recuperar el elemento suprimido es necesario algún tipo de reajuste en la estructura de la oración, como el cambio a plural en el primer ejemplo que sigue o el de *ser* por *estar* en el segundo:

⊖ Su talante es moderado y lo son también sus actuaciones.

⊕ Su talante es moderado y son moderadas también sus actuaciones. (*O bien,* Tanto su talante como sus actuaciones son moderados).

⊖ ¿Vas a casarte o ya lo estás?

⊕ ¿Vas a casarte o ya estás casado?

La supresión de un elemento es incorrecta cuando ocasiona irregularidades y discordancias gramaticales.

⊗ Mi mujer es morena, alta, ojos verdes...
✓ Mi mujer es morena, alta, tiene los ojos verdes...
⊗ Era una persona afable, simpática, siempre al servicio de todos, y con un gran sentido del humor.
✓ Era una persona afable, simpática, estaba siempre al servicio de todos y tenía un gran sentido del humor.

Consejos para crear oraciones más legibles

- **Controlar la extensión de la oración.** Las oraciones largas son más difíciles de interpretar, especialmente si contienen muchas subordinadas o varios incisos. Por ello, conviene no hacerlas demasiado extensas con objeto de facilitar su comprensión. Algunos manuales de estilo dan consejos incluso sobre el número de palabras máximo que debe contener una frase y lo sitúan entre veinte y treinta. Otros fijan el tamaño en tres líneas como máximo. Evidentemente, estas dimensiones no pueden considerarse en términos absolutos, pues la extensión de la frase dependerá de factores muy diversos, algunos de los cuales pueden hacer que aumente la longitud. No obstante, que el promedio de las frases no sobrepase la treintena de palabras es una recomendación muy sensata. Si las oraciones son muy largas, habrá que acortarlas, dividirlas, repartirlas en dos o más, cuidando siempre que se entienda lo que se quiere decir. Vamos a verlo en el siguiente ejemplo, extraído de un correo electrónico.

⊖ En estos momentos en los que es entendible que exista preocupación y duda sobre el correcto funcionamiento y utilización de los recursos y financiación de los diferentes organismos que contribuyen a complementar la actividad universitaria, se hace necesario por los que tenemos la responsabilidad de gestionarlos, el proporcionar una información clara y exacta que permita a la comunidad universitaria conocer mejor y si es posible reconocer la función que se realiza desde estos organismos.

Aparte de otros defectos que presenta este texto, la oración resulta demasiado larga, de modo que el lector a duras penas puede ir almacenando en su memoria las informaciones que se van acumulando sucesivamente. Al llegar al final, resulta difícil saber cómo había comenzado la oración y, por ello, es necesario releer el texto para lograr descifrar lo que el autor ha querido decir. En definitiva, la eficacia comunicativa acaba resintiéndose. Una posible solución a este problema hubiera sido que el escritor, además de eliminar muchos elementos innecesarios, hubiera dividido la información en dos o más oraciones:

> ⊕ Se entiende que en estos momentos de crisis preocupe el correcto funcionamiento, la utilización de los recursos y la financiación de los organismos que componen la Universidad. Por ello, los que tenemos la responsabilidad de gestionarlos debemos proporcionar información clara y exacta, que permita a la comunidad universitaria conocerlos mejor y, si es posible, reconocer la función que realizan.

- **Eliminar lo innecesario.** Al hablar de las palabras que debíamos evitar en nuestros textos, hablamos de las fórmulas «cansinas» (⇨ págs. 42-44), esas expresiones que pueden perfectamente desaparecer de nuestros escritos sin que el mensaje se resienta en absoluto.

En el ámbito de la oración, también pueden citarse otros cuantos candidatos a evaporarse, a irse, a «hacerse humo». Graciela Reyes, en su obra ya citada *Cómo escribir bien en español,* enumera otros cuantos «candidatos» a desaparecer de nuestros escritos. Coincidimos con la autora en que el estilo mejora si eliminamos expresiones como *es importante señalar, no generalicemos, personalmente creo, por ello, el mismo (la/los/las misma/os/as), supuestamente, indudablemente, me gustaría agregar que, sin ánimo de ser exhaustivos, creemos que podemos afirmar, quizá fuera útil recordar* o *dicha problemática.* A esta lista se pueden sumar expresiones vacías como las que aparecen tachadas en los ejemplos que siguen.

> ~~En mi opinión~~, hay que...
> Es un asunto que, ~~de alguna manera~~, conviene estudiar.
> El cuadro quedó ~~como~~ muy bien, ¿verdad?
> Se han producido ~~un total de~~ siete reuniones.
> Lo mataron de ~~hasta~~ once puñaladas.
> Para pintar la puerta utilizaremos ~~lo que es~~ un rodillo.
> Se organizan importantes fiestas en ~~lo que viene siendo~~ la época de verano.
> ~~Ya te digo, o sea, es que~~ me encuentro super a gusto.

También se hará más clara la prosa si se podan las redundancias de significado (⇨ pág. 403), salvo cuando se usen con fines estilísticos.

- **Limitar los incisos.** Los incisos y aclaraciones suelen ser necesarios en los textos, porque señalan circunstancias o matices que permiten interpretar de manera precisa la idea principal de la oración. Ahora bien, debido a su carácter marginal, estos elementos desvían la atención hacia aspectos secundarios, con lo que eso supone de dificultad para la comprensión del mensaje. Por ello, conviene limitar las explicaciones y las aclaraciones a lo imprescindible y en ningún caso pecar por exceso en este punto.

La razón de esto tiene que ver con el modo en que nuestro cerebro procesa la información. Al parecer, para poder almacenar en la memoria lo que vamos leyendo, el cerebro va abriendo una especie de caja por cada grupo sintáctico que aparece y que se cierra cuando el grupo se ha completado. Sin embargo, debido a la reducida capacidad de la memoria corta, el cerebro no puede mantener muchas «cajas» abiertas a la vez.

En el ejemplo que sigue, vemos cómo el autor construye la oración acumulando incisos, como si fuese una carrera de obstáculos, de manera que el lector que ha saltado el primero se encuentra con el segundo y luego con otro más. El resultado es que el lector debe releer si quiere desentrañar el contenido.

> ⊖ Según Analistas y Consultores SRL, entre la primera semana de abril y el mismo período de julio de este año, la aceptación del trabajo presidencial ha caído de 62.5 a 56.3, nada que pueda preocuparle mucho por el momento, pues resulta un capital nada despreciable, si recordamos que éste es el sexto año de gobierno del ingeniero Fujimori, golpe de Estado incluido.
> (CREA, *Caretas*, 18/07/1996, Perú)

La mejor solución en este caso es eliminar aquellas informaciones que no sean necesarias. En caso de que haya que conservar todos los datos contenidos en los incisos, la solución, también aquí, consistiría simplemente en reordenar los elementos y aumentar el número de oraciones.

> ⊕ Según Analistas y Consultores SRL, la aceptación del trabajo presidencial ha caído de 62,5 a 56,3 entre la primera semana de abril y el mismo período de julio de este año. Sin embargo, esta caída no puede preocuparle mucho por el momento, pues resulta un capital nada despreciable, si recordamos que este es el sexto año de gobierno del ingeniero Fujimori, golpe de Estado incluido.

• **Colocar próximos los elementos que están relacionados.** El español es una lengua que permite bastante libertad en el orden de las palabras, a diferencia de lo que sucede en otras. La concordancia ayuda a saber qué elementos están relacionados, a pesar de que puedan estar a distancia. No obstante, la oración se entiende mejor si las palabras relacionadas están agrupadas: el nombre al lado del adjetivo, el sujeto junto al verbo o el verbo auxiliar unido al participio en las formas compuestas de los verbos. Puede verse el contraste en los siguientes ejemplos, en los que subrayamos en las opciones no recomendadas los elementos que deberían ir juntos.

⊖ Han adquirido la litografía del pintor sevillano más valiosa.
⊕ Han adquirido la litografía más valiosa del pintor sevillano.
⊖ Las empresas eléctricas después de impuestos obtuvieron unos beneficios de 230 millones de euros.
⊕ Las empresas eléctricas obtuvieron unos beneficios de 230 millones de euros después de impuestos.
⊖ Las propuestas de la oposición serán en última instancia rechazadas porque está en minoría.
⊕ Las propuestas de la oposición serán rechazadas en última instancia, porque está en minoría.

• **Evitar la acumulación de negaciones.** Las oraciones negativas son siempre más difíciles de interpretar que las afirmativas correspondientes; entre otras cosas, porque no siempre está claro cuál es el alcance de la negación, qué es lo que se está negando exactamente. Si decimos *Andrés no ha venido a trabajar*, no significa necesariamente que Andrés no haya venido; dependiendo de la situación puede significar eso o simplemente que ha venido a hacer otra cosa distinta de trabajar. Esa ambigüedad no se produce, en cambio, en las oraciones afirmativas. Del enunciado *Andrés ha venido a trabajar* se interpreta que ha venido y que ha venido a trabajar. Por ello, es preferible formular en positivo las ideas y, en todo caso, no acumular negaciones. Imaginemos que encontramos una oración como esta, pronunciada en su día por un conocido político español.

Nadie podrá negar que no es inocente.

¿Hemos podido entender a la primera qué ha querido decir? ¿Cuántas veces hemos tenido que leer la frase para entender su significado (suponiendo que hayamos llegado a desentrañarlo)? Y lo que es más importante, ¿queda claro si ese político considera inocente a la persona de la que habla? En esta dificultad de interpretación está el problema de la acumulación de negaciones. Y si esto ocurre en la lengua escrita, en la lengua oral la confusión todavía puede ser mayor.

Por otra parte, muchas negaciones expresadas con el adverbio *no* u otra partícula negativa más un verbo se pueden formular de manera más sencilla y directa con un solo verbo en positivo: si alguien *no niega* algo es porque lo *admite*, lo *asume* o lo *acepta*, si no es que sencillamente lo *afirma;* si *nadie ignora algo* es porque *todos saben* que ha sucedido.

⊖ Nadie desconoce que esto no sólo sucedió en España, sino en otras naciones.

(CREA, *ABC*, 25/01/1985, España)

⊕ Todos saben que esto sucedió en España y también en otras naciones.

Consejos para crear oraciones más atractivas

- **Respetar el orden básico de los componentes de la oración.** Resultan algunas frases debido al orden en que aparecen sus componentes difíciles de interpretar. Como esta que acabamos de escribir: el orden en que aparecen las palabras dificulta el sentido. El orden más natural de la frase en español es SVO, es decir, sujeto, verbo, objeto, de manera que *El camión transportaba cajas de fruta* es la opción más normal en español, mientras que resultan forzadas *Transportaba cajas de fruta el camión* o *Cajas de fruta transportaba el camión*, expresiones menos habituales o solo aceptables en determinadas circunstancias pragmáticas.

En español hay algunos verbos y expresiones que suelen llevar el sujeto pospuesto (*gustar, apetecer, alegrar, ser necesario*), pero con los verbos que significan acción no es aconsejable colocar el sujeto al final de la frase. Del mismo modo, tampoco se ajusta a los patrones de la oración en español colocar el verbo al final de la frase.

⊖ Fueron condecorados ayer por la tarde en la sede del Ayuntamiento los bomberos que participaron en la extinción del incendio.

⊕ Los bomberos que participaron en la extinción del incendio fueron condecorados ayer por la tarde en la sede del Ayuntamiento.

⊖ Las últimas remesas de nuestros proveedores de ultramar la semana pasada se recibieron.

⊕ La semana pasada se recibieron las últimas remesas de nuestros proveedores de ultramar.

- **Usar verbos en lugar de nombres para expresar acciones.** Frente a lo que a veces se cree, no solo los verbos significan acción; también sirven para expresar acciones muchos sustantivos que derivan de verbos: *entrega, nombramiento, solicitud, subida, decisión, ataque,* etc. Un rasgo muy extendido en la lengua escrita actual consiste en expresar los acontecimientos recurriendo a este tipo de nombres en detrimento del verbo correspondiente. Así, muchos escritores prefieren construir oraciones de este tipo, llamadas «de formulación nominal», en lugar de emplear el verbo en forma activa.

⊖ Ha tenido lugar la inauguración del nuevo tramo de autovía por el presidente.
⊕ El presidente ha inaugurado la autovía.
⊖ Será valorado el dominio de la lengua italiana por parte de los opositores.
⊕ Se valorará que los opositores dominen la lengua italiana.
⊖ Esperamos la consecución de medallas por los atletas.
⊕ Esperamos que los atletas consigan medalla.
⊖ Nos sorprendió la decisión de Esther de presentarse al concurso.
⊕ Nos sorprendió que Esther decidiese presentarse al concurso.

A veces se justifica esta tendencia a la formulación nominal en que de este modo se consigue un estilo más objetivo. Pero muchas veces este tipo de redacción simplemente trata de evitar la expresión directa de las ideas; en otras palabras, a menudo encubre un modo de eludir la responsabilidad sobre las propias ideas. La formulación nominal resulta menos directa, a menudo ocasiona ambigüedad (⇨ pág. 55) y su abuso produce una prosa neutra, anodina, en la que no hay actores que realicen acciones y donde se privilegia lo abstracto sobre lo concreto. Frente al enunciado que aparece como opción no recomendada en el ejemplo que sigue, el autor hubiera resultado más directo, más claro y más breve de haber elegido cualquiera de las formas que se recomiendan.

⊖ Narcís Serra argumentó en el Congreso que el nombramiento de Luis Roldán fue hecho a propuesta del titular de Interior.
(CREA, *La Vanguardia*, 19/05/1994, España)
⊕ Narcís Serra argumentó en el Congreso que Luis Roldán fue nombrado por el titular de Interior.
⊕ Narcís Serra argumentó en el Congreso que a Luis Roldán lo había nombrado el titular de Interior.

• **Seleccionar la voz activa en vez de la pasiva.** Relacionado con lo que hemos señalado en el punto anterior, también es frecuente hoy abusar de las oraciones en voz pasiva en detrimento de las de voz activa. Se considera una influencia del inglés, donde este modelo está muy extendido sobre todo en el lenguaje de los medios de comunicación. Hay que recordar que en las oraciones pasivas el sujeto no es agente, sino paciente, por lo que el contenido semántico de la oración queda atenuado y pierde la fuerza que tiene en la voz activa. En la voz activa el foco se pone en el sujeto que realiza la acción (*el dibujante pintó un desnudo*), mientras que en la pasiva el foco se pone en el objeto (*ese desnudo fue pintado por el dibujante*).

⊖ Da la impresión, al observar las imágenes, de que han sido efectuadas en tiempos actuales.

(CREA, B. Cardeñosa, *El código secreto. Los misterios de la evolución humana*, Grijalbo, 2001, España)

⊕ Da la impresión, al observar las imágenes, de que las han pintado hoy.

• **Seleccionar verbos de mayor contenido semántico.** Los verbos copulativos (*ser, estar, parecer*) y otros verbos (*hacer, tener*) carecen de significado o lo tienen muy débil. Por ello, necesitan un sustantivo o un adjetivo sobre el que se sostenga la carga significativa de la oración. Eso implica que las oraciones sean más largas y que el verbo «no actúe», es decir, pierda parte de su función oracional.

	Preferible
dar golpes	golpear, apalear, aporrear, atizar
decir mentiras	mentir, engañar, fingir
hacer un edificio	edificar, construir, erigir, fundar
hacer un proyecto	proyectar, programar, preparar, idear, imaginar
hacer un regalo	regalar, donar, legar, dispensar
tener un sueño	soñar, imaginar, idear, idealizar

• **Variar los esquemas gramaticales.** De vez en cuando, hay que cambiar el paso en la escritura. Si vemos que nuestras oraciones están siguiendo siempre un esquema similar, si notamos que escribimos siempre con el mismo estilo, como si tuviésemos un corsé, es necesario buscar fórmulas rompedoras que sorprendan al lector. No podemos abandonar al lector y menos aún permitirnos que él nos abandone por aburrimiento. El escritor no puede caer en uno de los pecados más graves de la escritura: la monotonía. Que las oraciones no sean siempre sota, caballo y rey (sujeto, verbo y complemento), que no comiencen siempre por la misma palabra; de vez en cuando hay que darles una vuelta, organizarlas de una manera nueva, cambiar los patrones. Y al observar los efectos que esos cambios producen, nos sorprenderemos gratamente como autores y probablemente también habremos logrado que el lector vuelva a confiar en nosotros.

⊖ En la reunión se aprobaron los presupuestos. En los presupuestos se incluyeron nuevos conceptos. En los próximos días, se presentarán al Consejo de Gobierno.

⊕ Los presupuestos, con los nuevos conceptos aprobados en la reunión, se presentarán al Consejo de Gobierno en los próximos días.

El diseño del párrafo

El párrafo constituye en la lengua escrita la unidad mayor previa al texto, por lo que condensa gran parte de las características del texto global. Cada párrafo constituye en sí un minitexto, podríamos decir, y el autor debe atender a todos sus aspectos formales y de contenido como si fuese un texto completo.

La forma del párrafo

La forma que tiene un párrafo es la que ofrece visualmente en la página impresa y depende mucho de su extensión, de las oraciones que contenga, de su tamaño. No hay una norma que determine la extensión que debe tener un párrafo. Esta dependerá del tipo de párrafo que estemos creando y del tipo de texto en que nos encontremos: no puede ser igual la extensión de los párrafos en los que se esquematiza un proceso que la de aquellos en los que se narra un hecho; los párrafos de un ensayo exigen una mayor capacidad argumentativa que los de otros tipos de texto. No obstante, sí se pueden dar algunas recomendaciones respecto a las dimensiones de los párrafos. Lo primero que percibe el lector que se enfrenta a una página es una imagen, la imagen que conforma la distribución de los párrafos en la página, y a partir de esta primera imagen se hace ya una primera idea de lo que cree que le espera en el texto.

Daniel Cassany incluye en su obra citada *La cocina de la escritura* la figura 3, que representa posibles distribuciones de párrafos dentro de la página, y propone al lector que elija la distribución que considere más adecuada. Según el autor —y también según las pruebas que hemos hecho nosotros—, la opción preferida es la B, porque presenta unos párrafos equilibrados y suficientemente extensos como para suponer que en ellos se desarrolla adecuadamente la idea central que sostiene cada uno. La opción C produce la sensación de que las ideas no están suficientemente desarrolladas ni entrelazadas, que no hay suficiente cohesión entre los párrafos. Las razones para rechazar la opción A se refieren a la extensión de los párrafos, cuyo aspecto demasiado denso supone un inconveniente para la lectura, mientras que en la opción D el desequilibrio en la distribución lleva al lector a presuponer también una falta de equilibrio en el contenido.

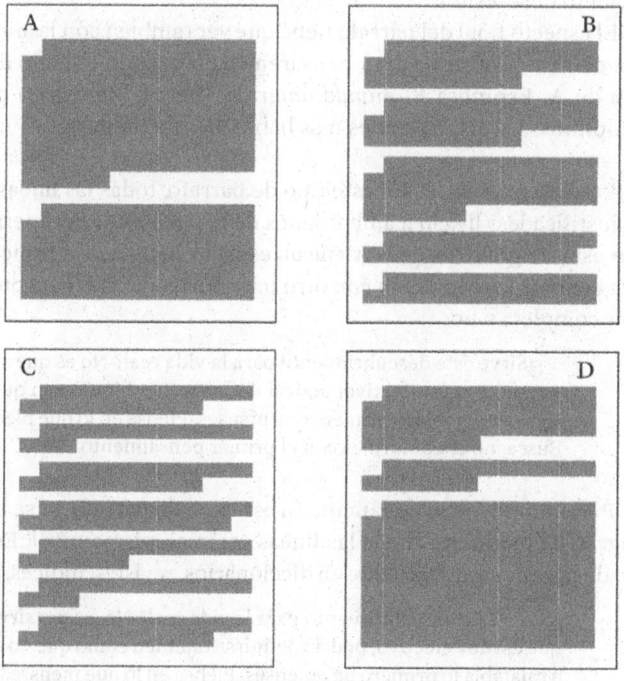

Figura 3. Distribuciones de los párrafos en la página.

Lo más notable de este ejercicio es que este juicio del lector se crea ¡antes de empezar a leer el texto!, sin haberse internado aún en el contenido. Es decir, la propia distribución de los párrafos en la hoja es informativa de por sí, ya está dando una primera impresión sobre lo que hay dentro. La opinión podrá variar cuando el lector se adentre en la lectura, pero el problema está en que hay lectores que nunca se decidirán a adentrarse en un texto que presente determinada imagen externa.

Como norma general, hay que huir de los párrafos demasiado largos y pesados. Si un párrafo ocupa toda una página, habrá que cortarlo en dos o tres y, si no se puede, tendremos que redactar la página de nuevo. Por otra parte, hay que comprobar si la lógica permite unir dos párrafos en uno o, por el contrario, dividir uno en dos. En definitiva, lo que el lector debe encontrar es una imagen armónica de la página, una imagen que le invite a introducirse en la lectura y que, a la vez, le dé una primera idea de cómo está organizado el pensamiento del escritor.

El aspecto final del párrafo tiene que ver también con la alineación del texto. A continuación, usaremos un párrafo tomado de la obra de A. Espinosa *El mundo amarillo* (Debolsillo, 2008) para ejemplificar las disposiciones más habituales de los párrafos.

- **Párrafo ordinario.** En este tipo de párrafo, todas las líneas están justificadas (llegan a ambos lados de la página) y la primera de ellas está sangrada, es decir, tiene un espacio en blanco al principio para facilitar la separación con otro párrafo. La última línea puede estar completa o no:

> ¿Sirve este descubrimiento para la vida real? No es que sirva, es que es muy efectivo; podría definirse también como que no sigas a rajatabla lo primero que pienses. Piensa en lo que piensas. Busca, no te conformes con el primer pensamiento.

- **Párrafo moderno o alemán.** En este tipo de párrafo no se hace sangría, de modo que todas las líneas están al mismo nivel. Es un tipo de párrafo muy frecuente en diccionarios, revistas, índices, etc.:

> ¿Sirve este descubrimiento para la vida real? No es que sirva, es que es muy efectivo; podría definirse también como que no sigas a rajatabla lo primero que pienses. Piensa en lo que piensas. Busca, no te conformes con el primer pensamiento.

- **Párrafo francés.** En este párrafo se hace la sangría al contrario que en el ordinario, es decir, la primera línea no se sangra, pero todas las demás sí. Es el tipo de párrafo más utilizado en bibliografías:

> ¿Sirve este descubrimiento para la vida real? No es que sirva, es que es muy efectivo; podría definirse también como que no sigas a rajatabla lo primero que pienses. Piensa en lo que piensas. Busca, no te conformes con el primer pensamiento.

- **Párrafo asimétrico.** Es aquel que tiene diferentes sangrías y justificaciones, pues depende de la estructura y espacio de la página en la que se inserta el texto. Es más utilizado en publicidad, donde a veces se usa el texto para siluetear imágenes:

> ¿Sirve este descubrimiento para la vida real? No es que sirva,
> es que es muy efectivo; podría definirse también como que
> no sigas a rajatabla lo primero que pienses.
> Piensa en lo que piensas.
> Busca, no te conformes con el primer pensamiento.

- **Párrafo en bandera.** Existen, a su vez, dos tipos:
  - ***Párrafo en bandera por la derecha.*** Aquel que se justifica únicamente por la parte de la izquierda. No lleva ningún tipo de sangría:

> ¿Sirve este descubrimiento para la vida real? No es que sirva,
> es que es muy efectivo; podría definirse también como que no
> sigas a rajatabla lo primero que pienses. Piensa en lo que
> piensas. Busca, no te conformes con el primer pensamiento.

  - ***Párrafo en bandera por la izquierda.*** Aquel que aparece justificado únicamente por la parte de la derecha. No lleva ningún tipo de sangría:

> ¿Sirve este descubrimiento para la vida real? No es que sirva,
> es que es muy efectivo; podría definirse también como que no
> sigas a rajatabla lo primero que pienses. Piensa en lo que
> piensas. Busca, no te conformes con el primer pensamiento.

El contenido del párrafo

El párrafo es un conjunto de oraciones que giran en torno a una idea central y son varias las maneras en que se puede organizar su contenido. Normalmente la primera oración presenta el tema del párrafo, que se desarrolla con el resto de oraciones que siguen; pero se puede hacer al revés, desglosando las ideas al inicio del párrafo y recogiendo la idea central en la última oración. También es posible que la idea central no aparezca explícitamente, porque sea fácilmente deducible. Todas estas posibilidades son igualmente válidas y la elección dependerá de los intereses del escritor y de la que considere más eficiente en cada momento.

María Teresa Serafini, en *Cómo se escribe* (Paidós, 1994), clasifica los párrafos según el modo de organizar su contenido y diferencia entre los de enumeración, que presentan el objeto o la idea que se explica; los de secuencia, formados por un conjunto de elementos que se ordenan mediante algún criterio, por ejemplo, el cronológico; los de comparación o contraste entre dos o más objetos o situaciones; los de desarrollo de un concepto, en los cuales se enuncia una idea y se reafirma por medio de ejemplos, argumentaciones o informaciones de apoyo; los de enunciado y solución de un problema, en los que se plantea un problema y posteriormente se explica cómo resolverlo; y los de causa y efecto, que presentan una situación y a continuación las causas que han llevado hasta ella o las consecuencias que se derivan.

En cuanto a la estructura general del texto, la oratoria clásica planteaba un esquema tripartito para organizarlo, que se resumía en la siguiente fórmula:

— Se dice que se va a decir.
— Se dice.
— Se dice que se ha dicho.

Según esto, el texto debe iniciarse con un apartado en el que se explique el contenido de lo que se va a tratar y, una vez desarrollado todo el contenido, se remata con un último apartado en el que se resume lo expuesto. Conviene detenerse brevemente en esos dos párrafos especiales, el de apertura y el de cierre.

- **El párrafo de apertura.** Es la puerta de entrada al texto y tal vez la parte más importante, pues será la primera toma de contacto con el lector, la que va a determinar en muchos casos que el lector se sienta animado a continuar leyendo o que, por el contrario, desista de ello. El párrafo de introducción puede cumplir dos funciones básicas: informar del contenido o crear expectación. La primera de las orientaciones se encuentra especialmente en los textos de carácter más objetivo, y tiene la ventaja de que anuncia inmediatamente al lector lo que se va a encontrar en el texto. Por ello, puede resultar más previsible y, por tanto, menos eficaz para la comunicación.

Un modo de evitar esa previsibilidad consiste en iniciar el texto con un dato sorprendente, una frase intrigante, un resultado llamativo. De esta manera, se logra interesar al lector, que se siente obligado a continuar la lectura si quiere entender el contenido. Hay diversas formas de atraer la atención: contar una anécdota, iniciar el texto con una frase breve y poco contextualizada, formular una pregunta, citar un autor, etc. El principal riesgo de este tipo de introducciones consiste en que el lector vea frustrado su interés inicial porque el autor haya generado unas expectativas excesivamente altas.

- **El párrafo de conclusión.** Del mismo modo que los remates en una edificación pueden convertir una casa normal en una construcción de máximo interés, el modo de cerrar un texto puede hacer que su interés y su eficacia aumenten. Un texto tiene que dejar buena sensación en quien lee y, sobre todo, tiene que transmitir la idea de que la obra está terminada. Un escrito sin párrafo de conclusiones parece incompleto, inacabado, sin rematar, como si el escritor se hubiera marchado de casa sin dejar la puerta cerrada. Además, recordemos que las últimas palabras son las que más resuenan, las que permanecen en la memoria durante más tiempo, por lo que saber elegirlas adecuadamente se convierte en una virtud del escritor.

Los modos de concluir un texto también pueden reducirse a dos formas básicas: resumir las ideas principales del texto o usar alguna fórmula que sorprenda al lector. Esta segunda es preferible siempre que el cierre esté relacionado con el texto, es decir, que no suponga un giro totalmente imprevisible en el desarrollo del tema. La primera fórmula es más neutra, más objetiva y por ello más previsible. En algunos trabajos, sobre todo académicos y de investigación, un modo de cerrar el escrito consiste en apuntar tareas futuras que se pueden realizar para continuar o complementar el trabajo que se ha presentado.

La transición entre párrafos

Los párrafos están al servicio de la idea global del texto, por lo que deben guardar una estrecha relación entre sí y estar directamente vinculados con ese objetivo general de quien emite el mensaje. El punto y aparte que marca la transición entre párrafos en la escritura indica una transición, una matización o incluso un cambio de tema, pero el vínculo entre todas las partes del escrito no debe romperse. Ningún párrafo debe quedar aislado del resto, un párrafo tiene que llevar a otros, invitar al lector a continuar la lectura.

Una manera eficaz de conseguirlo es recurrir a los **marcadores textuales**, esas expresiones que tienen como función principal orientar al lector sobre el sentido en que debe interpretarse lo que viene a continuación. Encontramos marcadores de diversas clases según la función que realizan en el texto. Unos sirven para comentar lo que se va a decir (*pues, pues bien, dicho esto, así las cosas*, etc.), otros para ordenar las ideas del texto (*primero, en primer lugar, por un lado, por otro, después, finalmente*, etc.), hay marcadores que refuerzan lo dicho antes (*incluso, inclusive, es más, además*), otros que indican que se va a extraer una consecuencia (*por consiguiente, en consecuencia, de resultas, por lo tanto*) o que se usan para refutar lo anterior (*en cambio, por el contrario, sin embargo, no obstante*); algunos se usan para volver a presentar una idea anterior, ya sea explicándola (*es decir, esto es, en otras palabras, dicho de otro modo*), rectificándola (*mejor dicho, mejor aún*), marcando distancias con lo que se acaba de decir (*en cualquier caso, en todo caso, de todos modos*) o recapitulando lo dicho (*en suma, en conclusión, en resumen, en definitiva*). Hay otros, en fin, con los que se argumenta una idea previa, bien sea para reforzarla (*en realidad, en el fondo, de hecho*), bien para ejemplificarla (*por ejemplo, en concreto, verbigracia, en particular, pongamos por caso*).

Estos marcadores que acabamos de ver son más propios de la lengua escrita. La lengua hablada dispone también de algunos elementos específicos que pueden aparecer en la conversación (*en efecto, efectivamente, desde luego, por supuesto, bueno, bien, vale, hombre, vamos, mire, oye, por favor, perdón, sí, ya, eh, este*).

La importancia de estos elementos dentro del texto es que ayudan al lector a entender cómo está organizado el texto y, en consecuencia, le facilitan la labor interpretativa. Cuando el destinatario de un texto se encuentra con la palabra *además*, se prepara para interpretar que lo que vendrá a continuación es una idea nueva, que viene a sumarse a las que hayan aparecido previamente, que constituye un refuerzo a la argumentación; en cambio, si en el texto aparece *por el contrario*, el receptor se prepara para interpretar que lo que viene a continuación es una idea en contra de lo aparecido antes. Incluso hay marcadores, como *por cierto, a propósito* o *a todo esto*, que se utilizan para advertir al lector o al oyente de que a continuación se va a decir algo que no viene a cuento del tema tratado. Un párrafo puede resumir el contenido de lo que se ha dicho en párrafos precedentes sin recurrir a ninguna expresión lingüística que indique que se está resumiendo, pero si comienza con la expresión *en resumen*, el lector, antes de adentrarse en el contenido, ya sabe qué es lo que se va a encontrar, de qué trata lo que leerá a continuación. Está prevenido para lo que se va a encontrar y, por tanto, no necesita hacer el esfuerzo adicional de desentrañar la relación entre lo que está leyendo y el conjunto del texto. Lo que se consigue con los marcadores es, en definitiva, que el mensaje llegue de forma más clara al destinatario y que este lo interprete de manera adecuada.

El párrafo: problemas y soluciones

Los errores más frecuentes en la construcción de los párrafos se pueden clasificar en tres grupos: errores en el contenido, errores en la forma y errores en la transición.

- **Errores de contenido.** Los errores de contenido son errores internos que se refieren al modo en que se presentan las ideas dentro del párrafo. A veces se encuentran textos en los que ideas que debieran ir juntas en un mismo párrafo se presentan en párrafos distintos o, al contrario, se mezclan en un solo párrafo asuntos que deberían aparecer separados en dos párrafos diferentes o en más.

Un modo de solucionar este problema consiste en buscar un título breve a cada párrafo: si es posible encontrarlo sin problemas, significa que el párrafo está bien construido. Si por el contrario el párrafo no admite fácilmente un título breve o bien si dos párrafos coinciden en un título idéntico, quiere decir que algo no está funcionando bien y que será necesario restructurar el escrito, dividiendo el párrafo en dos o más o uniendo en un solo párrafo los contenidos similares. Es aconsejable que ese «título» aparezca de manera explícita en el párrafo, en forma de una oración colocada al principio o al final del párrafo que resuma el contenido y que sirva al lector para entender la idea central en torno a la que el apartado se organiza. Aunque en algunos párrafos bien construidos esta frase resumen puede no aparecer y quedar implícita, la ausencia de este elemento suele resultar un inconveniente para la estructura general del texto.

- **Errores en la forma.** Los errores formales afectan a la extensión de los párrafos y al número de oraciones que los forman. Un primer problema que debemos evitar es el desequilibrio de párrafos, la mezcla desordenada de párrafos largos y breves, pues produce en el lector gran desconcierto. La solución es sencilla: buscar el equilibrio, acortar los párrafos demasiado largos y alargar los breves hasta conseguir una distribución similar.

Los párrafos no deben ser ni demasiado extensos ni demasiado breves. Los párrafos largos le suelen resultar al lector de difícil acceso, ya que los percibe como un intrincado territorio, un obstáculo que superar y, en consecuencia, a menudo los abandona, es decir, no los lee. La solución, si un párrafo nos está saliendo demasiado largo, es dividirlo en dos o más, buscando el punto oportuno para realizar la división y asegurándonos de que se produce una adecuada transición entre los párrafos así divididos. Los párrafos demasiado breves dan la sensación de que no hay elaboración, de que falta argumentación, de que las ideas están sueltas e inconexas. La solución, en este caso, puede ser doble: o bien agrupar varios párrafos en uno o bien ampliar los párrafos mediante recursos como la ejemplificación, la paráfrasis, la ampliación, la explicación de las partes, el contraste con otras ideas, etc.

Un error que debemos evitar particularmente es el de construir el párrafo con una sola oración. Como hemos repetido, el párrafo es un conjunto de oraciones que giran en torno a una idea, es decir, debe estar compuesto por varias frases que desarrollen un apartado del tema general del texto. Cuando el párrafo que hemos construido adolece de este defecto, la solución consiste en dividir la oración, si esta es demasiado extensa, tal como vimos en páginas anteriores

(⇨ págs. 63-64), o bien ampliarla mediante algunas de las técnicas que hemos señalado en el párrafo precedente.

- **Errores en la transición.** Los errores de transición se producen como consecuencia de que un párrafo no conduce a otro de manera fluida y natural. En algunos casos, las dificultades en la transición se deben a que el lector no tiene claro cuál es la lógica que ha llevado a un autor a colocar un determinado párrafo en una posición. Si sucede así, se puede solucionar el problema simplemente recurriendo al empleo de los marcadores textuales correspondientes (⇨ pág. 76), y de esa manera indicar al lector si el párrafo es un resumen de lo que se ha visto, si se contrapone al párrafo anterior, si son ideas complementarias a las del párrafo precedente, etc.

En otros casos, las dificultades se originan como consecuencia de que el tema se desarrolla mediante saltos abruptos, que obligan al lector a pararse en la lectura, a releer para entender la conexión de lo que está leyendo con lo anterior y, en el peor de los casos, a formularse la terrible pregunta: «Pero ¿a qué viene esto ahora?». Estos saltos son un síntoma de que la estructuración del texto no es la adecuada y la solución consiste en tratar de recolocar los elementos del texto, buscar el lugar en el que el párrafo encaje de manera más armoniosa, reescribir el texto, en definitiva.

A menudo la reestructuración no afecta a un solo párrafo, sino a un bloque de contenido. Puede irritarnos y darnos pereza, cuando ya creíamos que habíamos terminado de escribir, tener que deshacer lo hecho y buscar nuevas formas de organizar el contenido. En el pasado, cuando se escribía a mano o a máquina, era una labor tediosa. Hoy contamos sin embargo con la impagable ayuda que nos proporcionan los procesadores de textos, que nos permiten realizar sin demasiado esfuerzo cambios importantes en la organización de nuestros escritos. Estos programas nos facilitan la tarea de cortar grandes bloques de texto y pegarlos en el lugar que deseemos, cambiar de posición un capítulo entero, si es necesario —y a menudo lo es—. Como, además, tenemos la posibilidad de conservar el texto antes de los cambios y después de ellos, podemos probar qué estructuración es la más eficaz. Al hacer estas modificaciones, vamos a ir viendo cómo mejora nuestro texto, cómo transmite más adecuadamente el mensaje que queremos y, en definitiva, cómo se hace más eficaz.

Características de un buen párrafo

Resumiendo lo que acabamos de decir, podemos señalar ahora las características de un buen párrafo. Un buen párrafo es aquel que:

1. Es coherente, porque todas las oraciones que lo forman giran en torno a la misma idea.
2. Contiene una frase al principio o al final que condensa la idea central, o bien esta es fácilmente deducible.
3. Está formado por entre tres y diez oraciones y en ningún caso solo una.
4. Las oraciones que lo forman están ordenadas de manera clara.
5. Contiene palabras o frases de transición que guían al lector en la interpretación del párrafo.
6. Establece una adecuada conexión con los párrafos adyacentes.

LA REVISIÓN

El tercer paso de la elaboración del texto es la revisión. No se trata, sin embargo, de una última fase, ya que el proceso de revisión debe producirse desde el inicio de la escritura y no se da por concluido hasta que el texto se cierra definitivamente —a menudo no porque no se pueda seguir revisando, sino porque el autor llega a un punto en el que encuentra que nada que haga mejorará el texto—.

La forma de abordar el proceso de revisión es la que marca la diferencia entre escritores aprendices y expertos. Los primeros entienden la revisión solo como la fase final del proceso, cuando ya está el texto escrito, por lo que la consideran una labor tediosa, que obliga a rehacer lo que ya daban por terminado, y se limitan a tachar lo que no suena bien o es incorrecto.

Los expertos, por el contrario, entienden la revisión como reelaboración, como un proceso que afecta a todas las fases del texto, desde la propia generación de ideas hasta la organización, y que abarca también, claro, la redacción. La revisión, en este caso, se convierte en el mecanismo que sirve para regular el ajuste entre lo que el texto dice y los objetivos que tiene el escritor.

Expertos y aprendices también difieren en el momento en que revisan: los aprendices suelen hacerlo inmediatamente; los expertos, por el contrario, dejan reposar el texto durante un tiempo antes de retomarlo para revisarlo. El texto es una voz que aturde y conviene dejar que calle durante un tiempo para que, una vez logrado el silencio, el autor pueda volver a escuchar la voz como si fuese nueva.

Ahora bien, ¿qué hay que corregir en un texto? Una buena revisión debe afectar tanto a los aspectos superficiales como a los más profundos, es decir, no solo a aquellos que afectan a la forma del texto, sino también a los que se refieren a su contenido. A modo de guía, podemos considerar, como recapitulación de las fases anteriores, una serie de ítems de revisión.

Revisión de los aspectos formales del texto

La revisión de los aspectos superficiales del texto afecta a cuatro apartados con sus respectivas tareas, tal como se enuncia a continuación.

- **La ortografía**
  - Reparar las erratas.
  - Corregir los errores ortográficos.
  - Controlar los signos de puntuación.

- **El vocabulario**
  - Comprobar que las palabras utilizadas responden a los criterios de variedad, precisión y propiedad.
  - Localizar y eliminar las cacofonías (*cuando estuviste lo viste*), las palabras comodín (*hace, asunto, tema*) y las muletillas (*generalmente, es decir*). Para localizar estos defectos, es conveniente leer en voz alta el texto y escuchar cómo suena.
  - Suprimir también los tópicos (*espectáculo dantesco*), las frases hechas (*a salto de mata*), las redundancias (*cita previa, colofón final*) y otras expresiones de relleno.
  - Evitar aquellas palabras o expresiones malsonantes o que puedan resultar hirientes u ofensivas.

- **La sintaxis**
  - Revisar la longitud y complejidad de las oraciones.
  - Comprobar el orden de los elementos de la frase.
  - Identificar el verbo en forma conjugada de cada oración y comprobar su valor semántico y su régimen sintáctico.
  - Revisar las concordancias dentro de los grupos sintácticos.
  - Revisar la variedad de los esquemas gramaticales utilizados.

- **La construcción de los párrafos**
  - Revisar la extensión de los párrafos.
  - Comprobar el equilibrio en la distribución de los párrafos en el texto.

Revisión del contenido del texto

Más importante aún que la revisión superficial resulta revisar el fondo del escrito, es decir, su contenido, lo que supone atender al menos a los aspectos que siguen.

- **Cantidad, orden y organización de las ideas**
  - Determinar si cada una de las partes en que se ha dividido el texto contribuye a desarrollar la idea global. La estructura, el orden y la jerarquía de las ideas facilitan la comprensión del texto.
  - Eliminar lo irrelevante. Un buen texto se caracteriza por dar la información necesaria, ni más ni menos de lo que se precisa.
  - Reordenar el contenido. Como hemos visto al hablar de los párrafos, la reordenación del contenido suele producir textos más eficaces, en tanto que resultan más claros para el lector.
  - Revisar, si fuera el caso, los datos que se proporcionan. En aquellos textos que los contienen, los datos deben ser revisados para evitar errores o imprecisiones.

- **Claridad y adecuación del texto**
  - Comprobar que el escrito se ajusta a los objetivos que el autor se propone.
  - Buscar posibles contradicciones, repeticiones o redundancias.
  - Comprobar si el estilo y la forma resultan atractivos y adecuados para el lector al que va destinado el texto.
  - Comprobar si el enfoque que se ha adoptado es el más conveniente, teniendo en cuenta las circunstancias en que se produce el escrito.

- **Determinar si la transición entre las partes del texto es fluida o hay saltos abruptos**
  - — Comprobar la correspondencia entre ideas y párrafos.
  - — Revisar el uso de nexos lógicos entre los párrafos del texto.
  - — Revisar el párrafo de introducción y el de conclusión.

Estrategias para la revisión

- **Replantearse todo el proceso.** La revisión, para ser eficaz, debe replantearse todas las fases del proceso, no solo el resultado final. Este planteamiento supone aceptar que a veces el cambio de una palabra (la incorporación de un tecnicismo, por ejemplo) puede suponer una reestructuración de la oración en la que aparece, la aparición de una nueva idea e incluso la remodelación del párrafo o la organización del texto.

- **Detectar errores.** Es muy frecuente que los errores pasen inadvertidos para el escritor novel, ya que la revisión del texto requiere una actitud muy crítica y «despiadada», para lo que es aconsejable, en una primera fase, seguir una guía o índice de revisión, como el que aquí se propone. A medida que se va adquiriendo experiencia, se va desarrollando un espíritu autocrítico que ayuda a identificar los errores propios en todos los campos (ortográficos, de vocabulario, muletillas, tópicos, organización...) y que nos proporciona una guía personal para la revisión de los textos.

- **Ponerse en el lugar del lector.** Como acto comunicativo que es, el texto está dirigido a un receptor y posee una determinada intención, por lo que, para valorar su eficacia, deberemos revisar el texto como si fuéramos el lector al que va dirigido: partiendo de sus conocimientos, de sus circunstancias, de su posición o su relación con nosotros.

- **Revisar con ayuda de otros.** Dar a leer el texto a otras personas es una forma muy efectiva de revisión, pues a menudo el autor, consciente de lo que quiere decir, no se da cuenta de que su texto no transmite las ideas adecuadamente y lee lo que pretende decir, pero no lo que realmente está diciendo.

- **Comparar con el «modelo ideal del texto».** Todo texto puede encuadrarse dentro de una tipología y de un género textual (un correo electrónico, una reclamación, una carta, un cuento...) y responde, por tanto, a unas características formales predeterminadas que el escritor debe conocer y aplicar, bien sea para someterse a ellas, que es lo más frecuente, o para violentarlas con una intención estética. Sirva de ejemplo de estos hallazgos artísticos la canción «A quien corresponda», de Joan Manuel Serrat, en la que el autor recurre a la forma de una instancia para expresar el contenido.

- **Hacer resúmenes.** Para comprobar si un texto es coherente y está redactado con orden y claridad, podemos intentar resumirlo. Cuanto más fácil de resumir sea, más coherente será su contenido. Esta técnica es aplicable al texto en su conjunto o a los párrafos por separado. En este segundo caso, el resumen se concreta en la idea básica del párrafo, que debería poder formularse como un subtítulo del texto.

- **Leer en voz alta.** La pronunciación en voz alta del texto resulta de gran utilidad para detectar todos los errores que tienen un reflejo en el sonido y que pueden pasar desapercibidos en una lectura silenciosa, tales como la puntuación, que se refleja en las pausas; las cacofonías, las rimas internas y las repeticiones.

- **Uso de los procesadores de textos.** Si escribimos con un procesador de textos, lo que resulta habitual, tendremos una gran ayuda en el corrector que incorporan la mayoría de estos programas, especialmente en lo que se refiere a erratas en la forma de las palabras, faltas de ortografía y algunas concordancias de género, número, etc.

  Si tenemos activada la opción adecuada, algunos errores se corrigen de forma automática (el ordenador modifica de manera inmediata ⊗*escrivir* o *he* ⊗*echo* en las formas correctas correspondientes) y otros aparecen señalados mediante subrayados de color que nos avisan de una posible incorrección ortográfica e incluso gramatical. Se trata de una herramienta muy útil, pero que, como tal herramienta, debemos manejar con atención, pues el procesador se limita a validar la palabra que escribimos identificándola en el vocabulario que lleva incorporado y, así, dará por buenas formas como *cálculo/calculo/calculó, mi/mí* o *haya/halla* sin considerar el contexto en que aparezcan. Y puede ocurrir que no corrija faltas de ortografía graves como *®e llegado, no lo ®savia* o *¡®valla corrector ortográfico!* (lo correcto es *he llegado, no lo sabía* y *¡vaya corrector ortográfico!*).

Por otro lado, la corrección automática puede generar errores: si queremos escribir una palabra cuya forma el ordenador no reconoce, la cambiará, sin que nos demos cuenta, por la forma que sí reconoce. Así, la conjunción ilativa *conque* se escribe en una sola palabra (⇨ pág. 336), pero el corrector de Word© la cambia automáticamente a *con que* incluso en contextos donde está bien usada la grafía simple.

Otra ayuda interesante de los procesadores es la búsqueda rápida de sinónimos, para encontrar la palabra precisa o evitar repeticiones y cacofonías. En este caso la prevención deberá ir en el sentido de que la sinonimia total apenas existe en nuestra lengua y no todos los sinónimos que aparecen en estos listados son válidos en cualquier contexto.

LA PRESENTACIÓN FINAL DEL TEXTO

El último aspecto que hemos de revisar es la presentación del texto, el traje con el que va a aparecer en público definitivamente. Como pudimos comprobar al hablar del párrafo, la apariencia externa de los textos comunica desde el primer instante, antes incluso de que el lector se adentre en el contenido. Es más, esa apariencia en muchas ocasiones hará que el lector se sienta atraído hacia su lectura o que renuncie a ella.

Pero además de animar al lector a adentrarse en él, la presentación del texto debe servir para facilitar su lectura y su interpretación, es decir, además de presentar un aspecto claro y despejado, el texto debe señalar qué es lo importante y qué tiene menos interés, trazando los caminos por donde el lector puede transitar más cómodamente.

Algunos tipos de texto presentan una estructura predeterminada a la que ajustarse. Por ejemplo, en una reclamación, necesariamente han de incluirse los datos de identificación de quien reclama, la causa y la petición y cada uno de estos apartados debe estar convenientemente identificado; un fallo judicial ha de contener los datos identificadores de lo que se está juzgando, los considerandos o razones jurídicas en que se basa el fallo, los resultandos o argumentos que lo apoyan y la sentencia final. En estos casos, el escritor tiene menos libertad para disponer los elementos del texto y debe someterse al molde que impone el tipo de texto que esté construyendo.

Con carácter general, independientemente de que determinados tipos de texto impongan rasgos formales propios, hemos de considerar algunos aspectos que contribuyen a mejorar la legibilidad del texto, como son:

- **El aspecto del párrafo.** Desde un punto de vista formal y visual, los párrafos deben presentar un aspecto equilibrado en cuanto a su contenido. Tal y como se señaló en los apartados anteriores (⇨ págs. 70-72), se debe cuidar que su tamaño no resulte excesivo para dar un aire ligero al texto. Este efecto también se consigue con un adecuado interlineado y la colocación de espacios entre párrafos.

  Es recomendable, siempre que sea posible, evitar que la primera línea de un párrafo quede sola al final de la página o que la última línea quede sola al principio de la siguiente, porque crean el efecto de párrafos de una sola línea (líneas viudas y huérfanas).

- **El interlineado.** El interlineado es el espacio que separa las líneas de un texto. En los procesadores de textos viene definido por defecto el interlineado sencillo, que resulta el más indicado en general, aunque también es frecuente usar el interlineado 1,5, que es el que se requiere en la presentación de muchos trabajos académicos, concursos literarios, etc.

- **El espacio entre párrafos.** Se puede añadir un espacio en blanco entre los diferentes párrafos que componen un texto para darle un aspecto más liviano, pero es aconsejable que este espacio no supere nunca el tamaño de una línea en blanco.

- **La alineación.** Hace referencia al eje sobre el que se disponen las palabras en la línea (⇨págs. 72-73).

- **Los márgenes.** Son los espacios en blanco que enmarcan el texto. Los procesadores traen predeterminados unos márgenes óptimos para una página completa, pero si tuviéramos que ajustarlos a nuestra conveniencia, hemos de respetar dos principios básicos:

- El margen superior debe ser mayor que el inferior y el izquierdo mayor que el derecho.
- El texto debe aparecer centrado en la página. Si el texto no llega a ocupar la página completa, deberemos ampliar el margen superior hasta conseguir que el texto quede en el centro.

- **El sangrado de párrafo.** Es el espacio en blanco que se deja al inicio de la primera línea de cada párrafo. Tiene como finalidad señalar su comienzo, especialmente cuando no se usan espacios en blanco entre párrafos.

- **Familia de letras y cuerpo de la letra.** La combinación del modelo tipográfico con que escribimos (Times New Roman, Arial, Garamond, Century...) y el cuerpo de la letra (10 puntos, 12 puntos...) da como resultado el tamaño final de la letra (una letra Garamond en cuerpo 12, por ejemplo, es más pequeña que una Arial en el mismo cuerpo). La elección de estos dos elementos es, además de una cuestión estética y de gusto personal, un aspecto decisivo para determinar la legibilidad del texto. Ante la enorme variedad de tipos de letra que nos ofrece cualquier procesador de textos, debemos tener claro lo siguiente:
  - La selección tendrá que ser adecuada al público y a la situación. No usaremos la misma familia de letras para una carta comercial de nuestra empresa que para un cartel con el que convocamos una celebración entre amigos.
  - Con carácter general y salvo que se nos den indicaciones al respecto, no se debe usar más de una familia y un cuerpo de letras dentro de un mismo texto (las portadas o las citas son excepciones a esta norma).

Algunos elementos útiles para facilitar la interpretación y por lo tanto mejorar la capacidad informativa del texto son los que se relacionan a continuación.

- **Los títulos y subtítulos.** El título no es un elemento presente en todo tipo de textos, pero resulta de vital importancia en los que lo utilizan, pues aporta valores informativos y de motivación. Un buen título es aquel que predispone al lector porque sugiere, delimita y anticipa contenidos, genera expectación y abre expectativas. Estas características pueden tener mayor o menor fuerza en función del tipo de texto en que aparezcan (comparemos el título de una noticia con el de un poema) y también son aplicables a los subtítulos, que se colocan no al inicio del texto, sino a la cabeza de las distintas partes en que este pueda aparecer dividido.

- **El índice.** Su función es, como dice su nombre, indicar, señalar y guiar la lectura a través de una relación detallada y paginada de los contenidos del texto para facilitar el acceso a sus distintos apartados (siempre que este tenga una amplitud que lo justifique). Puede situarse al principio o al final del documento y en su elaboración adquiere especial relevancia lo dicho respecto a los títulos y subtítulos. Si los títulos y subtítulos utilizados en el texto están bien construidos, mejorará notablemente el valor informativo del índice en el que se recogen.

- **La numeración de apartados.** Cualquier texto que presente una mínima complejidad en su contenido (este que tiene en sus manos puede ser un buen ejemplo) necesita utilizar, para organizarlo, sistemas visuales de apoyo, como:

  - ***Numeraciones.*** Usando números o letras, podemos establecer secuencias en un orden jerárquico, ya sea de forma sencilla:

    1.
    2.
    3.

    o mediante esquemas numerados:

    1.
    1.1.
    1.1.1.

  - ***Bolos o viñetas.*** Son símbolos y formas (–, •, ♦) que se utilizan para establecer enumeraciones no jerarquizadas. Si combinamos distintas formas con posiciones diferentes en el margen, también podemos realizar organizaciones en forma de esquema que muestran relaciones de jerarquía o dependencia.

- Categoría
  - ♦ Subcategoría
    - — Segunda subcategoría

- **Los recursos tipográficos.** Dentro de cada familia de letras, podemos utilizar distintos estilos para enfatizar, destacar o señalar las palabras. Tratamos estos aspectos también en el tercer capítulo (⇨ págs. 192-197), pero en su uso hemos de recordar dos máximas:
  1. Para que este recurso sea efectivo, debemos emplearlo con mucha moderación, ya que si destacamos o enfatizamos demasiadas partes del texto, el recurso pierde su eficacia.
  2. Los recursos que empleemos deben ser coherentes dentro de un mismo texto, siempre los mismos para crear nuestro propio estilo de presentación (los títulos en mayúscula, los subtítulos en negrita, etc.).

- **El encabezado y el pie de página.** Ambos son elementos fijos que se colocan dentro de los márgenes superior e inferior de la página, respectivamente, y se repiten en todas las páginas del documento. Presentan información sobre el título del texto o de la sección (capítulo, apartado o parte), y la página correspondiente. Su función es la de situar al lector dentro del documento y orientar su lectura.

- **Los cuadros y tablas.** Tanto estos recursos como los del bloque siguiente, son elementos propios de los llamados textos discontinuos. Esta denominación se refiere precisamente a que la lectura se interrumpe en su sentido de discurso lineal para presentar la información de una manera visual. Los cuadros y las tablas son recursos que presentan un contenido verbal (palabras) enmarcado en estructuras gráficas para facilitar su organización. Su uso está indicado para la organización, clasificación y transmisión de datos en series ordenadas, de forma que puedan ser abarcables con la vista de la manera más ágil posible. En cuanto a la forma que deben adoptar las tablas o los cuadros, una vez más es recomendable buscar la sencillez. No olvidemos que la tabla es el soporte y no debe usurparle relevancia al contenido.

- **Las imágenes, dibujos, gráficas, esquemas.** Todos ellos son recursos propiamente gráficos —fundamentados en el uso de la imagen— que se incorporan al texto para aclarar, ejemplificar, ilustrar o representar las ideas expresadas por el texto. En el uso de este tipo de recursos, deberemos contemplar tres máximas:

1. Definir con claridad cuál de las funciones enumeradas desempeña la imagen en nuestro texto.
2. Adecuar el recurso (fotografía, dibujo, gráfico, etc.) al tipo de texto que elaboramos.
3. Cuidar que la proporción entre el texto y la imagen sea adecuada.

2
Hablar correctamente

LA COMUNICACIÓN ORAL

Si revisamos cómo usamos el lenguaje a lo largo de un día cualquiera de nuestra vida comprobaremos que la necesidad de hablar aparece en multitud de ocasiones y en ámbitos diferentes: en el ámbito familiar, en el profesional, en el académico, en el social... En público o en privado, continuamente charlamos, pedimos, recomendamos, persuadimos, rebatimos, reñimos, damos instrucciones, discutimos... En definitiva, el lenguaje hablado es la herramienta fundamental para el desarrollo personal del individuo y para su participación en la sociedad. Y, consecuentemente, las personas que son capaces de hablar bien están en mejores condiciones de ejercer esa función social con éxito.

¿Qué se entiende por hablar bien? ¿Se puede aprender a hablar bien? ¿Cómo se aprende a hablar? Cuando alguien nos conmueve con su manera de hablar, elogiamos su modo de expresarse diciendo que «habla como un libro abierto». ¿Quiere decir esto que hablar bien es imitar la escritura? La respuesta ha de ser negativa. Lengua hablada y lengua escrita son dos modalidades en ocasiones muy diferentes. De entrada, frente a la lengua escrita, la modalidad oral es natural y su aprendizaje se realiza sin que intervenga ninguna institución que lo regule, por simple imitación. De ahí la creencia de que hablar es una habilidad que no requiere aprendizaje. Nada más lejos de la realidad: todo el mundo sabe hablar, pero no es fácil «hablar bien», entendido en el sentido de saber comunicar aquello que se desea transmitir. Hablar es, básicamente, emitir mensajes articulados; comunicar, sin embargo, es un concepto más amplio, más ambicioso, que implica tener en cuenta a quién se le transmite la información, con qué intención se hace y de qué manera resulta más eficaz en el contexto en el que se desarrolla el acto comunicativo.

La comunicación oral es la natural, la consustancial al ser humano y en ella intervienen muchos órganos del cuerpo. Los principales son el sistema respiratorio, el sistema fonador, que se encuentra en el cuello y la cabeza, y sobre todo la lengua —palabra que en muchos idiomas designa tanto el órgano como el sistema de comunicación—. Pero en la comunicación oral intervienen también otras partes, como los ojos, las cejas, los movimientos de las manos o la postura corporal, como veremos más adelante. La función básica de la comunicación oral es la de permitir las relaciones sociales; de hecho, la expresión *dejarse de hablar con alguien* equivale a romper la relación con esa persona. Pero no toda la lengua oral es natural: una conferencia, un sermón, una entrevista, requieren un alto grado de preparación y a menudo se apoyan en la escritura.

Una comunicación oral eficaz supone, de forma específica, prestar atención a lo que decimos, a la forma en que construimos los enunciados y a la calidad de la pronunciación de los sonidos que emitimos (lenguaje verbal), pero también al tono, volumen, énfasis, velocidad con que hablamos (prosodia), a los mensajes que trasmitimos con nuestros gestos y posturas o movimientos y, muy especialmente, a la adecuación (⇨ págs. 26-27) de todos estos elementos a la situación de comunicación en que nos encontramos. En esquema, podríamos representar así las relaciones entre los componentes de la comunicación oral:

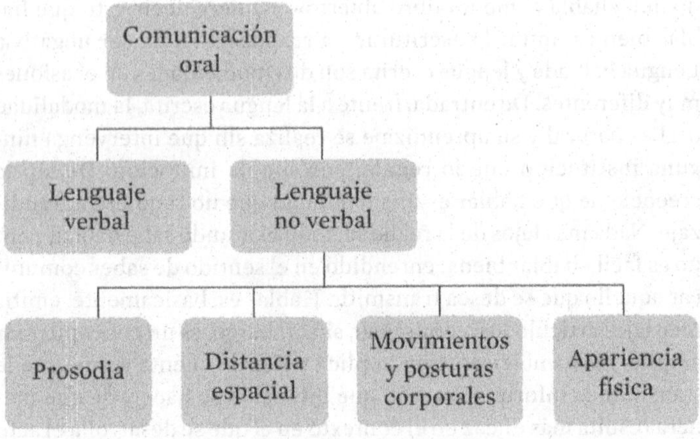

Figura 1. Componentes de la comunicación oral.

LA PRONUNCIACIÓN

Hablar consiste básicamente en emitir sonidos y constituye un hecho tan natural en el ser humano que, salvo en aquellos casos en que sufrimos algún impedimento (afonía, ruidos externos, etc.), casi nunca nos paramos a pensar en qué hacemos cuando hablamos, es decir, cómo se realiza el acto de hablar. La importancia de la pronunciación solo la vemos claramente en circunstancias especiales, como cuando aprendemos una lengua extranjera, no solo porque entonces nos encontramos con sonidos inexistentes en la lengua propia que debemos aprender a articular, sino también porque es cuando nos damos cuenta realmente de que pronunciar correctamente las palabras es requisito imprescindible para poder comunicarnos. Si queremos mejorar nuestra capacidad comunicativa en nuestra propia lengua es indispensable que seamos capaces de lograr una pronunciación clara y correcta de los sonidos para que el mensaje llegue con nitidez a nuestro interlocutor.

Para pronunciar correctamente no es preciso adquirir conocimientos nuevos o aprender nuevas reglas de uso, pero sí es conveniente conocer básicamente al menos cómo se lleva a cabo el proceso físico. Este se realiza en tres fases:

1. **La emisión.** Para poder hablar es necesario que haya una corriente de aire proveniente de los pulmones e impulsada por el diafragma que avance hacia el exterior y ascienda en forma de columna por la tráquea hasta la laringe.
2. **La fonación.** Una vez el aire ha alcanzado la laringe, comienza verdaderamente la pronunciación cuando esa columna de aire se convierte en sonido al pasar a través de las cuerdas vocales, dos músculos que tenemos en la glotis y que vibran o no al paso del aire.
3. **La articulación.** Consiste en la modulación del sonido que sale de las cuerdas vocales. Cuando el aire llega a la cavidad bucal, el sonido se modela, esto es, cambia de intensidad y de configuración gracias a la posición que adopte la lengua, los labios, los dientes, el paladar, etc. La articulación es lo que hace que unos sonidos sean diferentes de otros y la que posibilita, por tanto, que puedan formarse las palabras mediante las variaciones de sonidos.

Ahora bien, si todos seguimos el mismo proceso, ¿por qué no hablamos todos igual? De hecho, el modo de hablar nos individualiza tanto que somos capaces de reconocer a alguien solo por su voz. La razón es que la articulación depende de las características personales de cada hablante, del tamaño y extensión de la faringe, de la forma del paladar, de la disposición de los dientes, etc. Nuestra voz es nuestra seña de identidad.

Otro factor que interviene en la manera de pronunciar es el entorno. Hablamos como hablan los que están a nuestro alrededor. Sabemos por su manera de hablar de dónde es el hablante, si es argentino, mexicano, cubano, español o colombiano, incluso dentro de un país somos capaces de identificar si el hablante es del norte o del sur; en el caso de España, si es asturiano, aragonés, murciano o andaluz. En definitiva, reconocemos que los otros pertenecen o no a nuestra comunidad de habla. Aunque algunas de las diferencias en el modo de hablar se deben a que cada uno emplea palabras y expresiones de su región, las más notables y las que más inmediatamente se perciben son las que se refieren a la pronunciación. Estas variedades son un conjunto de rasgos distintivos que se conocen como el **acento**, esto es, el español se habla con muchos acentos.

Hablar con acento no es hablar mal. De hecho es imposible hablar sin acento y cada uno de los hablantes del español tenemos el que hemos adquirido en nuestra infancia o el del lugar en el que nos hemos desarrollado. Por tanto, un modo de pronunciar no puede ser considerado incorrecto o vulgar simplemente por ser de una región determinada. Ni tampoco existe ningún país ni ninguna región en donde se hable mejor el español que en el resto. Esta es una falsa idea que se debe desterrar por completo. En cada territorio hay hablantes que hablan de manera correcta y otros que cometen incorrecciones, igual que hay escritores que escriben mejor y otros que lo hacen peor, e igual que hay albañiles que construyen las casas mejor que otros.

Son precisamente esos hablantes cuya habla se toma como modelo los que crean la norma de pronunciación de cada zona. El prototipo de persona cuya habla se considera digna de imitación suele coincidir con quienes están más formados culturalmente, sobre todo cuando hablan en público; es decir, los intelectuales, los académicos, los profesionales de la palabra hablada y la expresión oral (locutores, actores, recitadores...). Las diferencias dialectales que se producen entre los hablantes de español de bajos niveles de formación prácticamente desaparecen entre los hablantes cultos.

Requisitos que ha de cumplir una pronunciación correcta

- Mantener la debida tensión en los órganos de articulación (labios, lengua, maxilar, etc.).
- Realizarse con sencillez y naturalidad, sin afectación.
- Adecuarse a la situación comunicativa.

SONIDOS, FONEMAS Y LETRAS

Como hemos dicho, cada uno de nosotros tenemos un modo particular de hablar que nos caracteriza. Si prestamos atención a cómo pronuncian varios hablantes una palabra cualquiera, pongamos por caso la palabra *entonces*, podremos observar diferencias en la manera en que producen los ocho sonidos que forman esta palabra. Según su lugar de origen, su nivel de instrucción u otros factores, la pronunciación de la *c* será distinta si el hablante sesea o no sesea, será diferente también el modo de articular la *s* final, es posible que no pronuncie igual las dos *e* y que debilite la segunda mucho más que la primera. La pronunciación de la palabra será diferente también si hablamos rápida o pausadamente, si estamos enfadados, si estamos nerviosos, si susurramos, etc. Hay que fijarse todavía un poco más para percibir que se pronuncia de forma distinta cada una de las enes de esa palabra: en la primera la lengua toca los incisivos superiores, mientras que la segunda se coloca entre los dientes (si la persona diferencia *s* y *c*). En definitiva, en cada caso se hace un sonido diferente, aunque sea en parte parecido. Así pues, el **sonido** es cada una de las realizaciones físicas, producidas en un momento determinado.

Todas estas variaciones, sin embargo, no impiden que la palabra se identifique siempre. Eso es así porque el cerebro procesa la información que le llega a través del oído y la convierte en una imagen mental, que es la que «traduce» los sonidos a palabras. Ocurre algo similar cuando escribimos: cada uno tenemos una caligrafía, pero aunque el «dibujo», la grafía, resulte diferente a la del resto, es posible casi siempre reconocer qué palabra se ha escrito. A esa imagen mental de un sonido se le llama **fonema.** El número de sonidos del español es infinito: tantos como hablantes y situaciones puedan darse. Sin embargo el número de fonemas es muy reducido: solo veinticinco (para los que distinguen [s] y [z]) o veinticuatro (para quienes no distinguen).

Las **letras**, por último, son los signos gráficos que utilizamos para representar los sonidos del habla en la escritura. Mejor dicho, sirven para representar los fonemas, pues los sonidos hemos dicho que son infinitos. Ahora bien, aunque el español tiene un sistema de escritura bastante sencillo, no hay una letra para cada fonema, sino que a una misma letra pueden corresponderle varios fonemas (como en *gato* y *genio*, donde la letra *g* representa dos fonemas) o, por el contrario, un mismo sonido puede representarse por distintas letras (como sucede con el primer sonido de las palabras *quiso, capa* y *kilo*). Incluso hay letras que no representan ningún fonema, como la *h*, o la *u* en el dígrafo *qu*.

Por eso, en las explicaciones que siguen, para describir algunos sonidos deberemos usar símbolos especiales, pero solo recurriremos a los signos fonéticos que resulten imprescindibles para facilitar la lectura. En concreto:

– Utilizaremos corchetes para indicar que estamos reproduciendo los sonidos de la palabra, no sus letras.
– Representaremos siempre en qué vocal va el acento de la palabra.
– Con la *k* representaremos el sonido con el que comienzan las palabras *casa, queso, quizá, coche* y *cuchara*.
– Con la *z* representaremos el sonido con el que comienzan las palabras *zapato, cerilla, cintura, zorro* y *zueco*.
– Representaremos con *j* el sonido con que comienzan las palabras *gente, jefe, gigante* o *jirafa*.

PRONUNCIACIÓN DE LAS VOCALES

Los sonidos vocálicos son aquellos que se producen cuando la corriente de aire que origina el sonido en las cuerdas vocales sale al exterior a través de la cavidad bucal sin encontrar ningún obstáculo (lengua, labios, dientes...). El sistema vocálico español, bastante simple si lo comparamos con lenguas como el inglés o el francés, está formado por cinco elementos: *a, e, i, o, u*.

Las cinco vocales constituyen el 47,3 % de los sonidos del habla, por lo que es muy importante una buena articulación de estos sonidos vocálicos para lograr claridad y calidad en las emisiones de habla que producimos. De ahí que el término *vocalizar*, definido por el *DRAE* como 'articular con la debida distinción las vocales, consonantes y sílabas de las palabras para hacer plenamente inteligible lo que se habla o se canta', se use también como sinónimo de *pronunciar*.

Los dos aspectos principales que debemos cuidar para la pronunciación correcta de las vocales son la relajación y la nasalización. La relajación es el defecto más relevante, ya que impide que las palabras se perciban con nitidez y se produce lo que coloquialmente conocemos como «mascullar» o «hablar entre dientes». Para evitarlo, debemos prestar atención a la apertura y tensión del maxilar inferior y al movimiento de los labios cuando pronunciamos. Es especialmente importante mantener esta tensión en las vocales que aparecen situadas al final de la palabra. La nasalización se produce cuando, al pronunciar las vocales, permitimos que el aire expulsado salga también por la nariz.

Corregir con humor

—¿Cómo te llamas?
—María de la O.
—¿Eh?
—O.
—¡Ah!

VULGARISMOS RELACIONADOS CON LA PRONUNCIACIÓN DE LAS VOCALES

Hay ciertos fenómenos que afectan a la pronunciación de las vocales que no se consideran propios de una pronunciación esmerada y, en consecuencia, no forman parte de la norma culta del español. Son los rasgos que se relacionan a continuación:

- Reducir dos vocales adyacentes a una sola. La simplificación de las vocales se acepta solo en la lengua coloquial o informal, pero ni siquiera es aceptable en esta si la supresión pudiera llevar a la confusión de dos palabras, como en el caso de *restablecer/reestablecer; semilegal/semiilegal* (⇨ pág. 37). En estos casos debe mantenerse el sonido de las dos vocales sin reducirlas a una sola.

Incorrecto	Correcto
[alkól] [krénzia] [azár]	alcohol creencia azahar

- Reemplazar una vocal por otra. Cuando se produce este vulgarismo en las formas verbales puede llevar a confusión en el tiempo y en el modo.

Incorrecto	Correcto
[invídia] [entestíno] [ayér kantémos]	envidia intestino ayer cantamos

- Conservar los diptongos en las formas derivadas de algunos numerales (⇨ pág. 240).

Incorrecto	Correcto
[sieteziéntos] [nueveziéntos]	setecientos novecientos

- Sustituir una vocal por otra creando un diptongo donde había dos sílabas.

Incorrecto	Correcto
[juakín] [espontánio]	Joaquín espontáneo

- Añadir una vocal al comienzo o en medio de una palabra.

Incorrecto	Correcto
[amóto] [aluégo] [úrnia]	moto luego urna

Hay que tener en cuenta, no obstante, que existen palabras con doble forma, con prefijo y sin él, ambas válidas: *acumular* y *cumular; anublar* y *nublar*.

- Suprimir una de las vocales que forman diptongo. Es un vulgarismo que se encuentra a menudo en la conjugación de algunos verbos (⇨ págs. 269-271):

Incorrecto	Correcto
[urópa] [ventidós] [frégo] [régas]	Europa veintidós friego riegas

- Cambiar la posición de una vocal dentro de la palabra.

Incorrecto	Correcto
[metereológico]	meteorológico

- Contraer las vocales que entran en contacto en la cadena hablada.

Incorrecto	Correcto
[man dícho]	me han dicho

Corregir con humor

—Ma dicho el médico que en el estómago tengo un bulto común.

—Ah, entonces no es grave.

—No, cay que quitalo porques comun puño de grande.

PRONUNCIACIÓN DE LAS CONSONANTES

Los sonidos consonánticos son aquellos que se producen cuando el sonido procedente de las cuerdas vocales encuentra algún obstáculo o dificultad al llegar a la cavidad bucal, ya sea porque se estreche o porque se cierre por la acción de la lengua, los labios, los dientes, etc. El número de fonemas consonánticos del español varía según las áreas geográficas, particularmente según los hablantes distingan o no entre *s* y *z* y entre *ll* y *y*.

Revisaremos algunos de los sonidos que pueden presentar dudas o dificultades de pronunciación o que presentan algunos rasgos particulares dependiendo de las áreas geográficas:

- *b*

En español se pronuncia igual que la *v* (⇨ *v*).

- *c*

Representa el mismo sonido [k] cuando se antepone a la *a* (*carácter*), la *o* (*poco*) y la *u* (*ocurrir*). Salvo en las áreas de seseo (⇨ *s*) se pronuncia [z] ante la *e* (*encerado*) o la *i* (*plácido*).

En algunas zonas de Andalucía los hablantes no distinguen entre [s] y [z] y solo emplean este último sonido. Este fenómeno, que recibe el nombre de **ceceo,** consiste en pronunciar formas como [zóza] por *sosa;* [púze] por *puse,* [aziénto] por *asiento* o [zubír] *por subir.* Se trata de un rasgo dialectal que suele carecer de prestigio social incluso en las áreas en las que se produce.

- *d*

Cuando el sonido [-d-] aparece entre dos vocales (posición intervocálica), tiende a relajarse en la pronunciación, hasta el punto de que en algunos casos puede llegar a desaparecer. Este fenómeno presenta distintas variantes y tiene desigual aceptación en las áreas hispanas.

Se admite solo como rasgo coloquial en el caso de los participios verbales acabados en *-ado,* como [akabáo] por *acabado,* o [rematáo] por *rematado.* Pero se considera vulgarismo en los siguientes casos:

- En el resto de participios: ⊗[tenío] por *tenido,* ⊗[partío] por *partido.*
- En los adjetivos que terminan en *-ada:* ⊗[kansá] por *cansada.*
- Cuando se trata de sustantivos: ⊗[abogáo] por *abogado.*
- Con las palabras terminadas en *-ador/-adora,* como [soldaór] por *soldador,* o ⊗[tostaóra] por *tostadora.*
- En los diminutivos formados a partir de participios: ⊗[kemaíto] en lugar de *quemadito,* o ⊗[sentaíta] por *sentadita.*

Corregir con humor

> En la selva.
> —Mariano, Mariano, ¡una boa!
> —¡Pues que vivan los novios!

Cuando la *d* está en posición final de sílaba, en español tiende a debilitarse e incluso puede llegar a perderse: [paré] por *pared*, [verdá] en lugar de *verdad*. Esta pronunciación solo es aceptable en la lengua coloquial. También se considera fuera de la norma culta la sustitución de la *d* por otro sonido: ⊗[virtúz] o ⊗[virtút] en lugar de *virtud*.

- *g*

Presenta un sonido suave cuando se antepone a las vocales *a*, (*gallina*), *o* (*castigo*), *u* (*agudo*) y un sonido más áspero, igual que el de la *j* (⇨ *j*), cuando está ante las vocales *e* (*ingenio*), *i* (*fingir*).

Ante las vocales *e, i* el sonido suave se representa en la escritura con el dígrafo *gu* (*guisante, Miguel*).

- *j*

Se pronuncian de forma idéntica la primera sílaba de *jinete* y la de *gitano*, la de *jefe* y la de *género*. En muchas zonas del español, como en Andalucía, en Canarias o en las regiones caribeñas, la pronunciación de la *j* se hace más relajada, con un sonido menos gutural, incluso entre los hablantes cultos, por lo que no se considera fuera de la norma.

- *ll*

A pesar de que teóricamente debe diferenciarse entre el sonido de la *ll* y el de la *y*, muchos hablantes de español han perdido esta distinción y solo emplean el sonido de la consonante *y*, es decir, pronuncian igual la primera sílaba de *llave* que la de *yate*. A este fenómeno se le denomina **yeísmo** y está totalmente admitido en la pronunciación culta tanto en territorio español como americano.

Se considera afectada por ultracorrección la pronunciación de *ll* como [li] o [gli], es decir, pronunciar ⊗[kastilio] o ⊗[kastiglio] por *castillo*.

• *r*

En posición inicial de palabra o precedida de los sonidos *l, n* y *s,* se pronuncia con sonido vibrante múltiple, como la *rr* entre vocales: *romántico, alrededor, Enrique, Israel.*

• *s*

La inmensa mayoría de los hispanohablantes, salvo casi todos los de las regiones españolas situadas al norte de Andalucía, no diferencia entre el sonido [s] y el sonido [z] y pronuncian solo [s]. A este fenómeno se le denomina **seseo** y consiste en pronunciar *zapato* como [sapáto], *cena* como [séna], *cita* como [síta] o *trozo* como [tróso]. Es un rasgo totalmente admitido en la lengua culta de las áreas seseantes.

En posición final de sílaba, la *-s* se realiza de varias maneras según la zona geográfica. Junto a las regiones que la conservan como un sonido silbante, hay áreas en las que esta consonante se pronuncia como una leve aspiración, tanto las que están al final de la palabra como las que están en el interior: [máh] para *más,* [dóh] para *dos,* [uhtédeh] para *ustedes.* Esta pronunciación se encuentra habitualmente también entre las personas más instruidas, por lo que se considera correcta. No se acepta, en cambio, ni la eliminación de la consonante ni la aspiración intensa. Se consideran incorrectas, por tanto, pronunciaciones como ®[tré] por *tres* o ®[vinimo] por *vinimos,* así como ®[mojkíto] en lugar de *mosquito* o ®[ejklusívo] en vez de *exclusivo.*

• *v*

En español no hay ninguna diferencia de sonido entre la pronunciación de la *b* y la *v*. Suenan exactamente igual *sabia* y *savia,* aunque se escriban con letras diferentes. Se considera pronunciación afectada pronunciar la *v* como labiodental, es decir, como si fuera una *f*: ®[difíno] por *divino,* ®[fifír] por *vivir*.

• *w*

Se pronuncia con el sonido [b] en las palabras de origen alemán, como *wolframio* o *Wagner*, pronunciadas [volfrámio] y [vágner], y como *gu* o como *u* en las palabras de otros orígenes, formando diptongo con la vocal siguiente, como en *wifi,* pronunciada [güífi] o [uífi], *Washington,* pronunciada [guásinton] o [uásinton] y *taekwondo,* pronunciada [taekuóndo].

- *x*

Tiene varios modos de pronunciarse. Cuando va entre vocales, equivale a los sonidos [gs] o [ks]: *taxi* se pronuncia [tágsi] (mejor que [táksi]), *éxito* se pronuncia [éksito] o, mejor aún, [égsito]. Esta misma pronunciación tensa es la que se prefiere cuando la *x* está al final de la palabra: [tóragс] o [tóraks] para la palabra *tórax*. Cuando la *x* está al final de sílaba en el interior de la palabra, lo habitual es pronunciarla como [s]: [estensión] para *extensión*, [esklusívo] para *exclusivo*.

Es incorrecta la reducción al sonido [s] cuando aparece entre vocales: ⊗[esámen] para *examen*. La pronunciación de la *x* debe mantenerse diferenciada de la de *s* cuando existen dos palabras que solo se distinguen por la presencia de una de esas dos consonantes (⇨ pág. 111): *extático/estático; excusa/escusa; excavar/escavar*.

Como particularidad, esta letra conserva un uso medieval en las palabras *México, Texas* y *Oaxaca* y sus derivados. En todos los casos se debe pronunciar como *j*: [méjico], [téjas], [oajáka]. Se considera anglicismo en estas palabras la pronunciación como [ks]: ⊗[méksico], ⊗[téksas], ⊗[oaksáka].

- *y*

Se corresponde con el sonido vocálico de la *i* cuando aparece aislada (como conjunción copulativa) o al final de palabra (*rey, muy, Paraguay*). Se pronuncia como consonante, en posición inicial de sílaba (*playa, reyerta*).

En gran parte del español ha reemplazado a la *ll* (⇨ *ll*), dando lugar al fenómeno del yeísmo. En algunas zonas de América, especialmente en la región rioplatense (Argentina, Uruguay y zonas aledañas), el yeísmo se realiza con un zumbido más fuerte (se denomina «rehilamiento»). Es una pronunciación generalizada y, por tanto, admitida. No se recomienda, en cambio, pronunciar la *y* asemejándola al sonido de la *ch*.

- *z*

Se pronuncia como [s] entre los hablantes seseantes (⇨ *s*).

Corregir con humor

—¿Qué es un cazo?
—Un zucezo.

VULGARISMOS RELACIONADOS CON LA PRONUNCIACIÓN DE LAS CONSONANTES

Se consideran vulgares los siguientes fenómenos relacionados con la pronunciación de las consonantes:

- La **supresión** de una consonante entre vocales o al final de la palabra. Se acepta, sin embargo, la supresión de consonantes finales en las adaptaciones de los extranjerismos: *chalé, carné, parqué.*

Incorrecto	Correcto
[miája]	migaja
[aujéro]	agujero
[kantá]	cantar
[madrí]	Madrid
[paré]	pared
[usté]	usted

- La **adición** de una consonante al principio, en medio o al final de una palabra. Es muy frecuente en las palabras que comienzan por *hue-*. Al final de la palabra es un error frecuente añadir una *-s* en la segunda persona del pretérito de los verbos (⇨ pág. 269).

Incorrecto	Correcto
[güéso]	hueso
[güéko]	hueco
[tobáya]	toalla
[kliyénte]	cliente
[bakaládo]	bacalao
[desajerár]	exagerar
[komístes]	comiste
[vístes]	viste

- El cambio de **posición** de una consonante o de dos consonantes entre sí.

Incorrecto	Correcto
[kokréta]	croqueta
[klukíyas]	cuclillas

• La sustitución de una consonante por otra. Hay que cuidar especialmente el cambio de la *-d* por la *-r* que se produce en el imperativo de los verbos (⇨ pág. 295):

Incorrecto	Correcto
[abúja]	aguja
[aguélo]	abuelo
[arkilér]	alquiler
[almário]	armario
[espárda]	espalda
[arzénso]	ascenso
[dorziéntos]	doscientos
[verdáz]	verdad
[ustéz]	usted
[subír]	subid
[dibujár]	dibujad

• También se consideran vulgares la pronunciación aspirada de la *h-* inicial en algunas palabras que en latín tenían *f-* y la aspiración de la *f* en palabras que empiezan por *fue-*.

Incorrecto	Correcto
[jámbre]	hambre
[jígo]	higo
[juérza]	fuerza
[juégo]	fuego

LA PRONUNCIACIÓN DE LOS GRUPOS CONSONÁNTICOS

La agrupación de consonantes en el interior de una palabra genera frecuentes problemas de pronunciación. En estas combinaciones, la consonante que aparece en primer lugar, cerrando la primera sílaba (posición implosiva), tiende a asimilarse a otro sonido distinto o a desaparecer.

• **Secuencia *bv***

La pronunciación correcta exige la conservación de las dos consonantes, pronunciadas como un sonido [b] más prolongado.

Incorrecto	Correcto
[óbio]	obvio

- **Secuencia *bs***

  No se considera correcta ni la supresión de la *b* ni su sustitución por otra consonante. No obstante, se admite incluso en la escritura la variación entre *bs* y *s* en algunas palabras: *suscribir/subscribir, sustraer/substraer, sustantivo/substantivo.*

Incorrecto	Correcto
[oservár] [akstraér] [odsekiár]	observar abstraer obsequiar

- **Secuencia *dj***

  Es incorrecto sustituir la *d* por *b.*

Incorrecto	Correcto
[abjetívo]	adjetivo

- **Secuencia *dm***

  No se considera correcta ni la supresión de la primera consonante del grupo ni la sustitución por otras consonantes.

Incorrecto	Correcto
[aministrár] [atmitír]	administrar admitir

- **Secuencia *dk***

  En las palabras que contienen las secuencias gráficas *-dc-* o *-dqu-,* no se debe sustituir la consonante dental por la interdental *z.*

Incorrecto	Correcto
[azquisizión]	adquisición

- **Secuencia *dv***

  Es vulgar la supresión de la primera consonante.

Incorrecto	Correcto
[aversário]	adversario

- **Secuencia *ft***

En esta secuencia tan poco habitual, la pronunciación culta no admite la supresión de ningún sonido ni su sustitución por otro.

Incorrecto	Correcto
[otalmólogo], [oztalmólogo]	oftalmólogo

- **Secuencia *gd***

En la pronunciación esmerada se debe conservar la pronunciación íntegra de las dos consonantes.

Incorrecto	Correcto
[amídala]	amígdala

- **Secuencia *gn***

En posición interior de palabra debe mantenerse el sonido de la *g*. En palabras que comienzan por el grupo *gn-* se admite la supresión de la *g* incluso en la escritura (*nómico/gnómico*).

Incorrecto	Correcto
[ijnorár] [dízno] [inázio]	ignorar digno Ignacio

- **Secuencia *cc***

En las palabras que se escriben con doble *c* interior, se considera incorrecto igualar la pronunciación del primer sonido [k], con el segundo [z] (o [s] para los seseantes).

Incorrecto	Correcto
[atrazzión] [aszidénte]	atracción accidente

- **Secuencia *ct***

No corresponde a la norma culta ni la supresión del primer sonido ni el cambio por un sonido diferente. Puede originar errores por paronimia (⇨ pág. 112) (*apto/acto; aptitud/actitud*).

Incorrecto	Correcto
[dotór] [conflízto] [erúpto]	doctor conflicto eructo

- **Secuencia *mn***

  No se debe igualar el primer sonido con el segundo.

Incorrecto	Correcto
[annésia]	amnesia

- **Secuencia *nm***

  En la pronunciación de esta secuencia de consonantes, se puede mantener la distinción entre las dos consonantes o bien realizar ambos como un sonido [m] más prolongado. No es correcto reducir los sonidos.

Incorrecto	Correcto
[iménso]	inmenso

- *Secuencia* ***nn***

  En la pronunciación esmerada se deben conservar ambas consonantes, o bien realizarlas como un sonido [n] prolongado.

Incorrecto	Correcto
[inovazión]	innovación

- **Secuencia *ns* + consonante**

  El prefijo *trans-* se simplifica en *tras-*, hasta el punto de que en muchas ocasiones solo existe la palabra con esta última forma de prefijo (*trascocina, trashumante, trasnochar, traspasar, traspié, trasplante,* etc.). En la mayor parte de las palabras con este prefijo se aceptan ambas variantes (*transporte ~ trasporte, transcurrir ~ trascurrir, trascender ~ transcender, trasferir ~ transferir*). Si la palabra que se añade a *trans* comienza por *s-*, no es posible la reducción del prefijo (*transustanciar*). Por otra parte, se producen a veces ultracorrecciones (⇨ pág. 112) en las que se aplica este prefijo indebidamente (®*transpasar*).

Cuando la secuencia no corresponde al prefijo, deben mantenerse diferenciados todos los sonidos consonánticos.

Incorrecto	Correcto
[istitúto] [iscríto] [trasiberiáno] [translúz]	instituto inscrito transiberiano trasluz

- **Secuencia *ps***

  En posición interior de palabra, la pronunciación cuidada exige que se conserven los dos sonidos consonánticos. En posición inicial se admite tanto *ps-* como la simplificación *s-* (*psicología/sicología*), pero solo la variante reducida en el prefijo *seudo-* (*seudónimo, seudociencia*).

Incorrecto	Correcto
[autósia]	autopsia

- **Secuencia *pt***

  Por regla general, deben conservarse los dos sonidos consonánticos, sin que pueda sustituirse el primero por otro. En algunos casos, sin embargo, alternan la conservación y la reducción a *t*: *septiembre ~ setiembre, séptimo ~ sétimo,* aunque en la lengua escrita es más habitual la conservación del grupo.

Incorrecto	Correcto
[diztóngo] [precékto] [diotría]	diptongo precepto dioptría

- **Secuencia *pc***

  El único cambio en la pronunciación que se acepta es la realización de la *p* con un sonido menos tenso [b]. Es incorrecta la supresión del primer sonido o su sustitución por otro distinto del señalado.

Incorrecto	Correcto
[okzión]	opción

- **Secuencia *tl***

  Esta secuencia tiene la particularidad de que origina una división en sílabas diferentes entre algunas zonas del español de América, como México y países del Caribe, y el resto del español. Palabras como *atleta* o *atlántico*, se silabean [a-tlé-ta] y [a-tlán-ti-co] en aquellas zonas, frente a [at-lé-ta] y [at-lán-ti-co] en el resto. Cuando la *t* queda en final de sílaba no se considera una pronunciación correcta la supresión de la consonante, aunque se admite la realización como un sonido menos tenso, [d].

Incorrecto	Correcto
[alético] [azlántico]	atlético atlántico

- **Secuencia *tm***

  Se recomienda, para evitar una dicción afectada, la pronunciación relajada de la *t* con un sonido más relajado [d]. Otro tipo de alteraciones se consideran incorrectas.

Incorrecto	Correcto
[azmósfera]	atmósfera

- **Secuencia *tc***

  No es correcta la realización de la *t* como [z] ni tampoco la supresión.

Incorrecto	Correcto
[ezzétera]	etcétera

OTROS ERRORES EN LA PRONUNCIACIÓN

Errores por ultracorrección

La ultracorrección consiste en la deformación de una palabra correcta por considerarla una forma errónea. Suelen cometerla los hablantes que, inseguros de la norma culta, la aplican a palabras que no deben cuando quieren imitar una pronunciación o forma que consideran más culta. Algunos casos de ultracorrecciones frecuentes son los siguientes:

- El grupo *-cc-* se percibe como forma más culta que la forma simplificada *-c-*, de ahí que se pronuncien —e incluso se escriban— con consonante doble algunas palabras que tienen consonante simple:

Incorrecto	Correcto
aficción	afición
concrección	concreción
discrección	discreción
inflacción	inflación
objección	objeción
relacción	relación

- La pronunciación *-ao, -ío, -ía* son errores como terminación del participio, igual que otras eliminaciones de la *-d-* intervocálica; de ahí que esa norma se lleve a palabras en las que esta terminación es la forma correcta.

Incorrecto	Correcto
bacalado	bacalao
vacido	vacío
pasedo	paseo

- En algunas palabras con diptongo se sustituye este por un hiato, ya que se considera más culto. Además, al pronunciarlo así, la palabra se hace esdrújula, que también se considera una pronunciación más culta (⇨ pág. 116).

Incorrecto	Correcto
batráceo	batracio
espúreo	espurio
geráneo	geranio
literáreo	literario

- Se confunde el prefijo *es-*, más popular, con *ex-*, por considerarlo más refinado.

Incorrecto	Correcto
excéptico	escéptico
expectáculo	espectáculo
expléndido	espléndido
expontáneo	espontáneo
extrabismo	estrabismo
extructura	estructura

- Se usa el prefijo *trans-* donde corresponde *tras-* (⇨ pág. 108).

Incorrecto	Correcto
translado	traslado
transnochar	trasnochar
transplantar	trasplantar
transtienda	trastienda
transtorno	trastorno

Errores por paronimia

La paronimia es una confusión motivada por la semejanza de sonido entre dos palabras que tienen formas similares pero significados muy diferentes. Relacionamos aquí algunos términos que pueden ocasionar confusión. Para conocer el significado de cada término remitimos al apartado de impropiedades léxicas en el tercer capítulo (⇨ págs. 353-400).

abertura/apertura
absceso/acceso
acervo/acerbo
actitud/aptitud
adaptar/adoptar
adicción/adición
afección/afición/aflicción
aprehender/aprender
arrear/arriar
azahar/azar
bianual/bienal
calificar/clasificar
escarbar/excavar
esotérico/exotérico
especia/especie
estático /extático
facción/fracción
franquía/franquicia
hojear/ojear
inerme/inerte
infectar/infestar
infligir/infringir
infracción/inflación
inferir/ingerir
perjuicio/prejuicio
preeminente/prominente
prescribir/proscribir
prever/proveer
previsto/provisto
rebelar/revelar
reverter/revertir
suspense/suspenso

Corregir con humor

—Señora, ¡qué gorda está usted!

—Sí, hija, sí, como una tapia.

LA PRONUNCIACIÓN DE LA SÍLABA

En la cadena hablada no se suele producir separación silábica dentro de las palabras, salvo en determinadas pronunciaciones muy pausadas o enfáticas, como cuando queremos remarcar o subrayar algún término. Para estos usos conviene recordar algunos casos que pueden conducir a errores:

1. Las secuencias consonánticas. En la separación silábica, cada consonante forma parte de una sílaba distinta.
   - Las palabras que contienen el grupo *cc* se pronuncian con el primer sonido, [k], al final de su sílaba y el segundo sonido, [z], al comienzo de la siguiente: [a-trak-zión].
   - La agrupación *ns* + consonante se pronuncia con el primer grupo, [ns], al final de su sílaba y la consonante siguiente en la sílaba posterior: [trans-pór-te], [ins-ti-tú-to].
2. La *h* intercalada no representa ningún sonido y por tanto forma sílaba con la consonante que la precede en palabras como *adhesión* o *inhibición,* cuyo silabeo, según el criterio fónico debe ser: [a-de-sión], [i-ni-bi-zión]. El criterio ortográfico en la escritura señala que, a final de renglón, el corte silábico debe realizarse en *ad-he-sión, in-hi-bi-ción.*
3. Las palabras con *x* intervocálica se pronuncian con el primer sonido, [k], al final de la primera sílaba y el segundo sonido, [s], al comienzo de la siguiente: [ek-sá-men].
4. Las palabras con *x* ante consonante se pronuncian con ambos sonidos, [ks], al final de su sílaba: [eks-tén-so].

LA PRONUNCIACIÓN DE LOS EXTRANJERISMOS

Los extranjerismos son palabras que tomamos prestadas de otras lenguas. Muchas veces estos términos tienen su voz equivalente en nuestro idioma, en cuyo caso se recomienda la forma española. Si no hubiera una palabra equivalente en español, lo más normal es que mantengan tanto su grafía como su pronunciación originales.

Cuando ya se han incorporado a nuestra lengua, lo recomendable es pronunciarlos de acuerdo a su forma adaptada, que siempre es resultado del uso común. De modo que debemos estar atentos a la adaptación de estas voces para no pronunciar afectadamente, en su forma original, palabras ya incorporadas a nuestro léxico (como *spaguetti* con *s* líquida).

Recapitulando, las tres opciones que podemos tener en lo que a extranjerismos se refiere son:

– Mantenimiento de la pronunciación originaria para aquellos extranjerismos asentados en su forma original, como *blues (blus), jazz (jas)* o *software (sofuar).*
– Adaptación de la pronunciación originaria a la pronunciación española manteniendo la grafía original, como en *quiche* (*quich*) o *airbag* (*airbag*).
– Mantenimiento de la pronunciación original, pero adaptando la forma extranjera al sistema gráfico del español, como en *paddle* (*pádel*) o *choucroute* (*chucrut*).

Se enumeran a continuación algunas propuestas gráficas y fónicas para adaptar al español los extranjerismos.

Preferible	Forma original	Preferible	Forma original
bafle	*baffle*	pimpón	*ping-pong*
baguete	*baguette*	popurrí	*pot pourri*
bazuca	*bazooka*	ragú	*ragoût*
bisté	*beefsteack*	rali	*rally, rallye*
blúmer	*bloomer*	rosbif	*roast beef*
búngalo o bungaló	*bungalow*	rocanrol	*rock-and-roll*
		chucrut	*Sauerkraut*
baipás	*by-pass*	escáner	*scanner*
campin	*camping*	escúter	*scooter*
castin	*casting*	sexapil	*sex-appeal*
cáterin	*catering*	champú	*shampoo*
coctel o cóctel	*cocktail*	serpa	*sherpa*
cruasán	*croissant*	chutar	*shoot*
disyóquey	*disk jockey*	eslalon	*slalom*
filin	*feeling*	eslogan	*slogan*
gánster	*gangster*	esquí	*sky*
yincana	*gimkana*	esmoquin	*smoking*
glamur	*glamour*	esnob	*snob*
golaveraje	*goal average*	esplín	*spleen*
jipi	*hippie, hippy*	esprín	*sprint*
yacusi	*jacuzzi*	estándar	*standard*
lonche	*lunch*	estárter	*starter*

Preferible	Forma original	Preferible	Forma original
metre	*maître*	estatus	*status*
márquetin	*marketing*	estor	*store*
overol	*overall*	estriptis	*streptease*
pádel	*paddle*	o estriptís	
parquin	*parking*	estrés	*stress*
paspartú	*pase-partout*	suéter	*sweater*
pedigrí	*pedigree*	suflé	*soufflé*
pipermín	*peppermint*	zum	*zoom*

LA PROSODIA

Si escuchamos a distintas personas leer, recitar o declamar un poema, una carta o cualquier otro texto en forma oral, comprobamos inmediatamente que el significado de ese texto oral no está solo en lo que decimos, sino también en cómo lo decimos. Recuérdese cómo el famoso verso de Garcilaso *El dulce lamentar de dos pastores,* era transformado por los escolares en *El dulce lamen tarde dos pastores,* según nos cuenta Augusto Monterroso. Los sonidos que forman estas parejas de expresiones son idénticos, pero sus significados son muy diferentes.

> ¿Mañana vendrás conmigo a la oficina?/¡Mañana vendrás conmigo! ¡A la oficina!
>
> Le he pedido un té./Le he pedido UN TÉ. (Usamos la versalita para señalar el énfasis).
>
> No trabajes tanto, que vas a enfermar. (Pronunciado con entonación neutra o con ironía).

Los acentos, la velocidad, las pausas, el volumen, el tono y la entonación con que emitimos un enunciado son rasgos específicos de la oralidad que nos sirven para expresar significados, actitudes, intenciones y valores. Este conjunto de rasgos se agrupa bajo el nombre de «prosodia» y constituye el lenguaje paraverbal del mensaje. A través de ellos podemos conocer el estado emocional del hablante, su procedencia social y geográfica o la importancia de lo que nos transmite.

Cuando hablamos, debemos prestar una gran atención al dominio de la prosodia, no solo porque nos permitirá transmitir el mensaje con la máxima eficacia, sino porque los cambios y modulaciones de los elementos mencionados nos proporcionarán el mejor remedio contra la monotonía.

Corregir con humor

—Vengo a buscar un puesto de trabajo.
—Ah, pues tenemos varios. ¿Qué le parece de jardinero?
—¡¿Qué dice?! Si le pido trabajo es porque no tengo ni un chavo, así que estoy yo como para dejar dinero.

EL ACENTO

El acento es la mayor intensidad en la pronunciación de una determinada sílaba dentro de la palabra. Su posición en la palabra puede establecer diferencias de significado (***cír**culo, cir**cu**lo, circu**ló***), pero además tiene una función enfática cuando lo utilizamos para remarcar determinadas partes del discurso, poniendo el foco sobre una sílaba, sobre una palabra o sobre otra parte del discurso, como sucede en: *Ese no es* MI *problema, es* NUESTRO *problema.*

Este acento enfático es un recurso de gran eficacia expresiva que ha de utilizarse con moderación para que cumpla su misión (resaltar determinados elementos del discurso). Usado en exceso puede cambiar de forma antinatural la entonación del enunciado.

Errores de acentuación

- **Desplazar la sílaba acentuada a una posición incorrecta**, variando de ese modo su pronunciación. Muchos casos pueden considerarse ultracorrecciones (⇨ pág. 110), especialmente aquellos en los que se busca una pronunciación esdrújula, pues esta se percibe como más culta.

Incorrecto	Correcto	Incorrecto	Correcto
áccesit	accésit	grágea	gragea
aerodromo	aeródromo	intérvalo	intervalo
alcalí	álcali	líbido	libido
álfil	alfil	oceano	océano
ansar	ánsar	paralelógramo	paralelogramo
aspid	áspid	périto	perito
áuriga	auriga	pristino	prístino
caracter	carácter	regimen	régimen
chotís	chotis	sútil	sutil
cuádriga	cuadriga	túpido	tupido
especimen	espécimen	tactil	táctil
expédito	expedito		

Requieren especial atención las siguientes palabras, que cambian su acento al formar el plural (⇨ pág. 212):

Incorrecto	Correcto
espécimenes régimenes carácteres	especímenes regímenes caracteres

• **Convertir en átonas palabras que no lo son.** Consideradas de forma aislada, todas las palabras son tónicas (poseen acento), pero en la cadena hablada algunas de ellas se pronuncian como átonas (sin acento), por lo que se tienen que apoyar en una palabra tónica para su pronunciación, formando grupos fónicos. El enunciado *Según el código penal* debe pronunciarse en tres grupos fónicos y no en uno solo, porque de ese modo convertimos en átonas las palabras *según* y *penal*, que deben llevar acento.

⊗ [segunel**kó**digopenal]
✓ [seg**ún**/el**kó**digo/pen**ál**]

• **Convertir en tónicas palabras átonas.** Especialmente cuando se acentúan como interrogativos determinados pronombres y adverbios.

Lo ⊗QUÉ quieres es imposible.
Eso díselo a ⊗TÚ jefe.

• **Convertir en acentos primarios los acentos secundarios.** Las palabras en español solo tienen un acento, aunque en el caso de las palabras compuestas y algunos polisílabos, se pueden observar otras sílabas con acento secundario (***enhorabuena, pobrecillo***). Los adverbios terminados en *-mente* son las únicas palabras que se pronuncian, de manera natural y no enfática, con dos sílabas tónicas: la que corresponde al adjetivo del que derivan y la del elemento compositivo *-mente*: (***fácilmente, alegremente***), pero son incorrectas pronunciaciones como:

⊗MORtali**dad**
⊗inTERpreta**ción**
⊗PREsu**pues**tos
⊗desCAlifica**ción**

Como sucedía con el acento enfático, la expresividad que se consigue con este procedimiento si se usa con carácter extraordinario pierde eficacia cuando se realiza de forma continua y crea en el discurso un ritmo antinatural.

Palabras con doble acentuación

El *DRAE* reconoce, entre otras, estas palabras que pueden pronunciarse de dos formas diferentes porque admiten doble acentuación. La primera palabra de cada par es la que se considera preferible.

aeróbic ~ aerobic
áloe ~ aloe
alvéolo ~ alveolo
anémona ~ anemona
anhídrido ~ anhidrido
bereber ~ beréber
cartel ~ cártel
celtíbero ~ celtibero
cenit ~ cénit
dinamo ~ dínamo
domínica ~ dominica
electrolisis ~ electrólisis
electrolito ~ electrólito
élite ~ elite
elixir ~ elíxir
exegesis ~ exégesis
fotolisis ~ fotólisis
frijol ~ fríjol
gladíolo ~ gladiolo
haiku ~ haikú
hidrólisis ~ hidrolisis
ibero ~ íbero
icono ~ ícono
ilíaco ~ iliaco
isóbara ~ isobara
isotopo ~ isótopo
kárate ~ karate
médula ~ medula
mímesis ~ mimesis
olimpiada ~ olimpíada
omóplato ~ omoplato
pabilo ~ pábilo
pelícano ~ pelicano
período ~ periodo
policromo ~ polícromo
polígloto ~ poligloto
prion ~ prión
raíl ~ rail
reuma ~ reúma
travesti ~ travestí

También admiten doble acentuación las palabras derivadas a partir de los componentes:

-mancia / -mancía (bibliomancia *y* bibliomancía).
-plejia / -plejía (hemiplejia *y* hemiplejía).
-iaco/a / -íaco/a (austriaco *y* austríaco).

Las palabras terminadas en *-sfera* pueden pronunciarse como esdrújulas o como llanas: *atmósfera* o *atmosfera*.

Los verbos *adecuar* y *licuar*, en sus formas de presente (indicativo, subjuntivo e imperativo) admiten las formas que corresponden al modelo de conjugación de *averiguar* (*adecuo, licuo, adecuas, licuas, adecua, licua, adecuan, licuan, adecue, licue, adecues, licues, adecuen, licuen*) y las que corresponden al modelo de conjugación de *actuar* (*adecúo, licúo, adecúas, licúas, adecúa, licúa, adecúan, licúan, adecúe, licúe, adecúes, licúes, adecúen, licúen*) (⇨ pág. 270).

Asimismo, se admite pronunciar como monosílabas o como bisílabas las palabras *guion, ion, prion, truhan, huis* y otras similares, así como las formas correspondientes al pretérito perfecto simple de los verbos *reír, criar, piar y liar* (él *rio*, yo *crie*, él *crio*, yo *pie*, yo *lie*).

Por otra parte, hay algunas palabras que se usan con diferente acentuación en diversas zonas de América y en España:

América	España	América	España
basquetbol	básquetbol	futbol	fútbol
beisbol	béisbol	nené	nene
bebe	bebé	pudín	pudin
búmeran	bumerán	quepís	quepis
búngalo	bungaló	video	vídeo
chofer	chófer	biósfera	biosfera
coctel	cóctel	estratósfera	estratosfera
chasís	chasis	hidrósfera	hidrosfera

RITMO DE ELOCUCIÓN

La velocidad con la que emitimos nuestro discurso debe adecuarse a las múltiples circunstancias que rodean al acto de la comunicación, no solo al tiempo del que disponemos, porque una velocidad muy rápida dificulta la comprensión del discurso (se pierden sonidos) y agota al receptor, pero si hablamos demasiado lentamente podemos influir de forma negativa en el nivel de interés y en la atención del auditorio. El tema es otro factor determinante: si es conocido y familiar para el receptor, podremos usar un ritmo más ágil que si es nuevo y desconocido. Por otra parte, los auditorios numerosos en lugares amplios y muy concurridos aconsejan una velocidad de elocución más lenta que los entornos más reducidos en tamaño y concurrencia.

También es aconsejable adaptar la velocidad de la elocución al tipo de texto que desarrollamos, ralentizando o acelerando a voluntad determinadas partes del discurso para modular el interés del auditorio y transmitir emociones. Las narraciones requieren variaciones de ritmo en función de los momentos narrativos: más lentos en el planteamiento para facilitar la comprensión, con una aceleración progresiva en el desarrollo que ayude a crear la tensión propia de los nudos narrativos y un ritmo descendente o acelerado en el desenlace, dependiendo de la intención con que se produzca. Nuestra experiencia como contadores o receptores de anécdotas, relatos, chistes y otras narraciones, por ejemplo, puede dar prueba de la importancia de estos factores en la eficacia comunicativa. Los textos descriptivos, por su carácter generalmente sistemático, requieren una velocidad más uniforme, generalmente lenta, pero también exigen estar alerta para evitar la monotonía. En las argumentaciones, cuyo objetivo es provocar la adhesión del receptor a nuestros razonamientos, es necesario mantener un ritmo rápido para evitar que se pierda el hilo que vincula nuestras tesis a los argumentos con que las defendemos y a las conclusiones que se extraen de ellos. Especialmente importante es recuperar un ritmo pausado en la presentación de las conclusiones cuando adoptan la forma de propuestas. En los textos expositivos, por último, es aconsejable que el comienzo y las conclusiones se realicen de forma más detenida para facilitar su asimilación por parte del público.

LAS INTERRUPCIONES DEL DISCURSO

Podemos considerar dos formas básicas de interrumpir el discurso: las interrupciones sonoras y las pausas.

- **Las interrupciones sonoras**, o vocalizaciones, son aquellos sonidos situados en la frontera de lo lingüístico, con los que interrumpimos el discurso propio para señalar duda, turbación o reflexión (*estooo, mmm, ehh, ajá, uf...*), o el discurso ajeno para indicar extrañeza o asentimiento (*¿eh?, uhummm...*). En la cultura hispana se consideran más propias de la conversación informal y se interpretan, dentro del discurso del emisor, como falta de planificación e inseguridad. Sin embargo, en la cultura anglosajona este tipo de pausas del emisor se valora positivamente porque se considera que se usan para reflexionar y elaborar detenidamente lo que se dice.

- **Las pausas** corresponden a una detención o un silencio en la cadena hablada y se rigen por criterios fisiológicos (necesitamos parar para tomar aire), lingüísticos (⇨ págs. 162-169) o psicológicos. Las pausas psicológicas son las que usamos con la intención de crear expectación o para mostrar el dominio del tema ante el auditorio, como por ejemplo, cuando nos paramos entre la introducción a una pregunta y la pregunta propiamente dicha:

> Y díganme (pausa), ¿cuáles son sus propuestas para resolver este conflicto?

El valor estratégico de ambas formas de interrupción del discurso se puede concretar en los siguientes aspectos:

1. Permiten al emisor controlar el mensaje, reorganizar el discurso y preparar la frase siguiente, especialmente cuando se comienza un nuevo tema.
2. Situadas al comienzo de un periodo evitan las muletillas y titubeos del tipo *bueno, ahora, pues...*, que dan una imagen de inseguridad en quien las usa.
3. Permiten replantear las inflexiones de la voz, el cambio de tono y ritmo y en definitiva contribuyen, si se hace buen uso de ellas, a combatir la monotonía y mantener viva la atención.
4. Crean la sensación de que lo dicho es relevante y oportuno y ha sido pensado reflexivamente. El silencio, como uso extremo de la pausa es especialmente valioso, pero requiere mucho dominio de la situación y de uno mismo, de ahí que se hable de la elocuencia del silencio, siempre que este sea justificado.
5. Preparan el ánimo del público y generan expectación: antes de un dato relevante para crear expectación o después de él para invitar a la reflexión, por ejemplo.
6. Posibilitan el reposo del receptor tras una atención continuada y facilitan la asimilación de lo que se está escuchando.

Ha de tenerse en cuenta que el número y duración de las pausas influye en la sensación que el oyente recibe sobre la rapidez o lentitud del discurso. El dominio combinado de las pausas y la velocidad es muy importante para conseguir un estilo fluido, siempre más recomendable que el fragmentado.

VOLUMEN Y TONO

Debemos usar el volumen adecuado a las condiciones físicas que rodean a la elocución para que el mensaje llegue con nitidez al auditorio, pero además, debemos recordar que los cambios de volumen son un recuso muy útil para realzar determinadas partes del discurso. Es especialmente recomendable variar el volumen, no solo con este valor enfático, sino para evitar el cansancio e incluso el aburrimiento en el auditorio.

Es importante prestar atención al descenso del volumen que se produce por efecto del cansancio a medida que avanza el discurso. Conviene mantener el tono de voz en un registro medio entre agudos y graves que resulte agradable. Por lo general, los tonos agudos se asocian a estados de ánimo de mayor tensión o carga emocional, al contrario de los tonos graves, que transmiten confianza y seguridad. Para favorecer el control del tono de la voz y la regulación del volumen es recomendable una respiración bien controlada y una adecuada disposición de las pausas.

ENTONACIÓN

Es el más significativo de los rasgos prosódicos y se emplea a veces para designar de forma abarcadora a lo que aquí hemos denominado «prosodia», ya que la entonación comprende y agrupa a la mayoría de estos rasgos. Podríamos definirla como 'la melodía con que se emite un enunciado', pues la entonación es la encargada de distinguir las modalidades oracionales (enunciativa, interrogativa y exclamativa). Pero además a través de la entonación aportamos a los enunciados la mayoría de los rasgos emocionales y expresivos: el afecto, la ironía, la burla... Las diferencias en el estilo del hablante, su estado de ánimo, su intención comunicativa, etc., son diferencias entonativas que responden a patrones personales, grupales, sociales o culturales.

RECOMENDACIONES PARA MEJORAR LA PROSODIA

Además de evitar los defectos de entonación que se han ido señalando junto a cada uno de los rasgos prosódicos podemos añadir, a modo de recapitulación, algunas recomendaciones de carácter más general:

— Ajustar los rasgos prosódicos a la situación del discurso y moderar el uso expresivo para no recargar el discurso.
— Adecuar la entonación en función del contenido del mensaje.
— Usar la mayor variedad entonativa posible para mantener la atención del receptor y evitar la monotonía.
— Prestar especial atención a la ejecución de la melodía de los enunciados para demarcar las diversas modalidades oracionales.
— Usar el acento enfático con moderación para que cumpla su función, remarcando tan solo aquellas palabras que se consideren claves para la comprensión del mensaje.
— Variar la velocidad de elocución para darle un ritmo más agradable. La rapidez es mejor que la lentitud para mantener la atención del receptor.
— No abusar de las pausas, pues ralentizan excesivamente el discurso y generan monotonía y limitar su uso, fuera de los aspectos fisiológicos, a los lugares estratégicos del texto.

EL LENGUAJE NO VERBAL

Una de las características más significativas de la comunicación oral es el hecho de que los interlocutores comparten, por lo general, el tiempo y el espacio. Como consecuencia, podemos afirmar que se trata de una comunicación multicanal, o lo que es lo mismo, que transmitimos y recibimos información a través del oído, la vista, el tacto e incluso el olfato y el gusto. Cuando acudimos a una cita en el despacho de una persona, podemos extraer información de la decoración, del orden de su mesa, de la disposición de las sillas en que nos vamos a sentar, de su manera de saludarnos, de la forma en que va vestida, de su perfume, de su tono de voz, de sus gestos o de sus movimientos. Por eso, la comunicación será más rica cuanto mayor sea el número de mensajes no verbales transmitidos: una conversación telefónica en la que solo percibimos la voz de nuestro interlocutor tiene menos contenido informativo que una conversación cara a cara, que nos permite interpretar su aspecto físico, sus gestos, su vestimenta, su perfume, su postura corporal o la distancia a la que se sitúa de nosotros cuando nos habla.

En una comunicación cara a cara el componente verbal transmite la información básica que se complementa, matiza, amplía o contradice por ese otro conjunto de informaciones que constituye el lenguaje no verbal de la comunicación oral. Desde la perspectiva del emisor, los mensajes no verbales pueden ser deliberados o involuntarios, del mismo modo que su captación por parte del receptor puede ser consciente o inconsciente, por lo que tenemos que permanecer atentos a qué mensajes no verbales transmitimos y recibimos en el transcurso de una intervención oral, especialmente si esta se produce en un ámbito académico o profesional. Como receptores, a la hora de interpretar los comportamientos no verbales, debemos tener en cuenta que su significado no es unívoco, sino que requiere ser interpretado dentro de un marco cultural, social, contextual e incluso personal que configura su significación concreta dentro de cada acto comunicativo. Cruzar los brazos puede ser interpretado como un indicio de enfado o una actitud defensiva ante el interlocutor, pero también puede indicar una actitud relajada y cordial, en función del contexto situacional en que se produzca.

Sabemos que muchos de estos mensajes, especialmente los gestos más inconscientes (fruncir el ceño para expresar enfado, sonreír), son comunes a muchas culturas y poseen un significado universal, pero en algunos casos, como ocurre con la interpretación de las distancias entre los interlocutores, el contacto físico o las formas de saludo, pueden adquirir diferentes significados en una cultura u otra. Un saludo valorado como cordial por un europeo mediterráneo puede resultar embarazoso por la proximidad para un nórdico o frío por lo distante para un africano.

DISTANCIAS ESPACIALES

El uso que hacemos del espacio, ya sea el propio o el de los otros, resulta determinante para el éxito de una comunicación oral cara a cara. Por ejemplo, el concepto de territorialidad, común a todas las especies animales, es clave para entender el espacio conversacional, como podemos constatar si analizamos nuestras reacciones cuando sentimos que una persona invade nuestro espacio porque se sitúa a una distancia que consideramos excesivamente próxima o, por el contrario, cuando notamos que se aleja unos centímetros si considera que nos acercamos demasiado a ella en el curso de la conversación. El lenguaje coloquial ha acuñado para ello la expresión «mantener las distancias». Del mismo modo, adoptamos posturas defensivas (proyectamos nuestra mano con la palma hacia el frente, cruzamos los brazos o nos parapetamos tras una carpeta) si prevemos que va a ser invadido nuestro espacio íntimo, o pedimos disculpas si tenemos que invadir accidentalmente el espacio personal de los otros.

El antropólogo Edward T. Hall (*The Silent Language*, Dobleday, 1959) estudió el uso y percepción del espacio social y personal y afirmó que toda persona tiene sus propias necesidades territoriales, que estableció con la siguiente clasificación:

1. Distancia íntima. Es la que usamos con aquellas personas a las que nos unen vínculos afectivos. Va desde el contacto físico hasta los 45 cm.
2. Distancia personal. La que utilizamos para la conversación personal. Se establece entre los 45 cm y los 1,20 m.
3. Distancia social consultiva. Es la que establecemos para interactuar sobre cuestiones no personales. Entre los 1,23 m y los 3,5 m.
4. Distancia pública. Comprendida entre los 3,5 m y el límite de lo visible o audible. La que establecemos en comunicaciones públicas: una conferencia, una clase...

Estas referencias, interpretadas con la debida ponderación, pues no son iguales en todas las culturas, nos recuerdan la importancia de una correcta gestión del espacio y las distancias. Si las tenemos en cuenta, nos resultarán de gran utilidad para evitar situaciones embarazosas o incómodas, muy especialmente en la distancia personal, que es la de la conversación.

A partir de nuestras propias experiencias, parece razonable aceptar que cada persona elige una distancia conversacional en la que se siente cómoda. Esta distancia, dentro del marco genérico establecido por Hall, registra leves diferencias en función de determinadas variables, tales como la edad y el sexo, el trasfondo cultural y étnico, el tema que se trate, el ambiente en que se sitúa la conversación, la orientación emocional, las relaciones jerárquicas, etc.

LOS MOVIMIENTOS Y LA POSTURA CORPORAL

El estudio de los movimientos y la postura del cuerpo (ausencia de movimientos) abarca los gestos, las formas de contacto físico, los movimientos que realizamos con las manos, la cabeza, los pies y las expresiones faciales y de los ojos, así como las actitudes corporales que adoptamos. La gesticulación de las manos para acompañar a nuestras palabras, la forma de mirar a nuestro interlocutor, los paseos del orador sobre la tarima o la postura ante el atril son manifestaciones de estas formas de lenguaje no verbal.

Los gestos

Los gestos constituyen un conjunto numeroso y complejo de signos, ya sean comunes a varias culturas o privativos de un restringido grupo social. Para analizar su uso con vistas a una mayor eficacia comunicativa conviene establecer alguna clasificación que nos permita abordarlos de una forma sistemática.

- En un primer grupo estarían aquellos gestos que tienen una correspondencia verbal exacta, una traducción, por decirlo así, dentro de un grupo de comunicación y que además es ampliamente compartida por diferentes culturas. Son denominados **emblemas**. Ejemplos de este tipo de gestos son los que utilizaríamos para pedir agua o comida, saludar, despedirnos o indicar que queremos dormir si tuviéramos que entendernos por señas. Se producen siempre de forma consciente y con una clara intención comunicativa, ya que, en la mayoría de los casos, sustituyen o repiten el mensaje verbal. Lo sustituyen, por ejemplo en un contexto en el que el canal auditivo se ha roto, como sucedería en un lugar con mucho ruido. Cuando repiten lo dicho verbalmente, debemos tener en cuenta que su uso tiene un efecto de redundancia, enfático, muy eficaz en contextos informales y coloquiales, pero poco recomendable en comunicaciones formales. Podemos hacer el gesto de frotar los dedos índice y pulgar al tiempo que preguntamos a un familiar cuánto dinero se ha gastado en su nuevo coche, pero resulta inapropiado si estamos negociando un incremento salarial con el jefe de personal de la empresa.

• Los gestos que acompañan al habla para apoyar, matizar, remarcar o enfatizar lo que se dice verbalmente se conocen como **ilustradores.** Podríamos decir que tienen un valor muy similar al de la prosodia, en este sentido. Caen dentro de nuestro campo consciente, pues se usan para ayudar a la comunicación, pero no son tan deliberados como los emblemas (como se puede observar cuando gesticulamos hablando por teléfono). Algunos ejemplos son las afirmaciones o negaciones con la cabeza para subrayar lo que pronunciamos verbalmente al mismo tiempo, o los gestos con los que señalamos el objeto al que nos referimos, o aquellos movimientos faciales o de hombros con los que enfatizamos la duda, la sorpresa o el enfado que expresamos de forma verbal simultánea.

Dentro de estos gestos tienen una especial relevancia los **movimientos batuta**, llamados así porque con ellos marcamos el ritmo de nuestras palabras, matizando, subrayando o enfatizando el mensaje verbal, y mostramos, como haría un director de orquesta, cómo se debe interpretar lo que decimos. Cada persona posee un conjunto de gestos que utiliza para estos fines. Conviene revisar nuestros gestos batuta, ya que un uso abusivo de ellos produce en el lenguaje no verbal el mismo efecto que las muletillas en el lenguaje verbal, como puede apreciarse en las parodias que los humoristas hacen de algunas personas de la vida pública.

• Los gestos que expresan sentimientos, sensaciones, estados de ánimo, muestras de afecto, etc. se denominan **exteriorizadores.** Son un tipo de gestos que por lo general se producen de forma espontánea y sin intención comunicativa, pero que transmiten información muy relevante. Se localizan fundamentalmente en el rostro, pero también podemos identificarlos y transmitirlos por la actitud corporal y aunque no suelen ser intencionados, sí pueden ser fingidos: todos hemos recibido alguna vez un frío y distante saludo verbal contradicho por una sonrisa forzada. Este tipo de informaciones contradictorias se resuelven, dentro del contexto, dando mayor credibilidad a las manifestaciones más espontáneas y por tanto más difíciles de fingir. Si digo «¡Te partiría la cara!» con una sonrisa afectuosa, mi interlocutor no dará a mi mensaje un significado amenazante, sino cariñoso. Lo mismo sucedería si se produjesen dos gestos simultáneos sin palabras: un puño levantado y una sonrisa. El emblema (puño en alto) es más consciente y por tanto más fácil de fingir que la muestra de afecto (la sonrisa).

Uno de los errores más comunes en el uso de estas formas de lenguaje no verbal es el de confundir la cortesía con el afecto. En ambientes formales no se consideran apropiadas las efusiones afectivas, y mucho menos si no son espontáneas y auténticas.

- Los movimientos y gestos que utilizamos para mantener y regular la interacción verbal se llaman **reguladores**. Con ellos (ciertas formas de saludo) abrimos la conversación (⇨ pág. 443), indicamos que estamos siguiendo la conversación (manifestación de escucha activa), solicitamos más información, pedimos, mantenemos o cedemos la palabra y cerramos la conversación (fórmulas gestuales de despedida). Los más habituales son los movimientos de cabeza y manos y el comportamiento visual. Los reguladores son gestos que se producen de forma automática y espontánea y resultan por ello difíciles de inhibir, pero son portadores de significados muy claros para el receptor, de ahí la importancia que tiene su control. Un ejemplo podría ser la forma en que mantenemos la mirada: si es atenta, demuestra interés, pero la retiramos inconscientemente cuando perdemos ese interés o deseamos que la conversación termine.

- Existe un último grupo de gestos, de carácter involuntario, automáticos y repetitivos, los **adaptadores**, que reflejan nuestro estado de ánimo y que se producen como formas de adaptación a situaciones incómodas, de nerviosismo o estados de ansiedad. Se manifiestan en dos formas básicas:
    1. Con objetos. La manipulación repetitiva de determinados objetos (jugar con el bolígrafo, con el llavero, con el anillo, el reloj, con las cuentas de un collar, ajustarse el nudo de la corbata, colocarse las gafas...) son muestras de este tipo de gestos.
    2. Con el propio cuerpo. Como jugar con un rizo del cabello, morderse las uñas, rascarse, tocarse la nariz, atusarse la barba, acariciarse la mejilla, etc.

El control de estos gestos tiene una gran importancia, pues cuando los reiteramos transmitimos sensaciones de ansiedad e inseguridad. Podemos solicitar la ayuda de las personas de nuestro entorno más próximo para que nos los señalen y diseñar estrategias sencillas para evitarlos, como puede ser evitar la presencia de los objetos que manipulamos, por ejemplo.

El contacto físico y los saludos

El contacto físico es una conducta muy condicionada por factores culturales y que guarda una estrecha relación con la expresión de las emociones o las agresiones. La manifestación social más relevante del contacto físico la constituyen los protocolos de saludo, especialmente importantes en situaciones formales, en las que debemos considerar la zona de contacto (estrechar la mano, dar un beso, un abrazo...), la intensidad (¿un beso o dos?, ¿real o solo gestual?) o la duración (¿cuánto tiempo debo mantener estrechada la mano?). No debemos olvidar que el saludo constituye, en sentido real y figurado, nuestra presentación, ya que a través de él transmitimos esa «primera impresión» que tanto cuenta de nosotros.

Un caso paradigmático es el gesto del apretón de manos, que tomaremos como ejemplo, ya que podemos plantearnos cuestiones como quién inicia el gesto, si debe ser fuerte o débil, largo o breve, la posición en que se coloca la mano... Lo recomendable es ceder la iniciativa a la persona de mayor rango o jerarquía (en una entrevista de trabajo, por ejemplo, esperaremos a que el empleador o el entrevistador nos tienda la mano). La mano debe tenderse firme, pero sin exceso de energía (procuremos evitar los desagradables extremos de una mano «blanda» o un apretón doloroso) en posición vertical (la posición horizontal denota dominio o sumisión dependiendo de que se coloque en posición superior o inferior), y no debemos colocar el dedo pulgar sobre la muñeca de la otra persona. Un apretón es más que suficiente para un saludo formal: las sacudidas repetidas e insistentes, y el gesto de tocar el codo, el brazo o el hombro de la otra persona con nuestra mano izquierda son muestras de efusión que corresponden a situaciones de tipo personal o familiar.

Orientación y actitud del cuerpo

La puesta en escena de determinados actos de comunicación social, como pueden ser impartir una clase, dar una conferencia o un discurso, o participar en un debate, requiere que prestemos atención a nuestra interactuación con el espacio y los elementos que nos rodean: sillas, mesas, ordenador, pizarra, pantalla, etc.

Las palabras clave son, una vez más, naturalidad y adecuación. Podríamos pensar que estas recomendaciones son de sentido común, pero hemos de recordar que una gran parte de nuestros mensajes no verbales los emitimos de forma inconsciente, de manera que la naturalidad, aunque resulte paradójico, solo la conseguiremos si actuamos con un grado alto de consciencia de nuestros comportamientos. Si nos referimos a los movimientos, estos deberán adecuarse a las circunstancias: no serán los mismos si estamos ante un atril que si disponemos de una pantalla o pizarra para ilustrar o apoyar nuestras palabras. En este segundo caso, en una clase, por ejemplo, es recomendable realizar desplazamientos que mantengan la atención del auditorio. Nos desplazaremos sin brusquedad, buscando distintos ángulos del aula, pero sin «marear a los alumnos» con movimientos constantes ni obligarles a adoptar posturas incómodas para mantener el contacto visual. Los desplazamientos así utilizados pueden servir como enfatizadores o articuladores del mensaje, subrayando partes que queremos realzar o marcando cambios e inflexiones en el desarrollo del tema.

Las posturas deben transmitir relajación. Por lo tanto, habremos de evitar posturas de desequilibrio (apoyarse en el atril mientras mantenemos un pie plantado en el suelo y el otro apoyado de punta, por ejemplo) que transmiten tensión al auditorio. Son igualmente desaconsejables las posturas que nos ocultan a la mirada del público o nos «parapetan», como situarse constantemente detrás de la mesa o tras la pantalla del ordenador, y aquellas que dificultan o bloquean nuestros movimientos, como meter las manos dentro de los bolsillos, aferrarse al borde de la mesa, cruzar los brazos o entrelazar los dedos. Si participamos en una tertulia o coloquio, podemos adoptar una postura moderadamente relajada, cruzando las piernas en un momento determinado, pero cuidando siempre de no llegar al extremo de relajación propio de otras situaciones menos formales.

La mirada

La expresión popular «La cara es el espejo del alma» recoge la idea de que los gestos faciales son los que aportan una mayor información de carácter afectivo y emotivo, hasta el punto de que la falta de movilidad facial se asocia con la frialdad.

Los movimientos de los ojos, y más concretamente la mirada, son los gestos faciales más importantes para la comunicación no verbal. La forma, la intensidad y la duración de la mirada conforman códigos de carácter cultural: mirar francamente o mantener la mirada fija en alguien durante un tiempo prolongado se considera de mala educación en según qué culturas; rehuir la mirada o mirar hacia abajo se interpreta generalmente como modestia, vergüenza o culpa; la mirada abierta denota franqueza, asombro, ingenuidad...

En la conversación espontánea un correcto manejo de la mirada es indispensable para ejercer su función reguladora (⇨ págs. 442-446): la apertura, el cierre, la regulación de los turnos de palabra y la manifestación de una escucha activa se establecen generalmente a través del contacto visual, al cual debemos estar muy atentos.

En situaciones de comunicación en las que nos dirigimos a un auditorio colectivo, la mirada es un factor clave para establecer un vínculo capaz de acortar la distancia física con el público. Cada vez que el orador establece un contacto visual individualiza a la persona a la que mira como receptora del mensaje que está comunicando. Por eso es importante que desplacemos de forma regular y constante la mirada y la distribuyamos por todo el auditorio, evitando las miradas perdidas en el vacío o detenernos demasiado tiempo en un solo oyente (es un error muy común el de quedarnos «anclados» en un oyente cuya mirada nos transmite la idea de atención y comprensión).

LA APARIENCIA FÍSICA Y EL VESTIDO

Nuestra apariencia, concretada en el aspecto físico, el peinado, la ropa y los adornos que llevamos o el olor que desprendemos, es, en muchos casos, la responsable de la primera impresión que causamos a nuestros interlocutores. Si tomamos como ejemplo el caso de la vestimenta, entre las diversas funciones que realiza (proteger, adornar, identificar, autoafirmar o exhibir), lo más importante desde el punto de vista comunicativo es que transmite información sobre sexo, edad, estatus socioeconómico e identificación grupal.

Si queremos que nuestra apariencia contribuya positivamente al éxito de la comunicación, o al menos que no la perjudique, habremos de buscar el equilibrio entre las exigencias del contexto comunicativo y el ejercicio de nuestro estilo personal. En definitiva, no se trata de «disfrazarse» para la ocasión y vestirnos como jóvenes quinceañeros para dar una charla en un instituto de enseñanza secundaria (estaríamos incómodos y se nos notaría), pero tampoco es recomendable el extremo opuesto de hacer una inadecuada ostentación de personalidad y presentarnos a una entrevista de trabajo para una empresa cuya política de imagen desconocemos, con varios adornos metálicos incrustados en lugares visibles de la cara.

HABLAR EN PÚBLICO

Hablar en público, dirigirse a un auditorio, es una actividad compleja que suele generar mucha inseguridad y miedos. En el ámbito profesional y académico hablar en público puede ser un acto frecuente para opositores, profesores, directivos de empresas o conferenciantes, pero también sucede en el ámbito cotidiano cuando nos invitan a hacer el brindis en una celebración o queremos presentar una propuesta en la reunión a la comunidad, en la asociación de vecinos del barrio o en la de padres de alumnos del colegio de nuestros hijos.

Es posible que en estas situaciones, ocasionalmente, tengamos que hablar sin poder preparar nuestro discurso, pero, si tenemos la más mínima oportunidad de prepararlo, no podemos dejarlo a la improvisación, porque como cualquier otro texto el discurso oral requiere planificación. Mínima si es informal y mayor cuanto más formal sea la ocasión.

ESTRATEGIAS PARA HABLAR EN PÚBLICO

Preparar el discurso

El primer paso para preparar el discurso es analizar la situación de comunicación y determinar cuáles son los elementos de la misma.

- **Analizar el auditorio.** Saber a quién nos dirigimos, cuáles son sus intereses, sus conocimientos sobre la materia, sus motivaciones para asistir al acto...

- **Determinar el contenido.** Debemos delimitar con precisión qué vamos a decir. El principio orientador de la selección de contenidos debe ser transmitir pocas ideas, pero bien desarrolladas. Podemos hacernos esta pregunta: ¿qué ideas me gustaría que quedaran en la mente del auditorio?

- **Establecer los objetivos.** La intencionalidad es un elemento orientador fundamental en la preparación de un discurso y en ella tiene un valor determinante la posición en la que se sitúa el emisor: experto, profesor, ponente, opositor...

- Además de planificar qué decimos, a quién nos dirigimos, con qué intención, etc., cobran especial relevancia factores como **el dónde o el cuándo**: el lugar no es solo el ámbito, sino que es un espacio físico con unas características determinadas (tamaño, acústica...) y determinantes que debemos considerar, tales como el uso de micrófono, apoyos visuales, etc. El tiempo, a su vez, es más que un determinado momento y se convierte en un límite de nuestro discurso. Este último elemento requiere un apartado propio (⇨ pág. 137).

Organizar el discurso

Todo discurso, para cumplir su propósito comunicativo de una forma eficaz, debe estar organizado en torno a una estructura, un orden, que tiene doble función: por un lado darle unidad, porque sirve como eje vertebrador de las ideas y por otro proporcionar un soporte para el recuerdo a la hora de pronunciarlo.

En su grado de máxima formalidad (una ponencia o una conferencia, por ejemplo) es recomendable elaborar primero el texto por escrito conforme al proceso descrito en el primer capítulo (⇨ págs. 28-85). Pero es muy importante no olvidar que escribimos de forma diferente a como hablamos y deberemos tenerlo en cuenta para construir un texto pensando que va a ser enunciado oralmente, tanto si lo vamos a leer como si lo vamos a decir.

La mayoría de los discursos pueden estructurarse en tres partes: apertura, cuerpo y conclusión, que se pueden concretar en tres máximas (⇨ págs. 73-75):

1. Anunciar el tema (se dice que se va a decir).
2. Desarrollarlo (se dice).
3. Cerrarlo (se dice que se ha dicho).

La introducción y el cierre son, desde el punto de vista estratégico, las dos partes más importantes del discurso, pero esta importancia no se corresponde con su extensión, ya que deben ser breves y sintéticos. Como recomendación general no debemos prolongarlos en conjunto más allá del 20 % del total de nuestra intervención.

- **La apertura.** Es nuestro primer contacto con el receptor. Después de hacerse una primera impresión visual a través de nuestra presencia física (ropa, peinado, adornos, perfume...), serán nuestra voz (tono, volumen ritmo, firmeza, etc.) y nuestras primeras palabras las que capten su atención y lo predispongan a escucharnos. Es recomendable preparar minuciosamente estas primeras palabras con las que abrimos el discurso e incluso, en determinados casos, memorizarlas si es necesario. Esto nos ahorrará dudas y titubeos y nos permitirá romper la barrera inicial de todo discurso. La naturalidad no está reñida con la preparación, es consecuencia de ella y cuanto más naturales parecen estas intervenciones, más ensayadas y aprendidas están.

Dependiendo del discurso que estemos haciendo, podemos elegir diferentes combinaciones entre varias posibilidades para empezar:

- Saludo.
- Agradecimientos.
- Presentación.
- Frase célebre.
- Una afirmación tajante y provocadora.
- Una noticia o un dato reciente vinculado con el tema.
- Una anécdota (personal o no).
- Presentación-resumen del tema que se va a tratar (incluso del guion).
- Una pregunta abierta, de carácter retórico a la que se intentará contestar.

En una conferencia, por ejemplo, deberemos presentarnos si no lo ha hecho alguien por nosotros, agradecer la invitación a los organizadores, dirigir un saludo a los presentes, individualizando, si es el caso, a determinadas personas o personalidades presentes para, a continuación, realizar un resumen del contenido de nuestro discurso.

Como recomendación general, seamos breves en la presentación. Ninguna de las posibilidades que hemos enunciado más arriba tiene importancia o entidad suficientes como para robarle tiempo al asunto que ocupará el desarrollo de la conferencia.

- **El desarrollo.** Si la apertura y el cierre son el soporte afectivo y estratégico del discurso, el desarrollo es la parte más importante respecto al contenido, en torno a la cual giran las otras dos, hasta el punto de que, cuando se planifica el discurso, primero se elabora el desarrollo y después la introducción y la conclusión. El núcleo del discurso deberá ajustarse a un determinado orden y estructura que serán diferentes en función del contenido y la intención (orden cronológico, espacial, datos..., estructura inductiva, deductiva, analítica, dialéctica, etc.). El orden y la estructura debemos reflejarlo en un guion que nos servirá para mantener y respetar ese orden y, lo que es más importante, la jerarquía de las ideas, es decir, la importancia relativa y la dependencia de unas ideas respecto a otras.

El guion es consecuencia de una reflexión que siempre es necesaria sobre el contenido y la forma de nuestro discurso y recoge solo aquello que es esencial para el desarrollo oral del mismo. Por eso, debe ser un esquema muy visual, sintético y simple en el que se pueda percibir de forma ágil la estructura básica de nuestro discurso. Por ejemplo:

1. Introducción:
   a. Saludo (*saludar y agradecer al comité organizador*).
   b. Presentación (*méritos que avalan mi presencia en este acto*).
   c. Anécdota (*el hombre que entró en una biblioteca y pidió una hamburguesa...*).
   d. Resumen.
2. Cuerpo:
   a. Idea principal.
      i. Idea secundaria.
      ii. Idea secundaria.
      iii. Ejemplo.
   b. Idea principal.
      i. ...
      ii. ...
      iii. ...
   c. ...

3. Conclusión:
   a. Resumen/síntesis.
   b. Despedida (*agradecimiento en particular a...*).
   c. Propuestas.
   d. Frase o anécdota final (*como dijo Confucio: ...*).

- **La conclusión.** Entendida en su acepción de 'acción y efecto de concluir' guarda con la apertura una simetría no solo formal sino también funcional. Si aquella era la responsable de captar la atención y el interés del receptor a través de una buena primera impresión y lo predisponía para escuchar nuestro discurso, la conclusión es la encargada de buscar la adhesión definitiva del receptor a las ideas que hemos expuesto, de provocar en él una decisión favorable y dejarle una sensación agradable y positiva, «un buen sabor de boca». Podemos combinar, igual que hicimos en la apertura, diferentes posibilidades:
  - Despedida.
  - Agradecimientos.
  - Frase célebre.
  - Una respuesta a la pregunta abierta con que iniciamos el discurso.
  - Una anécdota (personal o no).
  - Una síntesis de las ideas desarrolladas (se puede repasar el guion).
  - Algunas propuestas de acción derivadas de lo expuesto.
  - Conclusiones en forma de resolución o llamamiento de apoyo a las ideas expuestas.
  - Preguntas abiertas o interrogantes que quedan en el aire.

Para cerrar un brindis, por ejemplo, nos despediremos de todos los presentes con una mención especial para la persona que es objeto del brindis y una frase o una anécdota que rubriquen el cierre. El cierre de una exposición de tipo magistral (lección, conferencia, presentación...) deberá contener una síntesis de las ideas desarrolladas y alguna conclusión o propuesta como colofón al tema desarrollado.

Como recomendación general, no conviene anunciar el final del discurso antes de tiempo con expresiones del tipo *finalmente, por último, para concluir*... Si una vez anunciado el final recordamos alguna idea que se nos ha quedado en el tintero, es preferible dejarla allí. Es muy importante buscar un final redondo, pronunciado con un tono de voz firme, que demuestre convencimiento respecto a las ideas que se han desarrollado.

Gestión del tiempo

En la planificación del discurso el factor tiempo es clave. Por regla general conoceremos de antemano el tiempo de que dispondremos y es muy importante que entendamos que ese tiempo no es nuestro, sino que pertenece al auditorio, que nos lo ha cedido, y sería una descortesía y una falta de respeto por nuestra parte malgastarlo o abusar de su generosidad empleando más tiempo del establecido. Si excedemos el tiempo programado, el público se incomodará, especialmente si las condiciones del lugar no son favorables, como cuando hace calor, hay demasiado público o parte de este tiene que permanecer de pie.

La mejor forma de acertar con la gestión del tiempo es planificar quedándose corto, porque lo más frecuente es que el discurso se dilate. Y si no es así, podemos ralentizar el final o simplemente anticiparlo, sin que ello suponga demasiado problema. Si hemos de concluir antes de lo previsto, es mejor eliminar una parte del contenido que no afecte a la coherencia del texto antes que intentar resumirlo o condensarlo acelerando el ritmo cuando el público está ya cansado, es menos receptivo y hace rato que mira el reloj. Una recomendación tan útil como simple para evitar excederse es pedir a alguien que nos avise discretamente cuando falten diez minutos o programar una alarma silenciosa en el teléfono móvil.

El ingenio y el humor

Cualquier tema, por serio que sea, admite el aliño de una dosis adecuada de ingenio y sentido del humor. Una sugerencia ingeniosa, un guiño de complicidad con el público, una anécdota o un chiste bien colocados pueden hacer que nos ganemos la predisposición del público, marcar un punto de inflexión en el discurso, subrayar una idea o abrir y cerrar el propio discurso. Se trata de un recurso de gran eficacia, pero de muy difícil manejo, pues debe ser usado en la cantidad precisa y requiere un conocimiento muy ajustado de la naturaleza del público: edad, gustos, cultura, etc. Si tenemos alguna duda sobre la eficacia de un chiste o una anécdota, lo más recomendable es renunciar a su uso.

Tópicos y frases hechas

Los tópicos o lugares comunes son aquellas expresiones frecuentes, conocidas por todos, que se usan asociadas a determinadas ocasiones. Cuando celebramos una *memorable ocasión* en un *marco incomparable* rodeados de *tan agradable y distinguida compañía* estamos copiando y repitiendo fórmulas que otros inventaron demostrando la agudeza y el ingenio que a nosotros nos faltan en el momento en que las usamos. El significado original de expresiones tales como *saltarse algo a la torera, anunciar a bombo y platillo* o *hacer realidad los sueños* se ha ido desgastando con su uso repetido hasta desaparecer y corremos el riesgo de usarlas por inercia y de modo vacuo. Más ejemplos de este tipo de expresiones tópicas evitables se encuentran en otros apartados de esta obra (⇨ págs. 37-47 y 403-418).

RECURSOS RETÓRICOS

Los recursos retóricos son un conjunto de técnicas verbales encaminadas a producir un efecto de embellecimiento y de sorpresa en el mensaje, que adquiere así formas diferentes, poco habituales y por tanto llamativas.

Este uso de lenguaje está por lo general asociado al concepto de «literatura» y, por tanto, a la forma escrita del lenguaje. La asociación con lo literario coloca, además, los recursos retóricos en un estatus de excelencia, pues se consideran un uso lingüístico que solo está al alcance de los escritores y los poetas, artistas pertenecientes a una élite creativa y creadora. Sin embargo, estas formas no son en absoluto exclusivas del lenguaje escrito ni de su forma literaria; están a nuestro alrededor, en todos los registros, desde los coloquiales a los más formales. Frecuentemente escuchamos expresiones del tipo «el país camina por el filo de la navaja», «nunca piensa lo que dice, pero siempre dice lo que piensa», o vemos eslóganes publicitarios en los que un lavavajillas se describe como «el milagro antigrasa» o se nos advierte de que si compramos tal impresora nos llevaremos «una magnífica impresión». No es necesario saber que se trata de una metáfora, un retruécano, una hipérbole o una dilogía, respectivamente, para percibir que hay un uso expresivo del lenguaje en estas frases.

El valor estratégico de los recursos retóricos en el discurso, sea oral o escrito, reside precisamente en que, además de mejorar su presentación, llama la atención sobre el propio mensaje y este plus de atención facilita la comprensión y la asimilación del contenido.

Por otro lado, y esto es muy importante para nuestros propósitos, recordemos que el término *retórico* se utiliza muchas veces con valor despectivo para referirnos a aquel mensaje que contiene mucho adorno pero poco contenido. De ahí que la recomendación sea evitar su uso excesivo.

De los múltiples recursos retóricos existentes, catalogados tradicionalmente como figuras estilísticas o figuras retóricas, vamos a revisar aquellos que son más propios del lenguaje oral, bien porque contribuyen a mejorar la comprensión del discurso o porque enfatizan lo que decimos.

Analogía

Es una comparación amplificada. Para explicar una realidad compleja, comparamos sus elementos con los elementos de otra realidad similar más familiar al receptor.

> La empresa es como un barco en el que cada miembro, desde el capitán hasta el grumete, tiene una tarea diferente, pero una meta común: llegar a puerto en las mejores condiciones posibles. Nuestro director es el capitán... y nuestro puerto...

Antítesis, oxímoron y paradoja

Son un grupo de figuras basadas en la oposición de significados.

- En la **antítesis** jugamos con la aparición de conceptos opuestos en un contexto lógico.

> Su acalorada defensa del proyecto nos ha dejado helados.

- En el **oxímoron** los dos términos aparecen juntos provocando un efecto de contradicción lógica.

  Se trata de una inversión prudentemente suicida.

- La **paradoja** tiene sobre los anteriores el valor añadido de provocar una reflexión en el receptor al colocarlo ante una situación contradictoria que atenta contra la lógica.

  Epiménides afirma: «Todos los cretenses son mentirosos». Si él mismo era cretense, ¿decía Epiménides la verdad?

Ejemplo

Es el recurso por excelencia cuando necesitamos aclarar ideas complejas. Supone un buen conocimiento de las características del receptor ya que mediante este procedimiento trasladamos las ideas que estamos intentando explicar a terrenos más próximos a los conocimientos y la realidad cotidiana de los oyentes.

> Un modelo de jerarquización rígida lo podemos encontrar en los hormigueros.

Su dificultad reside en que algunos ejemplos, en lugar de simplificar, complican la explicación si no somos capaces de establecer con claridad el vínculo entre la idea que explicamos y el ejemplo.

Hipérbole

Es la exageración de un determinado aspecto de lo que exponemos. Se trata de un recurso de gran fuerza expresiva y su mejor cualidad es la de poner el foco en aquello que referimos de forma exagerada sobre lo cual centramos momentáneamente la atención.

> Este argumento lo he repetido ya un millón de veces.

Su uso requiere prudencia y moderación, porque si se abusa de él cansa rápidamente al oyente. Además, pone muy alto el listón de la descripción: si empezamos calificando algo de *extraordinario*, hemos agotado un buen número de adjetivos positivos de la escala de ponderación. A menudo se identifica demasiado este recurso con planteamientos burlescos o humorísticos, por lo que hemos de considerar si su uso es conveniente y adecuado a nuestros propósitos.

Ironía

Este recurso consiste en expresar mediante las palabras lo contrario de lo que se pretende decir. El auténtico significado se deduce del contexto y, en la lengua oral, a través de los elementos no verbales del mensaje, tanto los prosódicos (tono, ritmo, entonación) como los gestos. Aunque se asocia con el humor, puede resultar hiriente y además requiere la complicidad del oyente. Si no estamos seguros de que el receptor vaya a captar la ironía, es preferible no arriesgarse a transmitir un mensaje erróneo o absurdo.

> Si sigues con esa actitud, llegarás muy lejos, muchacho. (Dicho en tono de lamentación a alguien cuyo comportamiento queremos reprochar).

Pregunta retórica

Es una pregunta dirigida a la audiencia que no busca una respuesta, que a menudo lleva implícita, sino despertar la curiosidad y el interés del receptor. Cuando hacemos una pregunta retórica situamos al auditorio en una posición receptiva hacia nuestro discurso y buscamos al mismo tiempo su adhesión a nuestros planteamientos.

> ¿Realmente creen ustedes que esta es la postura más adecuada en estos momentos?

Repetición

Es un recurso retórico de enorme eficacia para subrayar y recalcar una palabra, una idea o una parte completa de nuestro discurso. Puede presentarse de muy diferentes formas, desde la simple repetición de un término a los juegos de palabras o los paralelismos sintácticos.

- **Reduplicación.** Es la simple reiteración de un término dos veces seguidas que queda así enfatizado.

Lo importante importante es la determinación que tomemos aquí.

En algunos casos el segundo término de la repetición adquiere un valor de adjetivo calificativo de grado superlativo del primero.

Nuestros productos están fabricados con madera madera.

- **Anáfora.** Es la repetición de la primera o primeras palabras en varias frases consecutivas (en poesía suele ser la primera palabra de cada verso). La palabra sobre la que recae la repetición queda destacada de este modo.

Nuestro objetivo es prioritario; nuestro objetivo no puede subordinarse a ningún otro; nuestro objetivo es el norte que guía a la empresa.

Cuando la palabra que se repite es una conjunción, el recurso recibe el nombre de **polisíndeton.**

No busca ni enemistad, ni indiferencia, ni odio, ni apatía, ni indolencia.

- **Paralelismo.** Es la repetición de la estructura sintáctica del enunciado. Es frecuente que coincida con la anáfora cuando las primeras palabras de cada enunciado se repiten:

Su propuesta es clara; su propósito, lícito; su resolución, firme.

- **Paronomasia.** Es un recurso que juega con los sonidos de las palabras. Consiste en hacer aparecer próximas dos palabras parónimas (de sonido parecido, ⇨ pág. 112), con la intención de destacar el contraste entre sus significados.

No nos confundamos: entre creer y crear hay mucho más que una vocal.

- **Derivación.** También se trata de un recurso que juega con los sonidos para producir un efecto fónico, puesto que en este caso aparecen próximas palabras que provienen de una misma raíz.

El mayor ignorante es el que, por ignorar, ignora incluso su ignorancia.

Símil o comparación

Es un recurso que guarda cierta relación con el ejemplo, tanto por su forma como por su intención. Mediante la comparación establecemos relaciones de medida o contraste entre la realidad que estamos explicando o describiendo y otra más conocida o fácil de comprender.

> Cohesionar un texto es como coser las piezas de un tejido.

En el lenguaje coloquial se usa con frecuencia en su versión humorística e incluso hiperbólica.

> Tiene menos luces que un barco de contrabando.

3
El español normativo

LA NORMA LINGÜÍSTICA

Este capítulo está dedicado al conocimiento de la norma culta del español. El *Diccionario de la lengua española* (*DRAE*) define *norma* como el 'conjunto de criterios lingüísticos que regulan el uso correcto', sin mayor precisión acerca de cómo se logra esa regulación. Más matizada es la definición que ofrece el *Diccionario panhispánico de dudas*, según el cual *norma* es 'el conjunto de preferencias lingüísticas vigentes en una comunidad de hablantes, adoptadas por consenso implícito entre sus miembros y convertidas en modelos de buen uso' (pág. XIII). La norma, pues, es una especie de acuerdo implícito entre los hablantes de una comunidad acerca de cómo deben considerarse los hechos lingüísticos y este acuerdo se traduce en que se prefieren unos usos frente a otros.

La norma se crea dentro de una comunidad de habla, concepto este que no coincide con el de localidad o ciudad. A los hablantes de dos localidades españolas como Madrid y Toledo podemos considerarlos de la misma comunidad de habla porque valoran de manera similar los hechos lingüísticos y adoptan ante ellos una actitud semejante, del mismo modo que coinciden básicamente en sus preferencias las ciudades mexicanas de México D. F. y Puebla. Pronunciar [asúl], con ese, o llamar *carro* al vehículo se considera lo «normal» en estas últimas localidades, mientras que la «norma» de las ciudades españolas citadas es pronunciar [azúl], con ce, y usar *coche* para denominar ese mismo medio de transporte.

Pero, al lado de las normas cultas regionales, válidas para todos los hablantes en los respectivos territorios, existe una norma culta supranacional, que se corresponde con el carácter internacional del español. Esta norma, que se constituye en modelo de validez general, recibe a veces el nombre de español estándar y esencialmente se identifica con la lengua que se enseña en los centros educativos, la que usan los hablantes de instrucción más elevada, como los abogados, los médicos, los periodistas o los profesores, y los buenos usos que aparecen en los medios de comunicación. Este modo de hablar constituye la norma culta del español.

A explicarla detalladamente están dedicadas las páginas que siguen, en las que hemos tenido en cuenta las orientaciones y recomendaciones de las Academias de la Lengua Española. Hemos tenido en cuenta también las opiniones de otros gramáticos y lingüistas, así como otras obras y manuales sobre el español correcto (⇨ págs. 513-516). El capítulo comienza con los sonidos y letras del español, sigue con las clases de palabras y su combinación y se cierra con el léxico. Los ejemplos incorrectos, de creación *ad hoc* o sacados de otras fuentes, como el CREA, van seguidos siempre de su propuesta correcta.

LA CORRECCIÓN ORTOGRÁFICA

LA ACENTUACIÓN

El español posee un sistema de acentuación que se marca tanto en el habla, cuando pronunciamos las palabras, como en la escritura. Este sistema nos permite saber cuál es la parte de la palabra que se ha de pronunciar con mayor intensidad. Esa mayor intensidad la denominamos «acento».

En español, la sílaba acentuada puede encontrarse en diferentes posiciones dentro de las palabras y por eso se dice que es una lengua de acento libre. Así, dependiendo del lugar donde se sitúe la sílaba de mayor intensidad, las palabras pueden clasificarse dentro de los siguientes tipos:

Clasificación	Sílaba acentuada	Terminan generalmente en	Ejemplos
Agudas	última	consonante diferente de *n* o de *s*	*cal, matiz, cordón, inmortalizar* (también *cayó, sabéis*)
Llanas	penúltima	en vocal, en *n* o en *s*	*calma, sastre, joven, gafas* (también *ángel, néctar*)

Clasificación	Sílaba acentuada	Terminan generalmente en	Ejemplos
Esdrújulas	antepenúltima		*trágico, sólido, magnético* (también *miércoles, viéndoles*)
Sobresdrújulas	antes de la antepenúltima		*consígueselo, comunícamelo*

Por regla general, las palabras del español solo poseen una acentuación y, por tanto, solo podrían pertenecer a una de las categorías antes mencionadas. No obstante, por diferentes factores (geográficos e históricos, sobre todo) algunas de ellas pueden admitir una doble acentuación: *aloe* (llana)/*áloe* (esdrújula) (⇨ pág. 118).

El acento y la tilde

El español tiene un sistema para marcar también en la escritura cuál es la sílaba acentuada y, para ello, utilizamos la tilde (´) o acento gráfico. Este signo nos sirve para señalar por escrito qué sílaba posee mayor intensidad. Sin embargo, no todas las palabras lo llevan. Entonces, ¿cómo podemos saber dónde está el acento en cada palabra si no todas llevan tilde? Bien, existen ciertas reglas de acentuación, que veremos a continuación, a partir de las cuales podemos saber dónde está la silaba acentuada, lleve o no tilde. Es muy importante conocer estas normas pues, en ocasiones, dependiendo de dónde lleve el acento la palabra, su significado puede cambiar completamente: *pelo* (sustantivo)/*peló* (forma verbal).

En español, existen tres reglas básicas para saber cuándo una palabra debe llevar obligatoriamente tilde. Estas son:

- Las palabras agudas que terminan en vocal, en *-n* o en *-s*: *caminó, glotón, jamás.*
- Las palabras llanas que no acaban en vocal, en *-n* o en *-s*: *huésped, mártir, cráter*.
- Todas las palabras esdrújulas y sobresdrújulas, porque constituyen una excepción en español: *tránsito, Copérnico, acércaselos.* (Las sobresdrújulas no son verdaderas palabras en español, sino que se forman añadiendo a un verbo uno o varios pronombres).

Como se puede comprobar, la norma establece que las palabras agudas lleven tilde cuando posean las terminaciones más habituales de las llanas y viceversa. Este hecho puede ayudarnos a recordar mejor las normas.

Advertencia

Los monosílabos (las palabras que se componen de una única sílaba) no llevan tilde, salvo en los casos de tilde diacrítica (⇨ págs. 149-152).

La tilde en los diptongos e hiatos

¿Qué es un diptongo? ¿Y un hiato? En numerosas ocasiones en español sucede que una palabra posee dos vocales seguidas. Estas vocales pueden pertenecer a la misma sílaba (***sue**r-te, **hie**r-ba, can-**tái**s*) o, por el contrario, a dos sílabas distintas (*l**e**-**o**, **a**-h**o**-rro*). Teniendo esto en cuenta, se debe saber que:

- Si ambas se pronuncian en la misma sílaba, se forma un **diptongo**.
- Si cada una de ellas pertenece a una sílaba distinta, se produce un **hiato**.

Cuando se juntan dos vocales abiertas (*a, e, o*) siempre forman hiato, pero del encuentro de dos vocales cerradas (*i, u*) o de una vocal cerrada y otra abierta, puede producirse tanto el diptongo como el hiato. Es preciso para ello atender al modo de dividir en sílabas cada palabra: *sabía*, del verbo *saber*, se divide en tres sílabas, es decir, con hiato entre las dos sílabas finales, pero el adjetivo *sabia* se divide en dos, es decir, con diptongo en la sílaba final.

Las normas de acentuación de los diptongos e hiatos son muy simples. Estas son las reglas para acentuarlos correctamente:

1. Las palabras con diptongo llevan tilde si deben llevarla según las reglas generales de acentuación. En estos casos, la tilde se coloca sobre la vocal abierta (*a, e, o*):

   *ignor**ái**s*: lleva tilde por ser aguda acabada en *-s*.
   *ent**ié**ndelo*: lleva tilde por ser esdrújula.
   *c**o**h**i**bir*: no lleva tilde por ser palabra aguda acabada en *-r*.

2. Los hiatos formados por dos vocales cerradas se acentúan siguiendo las normas generales de acentuación:

chiita: no lleva tilde, pues es llana acabada en vocal.
cuídala: lleva tilde por ser esdrújula.

3. Los hiatos de vocal abierta y vocal cerrada siempre llevan tilde aunque no sigan las normas generales de acentuación, y esta se coloca sobre la vocal cerrada:

   partía: lleva tilde, aunque es una palabra llana acabada en vocal.
   prohíbes: lleva tilde, aunque es una palabra llana acabada en *-s*.
   Raúl: lleva tilde, aunque es palabra aguda acabada en *-l*.

4. Las palabras que contienen las vocales *ui* solo deben llevar tilde si son agudas o esdrújulas, como *cuídate*, pero no si son monosílabas o llanas, como *Luis, Ruiz, jesuita, huida, buhito.*

Atención

Aparte de los diptongos y los hiatos, existen los triptongos, esto es, tres vocales juntas que se pronuncian en una misma sílaba. En estos casos, la palabra se acentúa siguiendo las normas generales y la tilde siempre se sitúa sobre la vocal abierta (*a, e, o*):

buey: no lleva tilde por ser un monosílabo.
habituáis: lleva tilde por ser aguda acabada en *-s*.

En ocasiones, las tres vocales no se pronuncian juntas y entonces necesitamos marcar que se ha roto el triptongo. Para ello, ponemos la tilde siempre en la vocal que tenga más intensidad, aunque no se sigan las reglas generales de acentuación:

viviais: lleva tilde aunque es llana acabada en *-s*.
teníais: lleva tilde aunque es llana acabada en *-s*.

En palabras como *guion, truhan, ion*, etc., la Academia ya no admite la grafía con acento porque las considera monosílabas ortográficamente. Son incorrectas pues las formas ⊗*guión*, ⊗*truhán*, ⊗*ión*, etc.

La tilde diacrítica

Se denomina «tilde diacrítica» a la tilde que permite diferenciar palabras que se escriben igual pero poseen significados distintos. La diferencia suele estar en que una es átona y la otra es tónica (*si* y *sí*) y la tilde se coloca por lo general sobre la palabra que se acentúa al pronunciar. Debemos saber, no obstante, que la tilde diacrítica no se aplica a las palabras que poseen un significado pleno y pertenecen, además, a categorías diferentes, es decir, no aparecerá para diferenciar *sal* (verbo *salir*) y *sal* (especia) o *coma* (verbo *comer*) y *coma* (signo de puntuación).

La mayor parte de las palabras que pueden llevar tilde diacrítica son monosílabas y es el único caso en el que un monosílabo puede llevar tilde. La lista completa de las palabras que pueden llevar esta marca se reduce a los siguientes elementos:

- *aun/aún*

No lleva tilde cuando puede reemplazarse por *hasta, incluso, también* o *siquiera*; lleva tilde cuando equivale a 'todavía'.

aun	*aún*
Aun los que no habían estudiado, aprobaron el examen. Ni aun los que nos conocen vienen a visitarnos.	No ha respondido aún a mi carta.

- *de/dé*

No lleva tilde *de* cuando es preposición y nombre de la letra; sí la lleva el imperativo o el presente de subjuntivo del verbo *dar*.

de	*dé*
Antonio viajó de Madrid a Jaén. La de nos ha quedado muy pequeña.	Es necesario que le dé todas las medicinas hoy. Dé comida a los animales solo cuando se lo indique.

- *el/él*

No lleva tilde cuando es artículo; sí la lleva cuando es pronombre personal.

el	*él*
He comprado el arroz que me encargaste.	Él ha sido quien ha ganado el premio.

- *mas/más*

No lleva acento cuando es conjunción adversativa (actualmente es de uso exclusivamente literario); lleva tilde cuando es adverbio de cantidad.

mas	*más*
Se lo pedí por favor, mas no quiso.	No aguanta más. Ocho más dos son diez.

- ***mi/mí***

Sin tilde cuando es el determinante posesivo o el nombre de una nota musical; con acento cuando es el pronombre personal.

mi	*mí*
Esta es mi abuela. El mi bemol no ha sonado bien.	He pedido cinco libros para mí y uno para ti.

- ***que, cual(es), quien(es), como, cuanto, cuando, donde***

Estas palabras pueden ser interrogativas o exclamativas o bien cumplir otras funciones como, por ejemplo, adverbios de lugar, de tiempo, modo, etc. Cuando funcionan como interrogativos o exclamativos (en oraciones directas o indirectas), siempre llevan tilde; en cambio, cuando desempeñan otras funciones diferentes, no la llevan.

sin tilde	con tilde
Siempre me dices que vendrás y nunca vienes.	¿Qué le contaste a tu padre?
Quienes lo rompieron son los que han de pagarlo.	Deberíamos comprobar antes quiénes van a venir.
Es muy generosa, siempre te da cuanto tiene.	No sabes cuánto te hemos echado de menos.
Lo encontraron donde se había perdido Nicolás.	¿Dónde dices que es la fiesta?

- ***se/sé***

No lleva tilde cuando es pronombre personal; sí la lleva cuando es el presente de indicativo del verbo *saber* o el imperativo del verbo *ser*.

se	*sé*
Siempre se cree que tiene razón.	No me lo sé. Sé más prudente.

- ***si/sí***

Sin tilde cuando es conjunción condicional, conjunción completiva o el nombre de una nota musical; con tilde si se trata del adverbio de afirmación o del pronombre reflexivo.

si	*sí*
Si tú me dices ven, lo dejo todo. No sé si habrá descubierto la verdad ya. No me gusta cuando llega al si bemol.	Sí, lo sabe todo y está muy enfadada. Si no da más de sí, es mejor que lo deje. Solo hace cosas para sí mismo.

- ***te/té***

No lleva acento el pronombre personal; sí lo lleva el nombre de la planta con la que se prepara la infusión.

te	*té*
No hay manera de que te centres.	¿Quieres azúcar con el té?

- ***tu/tú***

No se acentúa si es el determinante posesivo, sí cuando es el pronombre personal.

tu	*tú*
Este es tu perfume favorito.	Tú no sabes lo pesada que puede llegar a ser...

Atención

Según las últimas normas de ortografía, **no deben llevar nunca tilde** ni la conjunción *o* (antes la llevaba cuando se escribía entre números escritos con cifras), ni los demostrativos (antes llevaban tilde si eran pronombres y la secuencia podía resultar ambigua), ni la palabra *solo* (antes llevaba tilde cuando era adverbio si la secuencia podía causar ambigüedad). Ahora se elimina el acento gráfico, incluso aunque los enunciados puedan resultar ambiguos, como sucede en los dos últimos ejemplos correctos que siguen.

Incorrecto	**Correcto**
Cada estuche contiene 28 ó 32 botones. Han traído éstos cuatro colchones. Me quedaré sólo hasta las once.	Cada estuche contiene 28 o 32 botones. Han traído estos cuatro colchones. Me quedaré solo hasta las once.

Acentuación de las palabras compuestas

Las reglas de acentuación de las palabras compuestas son muy simples, pues únicamente debemos fijarnos en la palabra resultante y seguir las normas generales de acentuación. De este modo, por ejemplo, si la palabra resultante es aguda acabada en *-n*, *-s* o vocal, llevará tilde independientemente de si las palabras que la forman la llevaban por separado o no:

sin + fin = sinfín, con tilde porque se trata de una palabra aguda acabada en *-n*.
alta + voz = altavoz, sin tilde porque se trata de una palabra aguda acabada en *-z*.
tío + vivo = tiovivo, sin tilde porque se trata de una palabra llana acabada en vocal.
auto + móvil = automóvil, con tilde porque se trata de una palabra llana acabada en *-l*.

Esta misma norma es válida para los compuestos que se crean al añadir pronombres enclíticos al verbo (⇨ págs. 259-260). De este modo, tenemos:

dímelo, dáselo, cuéntamelo: con tilde porque son esdrújulas.
denos, estate, detente: sin tilde porque son llanas acabadas en *-s* o vocal.
divertíos, reírse: con tilde porque poseen un hiato (vocal cerrada tónica + vocal abierta átona).

Sin embargo, al contrario de lo que sucede con las palabras anteriores, los adverbios terminados en *-mente* conservan la tilde si el adjetivo inicial del que provienen la llevaba, y se escriben sin ella en caso de que el adjetivo original no la llevara:

ridículo (esdrújula) > ridículamente.
inútil (llana acabada en *-l*) > inútilmente.
casual (aguda acabada en *-l*) > casualmente.
tranquila (llana acabada en vocal) > tranquilamente.

Por lo que respecta al grupo de palabras compuestas que se separan con un guion en español, ambas palabras conservan la tilde en caso de que deban llevarla según las reglas de acentuación, pero la primera de ellas, al pronunciarla, siempre debe ser átona: *teórico-práctico*, *físico-químico*.

Por otra parte, las Academias de la Lengua Española han modificado su criterio a la hora de escribir los nombres compuestos de persona, de modo que, mientras que antes debía seguirse la misma norma que para las palabras separadas con guion, actualmente se admite la escritura en una sola palabra. En ese caso, deberemos seguir las normas generales de acentuación:

- ✓ José Luis
- ✓ Joseluís (aguda acabada en *-s*)
- ✓ Juan Pablo
- ✓ Juampablo (llana acabada en vocal)

Acentuación de los latinismos y extranjerismos

En el caso de los latinismos, debemos diferenciar entre los que son frecuentes en la lengua y los que pertenecen exclusivamente al ámbito científico. De este modo, entendemos que los primeros deberán ajustarse a las normas de acentuación generales, mientras que los segundos conservarán su forma original, sin tildes:

> latinismos frecuentes en español: *currículum, hábeas corpus, alma máter*.
> latinismos que pertenecen al ámbito científico: *Arenga pinnata* (palmera azucarera), *Abies koreana* (abeto de Corea).

Por lo que respecta a los extranjerismos, sucede lo mismo que con los latinismos, es decir, si están adaptados al español, deberán seguir las normas generales de acentuación, mientras que si son de nueva incorporación o aún no están lo suficientemente integrados no será necesario:

> Extranjerismos adaptados: *fútbol, láser, bikini, eslogan*.
> Extranjerismos no adaptados: *marketing, software, gym*.

Errores frecuentes de acentuación

A menudo se cometen errores de acentuación por diversas razones, algunas de las cuales exponemos a continuación con el fin evitar que se incurra en ellos.

1. En ocasiones, aunque el hablante conozca esas reglas, considera que no las necesita, pues el texto se podrá comprender

perfectamente. Este es un error cada vez más frecuente, especialmente en textos electrónicos (⇨ pág. 465), pero ha de evitarse sobre todo cuando se trata de escritos de carácter formal.

2. Muchas veces los monosílabos aparecen acentuados aunque no les corresponda según las reglas de acentuación.

Incorrecto	Correcto
Luís	Luis
Ruíz	Ruiz
ví	vi
fé	fe
dí	di
pié	pie
tí	ti

3. Si una palabra se escribe por completo con mayúsculas ha de seguir las mismas normas de acentuación que si se escribe con minúscula.

Incorrecto	Correcto
ANGELA	ÁNGELA
OSCAR	ÓSCAR
AMERICA	AMÉRICA
PANADERIA	PANADERÍA

4. En algunos casos, suele traspasarse la tilde de la forma singular a su correspondiente en plural o viceversa, sin tener en cuenta que la palabra cambia de clase (aguda, llana, esdrújula o sobresdrújula) y, por tanto, hay que atender a otras reglas.

Incorrecto	Correcto
jóven	joven
exámen	examen
imágen	imagen

5. En las abreviaturas, si la palabra que se abrevia lleva tilde y la abreviatura contiene la letra acentuada, esta debe conservarse: *página* > *pág.*; *administración* > *admón.*

ORTOGRAFÍA DE LAS LETRAS

El español posee 27 letras y 5 dígrafos (combinaciones de dos letras): *ch, ll, gu, qu* y *rr*:

a, A (a)	*j, J* (jota)	*r, R* (erre)
b, B (be)	*k, K* (ka)	*s, S* (ese)
c, C (ce)	*l, L* (ele)	*t, T* (te)
d, D (de)	*m, M* (eme)	*u, U* (u)
e, E (e)	*n, N* (ene)	*v, V* (uve)
f, F (efe)	*ñ, Ñ* (eñe)	*w, W* (uve doble)
g, G (ge)	*o, O* (o)	*x, X* (equis)
h, H (hache)	*p, P* (pe)	*y, Y* (ye)
i, I (i)	*q, Q* (cu)	*z, Z* (zeta)

Los nombres que aparecen en la tabla son los que las Academias de la Lengua Española han determinado para cada letra, tanto para el ámbito peninsular como para el español de América. Sin embargo, se pueden seguir usando los nombres tradicionales que aparecen en la siguiente tabla:

b, B (be)	Español de América: *be, be larga, be grande* o *be alta.*
v, V (uve)	Español de América: *uve, ve corta, ve chica* o *chiquita, ve pequeña* o *be baja.*
y, Y (ye)	España: *i griega.*

La corrección ortográfica es requisito indispensable para quien desea dominar la lengua española. Puede que algunas letras impliquen ciertas dificultades al combinarse con otras y debemos conocer cuáles presentan esas dificultades y en qué casos para evitar cometer faltas de ortografía. La consulta de los manuales de ortografía o del diccionario (⇨ págs. 485-508 y 511-513) resulta imprescindible para solventarlas y para conocer las normas de uso de cada letra. Nosotros nos limitaremos aquí a exponer algunos casos en los que el uso de ciertas letras puede plantear dudas.

- *y/e*

Los dos últimos miembros de una enumeración se unen con *y*, excepto si la última palabra que sigue empiece por *i-* o *hi-*, en cuyo caso debemos utilizar *e*. Solo está permitido usar *y* ante palabras que empiezan por *i-* cuando su valor es adverbial.

✓ ¿Y Ignacio? ¿No te ha llamado todavía?
⊗ Necesitaremos aguja y hilo.
✓ Necesitaremos aguja e hilo.

- *o/u*

De la misma manera, cuando queramos separar dos elementos en una secuencia disyuntiva, deberemos utilizar *u* cuando la palabra que sigue empiece por *o-* u *ho-*. Esta regla es igual de válida para aquellos casos en los que lo que separamos son dos cifras y la segunda de ellas se escribe y se pronuncia con *o-* inicial:

⊗ ¿El Yeti es animal o hombre?
✓ ¿El Yeti es animal u hombre?
⊗ Compraremos 7 o 8 piezas.
✓ Compraremos 7 u 8 piezas.

- *y/i*

Las palabras de origen extranjero que terminan en *-y* (cuando esta forma parte de un diptongo) admiten una doble terminación en *-i*. Así, tenemos: *bonsay/bonsái*; *paipay/paipái*.

Sin embargo, aquellos extranjerismos que terminan en *-y*, y esta no pertenece a un diptongo, pasan a terminar en *-i*, incluidos los acortamientos de algunos nombres: *sexy* > *sexi*; *Dany* > *Dani*.

Por último, en español no es correcto escribir *y* (aunque forme parte de un diptongo) cuando vaya seguida de una consonante, sea al comienzo, en medio o al final de la palabra.

Incorrecto	Correcto
ypsilon lycra poneys	ípsilon licra poneis

Quedan fuera de esta regla algunos topónimos y antropónimos muy asentados en español (*Goytisolo, Myriam*) y aquellas formas verbales terminadas en *-y* a las que se añade un pronombre enclítico (*voyme, doyles*).

- *x/j*

Tradicionalmente, la letra *x* se ha utilizado para representar el sonido [j] dentro de palabras como *mexicano* o *México*, aunque se daba prioridad a la escritura con *j*. Actualmente, tanto para la palabra *México* como para todos sus derivados, se prefiere la escritura con *x*, aunque pueden seguir utilizándose las formas con *j*. Para la pronunciación de estas palabras ⇨ pág. 103.

- *q(u)/c/k*

Las palabras que contienen la letra *q(u)*, provenientes del latín o de alguna otra lengua extranjera pero integradas en el español, deben seguir la siguiente norma: si se pronuncia la *u* (*quórum*, *quásar*), la grafía ha de ser con *c*: *cuórum*, *cuásar*. Mientras que si no aparece la *u*, se deberán escribir con *k*: *Irak/Iraq*. Tan solo es una recomendación, es decir, pueden seguir escribiéndose con su forma originaria, pero entonces se considerarán extranjerismos o latinismos y deberán ir marcadas con algún resalte tipográfico (⇨ págs. 192-195).

Actualmente, se prefiere la escritura con *k* en algunas palabras que antes podían escribirse también con *q(u)* o con *c*. La alternativa con *k* es la que recomienda la Academia aunque las demás opciones siguen siendo igualmente válidas. Algunas de esas palabras son:

bikini ~ biquini
euskera ~ eusquera
harakiri ~ haraquiri
Irak ~Iraq
kinesia ~ quinesia (y sus derivados siempre que lleven el elemento *kinesio/-a* al inicio de la palabra)
pakistaní ~ paquistaní

Sin embargo, se recomienda la escritura con *q(u)* o *c* en lugar de *k* las siguientes palabras:

No recomendado	Preferible
Katar folklore keroseno kiosco	Catar folclor(e) queroseno quiosco

- **Grupo consonántico *sh***

  Este grupo consonántico propio de algunas lenguas extranjeras no existe en español, por lo que se recomienda sustituirlo por una *s* simple, si se encuentra al final de palabra, o por *ch*, si se encuentra al inicio. Algunas palabras a las que les afecta esta norma son:

No recomendado	Preferible
Bangladesh	Bangladés
flash	flas
shoot	chutar
shampoo	champú

Quedan fuera de esta norma algunos nombres de lugares geográficos (*Washington*) y algunos derivados de nombres de personas que contienen ese grupo consonántico (*shakesperiano*).

LAS MAYÚSCULAS

Uso de las mayúsculas

La mayúscula es un tipo de letra mayor que resalta la palabra. Podemos utilizar la mayúscula únicamente en la inicial de la palabra o para escribir la palabra completa.

- La norma académica señala que se debe utilizar mayúscula inicial cuando las reglas ortográficas de puntuación así lo requieran, esto es:
  1. Si se trata de la primera palabra de un escrito, va después de punto o tras los puntos suspensivos cuando estos cierran un enunciado.
  2. Después de los dos puntos, debe comenzarse el texto con inicial mayúscula en los casos siguientes:
     - Tras los dos puntos que siguen a la fórmula de encabezamiento o saludo de una carta formal.
     - Tras los dos puntos que siguen al verbo fundamental de un documento jurídico-administrativo.
     - Tras los dos puntos que anuncian la reproducción de una cita o palabras textuales.

- Fuera de las reglas ortográficas de puntuación, se utiliza mayúscula inicial en los siguientes casos:

1. Los nombres propios para distinguirlos de los nombres comunes:
   - Nombres propios y apellidos: *Ernesto, Fernández.*
   - Nombres propios de lugares y accidentes geográficos: *Cuenca, Teide, Júcar, América.*

Atención

En los nombres de lugares que están compuestos por un artículo y un nombre, el artículo habrá de ir en mayúscula: *La Habana, Las Vegas.* Sin embargo, si el artículo no forma parte del nombre, esto es, se puede eliminar, se escribirá con minúscula: *(el) Líbano, (la) China.*

   - Los cuatro puntos cardinales cuando forman parte de un nombre propio: *Europa del Este, América del Sur.*
   - Los nombres de vías y espacios urbanos: *calle Ricardo Ortiz, plaza de Dolores Ibarruri.* En estos casos, el nombre genérico que se escribe delante del nombre propio (calle, plaza, glorieta, etc.) ha de ir escrito con minúscula.
   - Los nombres de galaxias, constelaciones, estrellas, planetas y satélites: *Vía Láctea.*
2. Los sustantivos y adjetivos que componen el nombre de entidades, organismos, departamentos o divisiones administrativas, edificios, monumentos, establecimientos públicos o partidos políticos: *Departamento de Recursos Humanos, Torres Kío, Carrefour.*
3. La primera palabra del título de cualquier obra de creación (libros, películas, cuadros, esculturas, piezas musicales, programas de radio o televisión, libros sagrados, etc.); el resto de las palabras que lo componen, salvo que se trate de nombres propios, deben escribirse con minúscula: *Los vengadores.*
4. Los nombres de marcas comerciales: *Zara, Mercadona.*
5. Las palabras que forman parte de la denominación oficial de premios, distinciones, certámenes y grandes acontecimientos culturales o deportivos: *la Vuelta a España.*

6. Los sustantivos y adjetivos que forman el nombre de disciplinas científicas, cuando nos referimos a ellas como materias de estudio, y especialmente en contextos académicos (nombres de asignaturas, cátedras, facultades, etc.): *Matemáticas*.
7. Los nombres de edades y épocas históricas, acontecimientos históricos y movimientos religiosos, políticos o culturales: *Edad Moderna*.

Errores frecuentes en el uso de las mayúsculas

Se considera incorrecto el uso de la mayúscula en los siguientes casos:

1. Los nombres comunes: días de la semana, meses y estaciones del año: primavera, lunes.
2. Los nombres propios que se usan como nombres comunes:
   – Nombres propios de persona que pasan a designar genéricamente a quienes poseen el rasgo más característico o destacable del original (*un quijote, un donjuán*).
   – Muchos objetos, aparatos, sistemas y productos que pasan a ser designados con el nombre propio de su inventor, de su descubridor, de su fabricante o de la persona que los popularizó o en honor de la cual se hicieron (*zepelín, roentgen, braille, quevedos, rebeca, napoleón*), o del lugar en que se producen o del que son originarios (*un jerez, un rioja*).
   – Nombres de marcas comerciales, cuando no designan ya un objeto o un producto de la marca, sino, genéricamente, cualquier objeto o producto de características similares: *típex, espontex, clínex*.
3. Los nombres comunes genéricos que acompañan a los nombres propios de lugar: *el océano Atlántico*.
4. Los nombres de los vientos, salvo que estén personificados en poemas o relatos mitológicos: *alisio*.
5. Los nombres de las religiones: *hinduismo, budismo*.
6. Los nombres de tribus o pueblos y de lenguas, así como los gentilicios: *los yanomamis, el inglés*.
7. Los tratamientos (*usted, señor, don, fray, san(to), sor, reverendo*, etc.), salvo que se escriban en abreviatura, en cuyo caso se deben escribir con mayúscula.

Atención

Los títulos, cargos y nombres de dignidad, como *rey*, *papa*, *duque*, *presidente*, *ministro*, etc., se escriben siempre con minúscula vayan o no acompañando al nombre propio: *el rey Felipe IV*, *el papa Juan Pablo II*, *el presidente de Nicaragua*, *el ministro de Trabajo.*

En cuanto a los casos en los que utilizamos la mayúscula para escribir la palabra completa ⇨ pág. 196.

LOS SIGNOS DE PUNTUACIÓN

Los signos de puntuación son elementos que cumplen múltiples funciones dentro del texto, desde la de facilitar la lectura en voz alta (⇨ pág. 458) hasta la de eliminar ambigüedades (⇨ págs. 55-56), pasando por otras como la de delimitar las ideas, destacar unas ideas frente a otras y estructurar el texto de manera que se puedan identificar claramente sus partes y sus significados. Dependiendo de cómo usemos los signos de puntuación, la oración, el párrafo y, por tanto, el texto completo pueden llegar a tener significados diferentes (a veces, incluso completamente opuestos). Por ello, resulta imprescindible conocer cuáles son sus funciones y aprender a utilizarlos adecuadamente.

La coma

Usos de la coma

De todos los signos de puntuación que sirven para realizar una pausa en el texto (la coma, el punto, el punto y coma, los dos puntos y los puntos suspensivos), la coma es el más débil, esto es, representa la pausa más corta. Entre los diferentes usos de la coma, podemos diferenciar dos grandes grupos:

1. Un primer grupo en el que la coma se considera un elemento independiente y autónomo, esto es, no necesita de ningún otro signo para desempeñar su función. Es la «coma simple», que es la que sirve para:
   - Separar ideas dentro de una oración compuesta.
   - Introducir enumeraciones o fechas.

— Marcar la omisión del verbo.
— Separar términos cuyo orden se ha invertido. Suele utilizarse, sobre todo, en bibliografías, listas, índices, etc.

Han construido casas, pisos, chalés y centros sociales por toda la zona.

No me importa cómo lo hagas, a quién tengas que llamar y adónde tengas que ir, pero tienes que conseguir un trabajo antes del verano.

Y tu madre, como siempre. No hay manera de que la mujer cambie sus costumbres.

2. Un segundo grupo, en el que la coma puede considerarse un signo «doble», pues necesita de otro elemento (otro signo, que generalmente es otra coma) para desempeñar cada una de las funciones antes expuestas. Es la «coma doble», que sirve para:
— Insertar explicaciones en un texto.
— Señalar aposiciones, vocativos.
— Marcar desplazamientos y cambios en el orden de las palabras.
— Indicar adelantamiento de las oraciones subordinadas.
— Señalar marcadores discursivos.

Aquel muchacho, el de la sudadera de cuadros, es el hijo de mi profesor.

Su tía, M.ª Antonia, no tiene ni idea de la sorpresa que le dará.

Aparentemente, no tenía cara de culpable.

Si supieras lo que le ha costado conseguirlo, no le dirías que no.

Bueno, como te iba diciendo, no he podido comprar el pan hoy.

En algunos contextos, una de las comas que van emparejadas puede ser reemplazada por otro signo que exprese una pausa mayor, como el punto, el punto y coma o los dos puntos; incluso puede no aparecer, si el elemento que debe ir entre comas inicia la frase.

Errores frecuentes en el uso de la coma

Los errores principales que podemos cometer con relación a este signo de puntuación son, por un lado, usarlo en contextos en los que no debería usarse; por otro, no usarlo cuando es necesario hacerlo y, en tercer lugar, emplearlo en sustitución de otro signo. Pasamos a ver los casos concretos a continuación.

- **Empleo innecesario de coma.** El uso de la coma no está admitido cuando aparece:

  - Entre el sujeto y el verbo:

    ⊗ El premiado, no llevaba ningún discurso preparado.

  - Entre el verbo y sus complementos:

    ⊗ Siempre llueve, a mediodía.
    ⊗ Le gusta, comprar en ese sitio porque es más barato.

  - Delante de la *y* de cierre en una enumeración:

    ⊗ Necesitamos medicinas, alimentos, y agua potable.

    Sin embargo, cabe la posibilidad de que encontremos en algunos casos una coma delante de la conjunción *y*. ¿Eso qué significa? ¿Que a veces podemos ponerla y a veces no? ¿Significa entonces que da igual si la ponemos o no delante de la *y*? Bien, debemos diferenciar entre las enumeraciones en las que se suman elementos simples y aquellas en las que los elementos que se separan (a partir de una coma y con una *y* para separar el último elemento) conforman periodos más largos que pueden llegar, incluso, a formar una oración. Al ser tan largos, sí está permitido utilizar la coma delante de la conjunción, pues esta puede ayudar a estructurar y diferenciar cada parte de ese texto. Por ejemplo:

    ✓ El otro día nos encontramos con el hermano de José, que venía de comprarse un coche nuevo, la amiga de Ruth, que llegaba tarde a su cita, y con mi amiga Merce, justo cuando llegábamos a casa.

  - Inmediatamente antes de los puntos suspensivos.

    ⊗ Necesitamos medicinas, alimentos, agua potable, ...

    La combinación de estos dos signos de puntuación no funciona si la coma va por delante de los puntos. La coma sirve para pausar el texto (brevemente). Por tanto, si tenemos en cuenta que una de las funciones de los puntos suspensivos es dejar en suspensión el texto (⇨ pág. 169), la suma de los dos signos de puntuación resulta redundante y, por tanto, innecesaria.

- **Falta de coma necesaria.** A diferencia de los casos anteriores, existen contextos en los que la coma es del todo obligatoria, como sucede cuando necesitamos:

  - Marcar diferentes significados.

    Carmelo, coloca los sobres por orden alfabético. (Expresa una orden).
    Carmelo coloca los sobres por orden alfabético. (Simplemente enuncia un hecho, no expresa una orden).

  - Señalar que se ha suprimido del verbo.

    Los mayores salgan por esta puerta y los niños, por aquella.

  - Marcar que ha habido un adelantamiento de la oración subordinada.

    Hazlo siempre que estés convencido de algo.
    Siempre que estés convencido de algo, hazlo.

  - Indicar la presencia de algún marcador textual (⇨ págs. 76-77).

    Como te iba diciendo, parece que definitivamente no va a ir.

  - Separar el vocativo.

    Doctor, ¿qué me sucede?
    ¡Jaime, deja de pelear con tu hermano!

  - Es muy común el error de olvidar poner una coma del par cuando se trata de las comas «dobles».

    ⊗ Es muy saludable practicar deporte a diario, pero si se padece algún tipo de enfermedad, hay que tomar precauciones.
    ✓ Es muy saludable practicar deporte a diario, pero, si se padece algún tipo de enfermedad, hay que tomar precauciones.

- **Empleo de coma por otro signo.** Es frecuente también el error de emplear coma en lugar de punto y seguido.

  ⊗ Los osos blancos viven en el Polo Norte, son mamíferos, recorren varios kilómetros diarios para conseguir alimento.
  ✓ Los osos blancos viven en el Polo Norte. Son mamíferos. Recorren varios kilómetros diarios para conseguir alimento.

El punto y coma

El punto y coma marca una pausa superior a la de la coma, pero inferior a la del punto. Es, por tanto, una pausa media. Los usos más habituales son los siguientes:

1. En enumeraciones largas y complejas en las que intervienen también comas. Con el uso del punto y coma la división de las diferentes partes queda mucho más clara.

   Cada uno de los grupos de trabajo preparará un taller: el primero, el taller de cine; el segundo, el taller de teatro; el tercero, el taller de magia.

2. En casos en los que necesitemos separar dos oraciones yuxtapuestas en fragmentos en los que el uso de la coma es frecuente. No obstante, en muchos de estos casos, es preferible utilizar el punto.

   La muchacha disfrutaba, corría hacia su casa, respiraba aire puro; estaba en el lugar perfecto.

El punto

Usos del punto

El punto señala una pausa superior a la de la coma. Detrás del punto siempre se empieza a escribir con mayúscula inicial (excepto detrás del punto abreviativo, ⇨ pág. 190). Existen tres tipos de punto:

- **Punto y seguido.** Se utiliza para separar distintos enunciados dentro de un mismo párrafo. Después del punto y seguido se debe seguir escribiendo en la misma línea.

  Fue una fiesta preciosa. Creo que la mejor que he organizado, y sin duda, la más original.

  (Albert Espinosa, *El mundo amarillo*, Debolsillo, 2008)

- **Punto y aparte.** Se utiliza cuando se finaliza el último enunciado de un párrafo y se comienza otro con ideas no relacionadas directamente. Después de este punto, debe empezar a escribirse en la línea siguiente.

Me gustaba el sabor del cobre; todavía, al pronunciar la palabra *cobre*, siento un cosquilleo eléctrico en la punta de la lengua. El cobre sabe a electricidad. Mi padre guardaba decenas de bobinas de cobre en la parte de su taller dedicada a almacén.

Nos colocábamos la chaqueta de pijama sobre la camiseta de tirantes, que era una segunda piel, y nos metíamos tiritando en la cama.

(J. José Millás, *El mundo*, Ed. Planeta, 2007)

- **Punto final.** Es el punto que se utiliza para cerrar un texto. Debemos recordar, por otro lado, que la forma correcta de escribir este signo es *punto final* y no ⊗*punto y final*, a diferencia de lo que ocurre con el *punto y aparte* y *el punto y seguido*.

El punto también se utiliza detrás de las abreviaturas para marcar que se trata de una palabra abreviada.

Errores frecuentes en el uso del punto

Al igual que sucedía con la coma, hay ocasiones en las que el uso del punto no es correcto. Los casos son los siguientes:

1. Nunca debe escribirse punto detrás de los títulos y subtítulos de artículos, obras de arte, capítulos de libros, etc.

⊗ 2. El Imperialismo.
2.1. Causas.
2.2. Consecuencias.

✓ 2. El Imperialismo
2.1. Causas
2.2. Consecuencias

2. Nunca debe añadirse un punto detrás de los signos de interrogación y exclamación de cierre. El punto del signo de cierre ya consta de un punto en su parte inferior, por lo que añadir otro punto resultaría redundante.

⊗ ¿Sabes dónde iba a dormir Carlos esta noche?. Estoy intranquilo.
✓ ¿Sabes dónde iba a dormir Carlos esta noche? Estoy intranquilo.

3. Tampoco es correcto escribir punto detrás de los puntos suspensivos, pues al igual que sucedía con la coma, se trata de una redundancia.

⊗ Le gusta correr, saltar, nadar.... Todo lo que sea hacer deporte.
✓ Le gusta correr, saltar, nadar... Todo lo que sea hacer deporte.

4. Por el contrario, es incorrecto no cerrar con punto las abreviaturas (⇨ pág. 189).

⊗ Me encontré con la Sª Angustias y me preguntó por usted.
✓ Me encontré con la S.ª Angustias y me preguntó por usted.

5. Sin embargo, es incorrecto escribir punto tras las siglas y los símbolos y para separar las unidades de mil en los números escritos (⇨ págs. 191 y 192).

⊗ Me he enterado de que Marisa está colaborando con una O.N.G.
✓ Me he enterado de que Marisa está colaborando con una ONG.
⊗ Este coche tiene más de 20.000 km., pero no está tan mal.
✓ Este coche tiene más de 20 000 km, pero no está tan mal.

Atención

- En combinación **con los paréntesis o los corchetes**, el punto no debe colocarse dentro del inciso, sino fuera, excepto si el punto pertenece a una abreviatura, a un signo de exclamación o de interrogación o si se trata de puntos suspensivos, casos estos en los que se conservan ambos.

  Se han muerto todas las plantas del jardín (las nuevas).
  Se han muerto todas las plantas del jardín (¡las nuevas!).
  La explanada era un auténtico vertedero (neumáticos, cartones, plásticos, etc.).

- Cuando el punto se combina **con las comillas** que encierran citas textuales, no se conserva el punto final de la cita, que queda sustituido por las comillas de cierre.

  Parece que eso de «no te preocupes, yo me encargo» se nos ha olvidado pronto.

- Se exceptúan también los puntos correspondientes a abreviaturas, puntos suspensivos y signos de exclamación e interrogación.

  Argumentaron, además, que «ni siquiera los responsables de las CC. AA.» lo aceptarían.
  Si te dijo que «a lo mejor...» significa que no lo sabrás nunca.
  Cuando le vio puso una cara como diciendo «¡no me lo puedo creer!» y se marchó.
  No para de preguntar «¿pero estás seguro de que no va a venir?» y al final voy a tener que contárselo.

Los dos puntos

Los dos puntos tienen como función pausar el texto, pero en este caso es para llamar la atención sobre aquello que se dice tras la pausa. Los usos más frecuentes son:

1. Indicar que lo que sigue es una enumeración.

El pasaje de las sustancias a través de la pared intestinal se denomina absorción y se realiza mediante diversos mecanismos:
– los monosacáridos y los aminoácidos se absorben por transporte activo; luego pasan a los capilares sanguíneos del sistema porta hepático; [...]
– los monoglicéridos, [...]

(R. J. Castro, M. Handel, G. B. Rivolta, *Actualizaciones en Biología*, Eudeba, 1981)

2. Introducir citas textuales.

O como dijo Germán: «Empecé a mejorar para mal».
(G. García Márquez, *Vivir para contarla*, Norma, 2002)

3. Como pausa detrás de las fórmulas de saludo en cartas y documentos de carácter formal (⇨ págs. 424-425).

Mi muy estimado señor Silvani:
Con la esperanza de que la presente [...]
(F. Alonso, *El imperio de las drogas*, Shlomo Ben Ami, 2003)

Los dos puntos también tienen un valor propiamente lingüístico. En estos casos, este signo funcionaría como un nexo para unir dos oraciones, con valor de causa-efecto, consecuencia, conclusión o resumen.

Hace un frío tremendo: nos quedaremos en casa ('así que').
No tenía padres, hermanos, amigos: estaba solo ('en conclusión').
Hoy tengo que quedarme más tiempo: necesito terminar el inventario ('porque').

Los puntos suspensivos

Los puntos suspensivos, que son tres (ni más ni menos) señalan una pausa dentro de un enunciado o un final inconcluso. Las funciones principales de los puntos suspensivos son:

1. Dejar un enunciado en suspensión.

   Si aprobase... ¡Yo no sé qué haría!
   El día fue muy desagradable... Prefiero no hablar más de eso.

2. Señalar que una enumeración está abierta, es decir, no se indican explícitamente todos los elementos que la componen. En estos casos tienen la misma función que la palabra *etcétera.*

   Le gustan todos los deportes: el fútbol, el baloncesto, el tenis...

3. Dentro de un paréntesis o de corchetes, indicar que se ha omitido una parte del texto original que se está citando (⇨ pág. 173).

   Tal y como decía la noticia: «[...] En síntesis, el plan contiene ocho actuaciones que van desde la creación de una delegación del Gobierno especializada con rango de secretaría de Estado hasta la creación de un servicio especial de atención psicológica [...]».

Atención

- No es correcto utilizar los puntos suspensivos cuando ya se ha utilizado la palabra **etcétera.**

  ⊗ Le gustan todos los deportes: el fútbol, el baloncesto, el tenis, etcétera...

  ✓ Le gustan todos los deportes: el fútbol, el baloncesto, el tenis, etcétera.

- Se debe evitar el abuso de estos signos en los textos electrónicos: SMS, chats, etc. (⇨ págs. 471 y 474).

Los signos de interrogación y exclamación

Los signos de interrogación (¿?) se utilizan para encerrar enunciados interrogativos en estilo directo, es decir, cuando hacemos una pregunta directamente a nuestro interlocutor. Los signos de exclamación (¡!), por su parte, se utilizan para encerrar enunciados de carácter exclamativo. Algunas reglas que debemos tener en cuenta a la hora de utilizar ambos signos son las siguientes:

1. En español es obligatorio utilizar los dos símbolos, de apertura y de cierre, no como en otras lenguas (inglés, italiano...) donde solo existe el de cierre.

⊗ Hasta qué punto son efectivos estos cuestionarios?
✓ ¿Hasta qué punto son efectivos estos cuestionarios?
⊗ Nunca imaginé que tendría tanto éxito!
✓ ¡Nunca imaginé que tendría tanto éxito!

2. Entre los signos interrogativos o exclamativos y las palabras en contacto con ellos no debe dejarse ningún espacio.

⊗ ¿ Sabes a qué hora está prevista la reunión ?
✓ ¿Sabes a qué hora está prevista la reunión?
⊗ ¡ Pero qué significa este atropello !
✓ ¡Pero qué significa este atropello!

3. El signo de cierre de interrogación escrito entre paréntesis indica duda o ironía, mientras que el de exclamación indica sorpresa o ironía.

Seguramente murió a principios de siglo, 1906 (?), tal y como apuntan los expertos.
Una niña de diez años (!) ha sido la ganadora del certamen de relatos de este año.

4. Detrás de los signos interrogativo y exclamativo de cierre podrá escribirse cualquier otro signo de puntuación, excepto el punto (⇨ pág. 167).

✓ ¡Qué rapidez!, no esperaba que respondieses con tanta premura.
⊗ ¿No van a ampliar el plazo de presentación?. ¡Qué desastre!
✓ ¿No van a ampliar el plazo de presentación? ¡Qué desastre!

5. Por otro lado, siempre que el enunciado se termine tras el signo de interrogación o exclamación, la oración siguiente debe comenzar con mayúscula, como si de un punto se tratara:

⊗ ¡Ni me he acordado! así no podré entregarlo a tiempo.
✓ ¡Ni me he acordado! Así no podré entregarlo a tiempo.

6. Por último, existen oraciones que poseen al mismo tiempo un sentido interrogativo y exclamativo. En estos casos, se puede combinar los signos abriendo el enunciado con el de exclamación y cerrándolo con el de interrogación o viceversa:

¡Cómo te has atrevido?
¿Cómo te has atrevido!

Sin embargo, es preferible utilizar los dos signos a la vez, siempre y cuando se siga el orden de apertura y cierre elegido.

¿¡Qué dices!?
¡¿Qué dices?!

Signos de puntuación secundarios o auxiliares

Los paréntesis, los corchetes y las llaves

- Los paréntesis (( )) son signos de puntuación dobles (de apertura y de cierre) utilizados generalmente para añadir información relacionada con el fragmento en que esta se inserta. Se utilizan en los siguientes casos:

  - Para encerrar incisos aclaratorios, tengan o no relación directa con el enunciado.

    El profesor de mi hija (que se crio en Londres) habla perfectamente inglés.

    En este caso, la función que desempeñan los paréntesis es compartida por las comas (⇨ pág. 163) y las rayas (⇨ pág. 179). La diferencia es la cercanía o lejanía con que se presentan los incisos con respecto del tema central: las comas implican mayor proximidad, mientras que los paréntesis y las rayas, en este orden, suponen mayor distancia respecto a la idea que se expone.

  - Para insertar alguna información que ayude a precisar la del enunciado en que se incluye. Esta función pueden desempeñarla, igualmente, los corchetes.

    La enorme población inculta (soldados, comerciantes y trabajadores en general) hablaban y escribían, si podían, una versión de lengua menos compleja, el latín vulgar.

    (*Revista de Lenguas para Fines Específicos*, 13 y 14, 2007 y 2008)

  - En transcripciones de textos, códices o inscripciones, para encerrar las partes omitidas de palabras abreviadas.

    Op(era) cit(ata)

    En estos casos, debemos tener en cuenta que el paréntesis, tanto de apertura como de cierre, ha de ir pegado a la letra anterior.

- Para marcar que, dentro de una cita textual, se ha omitido parte del texto original. En este caso, dentro de los paréntesis se escriben puntos suspensivos (⇨ pág. 169). También podemos ver esta función desempeñada frecuentemente por los corchetes.

Acordaron reunirse en tres meses, pero ayer Sicilia señaló: «En su calidad de representante del Estado está obligado a pedir perdón a la nación, en particular, a las víctimas. En segundo lugar, hemos venido hasta aquí a que nos haga justicia (...) En tercer lugar, a que juntos detengamos esta guerra y busquemos condiciones para la paz con justicia y dignidad».

(*El Universal.mx.*, 2011)

- Otro de sus usos es encerrar una alternativa igualmente válida entre varias opciones dentro de un mismo contexto. La barra oblicua (⇨ pág. 181) puede sustituir a los paréntesis en estos casos.

Del mismo modo, estas creencias incluyen aquellas percepciones y juicios de valor sobre qué variante(s) lingüística(s) es/son la(s) estándar(es) y del lugar y el rol que debe tener el estándar en la vida social y educativa de una comunidad.

(*Revista de Lenguas para Fines Específicos,* 13 y 14, 2007 y 2008)

Al utilizar los paréntesis en estos casos, evitamos tener que escribir las dos opciones completas (singular y plural, respectivamente), de modo que podríamos considerarlos, además, un recurso económico del sistema de escritura.

- Los paréntesis también se utilizan, en la escritura teatral, para encerrar las acotaciones del autor, ya sea en aquellas generales o en los comentarios aparte de algún personaje. Esta última es otra de las funcionas que comparte con los corchetes. En ambos casos, el texto que encierran suele escribirse con cursiva (⇨ pág. 193):

LUPE — *(Vuelve de nuevo su mirada a la calle, esa mirada de envidia y de impotencia de los que se sienten siempre fuera de las grandes emociones de la vida).* Me pregunto qué sentirá toda esa gente que sale a la calle un viernes por la noche.

(E. Lindo, *La ley de la selva*, Visor, 1996)

ESCULTOR: Tal será.
DON JUAN: Mejor que vos.
ESCULTOR: (*¿Y quién será el que a don Juan abona con tanto brío?*).
Caballero, a pesar mío,
como aguardándome están...
DON JUAN: Idos, pues, enhorabuena.

(J. Zorrilla, *Don Juan Tenorio*, Castalia, 1994)

- Para delimitar los números que marcan una clasificación o enumeración dentro de un texto. En este caso, la cifra o la letra pueden aparecer entre dos paréntesis (uno de apertura y otro de cierre) o simplemente seguidas del de cierre:

Este libro consta de 12 capítulos que se dividen en una serie de unidades que a su vez se subdividen en otras (1) Expresión: (a) comunicación oral, (b) lectura, (c) comprensión, (d) vocabulario y (d) producción de textos.

(*Revista de Lenguas para Fines Específicos*, 13 y 14, 2007 y 2008)

Las partes del intestino delgado son:
a) El duodeno.
b) El yeyuno.
c) El íleon.

Con esta misma función, podemos encontrar otros signos ortográficos, como el punto, el guion, la combinación de ambos, además de todos aquellos elementos creados únicamente para organizar el texto de una enumeración vertical u horizontalmente.

- Ya en el ámbito científico-técnico, los paréntesis se utilizan para delimitar algunas operaciones matemáticas. Dentro de este ámbito, la lectura que ha de hacerse es la que da prioridad al contenido de los paréntesis:

$3 \cdot 9 + (6 + 5 - 3) - 12 : 4$

- Los **corchetes** ([ ]) son igualmente signos de puntuación secundarios dobles y cumplen básicamente las mismas funciones de los paréntesis (⇨ págs. 172-174).

Atención

En operaciones matemáticas o fórmulas químicas, los corchetes encierran operaciones ya encerradas entre paréntesis. El orden en que se deben realizar las operaciones queda determinado tanto por los corchetes como por los paréntesis antes mencionados, de manera que las incluidas dentro de los paréntesis tienen prioridad sobre las demás.

$[(4+2)/(5+3)]-(6-2)$

- Las **llaves** ({ }), de acuerdo con la Academia, tienen como función encerrar información estructurada en forma de esquema o cuadro sinóptico. Se pueden utilizar los dos signos (uno de apertura y otro de cierre) o simplemente el de apertura, recurso más habitual:

Título o idea general {
1. Primer tema
2. Segundo tema
3. Tercer tema

Las llaves pueden disponer el contenido de dos modos:

- De lo general a lo específico. En este caso, se utilizará la llave de apertura, que englobará el resto de ideas expuestas, y, sucesivamente, se añadirán aquellos conceptos atendiendo a su jerarquía y relevancia:

Idea principal {
Idea segundaria { Especificación de la idea secundaria
Idea secundaria

- De lo específico a lo general. Para estos casos, se utiliza la llave de cierre, de manera que el vértice de la llave final del esquema coincida con la idea principal:

Idea segundaria
Especificación de la idea secundaria } Idea secundaria
} Idea principal

Las comillas

Las comillas son signos ortográficos cuya función básica es la de delimitar alguna parte del texto. Existen en tipografía tres tipos de comillas: las comillas angulares, también llamadas latinas o de codo (« »), las comillas altas o inglesas (“ ”) y las comillas simples (‘ ’). A continuación, explicaremos las particularidades y funciones de cada una de ellas.

- **Las comillas dobles.** Aunque, al igual que sucede con los signos anteriores, no existe una única norma que regule sus funciones y usos, sí podemos señalar cuáles serían los más frecuentes. Las comillas dobles (ya sean latinas o inglesas) pueden utilizarse indistintamente, pues su uso depende en la mayoría de los casos del tipo de texto (científico, literario, periodístico, etc.) y de la difusión que se le vaya a dar (nacional, internacional, mundial, en sectores específicos, etc.). Esto es así en tanto que las comillas angulares son más frecuentes en escritos cuya difusión se ciñe al ámbito hispano, mientras que las comillas altas son más utilizadas dentro del ámbito anglosajón.

Debemos tener presente, además, que en muchos casos este signo ortográfico alterna con un mecanismo de resalte exclusivamente tipográfico: la cursiva, precisamente porque muchas de sus funciones consisten en resaltar partes concretas del texto. Dado que las dos elecciones son igualmente válidas y las podemos encontrar en diferentes textos intercaladas, lo importante es mantener un criterio de unificación y coherencia en nuestro texto para que estos dos mecanismos alternantes no se confundan.

Las funciones más frecuentes de las comillas dobles (latinas o inglesas) son las siguientes:

- Encerrar citas textuales.

  «Muchas veces, sobre todo cuando no tienes práctica, crees que aquello que explicas es lo más interesante del mundo y no dudas de que el destinatario del mensaje quedará atrapado irremisiblemente en la red de tus palabras [...]».

  (J. López Romero, *El camino de las hormigas*, Alba, 2003)

- Marcar que la palabra o palabras que van entre comillas son impropias, vulgares, constituyen extranjerismos o se están utilizando con un sentido figurado.

  La última noche estuvimos en un restaurante especializado en «nouvelle cousine».
  Muchas veces nos ha dicho que Celia es una «hermana» para ella.
  Siempre me dice que, como nos ha costado mucho dinero, tenemos que «amortiguarlo».

- Citar artículos, capítulos, apartados, etc., incluidos en escritos más amplios.

  En la primera conferencia solo se trató el apartado «Técnicas de estudio» y la semana que viene tenemos previsto llegar hasta «Mecanismos de autoevaluación».

- Referirse al título de ponencias, discursos, conferencias, etc., con el fin de delimitar su extensión cuando solo aparece la primera palabra con mayúscula inicial.

  Me interesa bastante la conferencia «Los mecanismos de defensa» que vi anunciada en el tablón ayer.

- Aislar una palabra en concreto dentro de un texto, con el fin de que sobresalga y llame la atención del lector. A menudo se alternan estas comillas con el resalte de la cursiva (⇨ pág. 193).

  La palabra correcta en esos casos es «accesible» y no «asequible».

- Encerrar el significado de una palabra. En estos casos, pueden usarse las comillas dobles, aunque es preferible utilizar las simples (⇨ pág. 177).

  Según el diccionario académico, «óbice» significa «obstáculo, embarazo, estorbo, impedimento».

• **Las comillas simples.** Las comillas simples son menos utilizadas, pero poseen unas funciones mejor delimitadas que las dobles. Estas son sus funciones:

- Encerrar alguna parte del texto que, a su vez, ya esté delimitada por comillas dobles. De este modo, podemos evitar que se sucedan varias comillas de codo al final de la cita, como ocurre en el ejemplo siguiente.

  Y de repente dijo: "¿Qué significa la palabra 'vida'?" y nadie supo contestar.

  Cabría añadir al respecto que, aunque en principio las funciones de los diferentes tipos de comillas están bien diferenciadas, cuando es necesario recurrir a las comillas dos (o más) veces dentro de un mismo enunciado, se recomienda seguir una jerarquía. Esta jerarquía estaría por encima de los usos más habituales de las diferentes comillas. De este modo, en primer lugar, se utilizan las latinas y, dentro de estas, las altas. Si, además, dentro del texto entre comillas altas, es necesario encerrar algún fragmento o palabra entre comillas deberán usarse las comillas simples. Por tanto, el orden preferible es el siguiente «“ ‘ ’ ”».

> Hace unos meses, se comunicó a los responsables de la empresa que «la mayoría de los trabajadores quieren manifestarse porque creen que sus contratos “no se han respetado ‘nunca’ desde que se firmaron”».

- Su función más extendida quizá sea la de encerrar los significados o definiciones de conceptos, sintagmas u oraciones.

> Cuando dijo «No me lo puedes dejar ahí» quiso decir ‘no me lo dejes ahí’.

Atención

- No deben confundirse las comillas simples con el **apóstrofo** (’), pues este solo se emplea en la actualidad para reflejar en la escritura la falta de algún sonido en la escritura. Esto sucede cuando se eliminan injustificadamente algunas letras o partes de una palabra.

> ¡Tira pa’lante, que me tienes contenta!

- Tampoco es correcto confundir el símbolo de minuto o segundo al hablar de grados con la comilla simple de cierre sencilla o por duplicado. En estos casos lo correcto es utilizar la **prima** (′).

> Un ángulo mide 60° 18′ 30″ y otro 26° 35′ 10″. ¿Cuál es la diferencia de estos ángulos?

La raya, el guion y el menos

La raya, el guion y el menos son tres signos que se confunden frecuentemente a pesar de tener funciones bien diferenciadas dentro de la escritura. Una de las causas fundamentales de su empleo erróneo, además de su desconocimiento, es la ubicación de cada uno de ellos en el sistema de escritura informatizada. Sucede que todo aquello que *a priori* no resulta accesible en nuestro teclado carece de interés e incluso «desaparece» y, por tanto, su empleo se restringe considerablemente, y esto es lo que ocurre, principalmente, con la raya. No aparece en el teclado directamente, pero podemos encontrarla si utilizamos la opción «Insertar» y, dentro de esta, seleccionamos «Símbolo» de la barra de herramientas de Word©.

- La **raya** (—) es un signo auxiliar de puntuación que consiste en un trazo horizontal cuya longitud, en lo impreso, es mayor a la del guion; puede usarse simple (—) o doble (— —). Algunas de las funciones más habituales de la raya son:

  - Acotar ciertas expresiones relacionadas directamente o no con el enunciado en que se insertan. Esta función es compartida por las comas y los paréntesis.

    Llevaba la fidelidad a su maestro —un buen profesor— hasta el extremo.

  - Marcar los diferentes interlocutores que forman parte de un diálogo.

    —Hace frío...
    —No sé, yo no tengo.
    —¡Será el cuerpo!
    —Puede...

  - Sustituir palabras mencionadas inmediatamente antes (en línea o en columna) para evitar su repetición. Cuando la escritura es en línea, la palabra o sintagma que es común en todos los casos es la que se sustituye por una raya.

    Quedar a deber; — con un amigo, — en tal o cual cosa, — de asiento.

    Cuando se trata de una estructura en columna, la raya sustituye las palabras que, de izquierda a derecha, se repiten en todos los casos.

    Oración gramatical: 23, 57
    — impersonal: 34, 3
    — intransitiva: 89

    En estos dos últimos casos ha de dejarse un espacio entre la raya y la palabra a la que precede.

- El **guion** (-) es un trazo horizontal de menor longitud que la raya y el menos. Se utiliza básicamente cuando es necesario hacer divisiones dentro de una palabra. Algunos usos habituales son:
  - Separar los dos elementos que integran una palabra compuesta. Es el caso de:
    - Los compuestos formados por dos adjetivos en los que el primero de ellos conserva invariable la terminación de masculino singular, mientras que el segundo concuerda en género y número con el nombre al que se refiere.

      Tratado teórico-práctico.
      Lección teórico-práctica.
      Cuerpos técnico-administrativos.

    - Los gentilicios que forman una palabra compuesta. Esta se puede escribir separando o no ambos elementos con un guion.

      Hispano-árabe.
      Franco-canadiense.

  - Dividir una palabra al final de renglón cuando no cabe completa. Para realizar esta división, hay que tener en cuenta las consideraciones que se detallan a continuación:
    - Los dígrafos *ll*, *rr* y *ch* no se pueden dividir con guion, pues han de considerarse un todo.

⊗ Cal-lar	⊗ Car-ro	⊗ Lec-huga
✓ Ca-llar	✓ Ca-rro	✓ Le-chuga

    - Cuando en una palabra aparecen dos consonantes seguidas, generalmente la primera pertenece a la sílaba anterior y la segunda a la sílaba siguiente, a excepción de los casos señalados en el punto anterior.

      In-ten-tar

    - Las siglas y acrónimos, como por ejemplo UNESCO, así como las abreviaturas, no pueden dividirse al final de renglón. Sin embargo, sí se admite la división en los acrónimos que han pasado a incorporarse al léxico general, escritos, en consecuencia, con minúscula (⇨ pág. 191).

      ⊗ UNES-CO
      ✓ lá-ser

- El guion también se emplea para unir palabras con un valor de enlace similar al de una preposición o una conjunción.

  La línea de metro *Ventas-Cuatro Caminos* ('de Ventas a Cuatro Caminos') está cortada temporalmente.
  Son amigos, pero tienen una relación *amor-odio* ('de amor y de odio') que nadie entiende.

  En ninguno de estos casos mencionados ha de dejarse un espacio entre el guion y las palabras que este une.

- El **menos** (–) es un signo que se utiliza en las operaciones matemáticas de resta o sustracción. Tiene aproximadamente la mitad de longitud que la raya y, en este caso, debe dejarse un espacio antes y después de escribir el signo.

  385 – 25 = 360

La barra, la barra inversa y la pleca

Se trata de tres signos auxiliares con funciones en la escritura claramente diferenciadas. Tanto la barra como la pleca tienen un correspondiente doble, menos frecuente, pero igualmente válido. A continuación veremos cuáles son sus usos más frecuentes.

- La **barra** (/) es un signo oblicuo hacia la derecha, cuya longitud es semejante a la de la letra mayúscula. Puede utilizarse en su forma simple (/) o doble (//) en los contextos siguientes:

  - Cuando un poema se escribe en línea seguida, se utiliza para indicar cuándo se cambia de verso. En estos casos, se escribe un espacio antes y después de la barra.

    Adiós, madre mía, / Cálmate. Pronto vas a morir. / Y vosotros, hermanos que dormís bajo tierra, / padre que me diste la luz, / ya voy, / no me esperaréis mucho tiempo.
    (Eurípides, *Las troyanas*, Losada, 2010)

  - En citas bibliográficas o bibliografías, se utiliza para separar el número de publicación del año en que se publica un texto (*27/1999*); o bien para separar el año y la página (*2005/23*). En leyes, decretos, informes, etc., tiene la misma función.

Según el Real Decreto 2/1998, esas condiciones laborales no son legales.

- Cuando aparece entre dos palabras o entre una palabra y un morfema señala que todas las posibilidades que se indican son válidas. Como advertimos en puntos anteriores (⇨ pág. 173), esta función puede aparecer desempeñada igualmente por los paréntesis. Se trata, en ambos casos, de un recurso económico del lenguaje escrito.

  Todos/as están dispuestos/as a reconsiderar las condiciones.
  Existen dos posibilidades ortográficas: vaca/baca y, dependiendo de cómo se escriba, el significado varía.

  En estos casos no hay que dejar un espacio entre la barra y las palabras o morfemas que separa.

- Se utiliza en algunas abreviaturas para marcar que hay una parte que se ha eliminado. Con esta función, suele ser más frecuente el uso del punto aunque existen algunas abreviaturas que se han fijado con esta forma y así se han mantenido (⇨ págs. 189-190).

  Es necesario que nos envíe su número de c/c (cuenta corriente) y su dirección postal (c/ (calle), código postal, localidad, etc.).

- En el sistema internacional de unidades (SI), se utiliza con el valor de 'por':

  El aire soplaba a 60 km/h.

- En operaciones matemáticas, la barra puede utilizarse con el significado de 'entre':

  376/2 = 188

- La **barra doble** (//) tiene en la actualidad, al margen de la antes mencionada de marca final de verso y de alguna más especializada en paleografía, una función dentro del ámbito informático. Se utiliza, así, para separar la indicación del protocolo de comunicación de los dominios o subdominios dentro de una dirección electrónica.

  http://españolcorrecto.es

- La **barra inversa** (\) está trazada al contrario que la barra (oblicua hacia la izquierda). Su longitud es la misma, pero, en este caso, solo existe la forma simple. Los usos de este signo están ligados casi exclusivamente al ámbito informático, donde tiene como función establecer jerarquías de ubicación de los diferentes archivos del sistema informático.

  C:\Imágenes\pic.00043

- La **pleca** o **barra vertical** (|) es también un signo que podemos encontrar en su forma simple (|) o doble (||). Los usos de estos dos signos están restringidos al ámbito técnico. De este modo, los podemos encontrar desempeñando las siguientes funciones:

  - En matemáticas este signo se utiliza para indicar el valor absoluto de la expresión que delimita.

    $|a| + |bc| \leq 0$

  - La barra doble podemos encontrarla para diferenciar las acepciones de una palabra dentro de un diccionario cuando estas se disponen en línea seguida horizontal.

    bonzo. (Del jap. *bonsa*). m. Monje budista. || **a lo ~**. loc. adv. Rociándose de líquido inflamable, y prendiéndose fuego en público, en acción de protesta o solidaridad. *Se quemó a lo bonzo*. U. t. c. loc. adj. *Suicidio a lo bonzo*.

ESCRITURA DE LA PALABRA

Palabras que admiten variantes gráficas

En la siguiente lista aparecen algunas palabras que admiten una doble escritura. Por regla general, se prefiere una de ellas, pero ambas son igualmente válidas:

Con *b* y con *v*: bargueño ~ vargueño, chabola ~ chavola, invierno ~ hibierno.

Con *c* y con *z*: acimut ~ azimut, ázimo ~ ácimo, bencina ~ benzina, cebra ~ zebra, cedilla ~ zedilla, cenit ~ zenit, cinc ~ zinc, cigoto ~ zigoto, zeda ~ ceda, zelandés ~ celandés, zeta ~ ceta, zeugma ~ ceugma.

Con *c/qu* y con *k*: camicace ~ kamikace, can ~ kan, folklore ~ folclore, kappa ~ cappa 'letra griega', karst ~ carst, kayac ~ cayac, kétchup ~ cátchup, kilo ~ quilo, kilogramo ~ quilogramo, kilolitro ~ quilolitro, kilómetro ~ quilómetro, kirie ~ quirie, quiosco ~ kiosco, vodka ~ vodca.

Con *h* y sin *h*: acera ~ hacera, alhelí ~ alelí, ansa ~ hansa, arambel ~ harambel, ardido ~ hardido, armonía ~ harmonía, arpa ~ harpa, arpía ~ harpía, barahúnda ~ baraúnda, hatajo ~ atajo 'grupo de animales', iguana ~ higuana, invierno ~ hibierno, ológrafo ~ hológrafo, rendija ~ rehendija, ujier ~ hujier, urraca ~ hurraca.

Con *g* o con *j*: giga ~ jiga, jenízaro ~ genízaro, jineta ~ gineta.

Con *hie-* o con *ye-*: hiedra ~ yedra, hierba ~ yerba, yero ~ hiero 'algarroba'.

Con *s* o con *z*: cascarria ~ cazcarria, casabe ~ cazabe.

Con grupo consonántico etimológico o con forma simplificada: digno ~ dino, gnomo ~ nomo, gnóstico ~ nóstico, nemotecnia ~ mnemotecnia, nemotécnico ~ mnemotécnico, psicología ~ sicología, psicólogo ~ sicólogo, psicópata ~ sicópata, psiquiatra ~ siquiatra, sonámbulo ~ somnámbulo.

Con cambio de vocales: autostop ~ autoestop, brócoli ~ bróculi, beicon ~ bacón, cacahuete ~ cacahuate, cactus ~ cacto, caleidoscopio ~ calidoscopio, camerino ~ camarín, chapurrear~ chapurrar, kétchup ~ cátchup, nerviosismo ~ nervosismo, quichua ~ quechua, reembolso ~ rembolso, reemplazar ~ remplazar.

Otras variantes: agur~ abur, abolladura ~ bolladura, ambidiestro ~ ambidextro, arquidiócesis ~ archidiócesis, besamel ~ bechamel, bizcocho ~ biscocho, bisnieto ~ biznieto, calima ~ calina, cantinela ~ cantilena, carbunco ~ carbunclo, carcaj ~ carcax, carillón ~ carrillón, chifonier ~ sifonier, harén ~ harem, mayonesa ~ mahonesa, mixtura ~ mistura, pijama ~ piyama, soja ~ soya, volframio ~ wolframio.

Palabras que admiten tres formas o más: bistec ~ bisté ~ biftec, buhardilla ~ bohardilla ~ boardilla ~ guardilla, brahmán ~ bracmán ~ brahmín, cachemir ~ cachemira ~ casimir, cebiche ~ ceviche ~ sebiche ~ seviche, mejunje ~ menjunje ~ menjurje, repantigarse~ repantingarse ~ repanchigarse ~ repanchingarse.

Palabras compuestas

Para escribir correctamente las palabras compuestas, debemos saber que:

1. Se escriben en una palabra los compuestos que están asentados en la lengua: *cortacésped*, *pelirrojo*, *sociocultural*. En este

caso, la palabra funciona como un todo a la hora de acentuarse y de hacer su plural, por tanto sigue las normas generales de ortografía.

2. Se escriben en dos palabras aquellos compuestos que tienen independencia fónica, es decir, aquellos en que cada parte posee una acentuación propia (y puede que diferente) y solo la primera admite el plural: *coches cama, cafés teatro, camas nido*.

Atención

Cuando las palabras que se unen son circunstanciales o creaciones ocasionales del autor, se recomienda escribir un guion entre ellas. Ocurre lo mismo con las unidades en las que se ponen al mismo nivel dos sustantivos: *directora-colaboradora, lectura-escritura.*

Para la escritura de los numerales, ⇨ págs. 237-240.

Expresiones que pueden escribirse juntas o separadas

Juntas

Se escriben siempre juntas las siguientes expresiones:

1. Las palabras compuestas formadas por el verbo más el complemento: *sacacorchos, tuercebotas, quitamanchas.*
2. Las formas con prefijo: *superfrágil, anticoagulante*. Esta regla no es válida cuando el prefijo precede a un nombre propio o a una sigla: *pro-OTAN, anti-Estados Unidos.*

Atención

La *OLE* establece que ya esta norma es válida también para el prefijo *ex-*: *expresidente, exmujer*. No obstante, se escribe separado si el prefijo afecta a una unidad léxica que se compone de varias palabras: *ex primer ministro, ex hombre orquesta.*

Separadas

Se escriben siempre separadas las palabras compuestas por dos nombres y los nombres de colores compuestos: *niño soldado, azul marino.*

Atención

Se escriben siempre juntas las palabras *abasto, acaso, aposta, adrede, encima.*

Se escriben siempre separadas las palabras *de repente, de acuerdo, a gusto, o sea.*

Juntas o separadas

Hay algunas expresiones que admiten la escritura en una o en varias palabras. Pueden escribirse tanto juntos como separados compuestos como los que aparecen en el listado siguiente, en los que la forma gráfica recomendada suele ser la que figura en primer lugar.

a maltraer ~ a mal traer	caradura ~ cara dura
a matacaballo ~ a mata caballo	cielorraso ~ cielo raso
a tocateja ~ a toca teja	deprisa ~ de prisa
adonde ~ a donde	enfrente ~ en frente
altamar ~ alta mar	enseguida ~ en seguida
aprisa ~ a prisa	maltrato ~ mal trato
asimismo ~ así mismo	tiquismiquis ~ tiquis miquis
avemaría ~ ave María	tosferina ~ tos ferina
bocarriba ~ boca arriba	viacrucis ~ vía crucis
camposanto ~ campo santo	

En ocasiones, dependiendo de si la expresión se escribe junta o por separado, esta puede significar cosas diferentes y debemos tener claro cuándo tiene un valor y cuándo el otro para poder utilizarla adecuadamente. A continuación, presentamos una lista con estas palabras en las que cambia el significado según la manera en que se escriban.

- ***acerca de/a cerca de***

Acerca de es una locución prepositiva que equivale a 'sobre, en relación con'; *a cerca de* es combinación de preposición más adverbio más preposición, que significa 'a aproximadamente, a un número aproximado de':

> Estuvimos hablando acerca de la beca que le han concedido.
> El número final se ha elevado a cerca de trescientas hectáreas.

- *aparte de/a parte de*

Aparte de es una locución preposicional que significa 'al margen de', 'además de'; *a parte de* corresponde a la serie formada por preposición, el sustantivo *parte* y preposición, equivalente a 'a un grupo de':

> Se han ido todos, aparte de nosotros.
> Eliminó a parte de su equipo de las listas de participación.

- *asimismo/así mismo/a sí mismo*

Asimismo (y *así mismo*) es un adverbio o una locución adverbial que significa 'también'; se recomienda la escritura en una sola palabra, aunque también se admite escribirla en dos tramos. *Así mismo* es una locución adverbial modal formada por la unión de los adverbios *así* y *mismo*, que tiene el significado de 'de la misma manera'; con este sentido solo puede escribirse separado. *A sí mismo*, por último, es la secuencia formada por la preposición, el pronombre reflexivo *sí* y el adjetivo *mismo*; puede tener variación de género y número (*a sí misma, a sí mismos, a sí mismas*):

> El abogado alegó asimismo que no había indicios suficientes.
> Vamos a dejarlo así mismo, para no enredar más la cosa.
> No se entiende a sí mismo, como para entender a los demás...

- *conque/con que/con qué*

Conque se escribe junto cuando se trata de una conjunción consecutiva equivalente a 'así que', que también se usa en el registro coloquial para expresar sorpresa, reproche o contrariedad; *con que* puede corresponderse a la preposición *con* más el pronombre relativo, equivalente a *con el que, con la que, con los que, con las que*; y también puede tratarse de la preposición más la conjunción *que*; por último *con qué* corresponde a la unión de la preposición y el pronombre interrogativo o exclamativo:

> No has respetado las reglas, conque tendrás que acatar el castigo.
> Conque no ibas a venir, ¿eh?
> Los ingredientes con que hice la comida son muy baratos.
> Bastó con que se lo enviara como prioritario para que le llegara a tiempo.
> ¿Con qué amigo dices que ha quedado?
> Parece mentira con qué desapego trata a sus padres.

- *demás/de más*

Demás es el adjetivo o pronombre indefinido equivalente a 'otro'; puede llevar los artículos *lo, los, las*. *De más* es el conjunto formado por la preposición y el adverbio de cantidad *más*; cuando se trata de esta secuencia, puede alternar con *de menos*:

> No hace falta que compres todo lo demás. Es suficiente así.
> En este supermercado siempre me devuelven de más.

- *entorno/en torno*

Entorno es un sustantivo que significa 'ambiente'; como sustantivo, se combina con artículos y otros determinantes. *En torno* es una locución adverbial que significa 'alrededor', 'aproximadamente' o 'acerca de':

> Disfrutad del entorno durante el viaje. No tiene nada que ver con la ciudad.
> Se reunirán para hablar en torno al tema de la crisis.

- *porque/por qué/por que/porque*

Porque es la conjunción causal equivalente a 'ya que, puesto que'; es una palabra átona. *Por qué* se corresponde con la secuencia formada por la preposición *por* y el interrogativo o exclamativo tónico *qué*; se usa en las oraciones interrogativas directas o indirectas. *Por que* puede ser la combinación de la preposición y el relativo *que* y, en este caso, se puede introducir un artículo entre ambas palabras (*por el que, por la que, por los que, por las que*); también puede tratarse de la preposición *por* seguida de la conjunción *que*. *Porqué* es un sustantivo que significa 'motivo, causa, razón'; es palabra tónica y va precedida de determinantes (*el porqué*):

> Lo sabe perfectamente porque se lo explicamos cuatro veces.
> ¿Por qué no llegas nunca a la hora establecida?
> Todavía no sé por qué nunca me dijo nada de aquello.
> El camino por que va está demasiado mojado.
> El presidente se decanta por que no se suban los impuestos.
> Hay muchos porqués todavía sin resolver en este caso.

- *sino/si no*

Sino puede ser una conjunción adversativa, usada para indicar oposición a algo negativo expresado anteriormente o con otros valores, como 'excepto', 'nada más que'; *sino* también puede ser el segundo término de los elementos correlativos *no solo... sino también*, y un sustantivo, sinónimo de 'destino'; *si no* corresponde a la unión de la conjunción condicional *si* y el adverbio de negación:

No quiero los folios, sino las cartulinas blancas.
No necesitaba a nadie más sino a vosotros.
No solo me preguntaron por mi coche, sino por todos mis bienes.
Es mi sino, ¿qué le voy a hacer?
Si no lo envías a tiempo, es posible que no acepten.

- ***también/tan bien***

También es un adverbio de afirmación que expresa que lo que se va a decir se suma a lo que se haya expresado anteriormente. *Tan bien* es la combinación del adverbio cuantificador *tan* y el adverbio de modo *bien*; se usa en estructuras comparativas (*tan bien... como*) y consecutivas (*tan bien... que*):

También me importa lo que les pase a ellos.
Lo sabe tan bien como tú porque os lo dije a las dos.
Lo hace tan bien que le han propuesto entrar en una escuela especializada.

- ***tampoco/tan poco***

Tampoco es un adverbio de negación. *Tan poco* corresponde a la combinación del adverbio cuantificador *tan* y el indefinido *poco*; se usa en estructuras comparativas (*tan poco... como*) y consecutivas (*tan poco... que*):

No han limpiado y tampoco han traído la ropa de la lavandería.
El fútbol le gusta tan poco como el baloncesto.
Ha ido tan poco al pueblo que no conoce a casi nadie.

LAS ABREVIATURAS, LAS SIGLAS, LOS SIGNOS Y LOS SÍMBOLOS

Las abreviaturas

Una abreviatura es la representación gráfica de una o más palabras de forma reducida, esto es, eliminando letras o partes. Tienen dos características principales:

— En su forma escrita, siempre llevan un punto detrás.
— En su realización fonética, es decir, cuando las pronunciamos al hablar, no se dicen las letras que componen la abreviatura, sino la palabra que se abrevia completa.

Hay dos tipos principales de abreviaturas:

- **Regulares.** Aquellas en que se eliminan las letras finales, de modo que queda la parte inicial de la palabra. Las letras que quedan son consecutivas dentro de la palabra original.

artículo > art. página > pág. italiano > it.

- **Convencionales.** Aquellas que, tras la supresión u omisión de letras, se constituyen en una única letra (la primera) o en varias no consecutivas.

Señalamos a continuación algunas recomendaciones para utilizar correctamente las abreviaturas:

1. El punto es obligatorio.

⊗ Remítele a la fig 35 y que lo vea él mismo.
✓ Remítele a la fig. 35 y que lo vea él mismo.

2. El punto abreviativo se puede combinar con los demás signos de puntuación, excepto con el punto que indica final de enunciado.

3. Se escriben siempre con mayúscula las abreviaturas de tratamientos cuando van seguidas del nombre, apellido o cargo.

El Sr. Martínez llegó hace diez minutos.
La Sr.ª directora no asistirá a la junta.

4. Si hay varios tratamientos seguidos, todos deben escribirse con abreviaturas.

Contamos con la presencia del Dr. D. Federico Ramírez.

5. Para la formación del plural en las abreviaturas, ⇨ págs. 218-219.

Atención

Las recomendaciones anteriores pueden ayudar a evitar que, al escribir a mano, se pueda interpretar erróneamente el significado de lo abreviado, como ocurre con el ejemplo siguiente:

Abreviatura: 3°/Desarrollo: 3 grados (sin punto, el círculo en superíndice significa 'grados').
Abreviatura: 3.°/Desarrollo: tercero (con el punto y la *o* volada, únicamente puede ser la abreviatura de *tercero*).

Las siglas

Una sigla es la yuxtaposición de iniciales de las palabras que componen una oración o grupo de palabras, que da lugar a una palabra distinta de cada una de las que la constituyen:

> Central Intelligence Agency > CIA
> Organización Mundial de la Salud > OMS

A la hora de utilizar las siglas, debemos tener en cuenta las siguientes observaciones:

- Debe aparecer el desarrollo de la sigla, al menos, la primera vez que aparezca en un texto.
- No cambian en plural (⇨ pág. 219).
- Se escriben con mayúsculas, sin puntos y sin espacio entre letra y letra:

> ⊗ El C. O. I. tiene su sede en Suiza.
> ✓ El COI tiene su sede en Suiza.

Hay ocasiones en las que una sigla pasa a ser una palabra que se escribe y se acentúa siguiendo las normas ortográficas del español y, por tanto, deja de ser una sigla propiamente dicha. A continuación, mostramos cuáles son esas fases desde que se crea la sigla hasta su completa lexicalización:

1. Con puntos abreviativos tras cada inicial y con espacio entre caracteres: *O. V. N. I.; L. A. S. E. R.*
2. Con puntos, pero sin espacios: *O.V.N.I.; L.A.S.E.R.*
3. Sin puntos ni espacios: *OVNI; LASER*
4. Lexicalización completa: *ovni; láser.*

Atención

Algunas abreviaturas se escriben con mayúscula, y llevan un punto y un espacio entre cada elemento constituyente. Sin embargo, hay que tener cuidado porque en estos casos lo que sucede es que se ha hecho el plural de la abreviatura (⇨ pág. 218):

> Estados Unidos > EE. UU.
> Comunidades Autónomas > CC. AA.

Los signos

Los signos son un tipo de abreviatura convencional. Las abreviaciones por signos son aquellas que resultan al sustituir una palabra por un signo. Existen los siguientes tipos:

1. De cifras: *uno* > *1.*
2. De cifras y letras: *primero* > *1.º*
3. De letras de distinto alfabeto: *micra* > *µ*.
4. Signos que se leen como palabras: *más* > *+*.

Los símbolos

Son las unidades que representan las medidas según el Sistema Internacional de Unidades (SI). Para entender la diferencia entre abreviatura y símbolo, conviene tener en cuenta los aspectos siguientes:

1. Los símbolos no son abreviaturas.
2. No llevan punto abreviativo.
3. No tienen plural (⇨ pág. 219).
4. Siempre hay que dejar un espacio entre el símbolo y la cantidad a la que acompaña, excepto en el caso del símbolo que expresa grados (°). En este caso, solo se escribirá junto a la cifra cuando no se especifique la escala en que se miden los grados:

> No pasamos nunca de los 32° en Galicia.
> Parece que hoy no llegaremos a los 57 °F en la costa.

Atención

Algunos de estos símbolos tienen una abreviatura correspondiente. Entonces, ¿cómo los diferenciamos? Simplemente debemos tener claro que cuando se trata de un símbolo es invariable (no cambia ni su género ni su número), mientras que cuando es una abreviatura sí que puede variar y, además, llevará un punto que marcará que se ha eliminado una parte:

> Tiene que tener listos 25 kgs. antes del jueves (= abreviatura).
> Tiene que tener listos 25 kg antes del jueves (= símbolo).

RESALTES TIPOGRÁFICOS

Los resaltes tipográficos no son aspectos propiamente ortográficos, sino más bien ortotipográficos, es decir, referidos a los usos correctos de los tipos de letra. La función principal de los resaltes consiste en marcar de forma especial alguna parte concreta del texto a la que queremos dar más importancia. El uso de estos resaltes no depende de ninguna norma, como ocurre con algunos signos de puntuación secundarios. Por tanto, se recomienda que el autor del texto asigne a cada uno una función (de todas las que pueden desempeñar) antes de empezar a escribir su texto y mantenga esa distribución hasta que lo termine. De este modo, el lector podrá reconocer por qué se ha resaltado una parte y con qué fin se ha hecho cada vez que aparezca un determinado resalte. Al breve resumen que adelantamos en el primer capítulo sobre estos elementos (⇨ pág. 89) vamos a añadir ahora los usos con más detalle.

La negrita

La negrita es un tipo de letra más grueso que el normal. Sus usos más comunes son los siguientes:

1. En títulos y subtítulos de libros.

   El señor de los anillos. La conquista

2. En titulares, subtítulos y sumarios de periódicos y revistas.

   Los piratas dejaron el buque poco antes de la comparecencia de Zapatero

   Fin a una pesadilla de 47 días. Los 36 tripulantes del Alakrana, secuestrado por piratas somalíes [...].

   (*El País*, 2009)

3. En periódicos y revistas, suele emplearse para resaltar alguna palabra o grupo de palabras sobre los que se quiere hacer especial hincapié.

   El anuncio no sorprendió, puesto que Gore y el IPCC **figuraban entre los favoritos.**

   El año pasado, el Comité Nobel distinguió también el trabajo comprometido de una persona y un organismo [...].

   (*Infoecología.com. Revista electrónica de ecología y medio ambiente*, 2007)

La cursiva

En este caso, el resalte consiste en elegir un tipo de letra cuya dirección es oblicua (↗). Se escriben con cursiva:

1. El título de obras escritas, estén o no publicadas.

Cien años de soledad es una de las obras más traducidas de la literatura.

La tesis de mi compañera se titula *Ahora o nunca. La importancia del tiempo subjetivo.*

2. El título de obras de arte.

Uno de los cuadros más significativos de la historia de España es el *Guernica*.

3. El nombre de publicaciones periódicas, tales como diarios o tebeos.

La entrevista a la autora se publicó en *La Voz de Galicia* ayer.

El Jabato es uno de los tebeos que colecciona mi hermano desde pequeño.

4. Aquellas palabras o partes de una palabra que el autor quiere resaltar de alguna manera.

El prefijo *a-* en la palabra *afonía* tiene significado privativo.

5. Las palabras que van seguidas de su propio significado o viceversa, esto es, los conceptos que van seguidos del término que los concreta.

Este acto tan desinteresado debe considerarse *caridad*.

Uno de los significados de *área* es 'espacio de tierra comprendido entre dos límites'.

6. Los extranjerismos, es decir, las palabras adoptadas de otros idiomas que todavía no se han adaptado ortográficamente al español.

Nos interesa más el *feedback* con el público que el propio contenido del programa.

7. Las palabras o expresiones mal escritas o que intentan reproducir el habla vulgar y jergal.

Ya se sabe que *contra* más estudias, más posibilidades tienes.

¡No llaméis a la *pasma* que no tengo carné de conducir!

8. Los pseudónimos y apodos cuando van intercalados entre el nombre propio y el apellido.

   Hace unos años que se publicó una de las biografías más importantes de Ernesto *Che* Guevara.

   En este caso, el pseudónimo también puede aparecer entre comillas dobles.

9. En obras de carácter científico-técnico, las letras que designan magnitudes, así como aquellas que forman parte de fórmulas y términos algebraicos.

   $v = e / t$.

10. Por último, siempre que un texto aparezca escrito en cursiva y se quiera resaltar alguna parte del mismo, el resalte adecuado es la redonda.

    En la siguiente canción, la única palabra que se repite es *señora*:

    ¿Dónde estás, señora *mía,*
    que no te duele mi mal?
    O no lo sabes, señora,
    o eres falsa y desleal.
    (J. M.ª Merino, *El oro de los sueños*, Alfaguara, 1996)

El subrayado

El uso mayoritario de este resalte se da en la escritura en papel y su función en este soporte es la de cubrir los casos en los que, dentro de la escritura digital, utilizaríamos la cursiva, por ejemplo, en títulos de obras, extranjerismos o palabras mal escritas a propósito que necesitan ser marcadas de alguna manera.

En la escritura digital suele utilizarse fundamentalmente para resaltar alguna parte del texto que nos interese especialmente, sobre todo cuando ya se han empleado los demás resaltes con frecuencia a lo largo del texto.

La letra voladita (o superíndice)

La letra voladita es aquella que se escribe en un tamaño menor que la normal y se sitúa en la parte superior (izquierda o derecha) del elemento al que se refiere. Tanto las cifras como las letras pueden escribirse con este formato. Algunas recomendaciones importantes sobre su uso son:

1. En el caso de las abreviaturas, es preferible no escribir una raya debajo del símbolo volado. Se recomienda escribir la palabra o el número seguido de un punto (el que nos dice que se trata de una abreviatura) y detrás el símbolo volado.

   Debes mandar la carta a la Sr.ª Martínez, pues es la que lleva el caso.
   La secretaría está en el 1.er piso. En el 2.º solo hay despachos.
   Resuelva la siguiente ecuación: $2x^2 + 4x - 6 = 0$.

2. Cuando se expresan grados, no se debe usar el punto.

   Este verano llegaremos hasta los 35°.

Las mayúsculas como resalte tipográfico

Como dijimos en la pág. 159, podemos usar la mayúscula solo en la letra inicial de la palabra o puede que deseemos resaltar la palabra completa escribiéndola por entero con mayúsculas. En este último caso, solo debemos señalar que es aconsejable no abusar de este resalte, pues lejos de ayudar a llamar la atención sobre un elemento (o elementos) determinado, puede llegar a ensuciar el texto, esto es, puede llegar a dificultar su lectura.

Las versalitas

Las letras versalitas son letras que tienen la forma de las mayúsculas pero el tamaño de las minúsculas.

ESTA ORACIÓN ESTÁ ESCRITA CON LETRAS MAYÚSCULAS.
ESTA ORACIÓN ESTÁ ESCRITA CON LETRAS VERSALITAS.

Las versalitas, que se utilizan a veces como alternativa a la negrita, se pueden usar también para destacar los siguientes elementos:

1. Los apellidos de autores que aparecen en una bibliografía o del autor (o autores) que firman el prólogo de una obra, un artículo, una noticia, citas, etc.

   WILBER, Ken (1997). *Breve Historia de todas las cosas*, Kairós, España.

Hace tiempo se deja sentir la necesidad de una obra como la que hoy ofrecemos al público. Si hasta ahora no existe en lengua española un trabajo semejante, ello se debe, seguramente, a su enorme dificultad. [...].

(F. LÁZARO, «Prólogo de la primera edición», *Diccionario de términos filológicos*, Gredos, [ed.] 1999)

2. Las cifras romanas, siempre que la palabra a la que acompañen esté escrita con inicial minúscula.

El Imperio romano de Occidente cayó en el siglo V d. C.

3. En escritos formales (circulares, discursos, comunicados, informes, etc.), se pueden escribir con versalitas las palabras con las que el emisor se dirige a los receptores. En muchos programas de gestión de los correos electrónicos, esta opción no está disponible. En estos casos, basta con utilizar la mayúscula inicial.

ESTIMADOS COMPAÑEROS:
QUERIDOS AMIGOS:

4. Las palabras *Cuadro*, *Tabla*, *Esquema*, *Figura*, etc., con las que el autor se refiere a los elementos insertos en su obra que no forman parte del cuerpo del texto.

CUADRO 3. Funciones del lenguaje
FIGURA 56. Fotosíntesis

5. Dentro de una obra, la versalita se utiliza cuando el autor quiere citar el título de la obra en cuestión.

En este APROXIMACIONES en el que estamos inmersos, podemos encontrar [...].

Atención

- Cuando la palabra precedente esté escrita con inicial mayúscula, las cifras deberán escribirse con mayúscula y no con versalita:

  Esta obra es un retrato ecuestre del emperador Carlos V.

- Aunque se empleen las letras versalitas, si la palabra debe llevar mayúscula inicial (⇒ págs. 159-161), debe usarse la letra mayúscula:

  EL *CÓDIGO CALIXTINO* ESTÁ EN SANTIAGO DE COMPOSTELA.

EL SUSTANTIVO: GÉNERO Y NÚMERO

El género

El género en español es un rasgo inherente de los nombres y pronombres que se manifiesta sintácticamente en la concordancia con los adjetivos, determinantes y cuantificadores. En español los sustantivos solo pueden ser de dos géneros, masculino o femenino; si terminan en consonante pueden ser de cualquiera de los dos: son masculinos *árbol, turrón, césped,* pero femeninos *verdad, nariz, luz, miel*; si terminan en *-a* suelen ser femeninos (*sala, manzana, luna*) y si terminan en *-o,* masculinos (*gasto, rostro, trozo*). No ocurre así en todos los casos, sin embargo:

1. Masculinos acabados en *-a: aroma, cisma, clima, dogma, pentagrama, planeta, problema, tema, trauma* y acortamientos coloquiales como *bocata, segurata.*
2. Femeninos acabados en *-o*: *libido, mano, nao, seo* y los acortamientos *foto, moto, polio.*

Por regla general, los sustantivos solo pueden combinarse con adjetivos o determinantes de un género. (Para la combinación de los sustantivos femeninos con el artículo *el* y los indefinidos *un, algún* y *ningún,* en ejemplos como *el agua, un hacha, ningún águila,* ⇨ págs. 228-229). Sin embargo, hay dos importantes excepciones: nombres que admiten los dos géneros sin variar de significado (sustantivos ambiguos en cuanto al género) y nombres que admiten los dos géneros pero el cambio tiene valor significativo (sustantivos comunes en cuanto al género). Vamos a verlas a continuación.

Sustantivos ambiguos en cuanto al género

Son aquellos sustantivos que admiten la combinación con adjetivos y determinantes de ambos géneros sin variar de significado: *mar, armazón, agravante, interrogante, maratón, pringue, tilde, tiroides,* etc. Estos sustantivos se refieren por lo general a objetos o seres inanimados y asexuados y en el *DRAE* llevan la marca *amb.*

Son también ambiguos los nombres propios de ciudades y países, aunque tienden a usarse como masculinos los que acaban en *-o* o en consonante y como femeninos los que acaban en *-a*: *mi Buenos*

Aires querido, el Toledo barroco, México lindo; la Guadalajara mexicana, América entera. No obstante, es posible que aparezcan en combinación con otro género: *la imperial Toledo, todo Sevilla; la Buenos Aires de mi infancia.*

No es frecuente, sin embargo, que un mismo hablante emplee indistintamente un sustantivo como ambiguo, sino que suele optar por uno de los géneros. Del mismo modo, en cada comunidad de habla el género de las palabras tiende a estabilizarse. La norma recomienda los siguientes usos respecto a los sustantivos ambiguos en cuanto al género.

Se recomienda usar como masculino	Se recomienda usar como femenino
aceite	aguachirle (y la mayor parte de los compuestos con *agua*: aguamiel, aguagoma, aguadulce, aguanieve, etc.)
acné	apócope
alambre	apoteosis
anatema	aula
aneurisma	avemaría
apéndice	cochambre
apocalipsis	comezón
áspid	dote (en el sentido de 'conjunto de bienes' o de 'capacidad o cualidad')
arroz	enzima
avestruz	hemorroide
contraluz	índole
detonante	lumbre
doblez	macro
fantasma	parálisis
fueraborda	pelambre
interrogante	porción
mimbre	
tequila	
tizne	
vinagre	
vislumbre	

Por otra parte, hay que tener en cuenta que los sustantivos ambiguos con frecuencia lo son solo en alguna de sus dimensiones morfológicas o semánticas.

- ***ábside***

Ambiguo solo en su uso como tecnicismo de arquitectura, en la lengua general es voz masculina.

- ***arte***

  Tiende a considerarse masculino en singular (*el arte prehistórico*), pero femenino en plural (*las bellas artes, las artes plásticas*).

- ***azúcar***

  Es ambiguo en singular (*azúcar moreno, azúcar morena*), pero la preferencia por un género u otro depende de la zona geográfica; en plural es masculino (*los azúcares*).

- ***canal***

  Es ambiguo con el significado de 'parte más profunda y limpia de la entrada de un puerto' o de 'cavidad longitudinal', en los demás casos es solo masculino o solo femenino.

- ***doblez***

  Es ambiguo exclusivamente en el significado de 'astucia o malicia', no en el de 'pliegue', que es masculino.

- ***dote***

  Es ambiguo solo en singular y cuando significa 'conjunto de bienes que aporta la mujer al matrimonio' (*la dote* o *el dote de la esposa*), pero cuando significa 'cualidades personales' solo debe usarse en femenino (*Posee unas dotes excelentes para la música*).

- ***frente***

  Solo presenta ambigüedad de género con el significado de 'fachada de un edificio'.

- ***interrogante***

  Es masculino cuando significa 'signo de interrogación'.

- ***mar***

  Se usa preferentemente como masculino en la lengua general, mientras que el femenino es más propio de las gentes de mar; en plural solo admite el masculino: *los mares del Sur*.

- ***margen***

  Es ambiguo solo cuando significa 'orilla', aunque se prefiere el femenino.

- ***teletipo***

  Es ambiguo con el significado de 'máquina', pero masculino cuando equivale a 'mensaje'.

- ***tema***

  Es femenino solo cuando significa 'manía, idea fija en la que alguien se obstina', aunque se usa también como masculino en esta acepción por influencia del resto de significados, en los que *tema* es masculino.

- ***trípode***

  Ambiguo cuando significa 'mesa o banquillo de tres pies', es masculino para 'armazón de tres pies para sujetar instrumentos geodésicos, fotográficos, etc.'.

Sustantivos comunes en cuanto al género

Los sustantivos comunes en cuanto al género son aquellos que admiten la combinación con adjetivos y determinantes masculinos o femeninos. Los nombres que se encuadran en este grupo, que llevan en el *DRAE* la marca *com.*, se refieren a seres sexuados, y en particular se usan para designar personas. Se encuadran en este conjunto las siguientes palabras:

- **Los nombres de persona:**

  - Acabados en *-i*.

    el/la ceutí, ese/esa marroquí, un/una yonqui, un/una zombi.

  - Acabados en *-o* que pueden aplicarse también a la mujer.

    el/la contralto, un/una modelo, este/esta piloto, el/la reo, un/una soprano, ese/esa testigo.

  - Acabados en *-a* que pueden aplicarse también al hombre.

    un/una atleta; un/una colega; este/esta guía, aquel/aquella policía, el/la pirata, un/una guarda forestal, el/la espía.

Se exceptúa *poeta* —que aunque se usa también como sustantivo común tiene el femenino *poetisa*—. No se recomienda el masculino *estratego*.

- Acabados en *-e*.

  el/la detective, otro/otra intérprete, ese/esa doble *—en el sentido de* 'persona que sustituye a un actor en una escena difícil o arriesgada'—; el/la cómplice.

- Acabados en *-ista*.

  el/la accionista, otro/otra turista, un/una taxista, el/la bañista.

Es excepción el sustantivo *modista*, que presenta también el masculino *modisto*.

- Acabados en *-ante, -ente*.

  el/la cantante, un/una agente, otro/otra amante, ese/esa ascendiente, el/la ayudante, un/una combatiente, este/esta litigante, aquel/aquella concursante, el/la tripulante, etc.

Sin embargo, algunos de estos sustantivos tienden a formar un femenino en *-a*.

  el presidente/la presidenta, el cliente/la clienta (*también existen* la presidente y la cliente).

- Acabados en *-atra*.

  el/la foniatra, un/una psiquiatra, este/esta pediatra, etc.

- Acabados en *-ida*.

  el/la deicida, un/una homicida, algún/alguna magnicida, aquel/aquella suicida, etc.

- Acabados en consonante.

  el/la mártir, algún/alguna fiscal, el/la relaciones públicas, el/la portavoz, un/una pívot.

Se exceptúan los acabados en *-or* y en *-ón*, cuyo femenino es *-ora* y *-ona*, respectivamente.

  el director/la directora; el sucesor/la sucesora.

- **Los sustantivos que describen cualidades, por lo común negativas, aplicables a las personas.** Pueden ser tanto palabras simples como compuestas.

 Simples: babieca, babucha, bambarria, berzotas, bestia, bocazas, cabezota, chota, cotilla, esnob, frescales, jeremías, machaca, majareta, manazas, maula, macarra, narizotas, orate, paria, pelma, pelota, polvorilla, posma, quinqui, sosaina, tarambana, tarra, tontaina, trápala, trepa, tufillas, vainazas, veleta, vivales, zopas.

 Compuestas: aguafiestas, apagavelas, atizacandiles, caradura, cascarrabias, cantamañanas, bullebulle, buscavidas, chupalámparas, derramasolaces, destripacuentos, engañabobos, juzgamundos, lameculos, lameplatos, lloraduelos, malaleche, malapata, malasombra, malqueda, mandamás, metepatas, metomentodo, mirliflor, oíslo, papanatas, parapoco, parlaembalde, perdonavidas, pinchaúvas, pintamonas, rascatripas, rompecorazones, sabelotodo, sacamuelas, saltabarrancos, sansirolé, sinsustancia, tragaleguas, tragasantos, tiquismiquis, tocapelotas, tumbaollas, vendehúmos, zampabollos, zampatortas.

- **Los nombres compuestos de profesiones y oficios** (⇨ págs. 205-207).

 aparcacoches, cazatalentos, guardaespaldas, guardarropa, guardagujas, guardameta, lavacoches, pinchadiscos, recogepelotas, trotamundos.

- **Otros sustantivos.**

 adalid, afín 'pariente con afinidad', artífice, comensal, compinche, cómplice, consorte, cónyuge, criminal, joven, líder, litisconsorte, maquis, mártir, pinche, portavoz, rehén (*también puede usarse como epiceno*: un rehén femenino), virgen, vocal, etc.

Palabras que cambian de significado según el género

Hay un grupo de palabras que varían de significado según el género en que aparezcan. En algunos casos el significado cambia sustancialmente, como en *acera* y *acero, libro* y *libra*, etc.; son casos de palabras homónimas, en los que la coincidencia en la forma es puramente circunstancial. En otros casos, puede encontrarse alguna relación entre los significados de los sustantivos, como sucede en *el editorial/la editorial, el cura/la cura*, por lo que deben considerarse casos de polisemia. No hay que confundir este grupo, por tanto, con el de los sustantivos comunes en cuanto al género que hemos visto. A continuación presentamos algunas muestras de estos nombres con algunos de los significados que tienen en cada género.

MASCULINO	Significado	FEMENINO	Significado
el margen	'espacio en blanco alrededor del papel escrito'	*la margen*	'orilla de un río'
el editorial	'tipo de artículo periodístico'	*la editorial*	'empresa editora'
el guarda	'persona que vigila una casa o una finca'	*la guarda*	'tutela' 'espera', 'protección', etc.
el esperma	'semen'	*la esperma*	'grasa de ballena'
el capital	'hacienda, patrimonio'	*la capital*	'población destacada'
el clave	'instrumento musical'	*la clave*	'código'
el cólera	'enfermedad'	*la cólera*	'ira'
el cura	'sacerdote'	*la cura*	'curación'
el frente	'coalición de partidos', 'primera fila militar'	*la frente*	'parte del rostro', 'parte delantera de algo'
el orden	'colocación'	*la orden*	'mandato'
el parte	'informe breve'	*la parte*	'porción, fragmento'

El género y el sexo

No se debe confundir el género con el sexo, pues son conceptos que pertenecen a realidades diferentes: el género es un rasgo que señala una propiedad gramatical de algunas palabras, el sexo es una característica biológica de los seres vivos. Desde el punto de vista gramatical, el género indica si los sustantivos y pronombres pertenecen al grupo masculino o al femenino y, en los seres sexuados, a veces indica si el sustantivo al que se refieren es macho o hembra. Cuando el sustantivo designa a seres sexuados es frecuente que presente una forma específica para cada sexo: *niño/niña; doctor/doctora; mozo/moza; león/leona.*

Esta coincidencia entre género y sexo puede causar confusión entre los hablantes que no diferencian bien ambos conceptos. A esa confusión ha contribuido la gramática tradicional al hablar erróneamente de «género» **epiceno**, concepto en el que se incluían los nombres de seres sexuados que, sin variación en la forma, pueden referirse tanto a machos como a hembras: *personaje, cocodrilo, ñu, alce, hormiga, jirafa, víctima*. A diferencia de los sustantivos ambiguos y de género común que acabamos de ver, en estos casos la palabra o bien es masculina, como los cuatro primeros ejemplos, o bien es femenina, como los tres últimos. Es decir, solo tiene un género gramatical, por lo que es un error hablar de «género epiceno».

El género en los nombres de profesiones

El hecho de que determinados cargos, profesiones u oficios hayan sido desempeñados o no por las mujeres de manera habitual puede haber influido en la forma de los nombres para designar esas actividades. Y, en este sentido, la incorporación de la mujer al mundo laboral ha originado cambios que tratan de ajustar los usos a la nueva situación social. Los procedimientos para estos neologismos han sido de tres tipos, que se corresponden con las tres posibilidades para marcar el género en español:

– cambiar el morfema: *bedel/bedela, fotógrafo/fotógrafa, médico/médica, juez/jueza;*
– usar el sustantivo existente como común en cuanto al género: *el/la alférez, el/la médico, el/la juez;*
– en algunos pocos casos, sustituir el sustantivo por otro (heteronimia): *médico/doctora.*

La norma académica, a través del *Diccionario panhispánico de dudas* (*DPD*) y de la *Nueva gramática de la lengua española* (*NGLE*), recomienda lo siguiente:

- **Los nombres acabados en *-o* forman el femenino en *-a*.**

el bombero/la bombera, el boticario/la boticaria, el catedrático/la catedrática, el comisario/la comisaria, el magistrado/la magistrada, el médico/la médica, el ministro/la ministra, el perito/la perita, el torero/la torera, etc.

Sin embargo, son comunes en cuanto al género *el/la piloto, el/la modelo, el/la soldado* o *el/la testigo*. Algunos nombres conservan la distinción etimológica.

diácono/diaconisa, vampiro/vampiresa (*junto a* vampira), diablo/diablesa (*pero también* diabla).

• **Los nombres acabados en *-a* se usan como comunes en cuanto al género.**

el/la atleta, el/la cineasta, el/la guía, el/la logopeda, el/la terapeuta, el/la pediatra, el/la trompeta.

Conservan la distinción etimológica *profeta/profetisa, papa/papisa; poeta/poetisa* (pero se usa también *poeta* como común). A partir de nombres acabados en *-a* se ha creado una forma para el masculino en *modisto, azafato* y *amo de casa.*

• **Los nombres acabados en *-e* se emplean como comunes.**

el/la amanuense, el/la cicerone, el/la conserje, el/la orfebre, el/la pinche.

En algunos casos se han creado femeninos en *-a,* sobre todo en la terminación *-nte.*

jefe/jefa, sastre/sastra, cacique/cacica, alcahuete/alcahueta cliente/clienta, dependiente/dependienta, presidente/presidenta, gobernante/gobernanta.

• **Los nombres acabados en otra vocal o en *-y* son comunes.**

el/la magrebí, el/la gurú, el/la yóquey.

• **Los nombres acabados en consonante.** Se emplean a menudo como comunes en cuanto al género, pero su posibilidad de alternancia depende de la consonante así como de otros rasgos de la palabra. Suelen ser comunes en cuanto al género los que acaban en *-ar, -er, -ir* o *-ur* (*el/la auxiliar, el/la militar, el/la escolar, el/la ujier, el/la faquir, el/la augur*), los nombres llanos acabados en *-n* (*el/la barman*), los que acaban en *-l* o *-z* (*el/la cónsul, el/la corresponsal, el/la timonel, el/la capataz, el/la juez, el/la portavoz*) y los terminados en otras consonantes (*el/la chef, el/la médium, el/la pívot*). Pero encontramos aquí excepciones que se apartan de estos usos.

juglar/juglaresa, juez/jueza, aprendiz/aprendiza, concejal/concejala, bedel/bedela.

Admiten femenino los que acaban en *-or,* bien sea añadiendo *-a* (*lector/lectora; autor/autora; espectador/espectadora*), bien sea mediante la terminación *-triz (actor/actriz, emperador/emperatriz)*. Del mismo modo, las palabras agudas acabadas en *-n* y en *-s* forman el femenino en *-a (bailarín/bailarina, anfitrión/anfitriona, marqués/marquesa, dios/diosa)*.

Por otro lado, cuando el nombre de la profesión u oficio es un compuesto formado por un sustantivo y un adjetivo, es obligatorio que haya concordancia de género entre ellos, así como con el resto de determinantes si los hubiera.

Incorrecto	Correcto
una detective privado	una detective privada
una guarda jurado	una guarda jurada
la primera ministro	la primera ministra

Errores frecuentes en la asignación de género

Los errores que suelen producirse en la asignación de género se deben a causas diversas. La más habitual es que se asigne un género indebido porque la palabra carece de una terminación específica. La siguiente lista contiene el género recomendado para algunas palabras en las que se producen vacilaciones.

Masculino	Femenino
almíbar	aguachirle
análisis	apócope
apotegma	apotema
apocalipsis	apoteosis
aceite	hinchazón
énfasis	índole
detonante	internet
telesilla	mugre
vinagre	porción
	tema
	ubre
	variz, varice o várice
	web

Otra causa del error se debe a que se asigna mecánicamente el género según la terminación de la palabra. Algunos vulgarismos obedecen a la analogía de asignar erróneamente género masculino si la palabra termina en *-o* (*®el afoto, ®el arradio*) o femenino si termina en -*a* (®*la fantasma,* ®*la mapa,* ®*la eczema*). Se une a la analogía la inadecuada segmentación de la cadena fónica: *de la moto > del* ®*amoto; un análisis >* ®*una nálisis.*

Otro error se debe a que algunos sustantivos admitieron en el pasado los dos géneros, pero en la actualidad solo se acepta uno de ellos: *calor, color, puente* antes admitían el masculino y el femenino, hoy solo el masculino.

Para la combinación del artículo *el* con las palabras que comienzan por *a-* o *ha-* tónicas, ⇨ págs. 228-229. Para el género de los adjetivos y determinantes compuestos, como *físico-químico* o *décima tercera,* ⇨ pág. 241.

El número

Aspectos particulares sobre la formación del número

El número plural en español se forma añadiendo a la forma del singular -*s* o -*es* según la terminación del nombre; en algunos casos es posible que permanezca invariable y la marca de la pluralidad la lleven los determinantes o adjetivos. Vamos a repasar ahora los casos que suelen ofrecer más dudas.

- **Nombres acabados en** -*á,* -*é,* -*ó.* Según la *NGLE,* deben hacer el plural en -*s* y no en -*es.*

  ayatolás, papás, mamás, bebés, chimpancés, dominós, platós, rondós.

Son excepción *albalaes* y *faralaes.* Se recomienda la terminación -*es* para *noes,* plural de *no,* y *yoes,* plural de *yo,* aunque existen las variantes con -*s.*

- **Nombres acabados en** -*í,* -*ú.* Pueden usarse con cualquiera de las dos terminaciones, -*s* o -*es,* y se consideran igualmente correctas, aunque en la lengua culta predomine la terminación -*es.*

  ajís ~ ajíes, baladís ~ baladíes, israelís ~ israelíes, guaraní ~ guaraníes; bambús ~ bambúes, hindús ~ hindúes, zulús ~ zulúes.

En algunas palabras se usa solo el plural en -*s,* bien sea por su carácter coloquial (*gachís, gilís, popurrís*), bien por tratarse de palabras extranjeras (*champús, menús, vermús* —aunque en zonas americanas se encuentran las formas *menúes* o *champúes*—).

- **Nombres acabados en vocal más *-y*.** Las palabras tradicionales del español añaden *-es*: *ayes, bueyes, convoyes, menceyes, reyes, leyes.* Presentan dos formas *guirigay* (pl. *guirigáis*, mejor que *guirigayes*), *coy* (pl. *cois*, mejor que *coyes*) 'lona suspendida que sirve de cama en una embarcación', *estay* (pl. *estáis*, preferible a *estayes*) 'cabo que sujeta la cabeza del mástil' y *noray* (pl. *noráis*, preferible a *norayes*) 'poste para amarrar los barcos'. El plural de *paipay* 'tipo de abanico' es *paipáis*.

En las palabras extranjeras acabadas en vocal más *y*, el plural se forma en *-is*.

> jersey ~ jerseis, yóquey ~ yoqueis, gay ~ gais, espray ~ espráis.

- **Nombres acabados en *-s* o en *-x*.** Tienen dos soluciones según como se acentúen. Si son agudas o monosílabas, añaden *-es*; el resto permanece invariable.

> adioses, reveses, compases, boxes, toses, treses.
> las crisis, los bíceps, los/las ónix, los tórax, los fénix, los/las aguafiestas, los/las bocazas, los/las gilipollas, los/las chapuzas, los/las manitas, los/las manazas.

- **Nombres acabados en *-d, -l, -n, -r, -z*.** Hacen el plural en *-es: verdades, mieles, pasiones, azúcares, luces.*

Palabras que habitualmente solo se usan en plural

Hay palabras que se usan casi exclusivamente en plural (llamadas «plurales inherentes» o «pluralia tántum»), entre las que se encuentran nombres de alimentos (*puches, gachas, víveres, manitas, vituallas*), cantidades de dinero (*finanzas, fondos, honorarios*), lugares (*aledaños, alrededores, afueras, andurriales*), formas de actuar (*carantoñas, arrumacos, modales, recuerdos*), partes del cuerpo (*entrañas, intestinos, tripas*), restos o fragmentos (*trizas, añicos, escombros, migas*), objetos inespecíficos (*aperos, bártulos, enseres*), etc. No hay una razón en la naturaleza de los objetos designados que justifique su uso solo en plural, sino más bien razones internas de la lengua española, que ha preferido esta forma. Forman parte también de este grupo muchas unidades fraseológicas.

> artes marciales, frutos secos, cerrar filas, hacer añicos, hacer pucheros, rasgarse las vestiduras, ver las estrellas, a pies juntillas, a expensas, en cueros, sin ambages, buenos días, etc.

Palabras que habitualmente solo se usan en singular

Se trata de un conjunto de nombres que como consecuencia de su significado solo suelen presentarse en singular. Se llaman también «singulares inherentes» o «singularia tántum».

> caos, caridad, cariz, cenit, electricidad, grima, oeste, salud, sed, zodiaco, etc.

La resistencia a combinarse con marcas de plural puede deberse a razones fonológicas (*fénix* o *relax* no variarían de forma en plural; *sedes* como plural de *sed* podría confundirse con el de *sede*) o a razones sintácticas (*caos* o *salud* son nombres no contables, por lo que no se combinan con determinantes en plural). No es incorrecto, aunque sea poco habitual, usar estas palabras en plural si las circunstancias así lo requieren.

> La interpretación del comportamiento de las «tabletas» por Wilcke, que le llevan a concebir el vidrio como una sucesión de capas de moléculas cargadas en sus extremos opuestos con electricidades contrarias...
>
> (CREA, *La electricidad en el siglo XVIII*, RACEFN, 1983, España)

> Fue así como el toro, la bestia mágica, signo dibujado, pintado o esculpido, en los zodiacos artificiales, fue identificado con el sol de primavera.
>
> (CREA, *Espéculo. Revista de estudios literarios*, 06/2003, España)

El significado de los nombres no contables se reinterpreta cuando se utilizan en plural: *come queso* remite a la materia 'queso', pero *he probado tres quesos* se interpreta como 'variedades o tipos de queso' diferentes; *la medicina* es la 'ciencia', pero *las medicinas* son 'los medicamentos'; *el vino* es el 'líquido', pero *los vinos* son las 'variedades o tipos de vino'; la *locura* es un 'estado mental', las *locuras* son los 'actos irreflexivos'.

Palabras sin cambio de significado entre singular y plural

No hay diferencia semántica entre el empleo del singular y el plural en algunas palabras, o al menos en algunas de sus acepciones.

> barba ~ barbas, sopa ~ sopas, calostro ~ calostros, pelo ~ pelos, funeral ~ funerales, tripa ~ tripas, fiesta ~ fiestas, cielo ~ cielos.

También pueden usarse indistintamente en singular o en plural los sustantivos que se refieren a objetos compuestos de dos partes simétricas.

> alicate ~ alicates, gafa ~ gafas, pantalón ~ pantalones, tenaza ~tenazas, tijera ~ tijeras, calzoncillo ~ calzoncillos, nariz ~ narices, braga ~ bragas.

Respecto a la última palabra de la lista, se usa solo el singular *braga* para el significado 'prenda para cubrir el cuello y la cabeza', frente a la posibilidad de alternancia *braga/bragas* para la 'ropa íntima de mujer'. En algunos nombres compuestos formados por un verbo y un nombre, este puede aparecer tanto en singular como en plural, siendo preferible la forma con *-s* final.

> guardabosque ~ guardabosques, pasamano ~ pasamanos, pasapuré ~ pasapurés.

Palabras con cambio de significado según el número

Algunas palabras significan cosas distintas según se usen en singular o en plural.

Singular	Significado	Plural	Significado
anteojo	'instrumento óptico cilíndrico'	anteojos	'gafas'
celo	'cuidado, esmero'	celos	'sospechas'
seso	'sensatez'	sesos	'masa cerebral'
esposa	'mujer casada'	esposas	'anillas para atar las manos'
grillo	'animal'	grillos	'aros para atar los pies'
prismático	'con forma de prisma'	prismáticos	'anteojos, gemelos'
catavino	'jarra o copa'	catavinos	'experto en la cata de vinos'
aguanieve	'lluvia mezclada con nieve'	aguanieves	'tipo de pájaro'
aguaviento	'lluvia con viento fuerte'	aguavientos	'tipo de planta'

Casos excepcionales

- **Dos palabras con doble forma para el singular.** Puede usarse indistintamente para el singular *efeméride* y *efemérides*, así como *metrópoli* y *metrópolis*. El plural es *las efemérides* y *las metrópolis*.

- **Tres palabras con cambio de acento.** Por lo general, el acento se mantiene en la misma sílaba en singular y en plural incluso cuando hay un incremento silábico: *cóndor/cóndores, árbol/árboles, volumen/volúmenes, imagen/imágenes*. Son excepciones *carácter, espécimen* y *régimen*, cuyos plurales son respectivamente *caracteres, especímenes* y *regímenes* (⇨ pág. 117).

El plural de los nombres compuestos

Los nombres compuestos pueden llevar la marca de plural en el último de los componentes, en el primero o en todos, dependiendo de diversos factores. El factor principal es si el compuesto se escribe junto o separado, pero también depende de las características de los elementos que forman el nombre. En algunos casos, la palabra permanece invariable.

- Lleva la marca de plural solo **el segundo de los componentes** en estos casos:
  - Si el compuesto se escribe en una sola palabra.
    avemarías (*no* ®avesmarías), bocacalles (*no* ®bocascalles), aguafuertes (*no* ®aguasfuertes), maltratos (*no* ®malostratos), caraduras, quehaceres, tentempiés, tejemanejes, vaivenes, bullebulles, tictacs, quiquiriquíes o quiquiriquís.

  - Si el compuesto está formado por dos adjetivos unidos en la escritura por un guion.

Incorrecto	Correcto
castellanos-manchegos	castellano-manchegos
físicos-químicos	físico-químicos
teóricos-prácticas	teórico-prácticas

  - Algunos compuestos como los que siguen admiten las dos posibilidades de formación del plural. En estos casos la forma preferida es la primera.

Incorrecto	Correcto
arcosiris	arcoíris ~ arcos iris
carasduras	caraduras ~ caras duras
campossantos	camposantos ~ campos santos
guardiasciviles	guardiaciviles ~ guardias civiles

Incorrecto	Correcto
mediaslunas Nochesbuenas padresnuestros	medialunas ~ medias lunas Nochebuenas ~ Noches Buenas padrenuestros ~ padres nuestros

- Llevan la marca de plural en **el primer componente** en los siguientes casos:
  – Si el compuesto se escribe separado y el segundo sustantivo sirve para determinar el significado del primero.

Incorrecto	Correcto
años luces ciudades dormitorios muebles bares globos sondas peces espadas carriles bicis comidas basuras	años luz ciudades dormitorio muebles bar globos sonda peces espada carriles bici comidas basura

La *NGLE* advierte, no obstante, que muchos de estos sustantivos se usan con marcas de plural en ambos componentes.

aviones espía y aviones espías,
discos pirata y discos piratas,
programas piloto y programas pilotos.

– Si el segundo elemento es un sustantivo prefijado.

Incorrecto	Correcto
coches todoterrenos viviendas multipropiedades	coches todoterreno viviendas multipropiedad

– Si el compuesto es un nombre epiceno (⇨ págs. 204-205) al que sigue en aposición la palabra *macho* o *hembra*.

Incorrecto	Correcto
jirafas machos ratas hembras	jirafas macho ratas hembra

– Si el compuesto se refiere al color y está formado por un nombre simple que no designa primariamente color: *los blancos hueso, los verdes esmeralda, colores crema, camisas fucsia* (aunque es correcto también concordar en plural con el sustantivo: *colores cremas, camisas fucsias*).

– Si el compuesto está formado con un complemento preposicional.

Incorrecto	Correcto
cabezas de turcos sillas de tijeras caballos de batallas	cabezas de turco sillas de tijera caballos de batalla

– También llevan la marca de plural en el primer componente los indefinidos *cualesquiera* y *quienesquiera* (⇨ págs. 244-246), a pesar de ser compuestos que se escriben en una sola palabra. Sin embargo, cuando *cualquiera* es un sustantivo, se comporta de manera regular: *Esos son unos cualquieras, no tienen nada de educación.*

- Llevan marca de plural en **los dos componentes:**

– Si el compuesto se escribe separado y está formado por un nombre y un adjetivo.

los mercados negros,
los chistes verdes,
los pieles rojas,
los cabezas rapadas,
los chaquetas rojas,
los panes dulces (*preferible a* pandulces).

– Si el segundo componente funciona como un rasgo que se atribuye al primero, aunque en este caso se admiten las dos posibilidades, como hemos mencionado en la página anterior.

países satélites (*pero también* países satélite),
aviones espías (*pero también* aviones espía),
discos piratas (*pero también* discos pirata),
programas pilotos (*pero también* programas piloto).

- **Permanecen invariables:**
  - Los compuestos acabados en *-todo: el/los metomentodo, un/los sabelotodo, el/los curalotodo.*
  - El sustantivo *vivalavirgen*, que designa cierto comportamiento humano, y el nombre de la planta *nomeolvides: un/varios vivalavirgen, la/las nomeolvides.*
  - Algunas locuciones: *varios ten con ten, los vis a vis, sus toma y daca, habas contadas, carros y carretas, sentido común.*
  - Los nombres de color, cuando funcionan como adjetivos: *unas camisas azul vaquero, los labios rojo carmín.*

- Si el segundo componente del compuesto es un sustantivo formado por acortamiento, las soluciones son dispares: *porno*, procedente de *pornográfico*, permanece invariable (*películas porno*); *progre*, de *progresista*, es regular (*ideas progres*).

Un caso «extraño»
La palabra *extra*, abreviación de *extraordinario*, se diferencia del resto de palabras en que forma el plural según el significado que tenga en el contexto. Cuando significa 'superior', permanece invariable (*turrones extra*), pero admite las dos posibilidades cuando significa 'adicional' (*pagas extra* ~ *pagas extras*).

El plural de los latinismos

Se ajustan a las normas del plural los que están adaptados al español porque se usan con frecuencia en su forma original. Por otra parte, es preferible usar la forma más adaptada al español en caso de que la haya: *currículo* en lugar de *currículum, podio* en vez de *pódium, referendo* antes que *referéndum.*

- **Los que acaban en *-s* o *-x* no monosílabos son invariables.**

  los campus, varios corpus, los lapsus, los ictus, varios ficus, los idus (*que solo se usa en plural*), los ómnibus (*es incorrecto* ⊗omnibuses).

Los monosílabos, en cambio, añaden *-es:* de *lux, luxes,* salvo *dux*, que es invariable (*los dux*).

También son invariables las locuciones.

los *alter ego*, los *mea culpa*, los *modus vivendi*.

Los helenismos acabados en *-n* tampoco varían: *los asíndeton, los polisíndeton*. Se exceptúa *hipérbaton*, que forma el plural de manera irregular en *hipérbatos* (no se acepta ⊗*hiperbatones* ni ⊗*hipérbatons*).

- **Los que acaban en *-r* añaden *-es*.**

los nomenclátores, los magísteres, los séniores (*preferible al anglicismo* séniors).

No obstante, algunos se mantienen también como invariables: *los imprimátur, los paternóster*.

- **Los que terminan en *-t* añaden *-es*:** *los accésits, los magníficats, los hábitats, los superávits*. También es posible usar estas palabras como invariables en plural, pero es opción no recomendada.

- **Los acabados en *-m* o bien permanecen invariables o bien añaden *-s***, que es la opción recomendada: *los critériums ~ los critérium, los cuórums ~ cuórum, los réquiems ~ réquiem*. El plural recomendado para *ítem* es *ítems*, aunque también se documenta la forma invariable, *los ítem*, y en América está extendido *ítemes*.

No se recomienda el plural en *-a*, que era el que correspondía a la forma latina original.

No recomendado	Preferible
los córpora los currícula los media	los corpus los currículos los medios

El plural de los extranjerismos

No resulta sencillo formular una norma general para la formación del plural de los extranjerismos. Dependiendo de su proceso de adaptación, oscilan entre el seguimiento de las reglas generales de formación del plural, la simple adición de *-s* independientemente de cuál sea la terminación y la invariabilidad. Se pueden señalar algunas recomendaciones de uso:

- **Añadir *-es*** si el extranjerismo termina en *-n, -l, -r, -d, -j* y *-z.*

  troles, pósteres, chándales, másteres, eslóganes, váteres, líderes, bármanes, clones, cruasanes, vodeviles, cócteles o cocteles.

No obstante, en algunas de estas palabras se documenta la forma en *-s,* que no se recomienda: *másters, escáners, chándals, pósters.* En los monosílabos *pin* 'insignia' y *fan* 'aficionado, seguidor' se usan casi exclusivamente *pins* y *fans.*

- **Añadir *-s*** si el préstamo adaptado al español termina en vocal o en una consonante diferente de las señaladas en el apartado anterior.

  bidés, ertzainas, casetes, chalés, palés, parqués, interfaces, tiques, lendakaris, platós, disquetes, penaltis, jipis, espráis, gais, derbis, tuaregs, anoraks, piolets, cómics, robots, clips.

- **Mantener invariables** los sustantivos no agudos acabados en *-s* o *x* y algunos otros, como *los trávelin, los zarévich, los test* (mejor que *tests*), *los trust, los kibutz,* etc.

- Otros, por último, admiten **varias soluciones** para el plural, todas aceptadas, como *clubes ~ clubs.* Diferente es el caso de *sándwiches,* plural de *sándwich,* cuyas variantes ®*sánduches,* ®*sanguches,* ®*sánguches* o ®*sanduiches* no pertenecen a la lengua culta y, por tanto, no se recomiendan.

Los extranjerismos adaptados al español desde su forma original en plural pueden aparecer con doble marca, la original de sus lenguas y la que se les añade al incorporarse al español: *espaguetis* (*spaguetti* es pl. en italiano, sg. *spaguetto*), *talibanes* (*talibán* es plural en persa afgano, sg. *talib*), *tuaregs* (*tuareg* es pl. en bereber).

El plural en los nombres propios

Los nombres propios no tienen plural por su propia naturaleza. No obstante, pueden usarse como comunes cuando se trata de nombres compartidos por varios individuos. En estos casos, lo habitual es poner la marca de plural correspondiente: *las Marías, los Albertos, los Manueles,* pero pueden alternar con la solución invariable (*las Estheres ~ las Esther*).

En los nombres compuestos suele marcarse el segundo elemento: *los José Antonios, los José Manueles, las María Teresas.* Si el compuesto contiene un grupo preposicional, permanece invariable: *las María del Carmen.*

Los apellidos no cambian en plural cuando designa a los individuos de una familia (*los Tamayo, los García*) y alternan entre la forma invariable y la marca de plural cuando designan conjuntos de individuos que se apellidan del mismo modo: *los García* o *los Garcías, los Herrero* o *los Herreros, los Calderón* o *los Calderones.* Si terminan en *-s* o en *-z,* suelen permanecer invariables siempre: *los Rodríguez, los Chaves* (pero *los Orgaz* y *los Orgaces*).

Las marcas comerciales también suelen permanecer inalteradas: *los Seat, las Minipímer, los Opel*; pero si la palabra termina en vocal puede llevar marca de plural: *las dos Hondas, los nuevos Toyotas.*

El plural de los acortamientos, las abreviaturas, las siglas y los símbolos

- Los **acortamientos** son el resultado de eliminar las sílabas finales de una palabra (excepcionalmente de las sílabas iniciales, como de *autobús > bus*). El plural se forma de manera regular: *las motos, los cines, las pelis, las teles, los compas* 'compañeros', *los buses.* Son excepción los plurales de *híper* y *súper,* que permanecen invariables.

- Las **abreviaturas** forman el plural según haya sido su proceso de creación.

La abreviaturas que se ha formado por truncamiento, es decir, por eliminación de sílabas finales, añaden *-s* si están formadas por varias letras (*págs.* 'paginas', *códs.* 'códigos', *vols.* 'volúmenes'); las que están formadas por una sola letra, la duplican (*VV. AA.* o *vv. aa.* 'varios autores', *pp.* 'páginas', *CC. OO.* 'Comisiones Obreras').

Las abreviaturas formadas por contracción, es decir, por eliminación de letras en el interior, siguen las reglas generales de formación de plural: *prales.* 'principales', *dptos.* o *deptos.* 'departamentos'. Es excepción la abreviaturas de *céntimo,* cuyo plural es *cts.*

Si la abreviatura es de un verbo, no se admite ninguna forma de plural, por lo que son correctas estas variantes:

Para más información, v. ('véase') capítulo anterior.
Para más información, v. ('véanse') capítulos anteriores.

No es correcto combinar los dos métodos de formación del plural:

⊗ Véanse pps. 20-21.
✓ Véanse pp. 20-21.
✓ Véanse págs. 20-21.

En las abreviaturas con letras voladitas (superíndices), el plural afecta a estas letras, pues son las que aportan la información referente al género y al número.

⊗ No sabemos muy bien qué ⊗n.ºs reseñar.
✓ No sabemos muy bien qué n.^{os} reseñar.

Si la palabra abreviada acaba en consonante, deberá añadirse *-es*.

Estimado Sr. Badalejo: ...
Estimados Sres. Badalejo y Martínez: ...
Estimados Sr.^{es} Badalejo y Martínez: ...

- Las **siglas** se mantienen invariables en la escritura: *las FARC, los BOE, los DNI.* Debe evitarse el uso anglicado que consiste en formar el plural añadiendo una *s* mayúscula o minúscula, precedida o no de apóstrofo.

Incorrecto	Correcto
los CDs	los CD
los BOES	los BOE
las ONGS	las ONG
los PC's	los PC

- Los **símbolos** también se mantienen invariables en la escritura: *20 km, 50 l, 40 kw.* Es incorrecto, por tanto, escribir expresiones como *20 ⊗kgs, ⊗12 cms.*

Vulgarismos en la formación del plural

Son ajenos a la norma culta los plurales en *-ses,* excepto en contados casos, como *manises*, plural de *maní*, que alterna con *manís* y *maníes.*

Incorrecto	Correcto
los pieses	los pies
los sofases	los sofás
los cafeses	los cafés
los jerseises	los jerséis
los parneses	los parnés
los vermuses	los vermús
los mandamases	los mandamás

También se consideran vulgares ®*cafeles,* como plural de *café,* y ®*jabalines,* como plural de *jabalí.* Tampoco es aceptable el plural ®*convois* por *convoyes.*

No pertenecen al lenguaje culto los falsos singulares analógicos que surgen de eliminar la *-s* final de algunos sustantivos.

Incorrecto	Correcto
una carie	una caries
un cao	un caos
una crisi	una crisis

Del mismo modo, a veces se mantiene erróneamente como invariable la forma del plural: *un* ®*rodapiés* (correcto, *un rodapié*). Hay que tener en cuenta que la mayoría de los compuestos con *pie* son invariables (*el/los ciempiés, el/los reposapiés, el/los buscapiés*), pero tienen variación de número *rodapié, traspié* e *hincapié,* que forman respectivamente los plurales *rodapiés, traspiés* e *hincapiés.*

EL ADJETIVO

Género y número

Los adjetivos acabados en *-a, -o* suelen tener variación de género y número. No presentan variación, sin embargo, *antípoda* y *afro* pese a terminar en *a* y *o* respectivamente.

En algunos adjetivos de dos terminaciones, por otra parte, se ha generalizado el uso como invariables: así, aunque existe *autodidacto,* lo más habitual es emplear *autodidacta* para los dos géneros (*escritor autodidacta, escritora autodidacta*); otro tanto sucede con *políglota,* que se combina con sustantivos de ambos géneros, a pesar de que es voz que cuenta con el masculino *polígloto* (*un hombre políglota*). En el adjetivo *gualdo*, que era de dos terminaciones, se acepta su uso como invariable en la forma del femenino, *gualda* (*la bandera gualda, el color gualda*).

Son invariables en número los adjetivos que terminan en *-s: gratis, isósceles*, así como *gagá* y *fetén*. Los adjetivos que proceden de acortamientos oscilan entre la invariabilidad y la formación del plural: *porno* (de *pornográfico*) y *tecno* (de *tecnológico*) suelen permanecer invariables (*libros porno, músicas tecno*), mientras que *depre* (de *depresivo*) y *repe* (de *repetido*) presentan variación (*estados depres, cromos repes*).

Una incorrección extendida entre hablantes de bajo nivel cultural de algunas zonas geográficas es la sobrecaracterización de género en adjetivos invariables: *estudiante/®estudianta; pobre/®pobra, triste/®trista, joven/®jóvena*. Para el empleo de los adjetivos como adverbios, ⇨ págs. 297-298.

La apócope

El singular de los adjetivos *grande, bueno, malo* y *santo* se apocopa en *gran, buen, mal* y *san* cuando estos preceden al nombre: *un gran licor, otro mal año*. Se considera arcaizante la falta de apócope en *grande* (®*un grande amigo*), aunque se usa a veces también con otras intenciones estilísticas. El caso de *santo* es especial porque solo se apocopa ante nombres propios (*san Andrés, san Torcuato*), pero no ante nombres comunes (*todo el santo día, el santo padre*) ni ante nombres propios que comienzan por las sílabas *to-* y *do-*: *santo Tomás, santo Domingo*.

Comparativos y superlativos

Comparativos irregulares

Hay un grupo reducido de adjetivos que presentan dos posibilidades de formación del comparativo de superioridad: con los adverbios cuantificadores *más* y *menos* seguidos del adjetivo correspondiente (*más bueno*) o con una forma heredada del latín acabada en *-or* (*mejor*). A estos últimos se los denomina «comparativos sintéticos» y son los siguientes:

bueno → mejor
malo → peor
grande → mayor
pequeño → menor
alto → superior
bajo → inferior

Para el empleo de *mejor* y *peor* como adverbios, ⇨ pág. 298.

Superlativos irregulares en -ísimo

Son irregulares algunos superlativos construidos a partir de la forma latina de la palabra. Se encuentran entre ellos los siguientes:

Grado positivo	Grado superlativo
agudo	acutísimo (del latín ACUTUS)
amigo	amicísimo (del latín AMICUS)
antiguo	antiquísimo (del latín ANTIQUUS)
cruel	crudelísimo (del latín CRUDELIS)
frío	frigidísimo (del latín FRIGIDUS)
sabio	sapientísimo (del latín SAPIENTEM)

Muchos de estos adjetivos admiten también un superlativo construido sobre la forma moderna, sobre todo en la lengua coloquial: *antigüísimo, cruelísimo, friísimo*. También son irregulares los superlativos de los adjetivos acabados en *-ble*, que forman el superlativo en *-bilísimo*.

Grado positivo	Grado superlativo
agradable	agradabilísimo
amable	amabilísimo
noble	nobilísimo
miserable	miserabilísimo
notable	notabilísimo

El superlativo de *cursi* es *cursilísimo*. El superlativo *amplicísimo* se considera ya en desuso, por lo que se recomienda usar *amplísimo*.

Algunos adjetivos que tienen diptongo en la sílaba acentuada (*bueno, caliente, fuerte...*) presentan dos formas de superlativo, una que mantiene el diptongo original y otra que lo reduce. Tiende a extenderse la forma diptongada, sobre todo en la lengua hablada, mientras que la no diptongada se percibe como más culta.

buenísimo ~ bonísimo
calientísimo ~ calentísimo
ciertísimo ~ certísimo
diestrísimo ~ destrísimo
fuertísimo ~ fortísimo
gruesísimo ~ grosísimo
nuevísimo ~ novísimo
tiernísimo ~ ternísimo
valientísimo ~ valentísimo

Superlativos irregulares en -érrimo

Los restos que quedan de este sufijo proceden de adjetivos que en latín formaban el superlativo en -ERRIMUS. Los que se han conservado en español son los siguientes:

Grado positivo	Grado superlativo
acre	acérrimo
áspero	aspérrimo
célebre	celebérrimo
íntegro	integérrimo
libre	libérrimo
mísero	misérrimo
negro	nigérrimo
pobre	paupérrimo
pulcro	pulquérrimo
salubre	salubérrimo

Hay que añadir a esta lista *ubérrimo*, del latín UBER 'fértil', que no corresponde a ninguna base adjetiva del español. Salvo *acre, mísero* y *libre*, el resto o bien no se suele emplear en superlativo, como sucede con *salubre* o *pulcro*, o bien ha desarrollado una forma regular (*asperísimo, pobrísimo, negrísimo*), que es la más usada. En español, el sufijo *-érrimo* no forma superlativos, salvo en creaciones humorísticas o irónicas (*grandérrimo, tontérrimo*).

Usos incorrectos de los comparativos y superlativos

No es correcto combinar los adverbios cuantificadores o de grado (*más, muy, bastante, demasiado, poco*, etc.) con los comparativos y los superlativos.

⊗ Es muy rapidísmo.
✓ Es rapidísimo.
⊗ Hoy está más mejor que ayer.
✓ Hoy está mejor que ayer.

- Con los comparativos *mayor, menor, peor* y *mejor* el **segundo término de la comparación** debe ir introducido con *que*. Los comparativos sintéticos *inferior, superior, anterior* y *posterior* rigen la preposición *a*.

⊗ Apostar a un número de la ruleta una cifra mayor a la del propio patrimonio puede parecer una locura.
(CREA, *La Vanguardia*, 28/02/1995, España)
✓ Apostar a un número de la ruleta una cifra mayor que la del propio patrimonio puede parecer una locura.
⊗ El porcentaje de reposición anual es del 25 % (sensiblemente inferior que el promedio de la zona, y del país).
(CREA, *Revista Supercampo. De la huerta a la estancia*, n.º 69, 06/2000, Argentina)
✓ El porcentaje de reposición anual es del 25 % (sensiblemente inferior al promedio de la zona, y del país).
⊗ La banda ofrecía a personas conocidas, generalmente connacionales, la posibilidad de comunicarse con otros países, a un precio inferior que el normal.
(CREA, *El Nacional*, 19/05/1997, Venezuela)
✓ La banda ofrecía a personas conocidas, generalmente connacionales, la posibilidad de comunicarse con otros países, a un precio inferior al normal.

En el siguiente ejemplo, se une la incorrección de la conjunción *que* y el uso del cuantificador *más*.

⊗ Habitualmente el nivel de la cúpula diafragmática es el arco anterior de la 5.ª-6.ª costilla, siendo el izquierdo 1-3 cm más inferior que el derecho en el 90 %.
(CREA, *Revista Medicina de Familia. Andalucía*, 2/3, 10/2001, España)
✓ Habitualmente el nivel de la cúpula diafragmática es el arco anterior de la 5.ª-6.ª costilla, siendo el izquierdo 1-3 cm inferior al derecho en el 90 %.

- Suelen rechazar el sufijo *-ísimo* los adjetivos que significan **una cualidad** o **una propiedad en grado extremo:** *abominable, atroz,* *brutal, excelso, extraordinario, fabuloso, fenomenal, horrible, insignificante, maravilloso, sensacional, supremo.* Como el significado de estos adjetivos no es graduable, la presencia del sufijo resulta redundante: *fabuloso* ya significa 'muy bueno'. No obstante, por razones diversas en bastantes adjetivos de este tipo esta sufijación sí es posible: *inmensísimo, excelentísimo, preciosísimo.*

Normas sobre el uso de algunos adjetivos

- *cierto*

  Resulta redundante el uso conjunto de *un* seguido de *cierto* para expresar indeterminación (⇨ pág. 244). Se tolera si el nombre que sigue es contable, pero no se admite con los no contables.

  ⊖ Llegó a conocer a una cierta actriz apellidada Suárez.
  ⊕ Llegó a conocer a cierta actriz (*o bien,* a una actriz) apellidada Suárez.
  ⊗ Me hizo una cierta observación sobre mi modo de vestir.
  ✓ Me hizo cierta observación sobre mi modo de vestir.

- *igual*

  En España se usa coloquialmente con el valor de 'quizá, probablemente'. Es un uso que no debe llevarse a la lengua culta.

  ⊗ Hay muchas nubes en el cielo, así que igual llueve esta tarde.
  ✓ Hay muchas nubes en el cielo, así que a lo mejor llueve esta tarde.

  En oraciones comparativas, debe combinarse con *que*, no con *a*.

  ⊗ Ochoa, quien igual a Niño compite para un equipo de Costa Rica, dio una paliza a los demás corredores en la escalada.
  (CREA, *El Universal*, 27/12/2004, Venezuela)
  ✓ Ochoa, quien igual que Niño compite para un equipo de Costa Rica, dio una paliza a los demás corredores en la escalada.

  Es incorrecto iniciar con *como* el segundo término de la comparación.

  ⊗ Mira a la cámara igual como lo hacía la joven intérprete de «Like a virgin».
  (CREA, *Revista Hoy*, 10-16/03/1997, Chile)
  ✓ Mira a la cámara igual que lo hacía la joven intérprete de «Like a virgin».

- *poco*

Precedido de *un* suele llevar como complemento *de* seguido de un nombre. No debe concertarse con el sustantivo femenino: *Un poco de tela*, no ®*una poca tela* ni ®*una poca de tela*. También es incorrecto suprimir la preposición: ®*un poco tela*, pero en plural la supresión de esta es obligatoria: *unos pocos libros*, no *unos pocos* ®*de libros*.

- *mayor*

La combinación con cuantificadores (*más, muy, demasiado*) depende de si se usa como sustantivo o como adjetivo, es decir si significa 'persona adulta o de edad avanzada' o 'de no corta edad'. No significan exactamente lo mismo estas dos frases, ambas posibles.

> ✓ Cuando seas mayor me casaré contigo (= 'cuando seas adulto').
>
> ✓ Cuando seas más mayor me casaré contigo (= 'cuando tengas más edad').

Se considera incorrecto anteponer cuantificadores a *mayor* en oraciones comparativas.

> ⊗ Es bastante más mayor que yo, mucho más mayor que cualquiera de los estéis [sic] leyendo estas líneas.
>
> (CREA, 02206003. Página web 2002, España)
>
> ✓ Es bastante mayor que yo, mucho mayor que cualquiera de los que estéis leyendo estas líneas.

- *medio*

Este adjetivo se usa de modo diferente según las regiones cuando se combina con otros adjetivos. En España, lo habitual es que se comporte como un adverbio y que, por tanto, permanezca invariable; en América, por el contrario, concuerda en género y número con el adjetivo que sigue (⇨ pág. 298).

> ✓ Este chico es medio tonto.
>
> ✓ Esta chica es medio tonta (España).
>
> ✓ Esta chica es media tonta (América).
>
> ✓ Estos chicos son medio tontos (España).
>
> ✓ Estos chicos son medios tontos (América).
>
> ✓ Estas chicas son medio tontas (España).
>
> ✓ Estas chicas son medias tontas (América).

• *mismo*

El significado de este adjetivo es el de identidad o igualdad. No es recomendable el uso anafórico del adjetivo *mismo* y sus variantes para referirse a otro elemento aparecido antes en el texto, rasgo frecuente en el lenguaje administrativo y jurídico. En estos casos se recomienda sustituir *mismo* por un demostrativo, un posesivo o un pronombre personal.

⊗ Se han denunciado varios desfalcos, pero no se ha localizado el origen de los mismos.

✓ Se han denunciado varios desfalcos, pero no se ha localizado su origen.

⊗ Fue la segunda información que se ha emitido desde ayer sobre los cosmonautas luego de que acoplaran su vehículo Soyuz-17 al laboratorio espacial de 20 toneladas y tres compartimentos, y se introdujeran en el mismo.
(CREA, *El Comercio*, 14/01/1975, Perú)

✓ Fue la segunda información que se ha emitido desde ayer sobre los cosmonautas luego de que acoplaran su vehículo Soyuz-17 al laboratorio espacial de 20 toneladas y tres compartimentos, y se introdujeran en él.

⊗ Además, destacó la influencia que tuvo el arte africano en el arte moderno, pues artistas como Picasso se inspiraron en el mismo.
(CREA, *Expresión. El periódico de los universitarios*, 09/2003, Puerto Rico)

✓ Además, destacó la influencia que tuvo el arte africano en el arte moderno, pues artistas como Picasso se inspiraron en aquel.

Desde el punto de vista estilístico, conviene siempre no abusar de este adjetivo en los textos.

No es aceptable el empleo de *mismo* antepuesto a grupos sintácticos, construcción que se da en algunas hablas del norte de España.

⊗ Estamos mismo al lado de Bilbao.

✓ Estamos al lado mismo de Bilbao.

No pertenece a la lengua culta el uso expletivo de *mismo* que se documenta en México, Centroamérica y otras áreas hispanoamericanas, en el que el adjetivo aporta valor enfático al introducir oraciones de relativo.

⊗ Con el triunfo Morelia llegó a 17 puntos, mismos que lo colan [sic] en el subliderato de la tabla general y del Grupo Uno.
(CREA, *Excélsior*, 25/09/2000, México)

✅ Con el triunfo Morelia llegó a 17 puntos, que lo colocan en el subliderato de la tabla general y del Grupo Uno.

Tampoco son recomendables los usos adverbiales de *mismo* para el significado de 'justamente, cabalmente', valor que a veces se da en el adverbio derivado *mismamente*. Son usos que solo corresponden a la lengua coloquial, por lo que no se recomiendan en la lengua culta.

⊗ Con ese modelo parecía mismo (mismamente) una modelo

✅ Con ese modelo parecía justamente una modelo

También pertenece solo a la lengua coloquial el empleo que se da en España de *lo mismo* para expresar un valor dubitativo similar a 'quizá'.

Cuando llegues, lo mismo ya se ha marchado.

Se considera vulgar la forma ⊗*mesmo*.

EL ARTÍCULO

El artículo *el* ante sustantivos femeninos que comienzan por *a-* tónica

Por razones históricas, en español los sustantivos femeninos que comienzan por *a-* o por *ha-* acentuadas no se combinan con la forma del artículo femenino *la*, sino con la forma *el* —que no se considera masculino en estos casos, sino una variante formal del femenino—: *el aula, el habla*. Los determinantes *un, algún* y *ningún* ante estos mismos sustantivos pueden adoptar la forma apocopada (*un águila, algún hacha*) o bien la forma plena (*una águila, alguna hacha*). Pero hay que tener presente los siguientes aspectos:

1. Solo se admite *el* ante sustantivos, no ante adjetivos: *la áspera, la agria*.
2. Se exceptúan los nombres de letras (*la a, la hache*), los nombres propios y apellidos (*Es la Ángela que tú conoces; Salió la Álvarez del segundo piso*) y los nombres formados por siglas (*la AMPA*). Con los topónimos que comienzan por *a-* tónica fluctúa su uso: *el África subsahariana, la Asia central.*

3. Se debe recuperar la forma *la* del femenino en los siguientes casos:

— Si la palabra se usa en plural:

el agua, las aguas	el ansia, las ansias
el arpa, las arpas	el alga, las algas
el ave, las aves	el arma, las armas
el ala, las alas	el asta, las astas
el aula, las aulas	el haba, las habas
el águila, las águilas	el habla, las hablas
el arte, las artes	el hacha, las hachas
el ánima, las ánimas	el hada, las hadas
el aura, las auras	el hampa, las hampas
el arca, las arcas	el haya, las hayas
el aspa, las aspas	el haza, las hazas

— Si se intercala otro elemento entre el artículo y el nombre: *la mejor agua, una nueva aula, la blanca haya, la fresca aura.*

— Si la sílaba inicial deja de ser tónica, porque se use en diminutivo por ejemplo: *la alita, la agüita, la arquita,* y no ⊗*el alita,* ⊗*el agüita,* ⊗*el arquita.*

4. Con estos sustantivos no es aceptable usar las formas masculinas de otros determinantes, como *este, mucho, poco, todo, otro,* etc.

⊗ Nunca digas: De este agua no beberé.

✓ Nunca digas: De esta agua no beberé.

⊗ Ha tomado mucho agua.

✓ Ha tomado mucha agua.

⊗ El balón se paseó por todo el área

✓ El balón se paseó por toda el área.

⊗ Los niños cuyo asma debutaba más tarde tenían una probabilidad aumentada de pruebas cutáneas positivas.

(CREA, *Revista Española de Alergología e Inmunología Clínica,* 15/ 1, 02/2000, España)

✓ Los niños cuya asma debutaba más tarde tenían una probabilidad aumentada de pruebas cutáneas positivas.

La contracción de *a* y *de* con el artículo *el*

La norma prescribe realizar la contracción del artículo cuando lo preceden las preposiciones *a* y *de,* es decir, *Salimos al parque,* y no *Salimos* ⊗*a el parque*; *Llegamos del campo*, y no *Llegamos* ⊗*de el campo*. Lógicamente, esta contracción se debe hacer también en la lengua hablada, frente a la separación afectada que realizan algunos locutores en los medios de audiovisuales.

Si el artículo forma parte del nombre propio no se debe usar la forma contracta al escribir: *Salimos de El Cairo*; *Nos detuvimos en El Salvador*. Normalmente el artículo no forma parte de los apodos y sobrenombres, por lo que en estos casos debe realizarse la contracción: *Hemos visto jugar al Pelusa* (no ⊗*a El Pelusa*).

No pertenecen a la norma culta otras formas de contracción de preposición y artículo, como la de *para el* en ⊗*pal*, propia del registro vulgar, usada en el siguiente ejemplo por el autor para reflejar el habla de personajes populares.

⊗ Era lo que me faltaba pal duro.
(CREA, José Luis Alonso de Santos, *La estanquera de Vallecas*, Antonio Machado, 1990, España)

✓ Era lo que faltaba para el duro.

Se considera correcto el empleo de dos contracciones seguidas, aunque se recomienda construir la frase de otro modo para evitar la cacofonía que origina la reiteración. En todo caso, es una construcción de la que conviene no abusar en los textos. Se pueden reemplazar o bien repitiendo el sustantivo, o bien buscando una construcción diferente, como se ejemplifica.

⊖ Se ha arreglado la ventana del vecino del tercero y la del del cuarto.

⊕ Se ha arreglado la ventana del vecino del tercero y la del vecino del cuarto.

⊖ Prefiero el olor del tomillo al del romero.

⊕ Prefiero el olor del tomillo antes que el del romero.

Del mismo modo, tampoco se consideran aconsejables las construcciones en las que se repite la preposición y el artículo en forma no contracta, en femenino o en plural.

⊖ Se avergüenza antes de los errores propios que de los de los demás.

⊕ Se avergüenza antes de los errores propios que de los ajenos.

Usos incorrectos del artículo

- **Por omisión.** La función sintáctica del artículo es la de presentador o actualizador del nombre. Por ello, es erróneo omitirlo en ejemplos como los siguientes:

⊗ En la selección los que entran por banda, los medias puntas... cualquiera hace goles.

(CREA, *El País*, 24/09/1997, España)

✓ En la selección los que entran por la banda, los medias puntas... cualquiera hace goles.

⊗ El equipo se encuentra ya en túnel de vestuarios.

✓ El equipo se encuentra ya en el túnel de vestuarios.

⊗ La gran atracción para el millar y medio de admiradores que permaneció bajo lluvia frente al cine, fue el jovencito Daniel Radcliffe.

(CREA, *El País*, 05/11/2002, Uruguay)

✓ La gran atracción para el millar y medio de admiradores que permaneció bajo la lluvia frente al cine, fue el jovencito Daniel Radcliffe.

No obstante, la *NGLE* considera aceptable, dada su difusión en el español americano, la ausencia de artículo en oraciones con el verbo *jugar* usado como transitivo y aplicado a los deportes, a pesar de reconocer que es un uso en el que posiblemente haya influido el inglés.

✓ Mañana jugaremos tenis.

✓ Mañana jugaremos al tenis.

Tampoco se considera correcto omitir el artículo en construcciones partitivas, como las que se forman con *la mayoría de, la mayor parte de, la mitad de* y similares.

⊗ Se dice que AP controla a la mayor parte de alcaldes.

(CREA, *Triunfo*, 04/06/1977, España)

✓ Se dice que AP controla a la mayor parte de los alcaldes.

- **Por presencia.** Frente a lo que sucede en otras lenguas, como el catalán, la norma culta del español rechaza el empleo del artículo delante de los nombres propios de persona.

⊗ Una de ellas, la Juana, canta con desgarro y una voz aguardentosa que debe parecerse a la de los gañanes sin dormir tras una noche de fiesta.

(CREA, *El País*, 20/09/1977, España)

✅ Una de ellas, Juana, canta con desgarro y una voz aguardentosa que debe parecerse a la de los gañanes sin dormir tras una noche de fiesta.

⊗ Yo voy a ir mañana por la mañana a Discoplay con el Ramón.

(CREA, José Ángel Mañas, *Historias del Kronen*, Destino, España)

✅ Yo voy a ir mañana por la mañana a Discoplay con Ramón.

No obstante, sí deben llevar artículo cuando están en plural (*las Cristinas son simpáticas*), y si el antropónimo tiene como complemento un adjetivo o una oración de relativo: *El gran Pablo Picasso; el Anselmo que vive en esta casa.* Está extendido el empleo del artículo femenino antepuesto al apellido de mujeres de renombre: *la Pardo Bazán, la Kahlo.*

En la datación de las cartas y documentos, se prefiere la ausencia de artículo delante del año:

Monterrey, 25 de julio de 2012

LOS POSESIVOS

Posición en el grupo sintáctico

Los determinantes posesivos pueden colocarse delante o detrás del sustantivo, si bien la posición en que aparecen puede influir en el significado: *nuestra ilusión, la ilusión nuestra*. Las formas *mío, tuyo, suyo* y sus variantes de género y número se apocopan cuando preceden al nombre: *su ilusión.*

Combinación con otros determinantes

No se admite la combinación de los posesivos con el artículo antepuestos al nombre: ⊗*la su madre,* ⊗*los mis amigos*. Estas construcciones fueron habituales en el español medieval, pero hoy no se consideran gramaticales, salvo en algunas regiones del norte y noroeste de España y en áreas de México y Centroamérica.

Sí es posible, en cambio, la combinación con los demostrativos, sobre todo en el lenguaje escrito y en contextos formales.

Recuerdo con sumo placer aquellos nuestros primeros años en la universidad.

Combinación con adverbios

Tanto el *DPD* como la *NGLE* consideran que el uso de los posesivos como complemento de algunos adverbios como *delante, detrás, encima, debajo, cerca, lejos,* etc., no corresponde a la lengua culta actual, a pesar de que está extendiéndose en la lengua coloquial. Por tanto, desaconseja usar ⊛*cerca mío,* ⊛*enfrente suyo,* ⊛*detrás nuestro* y similares, y más aún la posposición de las formas de femenino, como ⊛*cerca mía,* ⊛*enfrente suya,* ⊛*detrás nuestra.* En estos casos el uso recomendado es sustituir el posesivo por la preposición *de* más el pronombre personal correspondiente (*cerca de mí, enfrente de ellos, detrás de nosotras*).

> ⊗ Le oí decir por detrás mía: «A este no lo puedes dejar solo porque, de repente, lo saca».
>
> (CREA, Oral, Gran Canaria, España)
>
> ✓ Le oí decir por detrás de mí: «A este no lo puedes dejar solo porque, de repente, lo saca».
>
> ⊗ En cambio los pilotos que se colocaron delante nuestro son locales y conocen muy bien.
>
> (CREA, *El Observador*, 12/02/1997, Uruguay)
>
> ✓ En cambio los pilotos que se colocaron delante de nosotros son locales y conocen muy bien.

En el caso de *contra* y *alrededor* se acepta su combinación con posesivos: *en contra mía, alrededor vuestro,* ya que estas palabras pueden funcionar como sustantivos, además de como adverbios: *la contra, los alrededores.*

Sustitución por *de* + pronombre

En el español de América y en Canarias es habitual sustituir el posesivo por un complemento con *de* más un pronombre personal: *la casa de ustedes* 'vuestra casa, su casa', *una foto de nosotros* 'una foto nuestra'.

Concordancia

Si el posesivo va referido a un pronombre, debe mantenerse la concordancia de persona.

> ⊗ En cualquier caso, yo no doy más de sí...
>
> (CREA, Anónimo, *Cómo resolver los pequeños conflictos en el trabajo*, Deusto, España)
>
> ✓ En cualquier caso, yo no doy más de mí...

⊗ Nos ha costado lo suyo ganarnos su confianza.
✓ Nos ha costado lo nuestro ganarnos su confianza.
⊗ Hemos tenido sus más y sus menos.
✓ Hemos tenido nuestros más y nuestros menos.

Atención

Es invariable, sin embargo, la locución verbal *dar de sí*, que, además de aplicarse a la ropa con el significado de 'extenderse, ensancharse', se usa a menudo en expresiones metafóricas.

✓ Mi cabeza ya no daba más de sí.
✓ Nuestros sueldos dan poco de sí.

En las fórmulas de tratamiento del tipo *su majestad, su alteza, su santidad* se puede sustituir el posesivo por *vuestra(s)* cuando la autoridad a la que se alude está presente o el escrito se dirige expresamente a ella: *vuestra majestad, vuestra señoría.*

Ambigüedad por el empleo de los posesivos

El posesivo *su* (y su plural, *sus*) es causa frecuente de ambigüedades en los textos escritos (⇨ págs. 54-55) debido a que no distingue entre uno y varios poseedores, a que no lleva marca de género y a que no indica inequívocamente el poseedor al que se refiere. Fuera de contexto no podemos saber si una oración como *Los perros venían con su dueño* significa que cada perro venía acompañado de un dueño distinto o que todos ellos venían con un único dueño; si leemos que *Marta le dijo a Alberto que trajera sus papeles* no es posible determinar si se trata de los papeles de Marta o los de Alberto. Por ello, conviene extremar las precauciones al redactar textos con este tipo de palabras y buscar el modo de evitar la ambigüedad. Los ejemplos anteriores dejan de ser ambiguos si se redactan de manera que quede claro el significado:

Cada perro venía con su dueño.
Marta le dijo a Alberto: «Trae tus papeles» (o «Trae mis papeles»).
Marta le dijo a Alberto que trajera sus propios papeles.

El artículo en lugar del posesivo

A diferencia de las lenguas germánicas y algunas romances, el castellano emplea el artículo en lugar del posesivo con los elementos

—generalmente partes del cuerpo— que se consideran posesión inalienable.

⊗ Ahora sí me duele mi pecho.
(CREA, Carmen Boullosa, *Duerme*, Alfaguara, Madrid, 1994, México)

✓ Ahora sí me duele el pecho.

Para la secuencia del relativo *que* más el posesivo *su*, ⇨ pág. 254.

LOS DEMOSTRATIVOS

• En el español hablado se usan a menudo como **muletillas** los demostrativos *esto* y *este*, el primero más habitual en España y el segundo en América. Es un uso que debe evitarse (⇨ pág. 42).

• Resulta ofensivo usar el **neutro *esto, eso, aquello*** para identificar personas.

Corregir con humor

—¿Bailas?
—No.
—¿Y eso?
—Eso es mi hermano y tampoco baila.

Para el empleo de la tilde en los demostrativos *este, ese, aquel* y sus variantes de género, ⇨ pág. 152. Para el uso ante nombres femeninos que comienzan por *(h)a*- tónica, ⇨ pág. 228.

LOS NUMERALES CARDINALES, ORDINALES, PARTITIVOS Y MULTIPLICATIVOS

Los cardinales

Normas sobre el uso de algunos numerales cardinales

• *un* y sus compuestos

Ante sustantivos femeninos, el numeral *un* y sus compuestos (*veintiún, ciento un...*) deben presentar la forma femenina plena, no la apocopada: *ochenta y una casas*, no ⊗*ochenta y un casas*. Si el determinante es compuesto de *mil*, se admiten ambas soluciones, con concordancia de género según la norma general, *veintiuna mil toneladas*, o sin concordar, considerando una unidad el determinante compuesto, *veintiún mil toneladas*.

La apócope de *un* solo puede hacerse cuando va acompañando a un sustantivo; no se admite cuando lleva un complemento con *de*.

⊗ Veintiún de los emigrantes fueron devueltos a su país.
✓ Veintiuno de los emigrantes fueron devueltos a su país.
⊗ El ochenta y un por ciento de los entrevistados afirmó desconocerlo.
✓ El ochenta y uno por ciento de los entrevistados afirmó desconocerlo.

- *cien(to)*

El plural de *cien* es *cientos*, no ⊗*cienes*. El plural *cienes* se usa metalingüísticamente para referirse al guarismo (*En esta cuenta aparecen cuatro cienes*) y metonímicamente puede usarse para referirse a determinadas pruebas deportivas que incluyen el número cien (*Nadó cuatro cienes en menos de un minuto cada vez; Corrió dos cienes en tiempo de récord*).

⊗ Llegaban los cienes y cienes que lo seguían a su nueva casa.
(CREA, Alejandro Morales, *La verdad sin voz*, Joaquín Mortiz, México)
✓ Llegaban los cientos y cientos que lo seguían a su nueva casa.

En los porcentajes se debe usar la forma plena *ciento*, no la apocopada.

⊗ Joaquín Leguina quiso establecer un recargo del tres por cien sobre el IRPF en la Comunidad de Madrid.
(CREA, *El Mundo*, 11/11/1996, España)
✓ Joaquín Leguina quiso establecer un recargo del tres por ciento sobre el IRPF en la Comunidad de Madrid.

Sin embargo, la forma *cien por cien* es la recomendable para significar 'completamente': *La prenda es cien por cien algodón*.

- *mil*

En singular es un determinante numeral: *mil personas*, excepto cuando se usa para referirse al propio número (*El número mil es un número redondo*). En plural, es un sustantivo equivalente a *millar:*

miles de personas. Por otra parte, *millar, millón, billón, trillón,* etc. son únicamente sustantivos, y por ello no se adjuntan al sustantivo, sino que llevan complementos con *de: un millón de muertos; varios millares de árboles.*

- *billón*

El significado en español es 'un millón de millones'. No es correcto usarlo con el significado de 'mil millones' que tiene en los países anglosajones.

- *ambos*

En su valor numeral, el significado de *ambos* es 'los dos', por lo que es redundante el empleo de ®*ambos dos.*

⊗ Para eso no hace falta saber nada que saber hacer. Tan sólo ajustarse al molde de un modelo de carácter personal que ustedes ambas dos tienen y poseen.
(CREA, Ernesto Caballero, *Squash,* Antonio Machado, España)

✓ Para eso no hace falta saber nada que saber hacer. Tan sólo ajustarse al molde de un modelo de carácter personal que ustedes dos tienen y poseen.

⊗ Supongo que aceptaste ambos dos trabajos.
(CREA, Marcelo Cohen, *Insomnio,* 1982, Argentina)

✓ Supongo que aceptaste ambos trabajos. (*O bien,* los dos trabajos).

No se admite la combinación de *ambos* con el artículo. Son incorrectos, por tanto, ®*los ambos,* ®*las ambas.*

⊗ ¿Por qué los ambos miembros de una pareja antes apasionada, no tan sólo podían sufrir la mutua despasión, sino que mutuamente podían apasionarse cada uno por su lado?
(CREA, Félix Grande, *Fábula,* Plaza y Janés, España)

✓ ¿Por qué ambos miembros de una pareja antes apasionada, no tan solo podían sufrir la mutua despasión, sino que mutuamente podían apasionarse cada uno por su lado?

La escritura de los números cardinales

Respecto a si se deben escribir en una palabra o en varias los números, hasta el treinta deben escribirse en un solo tramo gráfico. Es una incorrección ortográfica escribir ®*diez y nueve,* ®*veinte y seis* en lugar de *diecinueve, veintiséis.* En los números formados por dos palabras coordinadas por la conjunción *y* la *OLE* admite como válidas tanto la escritura en tres palabras, que es el uso culto más general, como la grafía unitaria, variante que se documenta con frecuencia en escritores hispanoamericanos. Así pues, ya deben considerarse igualmente válidas las formas *sesenta y ocho* y *sesentaiocho, cuarenta y cinco* y *cuarentaicinco.*

No es aceptable, sin embargo, la escritura en una sola palabra de los compuestos de *mil:* debe escribirse *dos mil, diecisite mil* y no *⊗dosmil, ⊗diecisietemil.*

Otra cuestión que suele suscitar dudas es cuándo deben escribirse los números con cifras y cuándo con letras. Ambas posibilidades son igualmente correctas, si bien será preferible optar por una o por otra según el tipo de texto. En un artículo de estadística, de matemáticas o de contabilidad las cifras serán más habituales, mientras que en una novela o en un artículo de divulgación es más frecuente usar palabras para representar el número. Por otra parte, el empleo de cifras o letras está relacionado con la claridad del texto: un número breve puede representarse con cifras o con letras indistintamente y se entiende sin dificultad en ambos modos, pero un número complejo escrito con letras se entiende mucho más difícilmente, por lo que no suele escribirse salvo en textos específicos (en un cheque, por ejemplo, donde impera la necesidad de que no haya equívocos).

En todo caso, la recomendación es que se usen cifras en los siguientes casos:

1. Los números que se componen de cuatro o más palabras: *Este verano han sido 23 712 las plazas hoteleras ocupadas en toda la comunidad.*
2. Los números que forman parte de códigos o identificadores:
   - Los códigos postales: *C. P. 49347.*
   - Los números telefónicos: *Tel. 98 423 65 27; 629 300 491.*
   - Los documentos de identidad: *DNI: 23752641; CIF: B-7326815.*
   - La numeración de textos legales: *Ley Orgánica 27/1996, O.M. 634/2012.*
   - La signaturas de bibliotecas: *806-1 RAE.*
   - La numeración de las vías urbanas y carreteras: c/ *Santiago, 37; carretera provincial AV-374.*
   - Las referencias a nota en el texto: [12] *Véase la revista Cinefórum, núm. 28.*

— La jerarquización de los niveles del texto: *3.2.1. El sustantivo: género y número.*
— Los números pospuestos al sustantivo que identifican un elemento en una serie: *Encontrarás la cita en el capítulo 3, página 245.*
— Los números que identifican el año: *En 2012 la caída de la Bolsa ha sido notable.*

3. Los números decimales: *La línea de triples se sitúa ahora a 6,75 metros del aro.*

4. Los porcentajes superiores a diez: *La natalidad ha descendido un 17 % este año.*

5. Los números que aparecen en textos técnicos y en fórmulas matemáticas, físicas o químicas: $2x^2+3y+17=2$; H_2O.

6. Los números que van seguidos de un símbolo de medida o de abreviatura: *En el tiro con arco el arquero se coloca a 18 m de la diana; La obra consta de 12 vols. encuadernados en tela; Se levantó con 39º de fiebre.*

7. Los números que aparecen en un listado: *Ingredientes: 2 patatas medianas, 2 cebollas pequeñas, 1 cucharada de harina* y *3 cucharadas de mantequilla.*

En cambio, se escribe preferentemente con letras en los siguientes casos:

1. Los números que se expresan con una sola palabra: *cero, dieciséis, veinticinco, treinta, setenta, cien, quinientos, mil.*

2. Los números redondos que se expresan con dos palabras: *diez mil, ciento cincuenta* (mejor que *quinientos doce, mil ochenta,* donde es preferible la escritura con cifras: *512, 1080*).

3. Las fracciones, fuera de contextos matemáticos: *Dos tercios de la población mundial sufre carencias graves.*

4. En textos no técnicos, los números no excesivamente complejos referidos a unidades de medida. En estos casos no se debe usar el símbolo de la unidad:

⊗ El globo subió hasta los setecientos m de altura.
✓ El globo subió hasta los setecientos metros de altura.

5. Los números aproximados: *Tendrá unos cuarenta años y pico; En el estadio cabrán unas sesenta mil personas.*

6. Los números que forman parte de locuciones: *Ese es un cero a la izquierda; Me importa tres pepinos; Cada dos por tres viene con el mismo cuento.*
7. Los números que nombran los naipes: *el siete de bastos.*

No es correcto combinar cifras y letras en el enunciado de un numeral compuesto: ®*ochenta y 3*, ®*27 mil*, ®*120 mil millones*. En estos casos hay que optar por letras o por cifras según las recomendaciones que hemos señalado: *83* u *ochenta y tres, 27 000, 120 000 millones*. Como se puede ver en el último ejemplo, sí es posible la combinación de cifras y letras en el caso de *millón* y otros sustantivos como *millar, millardo, billón* y *trillón*. La razón es que estas palabras son sustantivos, no determinantes.

No se recomienda tampoco combinar la expresión *y medio* con numerales escritos con cifras, por lo que lo correcto es escribir *2,5 millones* y no ®*2 millones y medio.*

> ⊗ La cueva alcanzaba en algunos puntos los 34 metros y medio de altura.
>
> ✓ La cueva alcanzaba en algunos puntos los 34,5 metros de altura.
>
> ✓ La cueva alcanzaba en algunos puntos los treinta y cuatro metros y medio de altura.

Por último, si en un mismo enunciado se combinan números breves y número complejos, no se deben mezclar y escribir unos con cifras y otros con letras; es recomendable en este caso usar las cifras para todos.

> ⊗ Según el último inventario, en el almacén quedan diecisiete martillos, 284 cajas de puntas gruesas y treinta y seis paquetes de clavos.
>
> ✓ Según el último inventario, en el almacén quedan 17 martillos, 284 cajas de puntas gruesas y 36 paquetes de clavos.

Vulgarismos en la pronunciación de los numerales

Algunos aspectos sobre la pronunciación de los números los vimos en el capítulo anterior (⇨ págs. 98-99). Son modos no recomendables de pronunciar o escribir los números cardinales los siguientes:

1. Eliminar el diptongo en el compuesto si lo lleva la forma simple: ®*dicinueve*, ®*vintidós*, ®*trenta y ocho* en lugar de *diecinueve, veintidós, treinta y ocho.*

2. Pronunciar con diptongo las centenas derivadas de *siete* y *nueve:* ®*sietecientos* o ®*nuevecientos* en lugar de *setecientos* y *novecientos.*
3. Simplificar los diptongos que se forman en los números formados por palabras coordinadas con *y:* ®*cuarentinueve,* ®*ochentisiete*; las formas correctas son *cuarenta y nueve* y *ochenta y siete.*
4. Reducir la secuencia *-sc-* en las centenas: ®*docientos,* ®*tresientos* por *doscientos, trescientos.* Este error debe evitarse especialmente en la escritura, donde aparece como reflejo de la pronunciación seseante o ceceante.

Los ordinales

Se escriben en una sola palabra todos los ordinales del uno al nueve, las decenas, las centenas, los millares y las potencias de mil: *primero, segundo, tercero,* etc.; *vigésimo, nonagésimo, centésimo, ducentésimo, milésimo, millonésimo, billonésimo...*

Los ordinales compuestos de la primera y la segunda decena se pueden escribir en una o dos palabras, aunque se prefiere la escritura unitaria: *vigesimosegundo* mejor que *vigésimo segundo, decimoquinto* mejor que *décimo quinto.* De la tercera decena en adelante se suelen escribir separando los componentes: *trigésimo segundo, cuadragésimo noveno, quincuagésima tercera, sexagésimo octavo,* si bien la *OLE* admite la escritura en un solo tramo: *trigesimosegundo, cuadragesimonoveno, quincuagesimatercera, sexagesimoctavo.*

Si el ordinal compuesto se escribe en un solo tramo gráfico, el primer elemento del compuesto pierde la tilde: *cuadragesimonoveno,* no ®*cuadragésimonoveno*

En cuanto a la concordancia, cuando los numerales compuestos se escriben separados, se recomienda que se mantenga la concordancia en femenino en caso de que la secuencia lo requiera. Son aceptables *la decimocuarta victoria del corredor* o *la décima cuarta victoria del corredor*, pero se desaconseja ®*la décimo cuarta victoria del corredor*.

Los ordinales correspondientes a los números once y doce tienen dos formas, ambas admitidas: las tradicionales *undécimo* y *duodécimo* y las modernas *decimoprimero* y *decimosegundo.*

Los ordinales *primero* y *tercero* y todos los compuestos que llevan estos elementos se apocopan ante el sustantivo: *el primer aniversario, el trigesimotercer día.* Se considera una incorrección de carácter arcaizante mantener la forma apocopada ante sustantivos femeninos. No debe decirse *es la ⊗tercer ocasión* ni *la ⊗vigesimoprimer etapa de la Vuelta,* sino *es la tercera ocasión* y *la vigesimoprimera etapa de la Vuelta.*

Cuando el ordinal aparece coordinado con otro y antepuesto al nombre, se admite tanto la forma plena como la forma apocopada: *el primer y definitivo encuentro, el primero y fundamental derecho.*

Por otra parte, las abreviaturas de *primero* y *tercero* son *1.er* o *1.º*, *3.er* o *3.º* respectivamente, dependiendo de si el determinante va antepuesto o pospuesto al sustantivo: *vive en el 3.er piso; vive en el piso 3.º* .

En el lenguaje corriente se emplean los cardinales para sustituir a los ordinales: *el piso once, el cincuenta y tres cumpleaños,* pero no es correcto mezclar cardinales y ordinales en el mismo enunciado.

- ⊗ Han celebrado el trigésimo dos aniversario.
- ✓ Han celebrado el aniversario treintaidós (o treinta y dos).
- ✓ Han celebrado el trigésimo segundo aniversario.

Los fraccionarios o partitivos

Son los números que indican la fracción o parte que se toma de un todo. La mayor parte de ellos se forman añadiendo *-avo* al cardinal y deben escribirse en una sola palabra: *onceavo, catorceavo, ochentaidosavo.* Es incorrecto escribir *la ⊗cienmil millonésima parte* en lugar de *la cienmilmillonésima parte.*

Es igualmente incorrecto no reducir las vocales en los fraccionarios que se forman con un cardinal acabado en *-a* más el sufijo *-avo: la ⊗cuarentaava parte*; la forma correcta es *la cuarentava parte.*

Los partitivos correspondientes a once y doce y los de las decenas tienen dos formas posibles, una de las cuales coincide con la del ordinal correspondiente. Son válidos, pues, *onceavo* y *undécimo, doceava* y *duodécima, veinteavo* y *vigésimo, treintava* o *trigésima,* si bien las formas coincidentes con las del ordinal se usan con menos frecuencia para el valor partitivo.

Es incorrecto emplear los partitivos acabados en *-avo* con valor ordinal (excepto *octavo* y sus compuestos, que tienen ambos valores).

⊗ Con eso prácticamente nos ponemos en el doceavo lugar a nivel mundial de todos los tiempos de operaciones de de-equis que se han efectuado. Repito doceavo lugar mundial.

(CREA, Oral, Boletín 18, 7 de mayo de 1999, Radio Club Satélite, México)

✓ Con eso prácticamente nos ponemos en el duodécimo lugar a nivel mundial de todos los tiempos de operaciones de de-equis que se han efectuado. Repito duodécimo lugar mundial.

Para la concordancia de los fraccionarios que indican parte o fracción (*mitad, tercio, cuarto*) en secuencias como *la mitad de, un quinto de,* etc., ⇨ pág. 348.

Los multiplicativos

Son los números que indican el resultado obtenido de una multiplicación. Solo los números del dos al trece y el cien presentan formas para el multiplicativo correspondiente y algunos de ellos presentan variantes: *doble* y *duplo/a, triple* y *triplo/a, cuádruple* y *cuádruplo/a, quíntuple* y *quíntuplo/a, séxtuple* y *séxtuplo/a, séptuple* y *séptuplo/a, óctuple* y *óctuplo/a, nónuplo/a, décuplo/a, undécuplo/a, duodécuplo/a, terciodécuplo/a, céntuplo/a.*

Como se habrá observado, todos los multiplicativos de tres o más sílabas son palabras esdrújulas. Es incorrecto, por tanto, pronunciar [⊗kuadrúple] en lugar de [kuádruple].

Las formas del multiplicativo acabadas en *-plo* admiten la variación de género: *duplo, dupla, décuplo* y *decupla, céntuplo* y *céntupla.* Aunque son formas admitidas, no son de uso frecuente.

LOS INDEFINIDOS

Se relacionan a continuación las principales normas para el uso correcto de algunos indefinidos.

- *ambos*

Además del valor como numeral para el significado de 'los dos' (⇨ pág. 237), *ambos* tiene valor distributivo 'uno y otro', por lo que es válida la expresión *personas de ambos sexos* para referirse a hombres y mujeres conjuntamente.

- *cada*

Tiene dos valores principales, uno distributivo, en el que *cada* sirve para relacionar dos entidades (*Está reservado un lugar para cada participante; Cada semana hace una visita*) y otro no distributivo, en el que *cada* equivale aproximadamente a 'todos' (*Visité cada barrio, cada calle, cada rincón*). Este último valor, que había sido censurado a veces, se considera aceptable hoy, aunque sigue reprobándose cuando el grupo encabezado por *cada* realiza la función de sujeto de la oración.

⊗ Cada personaje estaba espléndido en escena.
✓ Todos los personajes estaban espléndidos en escena.

El significado de *cada* + sustantivo no equivale exactamente al de *cada uno de los* + sustantivo: *cada tarde* no es lo mismo que *cada una de las tardes* y se usa en contextos diferentes. Por ello, conviene no usar indiscriminadamente una estructura donde corresponde la otra, como sucede en el siguiente ejemplo.

⊖ Mariblanca espiaba en cada espejo el movimiento huidizo de tus ojos.
(CREA, Gabriel y Galán, *El bobo ilustrado*, Tusquet, 1986)
⊕ Mariblanca espiaba en cada uno de los espejos el movimiento huidizo de tus ojos.

- *cierto*

A pesar de estar muy extendido, el empleo de este indefinido con los también indefinidos *un, una* se considera redundante (⇨ pág. 403), por lo que no se recomienda su uso.

⊖ Los libros de la moderna historia española enseñan a nuestros hijos que en este país se produjo una reforma, no una ruptura; sin unas ciertas dosis de benéfico olvido, tal proceso probablemente no hubiera sido posible.
(CREA, *La Vanguardia*, 16/01/1995, España)
⊕ Los libros de la moderna historia española enseñan a nuestros hijos que en este país se produjo una reforma, no una ruptura; sin ciertas dosis de benéfico olvido, tal proceso probablemente no hubiera sido posible.

- *cualquier(a), quienquiera*

Estos indefinidos compuestos tienen un plural llamado interno, es decir, lleva la marca el primer componente del compuesto, mientras que el segundo es invariable. El plural es *cualesquier(a)* y *quienesquiera*, no ⊗*cualquieras* ni ⊗*quienquieras*. No se sigue esta norma en caso de que el indefinido se use como sustantivo (*un/una cualquiera*), en cuyo caso el plural se hace añadiendo una *-s* a la palabra: *unos/unas cualquieras*.

✓ Que se pelearon como tusas, como si fueran unos cualquieras con otros muchachos.

(CREA, Magali García Ramis, *Felices días, tio Sergio*, Antillana, 1995, Puerto Rico)

⊗ Allí tuvieron oportunidad de ver, pues, una feria como de cualquier otro artículo, con personas como cualquieras otras.

(CREA, Televisión, Madrid, 05/07/91, España)

✓ Allí tuvieron oportunidad de ver, pues, una feria como de cualquier otro artículo, con personas como cualesquiera otras.

Si estos indefinidos se usan como determinantes, deben concordar en número con el sustantivo al que se refieren.

⊗ No haré consideraciones sobre los derechos humanos y la obligación del Estado de velar por la seguridad de un detenido cualesquiera que sea su delito.

(CREA, *El Universal*, 03/11/1996, Venezuela)

✓ No haré consideraciones sobre los derechos humanos y la obligación del Estado de velar por la seguridad de un detenido, cualquiera que sea su delito.

⊗ Todas las medidas ordenadas son sin perjuicio de cualesquiera otra medida adicional que pudiera aplicarse.

(CREA, *ABC*, 30/04/1982, España)

✓ Todas las medidas ordenadas son sin perjuicio de cualquier otra medida adicional que pudiera aplicarse.

Está bastante generalizada, sobre todo en Hispanoamérica, la secuencia ⊗*cualquiera sea*, en la que se ha eliminado incorrectamente el relativo *que*. La forma normativa de esta secuencia es *cualquiera que sea* o, en plural, *cualesquiera que sean*. También son válidas otras expresiones equivalentes, como *sea cual sea, sean las que sean*, etc.

⊗ Prohíbe a la Policía palestina detener a civiles israelíes, cualquiera sea el delito que hayan cometido.

(CREA, *El Mundo*, 04/05/1994 , España)

✓ Prohíbe a la Policía palestina detener a civiles israelíes, sea cual sea el delito que hayan cometido.

⊗ Mayor será esa reducción cuanto mayor sea la proporción de sus compras de bienes a crédito, cualquiera sea la forma bajo la cual éste sea acordado.

(CREA, *La Nación*, 29/06/1992, Argentina)

✓ Mayor será esa reducción cuanto mayor sea la proporción de sus compras de bienes a crédito, cualquiera que sea la forma bajo la cual este sea acordado.

⊗ ARCO es una de la vidrieras de arte contemporáneo más prestigiosa del mundo y cualquiera sean las circunstancias, los latinos han puesto todo el empeño para aprovechar la oportunidad.

(CREA, *Clarín*, 14/02/1997, Argentina)

✓ ARCO es una de la vidrieras de arte contemporáneo más prestigiosas del mundo y, cualesquiera que sean las circunstancias, los latinos han puesto todo el empeño para aprovechar la oportunidad.

- *cuanto*

La forma *cuanto* (que no se debe confundir con el interrogativo o exclamativo *cuánto*) y sus variantes solo son determinantes en expresiones de valor distributivo (*cuantas veces lo propongas, otras tantas te seguiré*) y en las secuencias en las que se combinan con los adverbios *más* o *menos* seguidos de un sustantivo.

En las locuciones determinativas *cuanto más, cuanto menos* seguidas de sustantivo no es correcto dejar *cuanto* invariable en masculino singular, sino que hay que hacerlo concordar en género y número con el sustantivo al que determina.

⊗ Por el contrario, verse en pleno alboroto, tumulto y pelotera es promesa de vida plena y de éxito. Y será tanto más positiva cuanto más risas se vean en el sueño.

(CREA, Armando Carranza, *Comprender los sueños de los niños*, Martínez Roca, 2003)

✓ Por el contrario, verse en pleno alboroto, tumulto y pelotera es promesa de vida plena y de éxito. Y será tanto más positiva cuantas más risas se vean en el sueño.

Sin embargo, si sigue un adjetivo, *cuanto* funciona como adverbio y debe usarse sin concordar.

✓ Sobre el escenario solo se escuchó la verdad de una música fogosa y esforzada, algo así como un eslalon sobre lava que ganó en pálpito emocional cuanto más pronunciadas se hicieron las pendientes.

(CREA, *El País*, 09/12/2003, España)

- *cuánto, cuán*

La forma apocopada *cuán* solo se usa hoy en la lengua escrita y en registros muy cuidados.

Para el empleo de las expresiones equivalentes *qué tanto* y *qué tan* puede verse el apartado referido a *tan, tanto*, en esta misma sección.

- *demás*

En su uso como adjetivo ha de ir precedido de un artículo o un posesivo. Salvo en las enumeraciones, no se admite su uso sin artículo, aunque es uso generalizado en el español del Caribe.

> ✓ Cargaron los muebles de su padre, sus trajes y sus demás pertenencias.
>
> ✓ Ha traído los periquitos, los canarios y demás pájaros que tenía a su cargo.
>
> ⊗ Los grupos exponen su proyecto en clase de forma oral y audiovisual y las conclusiones de cada presentación realizadas por demás grupos se exponen semanalmente en el blog.
>
> (http://www.educacionmediatica.es/comunicaciones/Eje%202/Jon%20Dornaletetxe.pdf Consulta 27/07/12)
>
> ✓ Los grupos exponen su proyecto en clase de forma oral y audiovisual y las conclusiones de cada presentación realizadas por los demás grupos se exponen semanalmente en el blog.

- *nada, nadie, nunca*

En combinación con el cuantificador *más*, se recomienda la posposición, a pesar de que la anteposición (*más nada, más nadie, más nunca*) está muy extendida en áreas de España y América. (⇨ pág. 308).

- *otro*

No se recomienda hoy la combinación de *otro* con el indefinido o numeral *un*, a pesar de que en el español antiguo era de uso habitual.

> ⊗ Días antes de su muerte, un otro golpe hirió su corazón.
>
> (CREA, *Los Tiempos*, 09/03/1997, Bolivia)
>
> ✓ Días antes de su muerte, otro golpe hirió su corazón.

- *sendos, sendas*

Este cuantificador de valor distributivo significa 'uno con cada uno', 'uno en cada uno', 'uno para cada uno' o sus correspondientes femeninos.

✓ Los cinco grupos viajaron en sendos vehículos.

✓ Seis paquetes de cocaína fueron encontrados en el interior de sendas cajas con producto agrícola.
(CREA, *El Salvador Hoy*, 19/05/1997, El Salvador)

Este determinante se usa solo en plural, debe preceder al nombre y es incompatible con el artículo o cualquier otro determinante.

⊗ Además, hay que quitar los sendos mensajes de Bucaram y Sandra Correa que vienen en los libros.
(CREA, *Vistazo*, 20/03/1997, Ecuador)

✓ Además, hay que quitar los dos mensajes de Bucaram y Sandra Correa que vienen en los libros.

En cuanto al significado, es un error extendido en España, y en menor medida en Hispanoamérica, usarlo con el valor de 'ambos' o de 'los dos'.

⊗ A 43 km al noroeste de La Roda [...] se encuentra San Clemente, villa [...] que posee un núcleo antiguo de mucho carácter organizado en torno a sendas plazas y su principal monumento: la Iglesia de Santiago Apóstol.
(CREA, Anónimo, *España de punta a punta*, Anaya, 1996, España)

✓ A 43 km al noroeste de La Roda [...] se encuentra San Clemente, villa [...] que posee un núcleo antiguo de mucho carácter organizado en torno a las dos plazas y su principal monumento: la Iglesia de Santiago Apóstol.

En algunas zonas hispanoamericanas se usa incorrectamente como sinónimo de 'enorme, desproporcionado, desmesurado, descomunal'.

⊗ Eran los títulos de los sendos y opulentos depósitos hechos a nombre de cada una en el primer banco nacional.
(CREA, Ricardo Elizondo, *Setenta veces siete*, Consejo Nacional para la Cultura y las Artes, 1994, México)

✓ Eran los títulos de los grandes y opulentos depósitos hechos a nombre de cada una en el primer banco nacional.

⊗ Dentro de su nombre oyó sendos golpazos en la puerta. Los gritos tironearon sus nervios.
(CREA, Aura Hilda de la Vega, *Marcelina Culebro*, 1993, México)

✓ Dentro de su nombre oyó fuertes golpazos en la puerta. Los gritos tironearon sus nervios.

- *tan, tanto*

Conserva la forma plena ante sustantivos (*tanto sueño, tanta pasión*), pero es obligatorio apocoparlo ante adjetivos y adverbios (*tan soñador, tan apasionada, tan lejos*), pues en estos casos es un cuantificador.

En el español de México y de otras zonas americanas están generalizadas las secuencias *qué tanto*, sola o seguida de sustantivo, y *qué tan*, seguida de adjetivo o adverbio. En el español europeo se usa *cuánto* o *qué* en esos mismos contextos.

✓ Habrá que preguntarse qué tanto ha cambiado la filosofía.
✓ Habrá que preguntarse cuánto ha cambiado la filosofía.
✓ ¡Qué tan fría boca de nardo!

(Ramón M. del Valle Inclán, *Luces de Bohemia*, Espasa-Calpe)

- *tal*

Para su uso en locuciones conjuntivas del tipo ®*tal es así*, ®*por tal de*, ⇨ pág. 342.

- *todo*

Además de sus usos como determinante o pronombre indefinido, puede tener valor adverbial en algunos contextos. En estos casos, hay que tener en cuenta que puede coincidir con otras funciones. Se debe prestar mayor atención a la concordancia de este indefinido cuando se combina con adjetivos en plural:

1. Cuando *todo* se combina con adjetivos, concuerda si el adjetivo va en singular: *Estaba todo orgulloso de su labor; Estaba toda orgullosa de su labor*; pero permanece invariable si el adjetivo está en plural: *Estaban todo orgullosas de su actitud.* También permanece invariable cuando se combina con sustantivos en plural: *La calle era todo ruidos.*
2. *Todo un* tiene valor ponderativo y en singular debe concordar en género con el sustantivo: *Es todo un artista/Es toda una artista.* Permanece invariable, no obstante, cuando sigue un sustantivo plural: *Son todo unas artistas.*

Es incorrecto usar el masculino ante los sustantivos que comienzan por *(h)a-* tónica (⇨ pág. 229), de manera que no debe decirse ®*todo el agua*, sino *toda el agua*.

- *un(o)* y sus derivados

Se considera influencia francesa la combinación del indefinido *un* con el también indefinido *cierto* para ocultar la identidad del sustantivo que aparece detrás. Aunque la RAE no desaconseja explícitamente este uso, quizá debido a que *un cierto* y sus variantes están muy extendidos en español, se trata de una redundancia, por lo que se puede prescindir de uno de los indefinidos.

⊖ Supongo que a los aspirantes a la presidencia les mueve la idea de una cierta retribución a su compromiso con el país. Se les rendirá unos ciertos honores, cumplirán con unos ciertos ceremoniales...

(CREA, *Diario Hoy*, 13/01/1998, Ecuador)

⊕ Supongo que a los aspirantes a la presidencia les mueve la idea de cierta retribución por su compromiso con el país. Se les rendirán ciertos honores, cumplirán con ciertos ceremoniales...

Menos frecuente es la combinación de los derivados *algún* y *ningún* con *cierto/a*, uso también censurable.

⊗ Usa también las crónicas como relato en la banda sonora (y la imagen inaugural de un sacerdote mientras las escribe), así como algunas ciertas imágenes desde el punto de vista de los indígenas.

(CREA, Jorge Ruffinelli, *Patricio Guzmán*, Cátedra, 2001, España)

✓ Usa también las crónicas como relato en la banda sonora (y la imagen inaugural de un sacerdote mientras las escribe), así como ciertas imágenes desde el punto de vista de los indígenas.

En ocasiones se emplea el indefinido *un* de manera superflua, cuando lo correcto es la ausencia de determinante, como vemos en el siguiente ejemplo.

⊗ Siempre debe de haber un respeto con todos los compañeros.

(CREA, *El Diario Vasco*, 11/01/2001, España)

✓ Siempre debe haber respeto a todos los compañeros.

Para la concordancia de *uno, alguno* y *ninguno* en expresiones como *uno de los que*, ⇨ pág. 348. Para la concordancia de género de *un, algún, ningún* ante sustantivos que comienzan por *(h)a-* tónicas, ⇨ pág. 228.

Se anotan a continuación las principales recomendaciones sobre el uso correcto de los pronombres y determinantes relativos.

- *cual, el cual, la cual, lo cual, los cuales, las cuales*

Este pronombre introduce oraciones de relativo explicativas, es decir, las que añaden información complementaria acerca del sustantivo al que se refieren (*El cantante es un gran admirador de Picasso, al cual le ha dedicado alguna de sus composiciones*). No debe usarse, por tanto, en oraciones de relativo especificativas, salvo que vayan introducidas por una preposición.

> ✓ El trato de mis hermanos es un asunto del cual no me olvido jamás.
>
> ⊗ Un obrero no especializado de la industria de la construcción, tiene derecho a un subsidio el cual es inversamente proporcional a los ingresos.
>
> (CREA, *El Salvador Hoy*, 15/07/1996, El Salvador)
>
> ✓ Un obrero no especializado de la industria de la construcción tiene derecho a un subsidio que es inversamente proporcional a los ingresos.
>
> ⊗ Si se tiene una sucesión de ordinales entonces existe un último ordinal el cual es mayor que todo.
>
> (CREA, *Revista Virtual de Matemática, Educación e Internet*, VI/1, 12/2000, Costa Rica)
>
> ✓ Si se tiene una sucesión de ordinales entonces existe un último ordinal que es mayor que todo.

El relativo *cual* tiene flexión de género y número. No es correcto mantenerlo invariable en singular si el antecedente está en plural, como sucede en el siguiente caso.

> ⊗ Mas, siendo iguales las causas, ¡qué distinto el comportamiento de estos otros niños grandes cual son los locos!
>
> (CREA, Torcuato Luca de Tena, *Los renglones torcidos de Dios*, Planeta, 1994)
>
> ✓ Mas, siendo iguales las causas, ¡qué distinto el comportamiento de estos otros niños grandes cuales son los locos!

No pertenecen a la norma culta las expresiones ⊗*lo cual que*, ⊗*el cual que*, ⊗*la cual que*, que se usan sin antecedente y con valor consecutivo. Este tipo de expresiones corresponden a estilos de lengua coloquial o familiar, a pesar de que algún autor las haya utilizado como rasgo de estilo. Debe usarse como sustituto una expresión consecutiva: *así que, por lo que, por tanto*, etc.

⊗ Y María del Mar seguía allá arriba, tan terne, con una canción de cuna a la que seguía una jota de la tierra y luego un tema portugués leído en español y cantado en mallorquín, lo cual que, entre traducción y declinación, nos daba a todos la hora de acostarse.

(CREA, *ABC*, 14/05/1982, España)

✓ Y María del Mar seguía allá arriba, tan terne, con una canción de cuna a la que seguía una jota de la tierra y luego un tema portugués leído en español y cantado en mallorquín, así que, entre traducción y declinación, nos daba a todos la hora de acostarse.

Tampoco se recomienda usar *el cual* o sus variantes de género y número en oraciones de relativo que contienen un posesivo que se refiere al antecedente. En estos casos lo correcto es usar *cuyo*.

⊗ Vuestra opinión, de la cual estoy convencido de su sinceridad, nos resulta muy motivadora.

✓ Vuestra opinión, de cuya sinceridad estoy convencido, nos resulta muy motivadora.

Para el uso incorrecto como invariable en la secuencia *sea cual sea, sea cual fuere* y similares, ⇨ pág. 349. Para el uso de *cual* en combinación con *como*, ⇨ págs. 334-335.

Carecen de prestigio las formas del femenino ⊗*cuala, cualas* y, más aún, el neutro ⊗*cuálo* o ⊗*lo cuálo*. Hay que evitar estas formas vulgares, que marcan a quien las utiliza.

Corregir con humor

—¿Tú estudias o trabajas?
—¿Cuálo?
—No, nada, que dónde trabajas.

- ***cuyo, cuya, cuyos, cuyas***

Este relativo no se usa en la lengua cotidiana e incluso ha desaparecido del lenguaje periodístico en muchos países. Es un determinante con valor posesivo, por lo que es incorrecto usarlo en contextos en los que no indica posesión.

⊗ Tienen diversos campos de aplicación que van desde el tratamiento de agua para procesos industriales, agua potable y agua residual cuyo caso se presenta en este trabajo.

(CREA, *Revista Digital Universitaria*, 1/1, 07/2000, México)

✓ Tienen diversos campos de aplicación que van desde el tratamiento de agua para procesos industriales, agua potable y agua residual, caso que se presenta en este trabajo. (*O bien,* que es el caso que se presenta en este trabajo).

También son incorrectas, porque se elimina el valor posesivo de *cuyo*, las construcciones en las que el relativo complementa a un sustantivo que es a la vez su antecedente. En estos casos, *cuyo* debe ser sustituido por *el cual* o *que*.

⊗ Ha presentado una nueva obra de teatro, cuya obra será interpretada por Nuria Espert.

✓ Ha presentado una nueva obra de teatro, que será interpretada por Nuria Espert.

El antecedente de *cuyo* debe aparecer expreso en la oración. No obstante, se han generalizado algunas expresiones en las que el relativo o bien sustituye a una oración o bien carece de antecedente. En estos casos el relativo tiene un valor similar al de los demostrativos, por lo que es preferible emplear estos.

No recomendado	Preferible
a cuyo fin	a este fin, a tal fin
con cuyo objeto	con este objeto, con tal objeto
en cuyo caso	en este caso, en tal caso
por cuya causa	por tal causa, por esta causa

No pertenece a la lengua culta la combinación del relativo *cuyo* con el artículo.

⊗ Tales difamaciones apuntaban siempre en una sola dirección, con delincuente y atroz monotonía, según las cuyas, nuestras Autoridades no eran sensibles, sino autoritarias.

(CREA, Félix Grande, *Fábulas*, Plaza & Janés, 1991)

✓ Tales difamaciones apuntaban siempre en una sola dirección, con delincuente y atroz monotonía, según las cuales, nuestras autoridades no eran sensibles, sino autoritarias.

Los usos incorrectos de *que* más posesivo o artículo en lugar de *cuyo* se tratan en esta misma sección, en el relativo *que*.

- *que*

Es incorrecto utilizar *que* más el posesivo *su*, defecto que a menudo recibe el nombre de **quesuismo**. Lo correcto en estas construcciones es emplear el relativo posesivo *cuyo* u otra fórmula equivalente.

⊗ Mi vecina, que se casó su hija hace un mes, me ha contado lo que se gastó en la boda.

✓ Mi vecina me ha contado lo que se gastó en la boda de su hija, que se casó hace un mes.

También se recomienda emplear *cuyo* en lugar de las estructuras de significado posesivo en las que se usa *que* seguido de un artículo.

⊗ He leído un libro que el protagonista es un vampiro.

✓ He leído un libro cuyo protagonista es un vampiro.

No se debe suprimir la preposición delante del relativo si el complemento la exige. En el primero de los ejemplos que siguen, la preposición *de* es necesaria porque el relativo es el complemento de régimen del verbo *hablar de*; en el segundo el relativo es un complemento circunstancial de *rellenar* que debe encabezarse con la preposición *con*.

⊗ Voy a salir con el chico que te hablé ayer.

✓ Voy a salir con el chico del que te hablé ayer.

⊗ No encontraban los impresos que rellenaban la matrícula con ellos.

✓ No encontraban los impresos con los que rellenaban las matrículas.

Tampoco se puede eliminar la preposición si la oración de relativo es explicativa.

⊗ En los prados, que la primavera muestra su esplendor, han florecido las madreselvas.

✓ En los prados, en los que la primavera muestra su esplendor, han florecido las madreselvas

⊗ La imagen, que la cubría un bordado negro, resultaba sobrecogedora.

✓ La imagen, a la que cubría un bordado negro, resultaba sobrecogedora.

Ahora bien, es posible elidir la preposición en los casos siguientes:

- Cuando el relativo *que* funciona como complemento directo de persona.

✓ Esa es la señora que conocimos el otro día. (*O bien,* a la que conocimos).

- Cuando el antecedente de *que* tiene función de complemento circunstancial de tiempo.

  ✓ El día que me quieras... (*O bien,* El día en que me quieras...).
  ✓ En el restaurante que nos vimos. (*O bien,* En el restaurante en el que nos vimos).
  ✓ Angelita Medranda Zambrano, su esposo y su pequeña hija de 10 meses, estaban dormidos la noche del 22 de octubre de 1996 a la hora que cayó el avión de Millon Air en Manta. (*También sería correcto,* ...a la hora en que cayó...).
  (CREA, *Vistazo*, 06/02/1997, Ecuador)

- En las oraciones de relativo especificativas, si la preposición que acompaña al antecedente es la misma que acompaña al relativo.

  ✓ Con los amigos que salgo ahora lo paso bien. (*También son correctas* Con los amigos con que salgo... *y* Con los amigos con los que salgo...).

La *NGLE* considera dentro de la norma culta las construcciones denominadas de *que* galicado, un tipo de oración copulativa con el verbo *ser* que presenta dos partes, un elemento focalizado y una oración subordinada encabezada por la partícula *que*. Estos casos, que tradicionalmente se consideraban formas no normativas, están muy difundidos en español, sobre todo en el americano, por lo que se consideran aceptables.

✓ Fue por eso que no pude venir.
✓ Fue por eso por lo que no pude venir.
✓ No es contigo que estoy hablando.
✓ No es contigo con quien estoy hablando.
✓ Allí fue que lo conocí.
✓ Allí fue donde lo conocí.

Solo se consideran fuera de la norma culta este tipo de estructuras cuando el segmento focalizado tiene carácter nominal.

⊗ ¿Quién es que me llama?
✓ ¿Quién es el que me llama? (*O sencillamente,* ¿Quién me llama?).
⊗ Ellos fue que me convencieron.
✓ Ellos fueron los que me convencieron.

Es incorrecto repetir la función del relativo dentro de su oración mediante un pronombre personal átono, tanto si el relativo y el pronombre están contiguos, como si ambos están separados en la oración (⇨ pág. 261).

⊗ Tengo un perro que lo quiero mucho.
✓ Tengo un perro al que quiero mucho.
⊗ La casa, que tengo que decorarla otra vez, está todavía en muy buen estado.
✓ La casa, que tengo que decorar otra vez, está todavía en muy buen estado.

Para el empleo del gerundio en lugar de la oración de relativo introducida por *que*, ⇨ págs. 295-296.

- *quien(es)*

Este relativo se refiere a una persona o a varias: *Ella era quien nos acompañaría; Quienes mejor lo saben son los del pueblo.* También es posible su presencia con un antecedente personificado, aunque este empleo no es aconsejable en los registros formales. Se consideran incorrectos los usos en los que *quien* remite a un antecedente inanimado. Debe usarse *el que* o la variante de género y número correspondiente.

⊖ No sorprende que sea la empresa quien haya presentado el informe.
⊕ No sorprende que sea la empresa la que haya presentado el informe.
⊖ Fue el perro quien encontró el cadáver.
⊕ Fue el perro el que encontró el cadáver.
⊗ Ha sido el coche quien produjo el accidente.
✓ Ha sido el coche el que produjo el accidente.

En la lengua actual *quien* tiene variación de número, por lo que no debe mantenerse invariable en singular si el antecedente es plural o si el pronombre se refiere a varios antecedentes. La inmovilización en singular, habitual en épocas pasadas, se considera hoy incorrecta.

⊗ Se escucharon también opiniones de terceras personas a quien van dirigidas las hipótesis de esta ley.
(CREA, Oral, Sesión pública ordinaria de la Honorable Cámara de Senadores, México)
✓ Se escucharon también opiniones de terceras personas a quienes van dirigidas las hipótesis de esta ley.

⊗ Como lo hacen el jesuita Francisco López de Caravantes o Juan de Aponte y Figueroa para quien los encomenderos criollos eran [...] políticamente objetables.

(CREA, Ana María Lorandi, *Ni ley, ni rey, ni hombre virtuoso*, 2002, Argentina)

✓ Como lo hacen el jesuita Francisco López de Caravantes o Juan de Aponte y Figueroa para quienes los encomenderos criollos eran [...] políticamente objetables.

No se debe usar *quien* en oraciones de relativo especificativas, salvo que vayan introducidas con una preposición.

✓ La mujer con quien nos entrevistamos es un alto cargo de la empresa.

⊗ Paradójicamente el hombre quien lo podría meter a la cárcel es un coterráneo, amigo de toda la vida y exiliado político.

(CREA, *Semana*, 25/06-02/07/1996, Colombia)

✓ Paradójicamente el hombre que lo podría meter a la cárcel es un coterráneo, amigo de toda la vida y exiliado político.

LOS PRONOMBRES PERSONALES

Pronombres personales tónicos

En muchas partes de América, sobre todo en la región del Río de la Plata y en Centroamérica, en todos los niveles de la lengua, incluido el nivel culto, se emplea el pronombre *vos* para referirse al interlocutor, es decir, donde el resto del español usa *tú*. Este fenómeno se denomina «voseo» (⇒ págs. 264-265).

No pertenece a la norma culta del español emplear los pronombres *yo* y *tú* tras preposición (excepto tras *según*), uso vulgar presente en algunas regiones de España y América.

Incorrecto	Correcto
Vente con yo. Esto es para tú.	Vente conmigo. Esto es para ti.

En los pronombres *nosotros* y, en las áreas en las que se usa, *vosotros*, y también en los correspondientes átonos *nos* y *os*, son vulgarismos fónicos cerrar la vocal *o* en *u*, así como alterar las consonantes que forman la palabra.

Incorrecto	Correcto
nusotros, mosotros vusotros, losotros nus vamos; mos vamos; mus vamos sos calláis; sus calláis, los calláis	nosotros vosotros nos vamos os calláis

El pronombre *usted* se combina con las formas verbales de tercera persona y con los pronombres y posesivos de tercera persona. Es incorrecta su combinación con formas de segunda persona.

Incorrecto	Correcto
Ustedes os calláis. Ustedes al final se quedan en vuestras casas.	Ustedes se callan. Ustedes al final se quedan en sus casas.

En las oraciones de significado reflexivo, no se deben sustituir las formas reflexivas *sí* o *consigo* por un grupo preposicional seguido de los pronombres personales *él, ella, ellos, ellas.*

⊗ Los padres llevaban con ellos a sus hijos.
✓ Los padres llevaban consigo a sus hijos.

En las oraciones de valor reflexivo deben mantener la concordancia de persona entre el reflexivo y el referente.

Incorrecto	Correcto
Ya no cabes en sí. Volví en sí. Nosotros no cabemos en sí.	Ya no cabes en ti. Volví en mí. Nosotros no cabemos en nosotros.

Para otros casos de concordancia entre el pronombre y el nombre, ⇨ págs. 345-346.

Orden en la colocación de los pronombres átonos

Cuando en una oración hay varios pronombres, estos están sometidos a algunas normas que derivan de la cortesía en el trato. Si hay dos y uno de ellos es de primera persona, se considera más respetuoso colocar al final de la secuencia el pronombre de primera persona: *tú y yo* (no ⊗*yo y tú*), *él y yo* (no ⊗*yo y él*). Si los pronombres son de segunda y tercera persona, es indiferente el orden en que se coloquen: *él y tú* o *tú y él*. Cuando aparecen tres pronombres, el orden es: *se* + (2.ª pers./1.ª pers.) + 3.ª pers.

✅ Es una ingenua, que se me lo cree todo.
✅ Cualquier día se te los llevará delante de tus narices.

Corregir con humor

—Íbamos yo y Andrea el otro día...
—Dirás Andrea y yo, ¿no?
—¿Qué pasa? ¿Que yo no iba?

Por esas mismas razones de cortesía, se consideran inaceptables, y por tanto descartables totalmente en la lengua cuidada, secuencias como ®*me se* o ®*te se* en lugar de *se me* o *se te*.

⊗ Llegaba y sacaba sobresaliente pero cuando llegué al cole al instituto, amiga, me se acabó eso.
(CREA, Oral, Segovia, España)

✅ Llegaba y sacaba sobresaliente, pero cuando llegué al cole, al instituto, amiga, se me acabó eso.

Corregir con humor

—Profesor, me se ha perdido el libro.
—No se dice me se, se dice se me.
—Pues se me ha perdido. Y por eso no se me la lección.

La combinación de los pronombres átonos con las formas verbales

Los pronombres pueden colocarse delante de la forma verbal (proclíticos) como palabras independientes o detrás de ella (enclíticos) formando una sola palabra con el verbo, pero han de ir siempre en bloque, es decir, no es posible anteponer unos y posponer otros. En el español actual, los pronombres átonos tienen una colocación diferente según la forma verbal con la que vayan:

1. Con el infinitivo, el gerundio y el imperativo solo se admite la posposición, esto es como pronombres enclíticos: *traerlo, visitándonos, decidme* (no **lo traer*, **me decid*).

2. Con el resto de formas verbales solo se acepta la anteposición: *lo digo* (no ⊛*dígolo*), *las trajeron* (no ⊛*trajéronlas*). Estas expresiones señaladas como incorrectas, habituales en textos de épocas pasadas, hoy se consideran usos arcaizantes.

En cambio, con las perífrasis verbales se acepta tanto que el pronombre se coloque delante del verbo auxiliar como que se coloque tras el verbo principal. Son una excepción en este sentido las perífrasis impersonales con *haber*.

✓ Lo he de arreglar.
✓ He de arreglarlo.
⊗ Lo hay que arreglar.
✓ Hay que arreglarlo.

Entre los hablantes menos instruidos de muchos países se produce el desplazamiento de la *-n* de la tercera persona de plural tras el pronombre enclítico *se*: ⊛*márchesen*, ⊛*siéntesen* en lugar de *váyanse, siéntense*. Es igualmente incorrecto conservar la desinencia de plural, ⊛*márchensen*, ⊛*siéntensen*.

Para la acentuación de las palabras compuestas formadas por un verbo y pronombres enclíticos, ⇨ pág. 153.

Duplicación del pronombre y el grupo nominal

En español suele aparecer duplicado el complemento indirecto, con la forma plena y con el pronombre (*Les dio las gracias a los asistentes*). El complemento directo, sin embargo, solo admite la duplicación en algunos casos:

1. Cuando se ha desplazado de su posición posverbal al comienzo de la oración.

✓ Esos pisos los visitaremos en primer lugar.
✓ Esa botella no la traje yo.

2. Cuando el complemento directo es un pronombre.

✓ Lo sabe todo.

No se acepta la duplicación, sin embargo, en los casos siguientes:

1. Si el complemento directo aparece tras el verbo, en su posición habitual. Este uso se encuentra extendido por algunas

zonas de Hispanoamérica, pero no se considera propio de la lengua culta.

⊗ Los visitaremos los pisos en primer lugar.
✓ Visitaremos los pisos en primer lugar.

2. En oraciones de relativo, en las que el relativo realiza la función de complemento directo.

⊗ Ha enviado un sobre que hay que recogerlo en la oficina de correos.
✓ Ha enviado un sobre que hay que recoger en la oficina de correos.

3. Con adjetivos que llevan como complemento un infinitivo precedido de la preposición *de*, como *fácil, difícil, sencillo, cómodo, rápido, costoso, digno, raro, aburrido, divertido, gratificante,* etc.

⊗ Hizo una receta muy fácil de prepararla.
✓ Hizo una receta muy fácil de preparar.

Leísmo, laísmo, loísmo

Son incorrecciones relacionadas con la función que realiza el pronombre átono de tercera persona dentro de la oración. Según el uso etimológico, los pronombres *le, les* se usaban para el complemento indirecto y los pronombres *la, lo* y sus plurales se empleaban para la función de complemento directo.

Ha preguntado [el precio $_{CD}$] → [Lo $_{CD}$] ha preguntado
Ha preguntado [la hora $_{CD}$] → [La $_{CD}$] ha preguntado
Ha preguntado la hora [al conserje $_{CI}$] → [Le $_{CI}$] ha preguntado la hora
Ha preguntado la hora [a la conserje $_{CI}$] → [Le $_{CI}$] ha preguntado la hora

No obstante, debido a la evolución histórica y a otras causas, ese sistema ha sufrido modificaciones en español que han ocasionado cambios que afectan a las funciones desempeñadas por el pronombre. Esas alteraciones se conocen con los nombres de *leísmo, laísmo* y *loísmo* y se dan sobre todo en España, con excepción de Canarias, Andalucía, el oeste de Extremadura y casi todo Aragón.

- Se denomina **leísmo** el empleo de *le, les* en función de complemento directo, en lugar de *lo(s)* y *la(s)*. De los tres fenómenos estudiados aquí, es el de mayor difusión y el que presenta más casuística, pues está muy extendido en la lengua culta en ciertos casos.

  - En el llamado «leísmo de cortesía», es decir, el empleo de *le* en concordancia con el pronombre de cortesía *usted*. Es un leísmo que se da incluso entre quienes habitualmente no son leístas en otros contextos.

    ✅ Un momento, que ahora mismo le recibo.

  - En oraciones impersonales con *se*.

    ✅ Ni está ni se le espera.
    ✅ Se le acusa de un robo.

  - Cuando el pronombre se refiere a un sustantivo masculino de persona en singular. En estos casos, es aceptable el empleo de *le* y de *lo*.

    ✅ A tu padre {lo ~ le} veo muy feliz.

  - Con los verbos *acusar, creer, obedecer, escuchar, ayudar* y otros semejantes, donde también puede aparecer *lo*.

    ✅ A Héctor no {lo ~ le} creen.
    ✅ A esos jefes no {los ~ les} obedecen.

  - Con verbos de influencia (tipo *ordenar* o *invitar*) alternan también *lo* y *le*.

    ✅ {Lo ~ le} invitaron a presidir la reunión.
    ✅ {Los ~ les} convencieron de que el producto era bueno.

  - Cuando la oración contiene un complemento predicativo del objeto directo, se admite *le* y *lo*.

    ✅ A Iván le gusta que {lo ~ le} llamen artista.
    ✅ A David {le ~ lo} consideran el mejor regatista español.

Por el contrario, se desaconseja el uso leísta en los siguientes casos:

  - Cuando el pronombre se refiere a un sustantivo en plural, salvo con los verbos señalados antes.

⊗ A tus amigos casi nunca les he visto.
✓ A tus amigos casi nunca los he visto.
⊗ Están en paro y por eso les ayudo.
✓ Están en paro y por eso los ayudo.

- Cuando el pronombre se refiere a un sustantivo femenino.

⊗ Ella es muy eficiente, así que le contraté.
✓ Ella es muy eficiente, así que la contraté.
⊗ Ellas hicieron bien su trabajo y yo les compensé.
✓ Ellas hicieron bien el trabajo y yo las compensé.

- Cuando el pronombre se refiere a un objeto inanimado.

⊗ El coche es potente y por eso le compré.
✓ El coche es potente y por eso lo compré.

- El **laísmo** es el uso de *la, las* en función de complemento indirecto, en lugar de *le, les*. A pesar de que en Castilla está relativamente extendido incluso entre hablantes cultos, no es aceptable en ningún caso en la lengua escrita ni el laísmo de personas ni el de cosas.

⊗ Nadie la hizo caso [...] Cuando pasó la crisis y la madre la dijo que tenía que controlarse, ella arguyó...
(CREA, Castilla del Pino, Carlos, *Introducción a la psiquiatría*, 1993, España)
✓ Nadie le hizo caso [...] Cuando pasó la crisis y la madre le dijo que tenía que tenía que controlarse, ella arguyó...
⊗ ¿Ves? Otro caso igual. Ha hecho lo que verdaderamente la gusta.
(CREA, Oral, Conversación 18, Universidad de Alcalá de Henares, España)
✓ ¿Ves? Otro caso igual. Ha hecho lo que verdaderamente le gusta.
⊗ Cuidado con la escalera, que la falta un peldaño.
✓ Cuidado con la escalera, que le falta un peldaño.

- El **loísmo** es el uso impropio de *lo, los* en función de complemento indirecto, en lugar de *le, les*. De los tres fenómenos descritos aquí, este es el que consideramos más vulgar, por lo que debe ser rechazado, tanto el de persona como el de cosa.

⊗ Los dije que no se movieran de aquí.
✓ Les dije que no se movieran de aquí.
⊗ A los expedientes hay que darlos otro repaso.
✓ A los expedientes hay que darles otro repaso.

La conjugación

Se llama conjugación de un verbo a las distintas formas que puede adoptar este para denotar persona, número, tiempo y modo: *yo canto, tú cantaste, nosotros hemos cantado, canten ustedes, etc.* En español hay tres conjugaciones: la primera incluye los verbos terminados en *-ar,* como *cantar*; la segunda agrupa los terminados en *-er,* como *temer*; la tercera, los acabados en *-ir*, como *partir*. Los verbos regulares son aquellos en cuya conjugación no se produce ninguna alteración ni en la raíz ni en las desinencias, es decir, los que se ajustan a las que presenta el verbo que se toma como modelo para cada una de las conjugaciones.

Son escasos los verbos que admiten dos terminaciones, una en *-er* y otra en *-ir* con el mismo significado (existen *competer* y *competir*, pero tienen distinto significado). Salvo en *cerner* ~ *cernir*, cuyas variantes son igualmente aceptadas, en el resto una de las terminaciones se considera preferible. Así, *converger* y *divergir* se recomiendan sobre ®*convergir* y ®*diverger* respectivamente; la *NGLE* incluye también la preferencia de *emerger* sobre ®*emergir*, forma esta no incluida en el *DRAE*.

Por otra parte, la terminación de algunos verbos puede suscitar dudas, como por ejemplo los siguientes:

Incorrecto	Correcto
concerner	concernir
impelir	impeler
vertir	verter
tañir	tañer

El voseo

En muchos países de América no existe el pronombre *tú* y se usa *vos* para designar a la persona a la que nos dirigimos. El voseo consiste en el empleo de *vos* con formas específicas del verbo y es un uso plenamente aceptado en la norma culta de los lugares en que se practica. También hablamos de voseo cuando se emplea *tú* con las formas verbales de *vos*, como ejemplificamos en la tabla que sigue.

	Forma voseante	Forma tuteante
Presente	Vos tenés, vos tenéis, vos tenís Tú tenés, tú tenís Vos tienes	Tú tienes
Imperativo	Tené vos	Ten tú

Verbos irregulares

Son aquellos que modifican la raíz, la desinencia o ambas al ser conjugados, por ejemplo *parecer: parezco, parezcas...; tener: tengo, tuve, tengáis...; dormir: duermo, durmiendo...; ir: voy, vayamos...; hacer: hago, hice...*, etc.

La irregularidad en la conjugación no se produce de manera arbitraria y caótica, sino que, por lo general, suele haber correspondencia en las formas de los tiempos en los que un verbo es irregular:

1. Si un verbo es irregular en 1.ª persona del presente de indicativo, también lo es en todo el presente de subjuntivo: *hacer: hago* y *haga, hagas...; salir: salgo* y *salga, salgas...; sentir: siento* y *sienta, sientas...*
2. Si un verbo es irregular en pretérito perfecto simple de indicativo, también lo es en pretérito imperfecto y en futuro de subjuntivo: *andar: anduve, anduviera* o *anduviese, anduviere; traer: traje, trajera* o *trajese, trajere; satisfacer: satisfice, satisficiera* o *satisficiese, satisficiere.*
3. Si un verbo es irregular en futuro imperfecto de indicativo, también lo es en condicional: *valer: valdré, valdría; tener: tendré, tendría; querer: querré, querría.*

Por otra parte, casi todas las irregularidades por diptongación tienen que ver con el cambio de acento en la sílaba. Por evolución histórica, se pronuncia vocal simple cuando la sílaba no está acentuada y diptongo cuando sí lo está: *pensar, pensemos, pensaba, pensad* frente a *pienso, piensen; doler, dolió, ha dolido, dolería* frente a *duele, duelen, duela.*

Como norma general, los verbos derivados se conjugan como los verbos simples: Así, *convencer* se conjuga como *vencer* y, por tanto, se dice *convenza* y no ®*convezca*; *desandar* se conjuga como *andar*; *retener* como *tener*, y por tanto se dice *retuve*, no ®*retení*; *abstraer* como *traer*, y por tanto lo correcto es *abstrajimos* y no ®*abstraímos*, etc.

Son excepciones *maldecir* y *bendecir*, que no siguen el modelo de *decir* en el futuro (*bendeciré*, no ®*bendiré*), en el condicional (*maldeciría*, no ®*maldiría*), en el imperativo (*maldice tú*, no ®*maldí tú*) y en el participio (*bendito*, no ®*bendicho*).

Verbos defectivos

Son los que carecen de alguna forma de la conjugación, generalmente como consecuencia de la propia significación del verbo o por razones fónicas. Muchos verbos defectivos son de escaso uso o resultan anticuados hoy. La lista de verbos defectivos en español es la siguiente:

- *abarse*
  Significa 'quitarse del paso' y solo se usa en infinitivo e imperativo.

- *acaecer*
  Aunque el *DRAE* y el *DPD* lo etiquetan simplemente como verbo irregular, tan solo se conjuga en tercera persona de singular o de plural y en infinitivo, gerundio o participio.

- *acostumbrar*
  En el sentido de 'soler', carece de las formas de futuro, condicional e imperativo.

- *acontecer*
  Solo se conjuga en tercera persona de singular o de plural y en infinitivo, gerundio o participio.

- *adir*
  Es un tecnicismo jurídico, cuyo significado es 'aceptar una herencia' y se usa en infinitivo exclusivamente.

- *arrecir*
  Se usan solo las formas cuya desinencia empieza por *-i*.

- *aterir*
  Se emplean solo las formas cuya desinencia empieza por *-i*.

• *atañer*

Se usa solo en tercera persona.

• *balbucir*

Carece de la primera persona del singular del presente de indicativo y del presente de subjuntivo.

• *concernir*

Se usa solo en infinitivo, gerundio o participio y en 3.ª persona. El *DPD* lo considera simplemente irregular.

• *desabrir*

El *DRAE* lo considera verbo defectivo que solo tiene las formas cuya desinencia empieza por *-i*; no obstante, el *DPD* indica que se trata de un verbo regular.

• *descolorir*

Se usan solo las formas cuya desinencia comienza con *-i*.

• *embaír*

Solo se conjuga con las formas cuya desinencia empieza por *-i*.

• *empedernir(se)*

Según el *DRAE*, se usa solo en infinitivo y participio; según el *DPD*, se usan solo las formas cuya desinencia empieza por *-i*.

• *garantir*

Se usan solo las formas cuya desinencia empieza por *-i*, excepto en Argentina y Uruguay, donde se usan todas las formas.

• *preterir*

Se usan solo las formas cuya desinencia empieza por *-i*.

• *soler*

Por razones semánticas, carece de formas de futuro, condicional e imperativo.

• *usucapir*

Es un tecnicismo jurídico que significa 'adquirir algo por su uso durante el tiempo establecido por la ley' y solo se emplea en infinitivo y participio.

No se consideran hoy defectivos algunos verbos que tradicionalmente fueron catalogados como tales: *abolir, agredir, blandir* y *transgredir*.

También se incluyen entre los verbos defectivos los terciopersonales, aquellos que habitualmente se usan solo en tercera persona o en las formas no personales, infinitivo, gerundio y participio. Son de este tipo los verbos que significan 'acontecimiento' (*acaecer, ocurrir, acontecer*), otros verbos que suelen llevar sujeto oracional o de cosa (*obstar, urgir, concernir*), los verbos doblemente pronominales (*ocurrirse, antojarse, olvidarse*) y los verbos *haber* y *hacer* cuando se usan como impersonales. Los verbos de fenómeno atmosférico (*llover, tronar, granizar, amanecer*, etc.), aunque son defectivos, pueden usarse como verbos de conjugación completa en usos metafóricos y literarios (*Llovieron los golpes sobre el pobre Sancho*).

Verbos con dos participios

Los verbos que aparecen en la tabla siguiente presentan dos formas para el participio, ambas usadas y válidas en español, aunque con diferente vitalidad según la zona. A menudo, la forma regular del participio se emplea más naturalmente con *haber* y la forma irregular con *estar*.

	Forma regular	**Forma irregular**
bendecir	bendecido	bendito
elegir	elegido	electo
freír	freído	frito
imprimir	imprimido	impreso
maldecir	maldecido	maldito
prender 'arrestar'	prendido	preso
proveer	proveído	provisto
reelegir	reelegido	reelecto
refreír	refreído	refrito
sofreír	sofreído	sofrito

En otros verbos, que tenían también dos formas de participio antiguamente, se ha mantenido para la conjugación el regular (*abstraído, concluido, convencido, incurrido, sepultado*) mientras que el irregular solo se usa hoy como adjetivo (*abstracto, concluso, convicto, incurso, sepulto*).

Incorrecciones y vulgarismos relacionados con la conjugación

Es un vulgarismo añadir *-s* en la terminación de la 2.ª persona del pretérito indefinido (⇨ pág. 104). A pesar de su generalización en la lengua hablada, es un uso que debe evitarse y, por supuesto, no debe aparecer en la lengua escrita.

Incorrecto	**Correcto**
dijistes trajistes estudiastes fuiste	dijiste trajiste estudiaste fuiste

Del mismo modo, es errónea también la presencia de *-s* final en el imperativo.

Incorrecto	**Correcto**
¡Hay que ver, oyes! Ves a la tienda.	¡Hay que ver, oye! Ve a la tienda.

La desinencia de la primera persona de plural *-mos* pierde la *-s* al combinarse con el pronombre enclítico *nos: pongámonos, démonos,* y no ®*pongámosnos,* ®*démosnos.*

En las zonas en las que se mantiene la forma *vosotros,* la segunda persona del plural del imperativo pierde la *-d* final cuando se le añade el enclítico *os: quedad + os = quedaos* (y no ®*quedados*). La única excepción en este punto la constituye el verbo *ir,* que mantiene la *-d: idos.*

Para los cambios que se producen en la forma del verbo al combinarse con pronombres enclíticos, ⇨ págs. 259-260.

Algunos errores se producen por falta de diptongación cuando la sílaba de la forma verbal está acentuada (⇨ pág. 99). No se acepta la falta de diptongación en verbos como *fregar, nevar, estregar, restregar, plegar* o *apretar*.

⊗ Apreta esa tuerca.
✓ Aprieta esa tuerca.

⊗ Cada espacio es sagrado mágico hasta tanto no lo holla con su pie el hombre.

(CREA, Benito Revilla, *Guatemala: El terremoto de los pobres*, Sedmay, 1976, España)

✓ Cada espacio es sagrado, mágico, hasta tanto no lo huella con su pie el hombre.

No obstante, en algunos verbos en los que tradicionalmente era obligatoria la presencia del diptongo si la sílaba estaba acentuada, hoy se admite también la raíz del verbo sin diptongar, según la *NGLE*.

VERBOS QUE ADMITEN LA ALTERNANCIA ENTRE DIPTONGO Y NO DIPTONGO

	Presente de indicativo	**Presente de subjuntivo**	**Imperativo**
asolar	yo asuelo ~ asolo	yo asuele ~ asole	asuela ~ asola tú
atestar	yo atiesto ~ atesto	yo atieste ~ ateste	atiesta ~ atesta tú
cimentar	yo cimiento ~ cimento	yo cimiente ~ cimente	cimenta ~ cimenta tú
desmembrar	yo desmiembro ~ desmembro	yo desmiembre ~ desmembre	desmiembra ~ desmembra tú
emparentar	yo empariento ~ emparento	yo empariente ~ emparente	emparienta ~ emparenta tú
engrosar	yo engrueso ~ engroso	yo engruese ~ engrose	engruesa ~ engrosa tú
soterrar	yo sotierro ~ soterro	yo sotierre ~ soterre	sotierra ~ soterra tú
trocar	yo trueco ~ troco	yo trueque ~ troque	trueca ~ troca tú
templar	yo tiemplo ~ templo	yo tiemple ~ temple	tiempla ~ templa tú

Entre los verbos acabados en *-uar*, se pronuncian con hiato las formas que terminan en consonante distinta de *c* o de *g*: *actúo, acentúas, fluctúan, gradúe, evalúes...* Para los verbos acabados en *-cuar, -guar*, la Academia recomienda la pronunciación con diptongo (*averiguo, santigües, fragüe*), aunque admite la posibilidad de realizar hiato en los verbos *adecuar, evacuar, licuar* y *promiscuar*. Son, pues, igualmente válidos *adecua* o *adecúa, evacuo* o *evacúo, licue o licúe* (⇨ pág. 119).

El siguiente listado recoge vulgarismos de la conjugación extendidos en diversas zonas del español:

	Incorrecto	Correcto
andar	andé, andaste, andó... andara, andaras, andara...	anduve, anduviste, anduvo... anduviera, anduvieras...
apretar	apreto, apretas...	aprieto, aprietas...
caber	cabí, cabiste, cabió... caba, cabas...	cupe, cupiste, cupo... quepa, quepas...
conducir	conducí, conduciste... conduciera, conducieras...	conduje, condujiste... condujera, condujeras...
doler	doldrá, doldrán doldría, doldrían	dolerá, dolerán dolería, dolerían
dormir	dormió, dormieron dormamos, dormáis dormiendo	durmió, durmieron durmamos, durmáis durmiendo
errar	erro, erras...	yerro, yerras...
freír	friyó friyendo	frio friendo
haber	habemos haiga, haigas...	hemos haya, hayas...
hendir	hindió, hindieron	hendió, hendieron
maldecir	maldecí, maldeciste...	maldije, maldijiste...
mentar	mento, mentas, menta... mente, mentes, mente...	miento, mientas, mienta... miente, mientes, miente...
prever	preveer preveiendo preveído prevees, prevee, preveemos... preveí, preveíste, preveyó...	prever previendo previsto prevés, prevé, prevemos... preví, previste, previó...
proveer	provés, prové, provemos... proví, proviste, provió... proviendo	provees, provee, proveemos... proveí, proveíste, proveyó... proveyendo
querer	quedré, quedrás... quedría, quedrías...	querré, querrás... querría, querrías...
reír	riyendo riyó, riyeron	riendo rio, rieron
satisfacer	satisfací, satisfaciste... satisfaceré, satisfacerás... satisfacería, satisfacería... satisfacido	satisfice, satisficiste... satisfaré, satisfarás... satisfaría, satisfarías... satisfecho
traer	trujo, trayó	trajo

Corregir con humor

—Y entonces Jesús le dijo: «Lázaro, sal fuera», y Lázaro salió y andó.
—Anduvo, idiota.
—Bueno, sí, anduvo idiota unos cuantos días, pero luego ya se puso bien.

Régimen sintáctico de algunos verbos

Las incorrecciones en relación con el régimen verbal se producen porque los enunciados no se ajustan a los esquemas sintácticos que corresponden al significado con que se usa el verbo. Pueden ser por estas razones:

1. Se emplea un esquema transitivo para un verbo intransitivo.

⊗ El delantero corrió cada uno de los balones que le llegaban.
✓ El delantero corrió tras cada uno de los balones que le llegaban. (*O bien,* persiguió cada uno de los balones).

2. Se emplea un esquema intransitivo para un verbo transitivo.

⊗ Santiago ha caído el salero.
✓ Santiago ha derribado el salero.

3. Se hace pronominal un verbo que no lo es.

⊗ Solo tramitó seis expedientes, de los cuales cuatro se finalizaron con resolución de demolición.
(CREA, *Faro de Vigo*, 21/06/2001, España)
✓ Solo tramitó seis expedientes, de los cuales cuatro finalizaron con resolución de demolición.

4. Se elimina el pronombre cuando el verbo es pronominal.

⊗ Cuando bebe no controla.
✓ Cuando bebe no se controla.

5. Se usa una preposición diferente de la que corresponde al régimen verbal.

⊗ Por eso el pueblo, harto de tanta injusticia, ya no confía de sus gobernantes.
✓ Por eso el pueblo, harto de tanta injusticia, ya no confía en sus gobernantes.

Veamos a continuación el régimen sintáctico de algunos verbos en los que la norma ha cambiado o en los que son frecuentes los errores.

- *abdicar*

A pesar de que el uso intransitivo es prácticamente general, el *DRAE* sigue señalándolo como verbo transitivo. El *DPD* admite su uso intransitivo, con un complemento con *de*.

> El rey abdicó la corona en su hijo.
> Los concentrados abdicaron de sus pretensiones.
> Los diputados abdicaron de su tarea de control.

Es incorrecto el empleo de un complemento con *a*.

⊗ Reconocen, además, que la propuesta que se encuentra a la discusión para su aprobación de esta Soberanía, tiene sus virtudes, destacando que ningún Partido abdicó a su inicial posición.

(CREA, Sesión pública ordinaria de la Honorable Cámara de Senadores, México)

✓ Reconocen, además, que la propuesta que se encuentra a la discusión para su aprobación de esta Soberanía tiene sus virtudes, destacando que ningún partido abdicó de su inicial posición.

- *advertir*

Presenta dos regímenes, uno transitivo con el significado de 'darse cuenta de algo' (*Advirtió la llegada del otro por su sombra*) y otro con complemento de régimen con *de* para el significado de 'informar' (*Nos advirtió de los requisitos que se nos pedirían*). Se considera dequeísmo emplear la preposición *de* en el complemento cuando el verbo significa 'darse cuenta'.

⊗ Advirtió de que llegaba el otro por su sombra.
✓ Advirtió que llegaba el otro por su sombra.

Igualmente es incorrecto su empleo como verbo pronominal con ese significado de 'darse cuenta'.

⊗ La editorial se advierte de que la obra no pretende ser exhaustiva sino una herramienta de consulta.

(CREA, *El País de las Tentaciones*, 10/01/03, España)

- ✓ La editorial se da cuenta de que la obra no pretende ser exhaustiva sino una herramienta de consulta. (*Otras posibilidades:* se percata de que, nota que, observa que).

Con el significado de 'informar', si el complemento directo es una oración, puede ir introducida por la preposición *de* o sin ella.

- ✓ Ya me habían advertido que las pruebas serían difíciles.
- ✓ Ya me habían advertido de que las pruebas serían difíciles.

Estas dos posibilidades con y sin *de* se mantienen cuando la información expresada en el complemento se interpreta como un consejo o una amenaza, pero se prefiere la ausencia de preposición.

- ⊖ Te advierto de que no te saldrás con la tuya.
- ⊕ Te advierto que no te saldrás con la tuya.

- *avanzar*

Se admite el uso transitivo con el significado de 'adelantar una información'.

- ✓ El periódico avanzó las primeras informaciones en su edición de la mañana.
- ✓ Para alcanzar este objetivo, los socialistas avanzamos los siguientes veinte compromisos.

(CREA, *El Socialista*, n.º 651, 04/2003, España)

- *avisar*

Igual que *advertir,* presenta dos regímenes, con complemento directo y con complemento de régimen cuando el complemento es una oración. Para el significado de 'informar' son válidas, por tanto, estas dos posibilidades.

- ✓ Me avisaron que venías.
- ✓ Me avisaron de que venías.

Cuando la interpretación que recibe el verbo es la de consejo, recomendación, admonición o amenaza, el complemento no debe llevar la preposición *de*, pues se considera dequeísmo (⇨ pág. 333).

- ⊗ Si quieren hacerlo, háganlo, pero les aviso de que no me gusta nada su comportamiento.
- ✓ Si quieren hacerlo, háganlo, pero les aviso que no me gusta nada su comportamiento.

- *aflorar*

No se aceptaba el empleo de este verbo con sujeto animado y con el valor causativo de 'hacer salir', un uso reciente que parece no consolidado aún en la lengua culta. No obstante, este valor se recoge ya en el avance de la nueva edición del *DRAE*.

> ✓ La cal aflora en el ladrillo a causa de la humedad.
>
> ✓ El concilio aflora los puntos fuertes y débiles de las diócesis catalanas.
>
> (CREA, *La Vanguardia*, 02/06/1995, España)

- *aludir*

Aunque es verbo intransitivo, se acepta su uso transitivo con sujeto de persona, especialmente si el complemento es un pronombre, pero se prefiere en estos casos usar otros verbos, como *afectar, implicar*, etc.

> ⊖ Esta vez no es una advertencia parcial, sino un hecho general que a todos nos alude.
>
> (CREA, María Luisa Puga, *La forma del silencio*, México)
>
> ⊕ Esta vez no es una advertencia parcial, sino un hecho general que a todos nos afecta.

- *apelar*

Con el significado de 'recurrir a algo o alguien' se construye con *a*.

> ✓ Apeló a nuestras buenas intenciones.

En el lenguaje del derecho significa 'recurrir a una autoridad para que revoque una decisión'. Tradicionalmente ha sido verbo intransitivo y el complemento podía introducirse con *de* o *contra*. En el *DPD* se admite ya su uso como transitivo, pero en el *DRAE* aún no se refleja esta novedad.

> ✓ Apeló de la sentencia.
>
> ✓ Apeló contra la sentencia.
>
> ✓ Apeló la sentencia.

- *atravesar*

Este verbo era solo transitivo. En el *DPD* se admite ahora la construcción con la preposición *por* cuando significa 'cruzar o pasar a través de algo', en sentido real o figurado.

✓ Atraviesa una situación delicada.
✓ Atraviesa por una situación delicada.
✓ Atravesaremos por el parque.

- *caer*

Es incorrecto su uso con el significado de 'tirar', empleo que aparece en regiones occidentales de España y del sur de Chile.

⊗ ¡Uy, que caigo el agua!
✓ ¡Uy, que tiro el agua!

- *calentar(se)*

Aunque es verbo transitivo, se acepta su uso como intransitivo en el lenguaje deportivo, cuando significa 'realizar ejercicios de calentamiento'.

✓ Los jugadores calentaron durante media hora.

- *callar(se)*

Según el *DRAE,* solo es transitivo en el significado de 'omitir una información' (*El entrevistado destacó sus virtudes y calló sus defectos*). No obstante, se está extendiendo el uso transitivo cuando el verbo tiene el valor causativo de 'hacer callar', significado que tradicionalmente correspondía a *acallar.* Es un uso admitido en el *DPD.*

✓ Su comportamiento calló a los críticos.
✓ Lo callé con mis rápidas respuestas.

- *cesar*

En la *NGLE* se desaconseja el uso transitivo de *cesar*, con el significado de 'expulsar a alguien de un cargo'. El español general usa para este significado *destituir* y en algunos países americanos se emplea *cesantear* con ese mismo valor. No obstante, la gramática académica indica claramente que este uso no debe tenerse por incorrecto.

⊖ El rector en funciones ha cesado al decano de la Facultad de Medicina.
⊕ El rector en funciones ha destituido al decano de la Facultad de Medicina.

• *circular*

No es propio de la lengua culta el uso transitivo de *circular* con el valor causativo de 'hacer circular'.

⊗ El informe lo circularemos entre los miembros de la comisión.
✓ El informe lo haremos circular entre los miembros de la comisión.

• *concernir*

Aunque es intransitivo, se está extendiendo el uso transitivo, especialmente en participio. Es preferible usar un sinónimo, como *afectado* o *interesado*.

⊖ Cuando la urgencia exija una acción inmediata, un Estado miembro particularmente concernido podrá obrar aisladamente tras haber informado al Consejo Europeo y a la Comisión.
(CREA, Eduardo García de Enterría *et al.*, *Código de la Unión Europea*, Civitas, 1996, España)
⊕ Cuando la urgencia exija una acción inmediata, un Estado miembro particularmente interesado podrá obrar aisladamente tras haber informado al Consejo Europeo y a la Comisión.
⊖ La sustracción con que se resuelve no está concernida por el razonamiento que se exponía.
(CREA, Jaime Martínez Montero, *Una nueva didáctica del cálculo para el siglo XXI*, España)
⊕ La sustracción con que se resuelve no está afectada por el razonamiento que se exponía.

• *contactar*

Es verbo intransitivo, según el *DRAE*. En Hispanoamérica se documenta su uso transitivo cuando el complemento es un pronombre.

⊖ El pasaporte se lo consiguió un colombiano que lo contactó en Bogotá.
(CREA, *La Tribuna*, 11/07/1997, Honduras)
⊕ El pasaporte se lo consiguió un colombiano que contactó con él en Bogotá.

• *conversar*

No es propio de la lengua culta el empleo transitivo de *conversar*, en lugar de *decir*, que se da especialmente en el español americano.

⊗ Eso ya lo hemos conversado muchas veces.
✓ De eso ya hemos conversado muchas veces.

- ***coronar***

Es verbo transitivo, por lo que el complemento no debe llevar preposición.

⊗ Por el puerto coronó en primer lugar Alberto Contador.
✓ Alberto Contador coronó el puerto en primer lugar.

- ***crujir***

Es verbo intransitivo. Corresponde solo a registros coloquiales el empleo metafórico de *crujir* con el significado de 'causar un grave daño físico', uso en el que el sujeto y el complemento directo son de persona. Se recomienda usar en estos casos verbos o expresiones como *castigar, dar tormento, atormentar* u otros de valor semejante.

⊖ Si me atrapan, me crujen a palos.
⊕ Si me atrapan, me apalean.
⊖ Pocos años después, en España, Felipe IV llegó a matar 400 lobos y 150 jabalíes y crujían a los pobres villanos que atrapaban liebres para comer.

(Raúl del Pozo, «Cazador cazado», *El Mundo*, 11-03-09, España)

⊕ Pocos años después, en España, Felipe IV llegó a matar 400 lobos y 150 jabalíes y castigaban a los pobres villanos que atrapaban liebres para comer. (*O bien,* daban tormento).

- ***debatir(se)***

La norma culta prefiere su uso transitivo con el significado de 'discutir', pero se admite el uso intransitivo cuando equivale a 'mantener un debate', en cuyo caso lleva un complemento con *sobre*.

✓ El consejo de empresa debatirá los presupuestos.
✓ Ya no se debate sobre el derecho al voto femenino.

Con el valor de 'mantener un debate', también se acepta el empleo de *debatir* sin complemento.

✓ La asamblea estuvo debatiendo toda la mañana.

- ***deber***

En relación con el uso de *deber* + infinitivo y *deber de* + infinitivo, la norma señala que *deber* + infinitivo se emplea para expresar obligación y *deber de* + infinitivo para expresar probabilidad, incertidumbre o duda.

Para participar en el sorteo, debe rellenar este cuestionario (= es necesario rellenar el cuestionario).
Deben de ser las seis, porque está oscuro. (= es probable que sean las seis).

Es obligatoria la presencia de la preposición *de* en caso de posible ambigüedad.

Debe estar trabajando (obligatorio para el significado de 'tiene la obligación de estar trabajando')
Debe de estar trabajando (obligatorio para expresar incertidumbre).

La lengua culta admite la forma sin preposición para expresar la probabilidad o suposición cuando el contexto resulta suficientemente explícito, pero no acepta incluir la preposición para expresar obligación.

✓ Si no me equivoco ya debe haber pasado el tranvía. (Correcto, pues no hay posibilidad de confusión).
⊗ Siempre debe de haber un respeto con todos los compañeros.
(CREA, *El Diario Vasco*, 11/01/2001, España)
✓ Siempre debe haber respeto con todos los compañeros.
⊗ El lenguaje de los gestos debe de ser amable, evitando señalar con el dedo índice o amenazar con el puño cerrado.
(CREA, *Media vuelta*, 14/03/97, Cadena SER, España)
✓ El lenguaje de los gestos debe ser amable, evitando señalar con el dedo índice o amenazar con el puño cerrado.

- *desaparecer*

En el español americano se usa como transitivo, con el valor causativo de 'hacer desaparecer'.

✓ En el año 1976, los militares lo desplazaron, pero no lo desaparecieron: tenían con él una deuda importante.
(CREA, Horacio Vázquez-Rial, *El enigma argentino*, Ediciones B, 2002, España)

- *dimitir*

A pesar de que en el *DRAE* aparece como transitivo, se usa mayoritariamente como intransitivo, y así lo reconoce el *DPD*. Es incorrecto su uso como transitivo con complemento directo de persona en lugar de *destituir*; tampoco se aconseja su uso en lugar de *presentar la dimisión*.

⊗ Durante su carrera militar, el ahora dimitido había recibido numerosas condecoraciones.

(CREA, *La Vanguardia*, 16/06/1995, España)

✓ Durante su carrera militar, el ahora destituido había recibido numerosas condecoraciones.

⊗ ¿Cuántas veces le ha dimitido a Belloch?

(CREA, *El Mundo*, 31/03/1996, España)

✓ ¿Cuántas veces le ha presentado su dimisión a Belloch?

Para referirse a la persona que ha dimitido debe usarse *dimisionario*, no el participio *dimitido*.

⊗ Comparecerá en breve el consejero dimitido.

✓ Comparecerá en breve el consejero dimisionario.

⊗ El dimitido presidente del Madrid comerció con la extinta Unión Soviética a base de llevar naranjas, zapatos y otros productos españoles.

(CREA, Julián García Candau, *Madrid-Barça. Historia de un desamor*, El País-Santillana, 1996, España)

✓ El dimisionario presidente del Madrid comerció con la extinta Unión Soviética a base de llevar naranjas, zapatos y otros productos españoles.

- *entrar*

Aunque el verbo es intransitivo, en áreas del Cono Sur, el Caribe y el occidente de España se usa como transitivo con el valor causativo de 'hacer entrar'. Este uso es más frecuente si el complemento directo es un pronombre. No obstante, se trata de construcciones que no deben usarse fuera del registro coloquial.

⊗ Llevaremos la mesa a tu dormitorio y la entraremos.

✓ Llevaremos la mesa a tu dormitorio y la meteremos.

⊗ La cosa fue que Tere la tomó por las piernas, yo por las manos y casi no se podía caminar. Tambaleándonos la entramos a la casa y la pusimos en el mismo sitio de la sala donde habíamos velado a mamá.

(CREA, Marta Lynch, *Los dedos de la mano*, Alfaguara, 1977, Argentina)

✓ La cosa fue que Tere la tomó por las piernas, yo por las manos y casi no se podía caminar. Tambaleándonos la metimos en la casa y la pusimos en el mismo sitio de la sala donde habíamos velado a mamá.

Cuando lleva como complemento una oración de infinitivo y significa 'empezar a hacer', solo admite la preposición *a*, no *en*.

⊗ Es más, hasta se comprende que lo hayan recibido algunos que no lo merecen y no voy a entrar en sacar a relucir sus nombres.

(CREA, *El Cultural*, 21/11/2003, España)

✓ Es más, hasta se comprende que lo hayan recibido algunos que no lo merecen y no voy a entrar a sacar a relucir sus nombres.

Corregir con humor

En el ejército:

—¡Soldado, entre en la garita!

—No cabo en la garita, mi cabo.

—¡Se dice quepo!

—¡No cabo en la garita, mi quepo!

- *entrenar*

En el *DRAE* solo aparece como transitivo. El *DPD* distingue entre el significado de 'preparar a alguien para una práctica deportiva', con el que se usa como transitivo (*Yo entreno a aquella atleta*), y el de 'ejercitarse en la práctica de algún deporte', en el que aparece como intransitivo, y señala que con este segundo significado es preferible la variante pronominal *entrenarse*. La *NGLE* se limita a señalar al respecto que se está extendiendo en muchos países el uso no pronominal.

⊖ El escolta entrena con normalidad.

(CREA, *La Voz de Galicia*, 13/12/2000, España)

⊕ El escolta se entrena con normalidad.

- *esperar*

Se consideran calco del inglés ⊗*esperar por alguien* o ⊗*esperar por algo* en sustitución de las variantes transitivas del español *esperar a alguien, esperar algo*.

⊗ Como en sueños bajé a la vereda y esperé por un taxi.

(CREA, Marta Lynch, *Los dedos de la mano*, Alfaguara, España)

✓ Como en sueños bajé a la vereda y esperé un taxi.

• *estallar*

Tanto el *DPD* como la *NGLE* consideran, sin pronunciarse explícitamente sobre su corrección, que se está extendiendo el uso como verbo transitivo. Para el significado de 'hacer que algo estalle', el *DPD* recomienda sustituir *estallar* por *reventar, explosionar* o *hacer estallar.*

⊖ Es que mi madre está mosca porque en lo que va de semana mi padre ha estallado dos veces la riñonera.

(CREA, *A vivir que son dos días*, 02/11/96, Cadena SER, España)

⊕ Es que mi madre está mosca porque en lo que va de semana mi padre ha hecho estallar dos veces la riñonera.

• *estar*

En la formación de perífrasis de gerundio, solo es correcto combinarlo con verbos que expresan una acción durativa o repetida en el tiempo (*está lloviendo, está conduciendo, está repitiendo*). No debe usarse con verbos que indiquen acciones momentáneas.

⊗ El árbitro está pitando falta de Messi.
✓ El árbitro ha pitado falta de Messi.

• *explosionar*

Tiene un uso transitivo con el significado de 'hacer explosión' e intransitivo con el de 'provocar una explosión'.

✓ La bomba explosionó a las 12:48.
✓ Los artificieros de la policía explosionaron el coche sospechoso.

• *explotar*

Es transitivo en el sentido de 'sacar provecho de alguien o de algo' (*Su jefe lo explotaba*). Para el significado de 'hacer explosión' es intransitivo, aunque, al igual que en *estallar*, el uso transitivo se está generalizando. El *DPD* recomienda sustituirlo por *explosionar* o *hacer explotar.*

⊖ Los terroristas explotaron el coche bomba que habían aparcado.
⊕ Los terroristas hicieron explotar el coche bomba que habían aparcado.

• *evolucionar*

No se considera propio de la lengua culta el uso transitivo de este verbo con el significado causativo de 'hacer evolucionar'

⊗ Los nuevos tejidos han evolucionado la moda.
✓ Los nuevos tejidos han hecho evolucionar la moda.

- *faltar*

Con el significado de 'hacer falta' es verbo intransitivo, así que no admite la combinación con pronombres personales de complemento directo (para el leísmo, laísmo y loísmo, ⇨ págs. 261-263).

⊗ A los atletas los ha faltado entrenamiento.
✓ A los atletas les ha faltado entrenamiento.

Con el significado de 'estar algo o alguien pendiente de que se haga algo' se construye con *por* o *que* seguido de infinitivo. En estos casos, no es correcto emplear la preposición *de*.

✓ Todavía faltan por pagar las nóminas de octubre.
✓ Todavía faltan que pagar las nóminas de octubre.
⊗ Solo me faltan de cortar los setos.
✓ Solo me faltan por cortar los setos.

También es incorrecto para este significado mantener invariable el verbo, como si fuera impersonal; es obligatoria la concordancia con el sujeto (⇨ págs. 346-348).

⊗ Falta por resolver estos temas de los que hemos hablado.
(CREA, *La Vanguardia*, 13/02/1994, España)
✓ Faltan por resolver estos temas de los que hemos hablado.

Las expresiones ⊗*echar a faltar* y ⊗*encontrar a faltar* se consideran calcos del catalán, por lo que se desaconseja su uso en la lengua culta. Deben sustituirse por *echar en falta* o *echar de menos*.

⊗ Acabó elevándose para recuperar de inmediato esa majéstuosidad que tanto debió echar a faltar durante sus ejercicios terráqueos.
(CREA, Javier Fernández de Castro, *La novia del capitán*, Mondadori, España)
✓ Acabó elevándose para recuperar de inmediato esa majestuosidad que tanto debió echar en falta durante sus ejercicios terráqueos.

- *haber*

No se admite en la lengua culta la concordancia de *haber* con el complemento directo, a pesar de que se trata de un uso muy generalizado en América y en varias regiones españolas y, al parecer, en aumento (⇨ págs. 351-352).

⊗ Hubieron muchos factores que se opusieron a la realización del proyecto.

(CREA, *Expreso*, 22/09/1990, Perú)

✓ Hubo muchos factores que se opusieron a la realización del proyecto.

Son vulgares las formas ⊗*haiga*, ⊗*haigas*, etc.; deben usarse *haya*, *hayas*, etc. También es vulgar la forma ⊗*habemos* en lugar de *hemos* o para el significado de 'somos' o 'estamos'.

⊗ Disculpad este mal ratillo que os habemos hecho pasar.

(CREA, Oral, TVE, *¿Pero esto qué es?*, 05/03/90, España)

✓ Disculpad este mal ratillo que os hemos hecho pasar.

⊗ Solo en Francia, donde resido, habemos más de 700 artistas.

(CREA, *Hoy*, 05-11/01/1987, Chile)

✓ Solo en Francia, donde resido, somos más de 700 artistas.

La forma *habemos* solo es aceptable dentro de la locución *habérselas con algo o con alguien*, 'enfrentarse a ello o con él'.

✓ Son la base de los mitos, relatos y explicaciones causales a través de los cuales entendemos el mundo y la vida, y nos las habemos con ellos a cada paso.

(CREA, Salvador Giner, *Teoría sociológica clásica*, Ariel, 2001)

- ***hablar***

Es incorrecto el empleo de *hablar* como transitivo en lugar de *decir*, uso que ha crecido en los últimos tiempos.

⊗ Se habla que el Parque La Concordia es un parque que obedece a una influencia esotérica en la construcción y diseño de sus calles y avenidas.

(CREA, *La Tribuna*, 21/12/2004, Honduras)

✓ Se dice que el Parque La Concordia es un parque que obedece a una influencia esotérica en la construcción y diseño de sus calles y avenidas.

- ***hacer***

Es incorrecto el uso en tercera persona de plural de *hacer* con valor impersonal.

⊗ Hacen años me salió algo así como una hernia.

(CREA, *Vida y palabra campesina*, Gia, Santiago de Chile, 1996, Chile)

✓ Hace años me salió algo así como una hernia.

En la expresión de la temperatura también es verbo impersonal, por lo que es incorrecta la concordancia con el complemento directo.

⊗ Ayer hicieron 37° de temperatura.
✓ Ayer hizo 37° de temperatura.

Se considera influencia de otras lenguas, como el francés, el catalán o el italiano, el uso de *hacer* en contextos oracionales en los que el español requiere otros verbos.

Incorrecto	**Correcto**
hacer una mirada	echar una mirada
hacer una película	proyectar una película, poner una película
hacer una cerveza	tomar una cerveza
hacer vacaciones	pasar las vacaciones, ir de vacaciones
hacer un paseo	pasear, dar un paseo
hacer la basura	sacar la basura, tirar la basura

En la expresión del tiempo transcurrido, son redundantes expresiones como ⊗*hace dos años atrás,* ⊗*hace un tiempo atrás* (⇨ pág. 412); debe eliminarse el adverbio o bien el verbo: *hace dos años, dos años atrás, hace tiempo, tiempo atrás.*

⊗ Desde hace tiempo atrás se encuentran dos personas detenidas.
(CREA, *Los Tiempos*, 19/01/1997, Bolivia)
✓ Desde hace tiempo se encuentran dos personas detenidas.

- *incautar(se)*

Tradicionalmente se consideraba correcto solo el uso pronominal del verbo con un complemento de régimen, *incautarse de algo.* Junto a este esquema sintáctico, ya se acepta también el uso transitivo y no pronominal, con el valor de 'confiscar'.

✓ Los agentes se incautaron de la máquina falsificadora.
✓ Los agentes le incautaron la máquina falsificadora.
✓ Se le incautó la máquina falsificadora.
✓ La máquina falsificadora le fue incautada por los agentes.

- *incurrir*

Es verbo intransitivo que rige un complemento introducido por *en.* Es incorrecto el uso transitivo que se documenta ocasionalmente en el participio.

⊗ La ilegalidad incurrida frente a las administraciones turísticas y fiscales constituye, a su vez, un terreno abonado para el trabajo sumergido.

(CREA, Ángeles Rubio Gil, *Los recursos humanos en el sector turístico español: organización del trabajo y empleo*, Ariel, 2001, España)

✓ La ilegalidad en la que se ha incurrido frente a las administraciones turísticas y fiscales constituye, a su vez, un terreno abonado para el trabajo sumergido.

- ***inquirir***

Este verbo significa 'indagar, averiguar, examinar cuidadosamente algo' y puede llevar complemento directo. El complemento con *de*, cuando lo lleva, expresa la persona de la que se pretende extraer información; a veces, por confusión con *preguntar*, se usa incorrectamente el complemento con *a* en este contexto.

✓ El comandante lo aprovechó para inquirir de mí el grado de amistad política de los portugueses hacia el estado del general.

(CREA, Gonzalo Torrente Ballester, *Filomeno a mi pesar*, Planeta, 1993, España)

⊗ —¿Y cómo se describían «ellos» físicamente? —volví a inquirir a mi interlocutor.

(CREA, Íker Jiménez, *Enigmas sin resolver II*, Edaf, 2001, España)

✓ —¿Y cómo se describían «ellos» físicamente? —volví a inquirir de mi interlocutor.

Más generalizado está el error de construir el complemento con *sobre, acerca de, por*, que denotan también confusión con el régimen sintáctico de *preguntar*.

⊗ Se acercaba para inquirir por su salud, deteriorada por aquella locura.

(CREA, Marco A. Flores, *La siguamonta*, Siglo XXI Editores, México)

✓ Se acercaba para preguntar por su salud, deteriorada por aquella locura.

- ***integrar(se)***

No debe usarse la variante pronominal *integrarse* con el significado de 'estar formado por'. Para este valor debe usarse *integrar* o bien *estar integrado por*.

⊗ El consejo se integra por 256 miembros,

(CREA, *La Crónica de Hoy*, 01/04/2002, México)

⊘ El consejo está integrado por 256 miembros. (*O bien*, lo integran 256 miembros).

- *interferir*

El complemento expresa el elemento sobre el que se interfiere y puede ir encabezado por *en* o bien usarse sin preposición. No es correcto introducir el complemento con las preposiciones *por* o *con*.

⊘ La situación actual no interfiere en nuestras buenas relaciones.

⊘ La situación actual no interfiere nuestras buenas relaciones.

⊗ Ninguna de ellas tenía síntomas en el momento de la exposición ni estaba recibiendo ninguna medicación que pudiera interferir con los resultados del test.

(CREA, *Revista Española de Alergología e Inmunología Clínica*, 15/1, 02/2000, España)

⊘ Ninguna de ellas tenía síntomas en el momento de la exposición ni estaba recibiendo ninguna medicación que pudiera interferir en los resultados del test.

- *jugar*

Quizá por influencia del inglés, en la norma culta de la mayor parte de los países hispanoamericanos se admite el uso del complemento directo sin preposición ni artículo cuando el nombre es el de un deporte: *Jugaremos tenis; Jugamos futbol.*

No obstante, si aparece la preposición, no es correcto eliminar el artículo.

⊗ El regate y el juego aéreo son su fuerte cuando juega a fútbol.

(CREA, *El Periódico Mediterráneo*, 20/01/2004, España)

⊘ El regate y el juego aéreo son su fuerte cuando juega al fútbol.

- *lesionarse*

Es verbo transitivo. Es incorrecto que el grupo que realiza la función de complemento directo del verbo vaya introducido por una preposición.

⊗ Rafa se ha lesionado en la rodilla.

⊘ Rafa se ha lesionado la rodilla.

- *luchar*

Aunque el *DPD* sigue considerando incorrecto el uso transitivo de *luchar,* la *NGLE,* sin pronunciarse sobre su corrección, reconoce la difusión reciente de su empleo como transitivo, sobre todo en el lenguaje del periodismo deportivo.

⊖ ¡Hay que luchar cada pelota si queremos ganar!
⊕ ¡Hay que luchar por cada pelota si queremos ganar!

Tampoco es correcto el uso del verbo con un complemento interno, es decir, contenido en el propio significado del verbo.

⊖ Luchó una guerra consigo mismo.
⊕ Libró una guerra consigo mismo. (*O bien,* Sostuvo una guerra...).

- *lucrar(se)*

Hoy se usa solo como verbo pronominal e intransitivo y se considera arcaizante el empleo de *lucrar* con el sentido de 'lograr, conseguir'. No es correcto usarlo como intransitivo sin el pronombre *se* con el significado de 'sacar provecho'.

⊗ La verdad es que esta empresa aseguradora no conoce la ética, y lucra con la salud y la necesidad de sus clientes.
(CREA, *Proceso*, 21/07/1996, México)
✓ La verdad es que esta empresa aseguradora no conoce la ética, y se lucra con la salud y la necesidad de sus clientes.

- *obsequiar*

Aunque el *DRAE* señala únicamente su valor transitivo, se construye muy a menudo con un complemento introducido por *con*, como señala el *DPD*.

✓ Le obsequió la mejor de sus sonrisas.
✓ Le obsequió con la mejor de sus sonrisas.

- *pedir*

Debe evitarse la construcción *pedir por* para el significado 'preguntar', ya que se considera calco del inglés.

⊗ Un señor que vino a casa me pidió por usted.
✓ Un señor que vino a casa me preguntó por usted.

- *pegar*

Es transitivo con el significado de 'dar un golpe' (*Pegaron un cachete a la niña*) y lleva un complemento directo de cosa y un complemento indirecto de persona. Los sustitutos pronominales del complemento indirecto deben ser *le* o *les* (*Le pegaron un cachete*). Con este significado no admite la transformación a pasiva.

Con el significado de 'adherir' también es transitivo, con un complemento directo de cosa y un complemento de régimen (*Pegaron el sello a la carta*). Los sustitutos pronominales del complemento directo son *lo, la, los* o *las* (*Lo pegaron a la carta*) y admite la transformación a pasiva (*El sello fue pegado a la carta*).

- *pelear*

Tanto el *DPD* como la *NGLE* admiten el uso transitivo de este verbo, que se está extendiendo sobre todo en los países hispanoamericanos.

> ✓ Y en la hilera de adelante estarán los ocho senadores liderados por Andrés Pastrana, que hasta última hora pelearon el noveno escaño.
>
> (CREA, *El Tiempo*, 01/12/1991, Colombia)

- *penetrar*

Considerado tradicionalmente intransitivo, hoy el *DPD* y la *NGLE* admiten la validez de su uso con complemento directo.

> ✓ El frío penetraba en los huesos.
> ✓ El frío penetraba los huesos.

- *quedar(se)*

Para el significado de 'pasar a poseer algo', está muy extendida en el habla coloquial la sustitución del complemento por un pronombre sin preposición. Este uso no es aún aconsejable en el lenguaje cuidado.

> ⊖ Me quedo tu raqueta hasta mañana. → Me la quedo.
> ⊕ Me quedo con tu raqueta hasta mañana. → Me quedo con ella.

Es incorrecto su uso transitivo para el valor de 'dejar olvidado'.

> ⊗ Me he quedado la cartera en casa.
> ✓ Me he dejado la cartera en casa.

• *rechazar*

Es incorrecto el empleo como verbo intransitivo, variante que se oye a veces en el ámbito deportivo por posible confusión con *rebotar*.

⊗ El balón rechazó en la red.

✓ El balón rebotó en la red. (*O bien,* la red rechazó el balón).

• *recordar*

Se considera dequeísmo (⇒ pág. 333) introducir con *de* el complemento que expresa lo recordado, confusión explicable por la influencia de *acordarse de*. A influencia de este verbo puede deberse también el uso incorrecto de *recordar* como pronominal.

⊗ Yo me recuerdo que un momento yo le dije a Fidel: «Bueno, ¿y qué tu harías con tu gran Julio César».
(CREA, «Tatuaje», 24/04/85, TVE 2, España)

✓ Yo recuerdo que un momento le dije a Fidel: «Bueno, ¿y qué tú harías con tu gran Julio César?».

No obstante, sí es posible un complemento con *de* o con *como* cuando expresa el modo o la manera en que se recuerda algo.

✓ O cuando a su vez tienen hijos y entonces se recuerdan de niños a través de ellos.
(CREA, Javier Marías, *Corazón tan blanco*, España)

• *recuperar*

No se considera normativo el uso de *recuperar* como 'lograr que alguien se recupere de una lesión', que se aplica especialmente a las actividades deportivas. Se debe usar la forma pronominal *recuperarse*.

⊗ Cruyff no quiso dar importancia a la ausencia de Romario y aseguró que tiene confianza en poder recuperar al brasileño.
(CREA, *La Vanguardia*, 02/09/1994, España)

✓ Cruyff no quiso dar importancia a la ausencia de Romario y aseguró que tiene confianza en que el brasileño se recuperará. (*O bien,* en conseguir que el brasileño se recupere).

• *recurrir*

Solo es correcto el uso transitivo en el lenguaje jurídico: *recurrir una sentencia*.

• *referir(se)*

Referir es 'relatar'; *referirse* es 'aludir, mencionar'. Es incorrecto el empleo de *referir* para el valor de 'concernir'.

⊗ Por lo que refiere a la relación existente entre las variables plomo en sangre versus ingesta de hierro y calcio, se aprecia una tendencia negativa entre ellas.

(CREA, *Revista de Salud Pública y Nutrición*, 3/3, 07-09/2002, México)

✓ Por lo que se refiere a la relación existente entre las variables plomo en sangre frente a ingesta de hierro y calcio, se aprecia una tendencia negativa entre ellas.

⊗ Particularmente en lo que refiere al estudio y la difusión de la lengua y la cultura italianas.

(CREA, *Clarín*, 08/02/1979, Argentina)

✓ Particularmente en lo que atañe al estudio y la difusión de la lengua y la cultura italianas. (*También*, en lo que concierne).

- ***rehusar(se)***

En América es más general el empleo del verbo pronominal. El *DPD* señala que en la actualidad es transitivo, por lo que son incorrectos los usos intransitivos con *a* o con *de*.

⊗ El presidente de la sala rehusó a atender el teléfono en medio del debate.

(CREA, «Entre hoy y mañana», 07/11/96, Tele 5, España)

✓ El presidente de la sala rehusó atender el teléfono en medio del debate.

No obstante, cuando al verbo *rehusarse* le sigue un infinitivo, es habitual incluso entre hablantes cultos emplear un complemento con *a*, quizá por influencia del significado y el régimen sintáctico de *negarse*.

✓ El primer lingüista que se rehusó a ver al lenguaje como una expresión pasiva del hablante fue Guillermo von Humboldt.

(CREA, Octavio Paz, *Sombras de obras. Arte y literatura*, Seix Barral, 1996, México)

No es correcto combinarlo con complemento indirecto con el significado de 'rechazar'.

⊗ Incluso a los guardias que intentaran sondearlo les rehusó de mal humor comentarles el juicio.

(CREA, Daniel Chavarría, *El rojo en la pluma del loro*, Mondadori, 2002, Uruguay)

✓ Incluso rehusó de mal humor comentarles el juicio a los guardias que habían intentado sondearlo.

- ***repercutir***

Solo se acepta el uso transitivo como tecnicismo de la economía.

> ✓ Incluye otras medidas, como la obligación de repercutir en el consumidor final la cuantía de los cánones y tarifas que abonan los ayuntamientos.
> (CREA, *La Vanguardia*, 30/09/1995, España)

El régimen de *repercutir* exige que el complemento lleve la preposición *en*. No es correcto, por tanto, que aparezca otra en su lugar.

> ⊗ Repercute a la totalidad de la Europa de hoy.
> (CREA, Conferencia en el Instituto de la Mujer, 09/05/91, España)
>
> ✓ Repercute en la totalidad de la Europa de hoy.

- ***suspender***

Para el significado de 'calificar con suspenso', el *DRAE* solo recoge usos transitivos con complemento directo de persona y complemento de régimen de materia (*suspender a alguien en algo*). No obstante, el *DPD* admite su uso como transitivo con un complemento directo de cosa.

> ✓ Suspendió las matemáticas.
> ✓ Lo suspendieron en matemáticas.
> ✓ Le suspendieron las matemáticas.

- ***transitar***

El *DRAE* solo señala el valor intransitivo, pero en el *DPD* se describen usos transitivos, en ejemplos como *Betancur también ha transitado ese camino.* Menos recomendable es su uso con complementos de tiempo; es preferible usar otros verbos más acordes con el significado temporal.

> ⊗ Hoy Roberto transita sus días con su esposa Mónica y sus hijos Alejandro y Ezequiel, y deposita su esperanza en la cosecha de cebolla.
> (CREA, *La Nueva Provincia*, 03/04/1997, Argentina)
>
> ✓ Hoy Roberto ve pasar sus días con su esposa Mónica y sus hijos Alejandro y Ezequiel, y deposita su esperanza en la cosecha de cebolla.

No es correcto emplearlo sin complemento en el sentido de 'circular' o 'moverse con rapidez', uso que se encuentra especialmente en el lenguaje deportivo.

⊗ Fue así que el balón transitó con velocidad.
(CREA, *La Nueva Provincia*, 13/04/1997, Argentina)
✓ Fue así que el balón circuló con velocidad.

• *urgir*

Se admite el uso transitivo tanto para el significado de 'necesitar que algo se haga con urgencia' como para el de 'instar, pedir con apremio'.

✓ Urge ayuda humanitaria para el tercer mundo.
✓ Los afectados urgían una pronta respuesta.
✓ El presidente urgió a los bancos a actuar con celeridad.

No es correcto, en el sentido de 'ser necesario algo con urgencia', el empleo del verbo con sujeto de persona o animado.

⊗ En otras palabras, el capitalismo urge hoy peregrinos intelectuales, nómadas no tanto del espacio como de la inteligencia.
(CREA, *La Vanguardia*, 06/07/1994, España)
✓ En otras palabras, el capitalismo necesita hoy peregrinos intelectuales, nómadas no tanto del espacio como de la inteligencia.

Usos incorrectos de los modos

Usos incorrectos del condicional

No es correcto usar el condicional en la parte de las oraciones condicionales que lleva la conjunción, es decir, en la que se expresa la condición, denominada «prótasis».

⊗ Si tendría dinero, te lo daría.
✓ Si tuviera dinero, te lo daría.

Tampoco se aconseja el empleo del denominado «condicional de rumor», usado en periodismo para presentar noticias no plenamente confirmadas y, en ocasiones, usado como estrategia pragmática para no comprometerse con lo enunciado.

⊗ En las manifestaciones habrían participado más de ochenta mil personas.
✓ En las manifestaciones han participado más de ochenta mil personas. (*O bien,* Se calcula que en las manifestaciones participaron más de ochenta mil personas).

Usos incorrectos del subjuntivo

Quizá por influencia del inglés, el subjuntivo está tendiendo a ser desplazado por el indicativo. No obstante, hay que recordar que en español el subjuntivo es obligatorio en determinadas estructuras oracionales.

⊗ No puedo creer que es verdad lo que me dices.
✓ No puedo creer que sea verdad lo que me dices.

El imperfecto de subjuntivo tiene dos terminaciones, una en *-ra, cantara,* y otra en *-se, cantase.* Pero estas formas no son intercambiables en todos los casos. Con los verbos *querer*, *poder* y *deber*, la forma *cantara* alterna con el condicional *cantaría* para expresar modestia o cortesía, probabilidad o para dar consejos o sugerir algo; pero no es posible en estos casos la forma con *-se*.

⊗ No quisiese ser inoportuno.
✓ No {quisiera/querría} ser inoportuno.
⊗ Pudieses tener razón.
✓ {Pudieras/podrías} tener razón.
⊗ Debieses tener más cuidado.
✓ {Debieras/deberías} tener más cuidado.

A pesar de que es un uso generalizado en el lenguaje periodístico, no se considera correcto el imperfecto de subjuntivo en *-ra* con valor de pretérito perfecto simple, pretérito pluscuamperfecto o pretérito anterior de indicativo.

⊗ Adelaida García Morales, conocida por el gran público gracias a su primer relato, *El Sur*, que más tarde llevará al cine el que fuera su esposo, Víctor Erice...

(CREA, *El Diario Vasco*, 31/01/2001, España)

✓ Adelaida García Morales, conocida por el gran público gracias a su primer relato, *El Sur*, que más tarde llevaría al cine el que fue su esposo, Víctor Erice...

⊗ Su desaparición ocurrió después de que González pronunciara un encendido discurso en una asamblea de profesores de la universidad estatal.

(CREA, *El Universal*, 03/11/1996, Venezuela)

✓ Su desaparición ocurrió después de que González hubiera pronunciado un encendido discurso en una asamblea de profesores de la universidad estatal.

Se considera arcaizante el uso del imperfecto de subjuntivo en la apódosis de las oraciones condicionales, es decir, donde se expresa lo que está sometido a la condición.

⊗ Si me lo pidieras, te lo prestara.
✓ Si me lo pidieras, te lo prestaría.

Usos incorrectos del infinitivo

Una oración necesita la presencia de un verbo en forma personal para estar correctamente formada, por lo que no es aceptable usar el infinitivo como verbo principal. Es un uso inapropiado que se produce especialmente en lenguaje periodístico.

⊗ Y ya por último decir que, lo mismo que en las cuencas del Macizo ibérico, el drenaje no se ha completado.
(CREA, Luis Albentosa Sánchez, *El clima y las aguas*, Síntesis, 1991, España)

✓ Y ya por último, hay de decir que, lo mismo que en las cuencas del Macizo Ibérico, el drenaje no se ha completado.

Salvo en las instrucciones de carácter general (*Seleccionar el botón derecho*) y las órdenes negativas (*No fumar*), es incorrecto emplear el infinitivo en lugar del imperativo (⇨ pág. 105).

⊗ Poneros el abrigo, niños.
✓ Poneos el abrigo, niños. (*o* Pónganse el abrigo, niños, *en las regiones en las que no existe* «vosotros»).

Para el empleo de *a* + infinitivo como complemento del sustantivo, ⇨ págs. 313-316.

Usos incorrectos del gerundio

Es incorrecto el uso del gerundio con valor de oración adjetiva especificativa. Tampoco es aceptable el gerundio con valor de adjetivo especificativo, excepto en las construcciones *agua hirviendo* y *clavo ardiendo*.

⊗ El 9 de julio de 1824 apareció un decreto conteniendo «una verdadera reorganización de la imprenta del Estado».
(CREA, Fermín V. Arenas Luque, *Cómo era Buenos Aires*, Plus Ultra, 1979, Argentina)

✓ El 9 de julio de 1824 apareció un decreto que contenía «una verdadera reorganización de la imprenta del Estado».

⊗ Previamente recibieron la llamada del subsecretario de Gobierno, Sebastián Valdiviezo, pidiendo información.

(CREA, *Vistazo*, 09/07/1997, Ecuador)

✓ Previamente recibieron la llamada del subsecretario de Gobierno, Sebastián Valdiviezo, que pedía información.

La acción expresada por el gerundio debe ser anterior a la denotada por el verbo principal (*Ahorrando, he logrado comprarme un piso*) o simultánea (*Se marchó gritando*). No se considera correcto emplear el gerundio para expresar acciones posteriores a la expresada por el verbo principal.

⊗ Diez años sufrió la enfermedad, muriendo a la edad de 33 años en 1907.

(CREA, *Quinto Sol*, 19, 2000, Nicaragua)

✓ Diez años sufrió la enfermedad, hasta morir a la edad de 33 años en 1907.

Tampoco es correcto usar el gerundio con valor concesivo.

⊗ Contando con abrumador favoritismo el invicto Di Caprio solo logró finalizar cuarto.

(CREA, *El País*, 11/06/2001, Uruguay)

✓ A pesar de partir como favorito, el invicto Di Caprio solo logró finalizar cuarto.

En general, no es elegante abusar del gerundio en la lengua escrita (⇨ págs. 40-41). Para el uso de *no siendo que*, ⇨ pág. 338.

Usos incorrectos del imperativo

Para expresar órdenes o sugerencias negativas, se debe usar el infinitivo (*no fumar*), si el mandato o la sugerencia son de carácter general, o las formas de subjuntivo (*no fumen, no fuméis*), si el consejo va dirigido a alguien específicamente. No se deben emplear en estos casos las formas del imperativo.

⊗ No jugad.

✓ No juguéis. (*O* No jueguen, *en las regiones donde no hay «vosotros»*).

Es incorrecto anteponer los pronombres átonos a las formas de imperativo (⇨ pág. 259).

Usos incorrectos en la correlación de los tiempos

En las oraciones compuestas, los tiempos verbales han de guardar correlación temporal, ya sea en presente (*No creo que Juan beba tanto*), ya sea en pasado (*No creí que Juan bebiera tanto*).

⊗ Habían decidido que era mejor que no se sepa lo que estaba pasando.
✓ Habían decidido que era mejor que no se supiera lo que estaba pasando.
⊗ Estaba dispuesto a hacer lo que sea por conseguirlo.
✓ Estaba dispuesto a hacer lo que fuera por conseguirlo.

LOS ADVERBIOS

Uso de adjetivos y determinantes como adverbios

En determinados contextos, los adjetivos y algunos determinantes que habitualmente realizan la concordancia de género y número pueden quedar inmovilizados en la forma de masculino y singular. Se comportan como adverbios los adjetivos y determinantes que se usan como complemento del verbo, del adjetivo o de otro adverbio. A pesar de que a veces se dice que es un rasgo característico solo del español de América, lo cierto es que se produce por igual en todo el español, aunque en cada zona se adverbialicen adjetivos diferentes.

Vengan rápido.
Manejan suave.
¡Pisa fuerte!
Nuestros licenciados son los peor pagados de Europa.
Cuanto más rápidas seáis, mejor.
Se quedaron todo tristes.

Cuando los adjetivos funcionan como adverbios, no deben usarse en plural.

⊗ A partir de la casilla 4 y hasta la 11, ambas inclusives, compuestas por conjuntos argentinos.
(CREA, *El País*, 02/06/1985, España)
✓ A partir de la casilla 4 y hasta la 11, ambas inclusive, compuestas por conjuntos argentinos.
⊗ Debe ser que tales periodistas son iguales de malos, y de laxos.
(CREA, *El Tiempo*, 15/09/1996, Colombia)
✓ Debe ser que tales periodistas son igual de malos, y de laxos.

Si se usan en función adverbial adjetivos como *mejor, peor, medio*, etc., deben quedar inmovilizados en masculino singular. No es correcto, en estos casos, hacerlos concordar con los adjetivos a los que modifican.

⊗ Los miembros del Poder Judicial del Estado han dejado de ser los peores pagados en todo el país.

(CREA, *Excélsior*, 18/09/1996, México)

✓ Los miembros del Poder Judicial del Estado han dejado de ser los peor pagados en todo el país.

El adjetivo *medio* se usa en España como adverbio y se suele mantener invariable, mientras que en América lo habitual es usar la forma concordada (⇨ pág. 226). Son variantes admitidas.

✓ Mis hermanas son medio brujas.

✓ Esa es una de las pequeñas anécdotas simples, que es media tonta pero, bueno, es, o sea, eso se le queda a uno grabado en la mente.

(CREA, Oral, CSHC-87 Entrevista 50, Venezuela)

Para la combinación de los adverbios con los posesivos (⊗*encima suyo*, ⊗*delante mía*, ⊗*enfrente suyo*, ⊗*debajo nuestra*, etc.), ⇨ pág. 233.

Normas sobre el uso de algunos adverbios

- **Adverbios en -*mente***

Cuando dos o más adverbios terminados en -*mente* aparecen coordinados o en una enumeración, lo correcto es emplear el sufijo -*mente* solo en el último.

Respira lenta y profundamente.
La melodía sonaba alegre, suave y dulcemente.
Me respondió fina pero directamente.

Como recomendación general, conviene no cargar los textos con adverbios que tengan esta terminación, por la pesantez de estas palabras y los problemas estilísticos que ocasionan (⇨ págs. 40-41).

- ***adelante, delante, atrás, detrás***

Las formas con *a-* indican dirección, por lo que se usan preferentemente en combinación con los verbos de movimiento: *Seguiremos adelante.* Las formas sin *a-* indican posición, por lo que se deben combinar con verbos estativos o de situación: *Se colocó detrás.*

Los adverbios *adelante* y *atrás*, que pueden usarse como complementos del nombre (*un paso atrás, un salto adelante*), no llevan complemento. Se considera ajeno a la norma culta el empleo de un complemento con *de* para estos adverbios, por lo que se recomienda sustituirlos en estos casos por las formas sin *a-* o con la preposición que exija el verbo.

⊗ Mondragón, quien estaba atrás de Chacón llegó a la pelota justo en la línea.
(CREA, *El Diario de Hoy*, 05/05/2003, El Salvador)

✓ Mondragón, quien estaba detrás de Chacón, llegó a la pelota justo en la línea.

⊗ Arrecia la ola de protestas para que el presidente Chirac se eche atrás de su decisión «irrevocable».
(CREA, *La Vanguardia*, 02/09/1995, España)

✓ Arrecia la ola de protestas para que el presidente Chirac se eche atrás en su decisión «irrevocable».

Es preferible no combinar el adverbio *adelante* —ni otros compuestos con *a-*, como *adentro, afuera, adonde*— con preposiciones que indican dirección, como *hacia* o *para*.

⊖ Mira para adelante.
⊕ Mira para delante.
⊖ Entra hacia adentro.
⊕ Entra hacia dentro.

Es incorrecta la reducción fónica ⊗*alante*, que en la lengua hablada coloquial puede oírse incluso entre hablantes cultos. Asimismo, es incorrecta la contracción de la preposición y el adverbio en ⊗*palante* (correcto: *para delante*). Estas formas a menudo son usadas por los escritores para caracterizar el habla de sus personajes populares.

⊗ Si te derrapas mucho con tu bici y tienes gastada la cubierta de atrás, no hace falta que te compres otra, solo tienes que cambiar las cubiertas de rueda, la de alante la pones atrás y al revés.
(CREA, Efímero, 99206009, Página web 1999)

✓ Si derrapas mucho con tu bici y tienes gastada la cubierta de atrás, no hace falta que te compres otra, solo tienes que cambiar las cubiertas de rueda, la de delante la pones atrás y al revés.

⊗ De ahí palante no se supo más nada de esa cosa que había pasado.
(CREA, Alexandra Álvarez Muro, *Poética del habla cotidiana*, Universidad de Los Andes, 2000, Venezuela)

✓ De ahí en adelante no se supo más nada de esa cosa que había pasado.

No es correcta la expresión ®*en lo adelante*, que se encuentra sobre todo en países de la zona caribeña. Debe sustituirse por *en adelante*.

⊗ En lo adelante, sobrevendrán días cada vez más duros y difíciles.
(CREA, *Trabajadores*, 19/12/2003, Cuba)

✓ En adelante, sobrevendrán días cada vez más duros y difíciles.

Tampoco es correcta la combinación de *atrás* con *hace X años*, pues el significado del adverbio resulta redundante (⇨ pág. 412).

⊗ El concurso fue fallado hace dos años atrás cuando no había sucedido el desastre argentino.
(CREA, *El País*, 12/11/2001, Uruguay)

✓ El concurso fue fallado dos años atrás, cuando no había sucedido el desastre argentino.

- *adentro, afuera*

En América estos adverbios se usan indistintamente con verbos de movimiento y verbos de estado (*se quedaron afuera, entraron adentro*); en España es más habitual el uso de las formas sin *a-* cuando el verbo no denota movimiento (*se quedaron fuera*). Las formas con *a-* pueden usarse como complementos de nombres: *tierra adentro, mar adentro*.

Los adverbios *adentro* y *afuera* no deben ir precedidos de la preposición *a*.

⊗ Lo cual supone un sustancial cambio de fuera a adentro.
(CREA, *Arqueoweb. Revista sobre Arqueología en Internet*, 04/2001, España)

✓ Lo cual supone un sustancial cambio de fuera adentro.

A pesar de que es muy habitual que los adverbios *adentro* y *afuera* lleven complementos con *de* en el español de América, no se considera normativo este uso y se recomienda emplear en estos casos las formas adverbiales sin *a-*.

⊗ Dormí muy bien, estaba adentro de un saco de dormir.
(CREA, *La Época*, 27/06/1996, Chile)

✓ Dormí muy bien, estaba dentro de un saco de dormir.

• *adonde, a donde*

Las formas *adonde* y *a donde* se consideran variantes gráficas de igual valor y pueden usarse indistintamente, aunque tradicionalmente se había recomendado la variante en una sola palabra cuando había antecedente expreso (*el lugar adonde nos dirigimos*) y la variante en dos palabras cuando no había antecedente expreso (*Nos dirigimos a donde han dicho*).

> ✓ Ha llegado a donde yo estaba.
> ✓ Ha llegado adonde yo estaba.

La variante *adonde* lleva incorporada la preposición *a*, que implica desplazamiento. Por ello, solo debe usarse con verbos que indican movimiento, no con verbos estativos, a pesar de que esta variante se usaba con frecuencia en la lengua antigua y aún tiene un amplio uso en Perú.

> ⊖ —Estuvo aquí la semana pasada. —¿Y adónde está ahora? —Yo no sé.
> (CREA, Esmeralda Santiago, *El sueño de América*, Mondadori, 1996, Puerto Rico)
> ⊕ —Estuvo aquí la semana pasada. —¿Y dónde está ahora? —Yo no sé.

No debe usarse la forma *adonde* precedida de preposición que indique dirección o destino.

> ⊗ Aparentando ser alguien totalmente confiado y que siempre «sabe» hacia adonde va.
> (CREA, Eugenio Carutti, *Ascendentes en Astrología*. Casa XI, 2001, Argentina)
> ✓ Aparentando ser alguien totalmente confiado y que siempre «sabe» hacia dónde va.

Son vulgares las reducciones fónicas ⊗*ánde*, ⊗*ónde* por *adónde, dónde* y ⊗*ande*, ⊗*onde* por *adonde, donde*.

• *ahí*

Es palabra bisílaba y aguda: debe evitarse la pronunciación ⊗[ái]. No obstante, en la interjección *¡ahí va!*, que denota sorpresa o contrariedad, se pronuncia átona y monosílaba.

No pertenece a la lengua culta el empleo de adverbios demostrativos de lugar como término de la preposición *en*, uso popular de zonas centroamericanas y andinas: ⊗*en allá*, ⊗*en ahí*.

- *alrededor*

Aunque se prefiere la escritura en una sola grafía, se admiten también la variante *al rededor*, así como *en derredor* y *en rededor*. Son incorrectas, por el contrario, las formas ®*alredor* y ®*alderredor*.

- *anoche*

Se aceptan las variantes *anteanoche, antes de anoche* y, en zonas de América, *antenoche*, pero no se admiten ®*antinoche* ni ®*antianoche*.

- *antes, después*

Salvo en países del área andina, en el resto del español no se admite la combinación con el modificador *más*, ni siquiera en series en las que se enumeran varias acciones sucesivas. En este segundo caso, se puede sustituir ®*más antes* o ®*más después* por *mucho antes, mucho después, más tarde* o equivalentes.

⊗ ¿Fue durante la época de Banzer o de Torres? No, mucho más antes. ¡Mucho más antes!
(CREA, Oral, LP-10. Mujer de 36 años, arquitecta, Bolivia)

✓ ¿Fue durante la época de Banzer o de Torres? No, mucho antes. ¡Mucho antes!

Tampoco es aceptable insertar el adverbio *más* en las secuencias *lo antes posible, lo después posible*.

⊗ [...] indicó al expresar la esperanza para que la actividad bursátil retorne a la normalidad lo más antes posible.
(CREA, *Los Tiempos*, 13/09/2001, Bolivia)

✓ [...] indicó al expresar la esperanza para que la actividad bursátil retorne a la normalidad lo antes posible.

Cuando *antes* o *después* complementan a un sustantivo que expresa tiempo, no deben usarse precedidos de la preposición *de*. Debe decirse *el día antes, la tarde después, la noche antes*, y no ®*el día de antes*, ®*la tarde de después*, ®*la noche de antes*.

⊗ La viuda Dulce envió el regalo por la prima de su marido, Constantina del Pino, aprovechando que ésta estuvo a visitarla el día de antes para pedirle consejos de amor.
(CREA, Fulgencio Argüelles, *Letanías de lluvia*, Alfaguara, 1993, España)

✓ La viuda Dulce envió el regalo por la prima de su marido, Constantina del Pino, aprovechando que esta estuvo a visitarla el día antes para pedirle consejos de amor.

En los casos en los que el adverbio complementa a un sustantivo que expresa tiempo, si este lleva un complemento, no es correcto emplear la preposición *a*, sino *de*.

⊗ En el día después al final feliz del fichaje de Ronaldo [...] se esperaba la concurrencia en la sala de prensa de alguno de los pesos pesados del vestuario para ofrecer las primeras palabras.
(CREA, *La Razón*, 02/09/2002, España)

✓ En el día después del final feliz del fichaje de Ronaldo [...] se esperaba la concurrencia en la sala de prensa de alguno de los pesos pesados del vestuario para ofrecer las primeras palabras.

Son igualmente válidas las construcciones de significado temporal *antes de que* y *antes que, después de que* y *después que*.

- *arriba, abajo*

Pueden usarse como complementos de nombres: *calle arriba, boca abajo, río arriba*. Se considera fuera de la norma culta que los adverbios *arriba* y *abajo* lleven un complemento con *de* y se recomienda sustituirlos por *encima de* y *debajo de*.

⊗ Para todo lo que está por arriba de esos treinta centavos hay un fondo especial en el Banco Central.
(CREA, *El Universal*, 27/10/1996, Venezuela)

✓ Para todo lo que está por encima de esos treinta centavos hay un fondo especial en el Banco Central.

⊗ Justo abajo de él, y ocupando todo el ancho del muro, estructuró un mueble bajo con unas cajoneras casi imperceptibles.
(CREA, *Vivienda y Decoración. Suplemento de El Mercurio*, 14/06/2003, Chile)

✓ Justo debajo de él, y ocupando todo el ancho del muro, estructuró un mueble bajo con unas cajoneras casi imperceptibles.

No debe usarse la preposición *a* en las locuciones *de arriba abajo* y *de abajo arriba*; son incorrectas, por tanto, las expresiones ⊗*de arriba a abajo* o ⊗*de abajo a arriba*.

⊗ SL se formó como un pilar con cuatro niveles de abajo a arriba: las masas, los organismos generados, el partido, el presidente Gonzalo.
(CREA, *El Mundo*, 05/03/1994, España)

✓ SL se formó como un pilar con cuatro niveles de abajo arriba: las masas, los organismos generados, el partido, el presidente Gonzalo.

- *así*

Son vulgares las alteraciones fónicas del adverbio: ®*asín*, ®*asina*, ®*ansina*, ®*ansín*, ®*ansí*. El siguiente ejemplo muestra cómo usa este recurso el autor para caracterizar a sus personajes.

⊗ Las hijas de la otra vieja de mi papá no sé como sean, pero mi mamá a nosotras nos enseñó ansina.

(CREA, Enrique Espinosa, *Jesús el bisabuelo y otros relatos*, Siglo XXI, 1995, México)

✓ Las hijas de la otra vieja de mi papá no sé como serán, pero mi mamá a nosotras nos enseñó así.

- *ayer*

Se consideran correctas las variantes *anteayer, antes de ayer* y *antier*, esta última más propia de algunas áreas americanas. No se aceptan, en cambio, las variantes ®*antiyer* o ®*antiayer*.

- *como*

El adverbio *como* tiene valor aproximativo o atenuador de la certeza de una afirmación.

✓ Nosotros nos casamos hace como veinte años.

✓ Tu hijo está como inquieto, ¿no?

La expresión *como muy* es correcta cuando el adverbio *como* aporta esos valores aproximativos o de atenuación de la idea expresada o bien si la presencia de *como* está exigida por el verbo. Por el contrario, se considera incorrecta si *como* no aporta ningún valor significativo al enunciado.

✓ La figura del cuadro está como muy apagada.

✓ La situación fue calificada como muy preocupante por los responsables.

✓ Debo considerar la propuesta como muy beneficiosa.

⊗ El presidente de Alimentos Heinz, John Werner, ve como muy positivo el programa de apertura petrolera del país.

(CREA, *El Universal*, 07/04/1997, Venezuela)

✓ El presidente de Alimentos Heinz, John Werner, ve muy positivo el programa de apertura petrolera del país.

- *cuando más, cuando menos*

Son locuciones adverbiales que significan respectivamente 'como máximo, a lo sumo' y 'como mínimo'. No deben confundirse con *cuanto más, cuanto menos* en cualquiera de los significados de estas expresiones.

⊗ La idea... no está descartada, sino, cuanto más, condicionada a que ella responda, en el poema, a las necesidades de una vivencia.

(CREA, *Espéculo. Revista de estudios literarios*, 06/2003, España)

✓ La idea... no está descartada, sino, cuando más, condicionada a que ella responda, en el poema, a las necesidades de una vivencia concreta.

- *cuanto más, cuanto menos*

Las construcciones *cuanto más* y *cuanto menos* son locuciones adverbiales cuando significan 'con mayor o menor motivo'.

✓ Acude a todas las bodas, cuanto más a la de su sobrina.

En estas expresiones, *cuanto* funciona como adverbio si sigue un adjetivo o un adverbio, por lo que ha de permanecer inalterable.

✓ Las flores, cuanto más cuidadas estén, más lucirán.
✓ Las penas, cuanto más lejos, mejor.
✓ Sobre el escenario solo se escuchó la verdad de una música fogosa y esforzada, algo así como un eslalon sobre lava que ganó en pálpito emocional cuanto más pronunciadas se hicieron las pendientes.

(CREA, *El País*, 09/12/2003, España)

Por el contrario, cuando van seguidas de un sustantivo son locuciones determinativas, por lo que *cuanto* debe concordar en género y número con el sustantivo (⇨ pág. 246).

⊗ Evidentemente, cuanto más tarjetas envíen, más oportunidades hay.

(CREA, Oral, Radio Madrid, 05/12/1991, España)

✓ Evidentemente, cuantas más tarjetas envíen, más oportunidades hay.

Para la confusión con *cuando más, cuando menos*, véase arriba en esta misma sección.

No debe pasar del registro coloquial la supresión de *cuanto* en secuencias que implican contraste u oposición.

⊗ Más se lo prohíben, menos caso hace.
✓ Cuanto más se lo prohíben, menos caso hace.

Se considera vulgar sustituir *cuanto* por la preposición *contra*.

⊗ La causa necesita muchísimo dinero. Todo el dinero que podamos, contra más mejor.

(CREA, Álvaro Pombo, *Una ventana al norte*, Anagrama, España)

✓ La causa necesita muchísimo dinero. Todo el dinero que podamos, cuanto más mejor.

⊗ Y contra más altos eran los jefes —directores, secretarios de Estado, ministros— parece que más dinero se llevaron.

(CREA, *El Mundo*, 15/01/1995, España)

✓ Y cuanto más altos eran los jefes —directores, secretarios de Estado, ministros— parece que más dinero se llevaron.

También son vulgares las deformaciones fónicas ⊗*contrimás*, ⊗*contimás*, ⊗*cuantimás*. De ellas se valen los escritores cuando quieren imitar los rasgos de los personajes menos instruidos.

⊗ Fíjese cómo tengo la cara y las manos negras de puro sol, el calor mata hasta a los chivos, contimás a la gente.

(CREA, Guillermo Morón, *El gallo de las espuelas de oro*, Monte Ávila Editores, 1993, Venezuela)

✓ Fíjese cómo tengo la cara y las manos negras de puro sol, el calor mata hasta a los chivos, cuanto más a la gente.

⊗ Resistiría el embate de los ojos del señor de Landa, cuantimás ahora que tenía la conciencia tranquila.

(CREA, Eladia González, *Quién como Dios*, Espasa, 1999, México)

✓ Resistiría el embate de los ojos del señor de Landa, cuanto más ahora que tenía la conciencia tranquila.

- ***de sobra***

Es una locución adverbial de cantidad que no admite variación de plural, por lo que no debe usarse la forma ⊗*de sobras*.

⊗ Y muy poco puedo añadir que los lectores no conozcan de sobras y hasta mejor que yo.

(CREA, Antonio Beltrán Martínez, *Pueblos de Aragón II*, Institución Fernando el Católico, 2000, España)

✓ Y muy poco puedo añadir que los lectores no conozcan de sobra y hasta mejor que yo.

• *donde*

No pertenece a la lengua culta la construcción ®*donde que*, usada en la lengua popular de algunas zonas americanas, especialmente las áreas andinas, a veces con valor consecutivo o ilativo.

⊗ Tengo que cuidarla mucho, donde que Cuquita anda rete celosa.
(CREA, Eladia González, *Quién como Dios*, Espasa Calpe, 1999, México)

⊘ Tengo que cuidarla mucho, así que Cuquita anda retecelosa.

⊗ Es la emoción, Serafín, que debilita el cuerpo. Y donde que llevas sobre de ti mi propia emoción, que no es menor que la tuya.
(CREA, Ignacio Solares, *Los mártires y otras historias*, Fondo Cultura Económica, 1977, México)

⊘ Es la emoción, Seràfín, que debilita el cuerpo. Y además llevas sobre de ti mi propia emoción, que no es menor que la tuya.

Como adverbio relativo, el antecedente más apropiado de *donde* es un sustantivo que signifique 'lugar', si bien admite otros antecedentes que metafóricamente puedan interpretarse como 'lugar'.

⊘ Esta es la playa donde pasamos los veranos.

⊘ Pasó después a las propuestas, donde consideró los pros y los contras de cada alternativa.

En cuanto a la relación con otro tipo de antecedentes, como los que significan 'acción', 'evento' o 'tiempo', se desaconseja su uso en la lengua culta.

⊖ Esta es la idea donde radica su fuerza.

⊕ Esta es la idea en la que radica su fuerza.

⊖ Es una etapa donde se produce sustancialmente la maduración de la persona.
(CREA, *ABC*, 20/11/1983, España)

⊕ Es una etapa en la que se produce sustancialmente la maduración de la persona.

⊖ El corto a su vez se inserta ya en un momento donde se empezaba a dar un importante movimiento de cortometrajes.
(CREA, *Film [on line]*, 06/07/2003, Argentina)

⊕ El corto a su vez se inserta ya en un momento en el que se empezaba a dar un importante movimiento de cortometrajes.

Es vulgar la reducción fónica ®*onde*, como refleja el siguiente autor en el habla de un personaje popular.

⊗ CASIMIRO: (Sin perder su sonrisa). ¿Y qué esperan pa recoger sus cosas? Ya pueden regresar de onde vinieron.

(CREA, Felipe Santander, *El corrido de los dos hermanos*, Consejo Nacional de Recursos para la Atención de la Juventud, México)

✓ CASIMIRO: (Sin perder su sonrisa). ¿Y qué esperan para recoger sus cosas? Ya pueden regresar de donde vinieron.

• *igual*

Como adverbio comparativo debe usarse con la conjunción *que*; no son aceptables ni la preposición *a*, ni *como*, ni *de*.

⊗ Lo procedente es subir el límite de velocidad para automóviles y fijarlo en cincuenta para otros vehículos, igual a Italia

(CREA, *El Salvador Hoy*, 13/04/1997, El Salvador)

✓ Lo procedente es subir el límite de velocidad para automóviles y fijarlo en cincuenta para otros vehículos, igual que Italia.

Para expresar duda o probabilidad, el lenguaje culto prefiere formas como *quizá, acaso*; con este valor, *igual* solo debe usarse en el registro coloquial.

⊖ Y si decide finalmente casarse con su Max, a poco que se descuide, igual tiene hasta que pagar ella la boda.

(CREA, *20 Minutos. Madrid*, 14/01/2004, España)

⊕ Y, si decide finalmente casarse con su Max, a poco que se descuide, quizá tenga hasta que pagar ella la boda.

• *más*

Cuando acompaña a los pronombres indefinidos *nada, nadie* o al adverbio *nunca*, en el español general se prefiere la posición pospuesta; se desaconsejan, por tanto, las construcciones *más nada, más nadie, más nunca*, que sin embargo están muy extendidas en Canarias, Andalucía y el Caribe.

⊖ El hecho de que te diga que tiene mucho trabajo y que no piensa en más nada, no es motivo para que creas que ya no te quiere.

(CREA, *El Nuevo Herald*, 18/03/1997, EE. UU.)

⊕ El hecho de que te diga que tiene mucho trabajo y que no piensa en nada más, no es motivo para que creas que ya no te quiere.

Para la combinación de *más* con los adjetivos, con los superlativos y los comparativos, ⇨ págs. 221-224. Es incorrecto combinar *más* con los adverbios *antes* y *después* (véase arriba, en esta misma sección).

- *mayormente, mismamente*

Son adverbios propios del lenguaje coloquial, por lo que en los registros cultos es preferible reemplazarlos por otros de significado similar. El primero puede sustituirse por *especialmente, sobre todo, máxime*; el segundo por *justamente, precisamente, exactamente*.

⊗ Tanto en Africa como en Asia, para la exhibición se eligieron mayormente animales en peligro de extinción.
(CREA, *Weekend*, 04/2003, Argentina)

✓ Tanto en África como en Asia, para la exhibición se eligieron sobre todo animales en peligro de extinción.

No se debe confundir *mayormente* con *mayoritariamente*, adverbio este que deriva de *mayoritario* 'relativo a la mayoría, que constituye mayoría'.

⊗ El sector de Guayaquil mayormente afectado fue el norte.
(CREA, *Vistazo*, 03/04/1997, Ecuador)

✓ El sector de Guayaquil mayoritariamente afectado fue el norte.

- *no*

Es redundante colocarlo al lado de otros adverbios negativos, como *tampoco, nunca*.

⊗ Este verano tampoco no ha llovido.

✓ Este verano tampoco ha llovido.

Tampoco se considera correcto usar *no* en las oraciones subordinadas que dependen de otra que contiene un verbo de significado negativo o que van precedidas de un elemento negativo.

⊗ Trataremos de impedir que el equipo no sufra una nueva derrota.

✓ Trataremos de impedir que el equipo sufra una nueva derrota.

⊗ Se marcharon sin que no nos avisaran.

✓ Se marcharon sin que nos avisaran.

El adverbio *no* se considera superfluo, y por tanto eliminable, en ejemplos como los siguientes.

⊖ Cree que es mejor ir por la autopista que no por la carretera comarcal.

⊕ Cree que es mejor ir por la autopista que por la carretera comarcal.

⊖ Se cayó al río y por poco no se ahoga.

⊕ Se cayó al río y por poco se ahoga.

⊖ No saldrán del encierro hasta que no se admitan sus reclamaciones.

⊕ No saldrán del encierro hasta que se admitan sus reclamaciones.

⊖ ¡Cuánto no daría por volver a París!

⊕ ¡Cuánto daría por volver a París!

No es recomendable combinar *no* con sustantivos si existe una forma prefijada equivalente o un sinónimo (⇨ pág. 51).

- *poco*

La expresión *poco a poco* significa 'lentamente' o 'en cantidades pequeñas'. No es correcto usar esta locución precedida de la preposición *de*.

⊗ Hacia mediodía los chiquitines no quieren ya permanecer dentro. Incluso los que gatean salen de poquito a poco, como si la resolana fuese un imán.

(CREA, Jenny E. Hayen, *Por la calle de los anhelos*, EDAMEX, 1993, México)

✓ Hacia mediodía los chiquitines no quieren ya permanecer dentro. Incluso los que gatean salen poquito a poco, como si la resolana fuese un imán.

Solo en los países del Cono Sur se admite en la lengua culta la expresión *de a poco* con el valor de 'poco a poco, lentamente'.

✓ Pero de a poco, San Lorenzo fue creciendo a través de su mítico fervor.

(CREA, *La Nación*, 22/06/1992, Argentina)

El adverbio *poco* precedido de la preposición *por* y seguido de un verbo se usa para decir que estuvo a punto de ocurrir lo expresado por el verbo (*Por poco se cae*). No es correcto el empleo para este significado del adverbio *poco* tras preposiciones como *a* o *de*. Tampoco son correctas con este valor las secuencias ⊗*por pocas* o ⊗*de pocas*, presentes en el habla popular.

⊗ ¡Eres una bestia! ¡Me has apuntado tan cerca con la pistola de fogueo que a poco me quemas las pestañas...!

(CREA, Juan José Alonso Millán, *Solo para parejas*, SGAE, 1995, España)

✓ ¡Eres una bestia! ¡Me has apuntado tan cerca con la pistola de fogueo que por poco me quemas las pestañas.

Con este mismo valor de 'casi' no es aceptable la construcción ⊗*por lo poco.*

⊗ Por lo poco me toca la lotería.
✓ Por poco me toca la lotería.

- *por un casual*

Esta locución adverbial pertenece a la lengua coloquial y no debe usarse en los estilos más cuidados, donde son preferibles variantes como *por casualidad, casualmente.*

⊖ Así pues, querido Tahití, si un día, por un casual, monta sobre tus briosos lomos y tira de tus riendas este otro Marcelo, no te sientas vejado y trátale bien.
(CREA, *El País,* 01/08/1980, España)

⊕ Así pues, querido Tahití, si un día, por casualidad, monta sobre tus briosos lomos y tira de tus riendas este otro Marcelo, no te sientas vejado y trátale bien.

- *solo, solamente*

Debe evitarse la construcción *solo* (o *solamente*) + *hacer* + *que* y sustituirla por otras más propias de la lengua culta, como *no hacer más que, no hacer otra cosa que* o *no hacer sino.*

⊗ El compromiso de Londres y Dublín tan sólo hace que aplazar por unos meses la cuestión crucial.
(CREA, *La Vanguardia,* 30/11/1995, España)

✓ El compromiso de Londres y Dublín solo aplaza unos meses la cuestión crucial.

⊗ Una rapsoda, por buena que sea, solo hace que castigar las orejas.
(CREA, Luis Mateo Díez Rodríguez, *La fuente de la edad,* Alfaguara, 1993, España)

✓ Una rapsoda, por buena que sea, no hace sino castigar las orejas.
(*También es correcto* no hace otra cosa que castigar...).

El adverbio *solo* no debe llevar tilde nunca, ni siquiera en los casos en los que la oración pueda resultar ambigua (⇨ pág. 152).

- *todavía*

Las modificaciones fónicas ⊗*entodavía,* ⊗*entavía,* ⊗*toavía,* ⊗*tuavía* son vulgares y pertenecen solo a las hablas menos instruidas. Así lo reflejan los escritores en los ejemplos que siguen.

⊗ El gentío comenzó a carrerear sin preocuparse de los helicópteros. Yo no; toavía les dije que me quería regresar con ellos.
(CREA, Marco Antonio Flores, *La siguamonta*, Siglo XXI, Guatemala)

✓ El gentío comenzó a carrerear sin preocuparse de los helicópteros. Yo no; todavía les dije que me quería regresar con ellos.

⊗ Lo que pasa es que entodavía usté no entiende muy bien las cosas, viejita.
(CREA, Albio Paz Hernández, *El paraíso recobrao*, Letras Cubanas, 1990, Cuba)

✓ Lo que pasa es que todavía usted no entiende muy bien las cosas, viejita.

LAS PREPOSICIONES Y LOCUCIONES PREPOSITIVAS

Normas sobre el uso de las preposiciones

Los errores en el uso de las preposiciones pueden deberse a varias causas:

1. Por omisión de una preposición necesaria: ®*lo que yo me refería es que...* en lugar de la forma correcta *a lo que yo me refería es a que...*
2. Por adición de una preposición innecesaria: ®*de adelante a atrás* en lugar de *de adelante atrás*; ®*pienso de que...* por la forma correcta *pienso que...*
3. Por sustituir una preposición por la que corresponde al régimen sintáctico del verbo, el nombre o el adjetivo: *atenta* ®*a la dignidad*, en lugar del correcto *atenta contra la dignidad.*
4. Porque pueden causar ambigüedad: *la visita del alcalde* puede referirse a la que hizo el alcalde o a la que le hicieron al alcalde.

Cuando se coordinan dos grupos preposicionales, no se debe repetir la preposición, salvo que la eliminación pudiese originar ambigüedad.

⊗ Compra productos de Rosario y de Córdoba.

✓ Compra productos de Rosario y Córdoba.

✓ Compra libros de viajes y aventuras (= los libros tratan ambos asuntos).

✓ Compra libros de viajes y de aventuras (= los libros tratan uno u otro asunto).

Vamos a detallar ahora para cada preposición algunas de las normas sobre su uso correcto.

- *a*

La preposición *a* se usa en español para introducir el complemento directo de persona *Buscamos {a Helena ~ a mis amigos ~ a alguien}* frente a los complementos directos de cosa, que se construyen sin *a: Buscamos {la ciudad ~ una respuesta}*. El hablante puede optar por la presencia o ausencia de preposición según considere más o menos personalizado el complemento: *Buscamos {un perro ~ a un perro}*. Es incorrecto, sin embargo, introducir la preposición cuando el complemento no tiene carácter personal o animado.

⊗ Y se iniciará un programa de instalación automático que en unos minutos dejará al ordenador listo para el chat.
(CREA, *El País. Ciberpaís*, 10/04/2003, España)

✓ Y se iniciará un programa de instalación automático que en unos minutos dejará el ordenador listo para el chat.

Algunas incorrecciones se explican por la contaminación de regímenes sintácticos que se producen entre dos palabras del mismo origen o de similar significado. Así, a veces se añade la preposición *a* incorrectamente en verbos como *conllevar* o *rehusar* por influencia de *llevar* y *renunciar*, respectivamente, cuyo régimen requiere la preposición *a*.

⊗ Mancilla rehusó a presentarse a la reelección tras los escándalos.
(CREA, *El Mundo*, 01/06/1995, España)

✓ Mancilla rehusó presentarse a la reelección tras los escándalos.

⊗ La osteoporosis es una enfermedad muy peligrosa porque conlleva a la muerte en sus últimos estadios.
(CREA, *Hoy Digital. Suplemento Salud*, 31/03/2004, Rep. Dominicana)

✓ La osteoporosis es una enfermedad muy peligrosa porque conlleva la muerte en sus últimos estadios.

Cuando el verbo *preferir* se construye con dos complementos nominales, el primero es el complemento directo y expresa la opción elegida, y el segundo es un complemento de régimen que expresa la opción no preferida. Este segundo complemento debe aparecer introducido por *a*, no por *sobre* ni por la conjunción *que*.

⊗ Esas madres les explicarán que sin saber por qué ellas lo prefieren sobre cualquier otro.

(CREA, Bartolomé Beltrán Pons, *Guía práctica para la mujer embarazada*, Planeta , 1992, Barcelona, España)

✓ Esas madres les explicarán que sin saber por qué ellas lo prefieren a cualquier otro.

⊗ Aimar prefiere ser campeón de la UEFA que tener un papel más secundario en la Champions.

(CREA, *As*, 22/09/2003, España)

✓ Aimar prefiere ser campeón de la UEFA a tener un papel más secundario en la Champions.

En la expresión de la velocidad a la que se mueve algo, no es correcto emplear la preposición *a* con las unidades de tiempo *hora*, *minuto* y *segundo*.

⊗ Recorre seis kilómetros a la hora.

✓ Recorre seis kilómetros cada hora. (*O bien*, seis kilómetros por hora).

Tampoco pertenecen al registro culto los complementos con *a* de algunos sustantivos, adjetivos y verbos que se usan frecuentemente.

Incorrecto	Correcto
atentado a alguien o algo	atentado contra alguien o algo
atentar a algo	atentar contra algo
colaborar a algo	colaborar en algo
en aras a	en aras de
en relación a	en relación con o con relación a
estar a la cola de algo	estar en la cola de algo
hacer mención a algo	hacer mención de algo
hacer bien o mal de decir algo	hacer bien o mal en decir algo
ingresar a algún sitio	ingresar en algún sitio
ir a la cola de algo	ir en la cola de algo
medirse a alguien	medirse con alguien
montar al avión	montar en el avión
poner algo al medio	poner algo en el medio
suspensión a las cuatro ruedas	suspensión en las cuatro ruedas
susceptible a	susceptible de
temer a algo	temer algo
vencer a los puntos	vencer por puntos

Las construcciones «sustantivo + *a* + infinitivo» son galicismos que se consideran poco prestigiosos, a pesar de que están muy difundidos en ciertos lenguajes especializados, como el de la economía, el administrativo o el periodístico. Se recomienda reemplazar la preposición *a* del complemento por otras más características del español, como *por* o *para*, emplear el relativo *que* o, en ocasiones, sustituir *a* + infinitivo por un adjetivo equivalente.

⊗ No quedan asuntos a tratar.

✓ No quedan asuntos que tratar.

⊗ Este año se triplica la oferta de 1993 con 6.575 plazas para niños, en 19 instalaciones y con 37 deportes a elegir.
(CREA, *La Vanguardia*, 04/05/1994, España)

✓ Este año se triplica la oferta de 1993 con 6575 plazas para niños, en 19 instalaciones y con 37 deportes para elegir.

⊗ Dávicce admitió la posibilidad de que en fecha a designar, se realice en el estadio Monumental un partido.
(CREA, *La Nueva Provincia*, 27/02/1997, Argentina)

✓ Dávicce admitió la posibilidad de que en fecha por designar, se realice en el estadio Monumental un partido.

⊗ Otra novedad a destacar es la incorporación de motores de tracción de corriente alterna.
(CREA, *Vía Libre*, n.º 459, 12/2002, España)

✓ Otra novedad destacable es la incorporación de motores de tracción de corriente alterna.

En algunos casos, basta simplemente con eliminar el complemento con *a* por ser redundante, como sucede en ⊗*modelo a imitar* o ⊗*ejemplo a seguir*.

⊗ Fue un hombre cabal y limpio, un modelo a imitar por todos los que sienten anhelos de pasar por la vida bajo el signo del amor.
(CREA, *La Vanguardia*, 15/11/1994, España)

✓ Fue un hombre cabal y limpio, un modelo para todos los que sienten anhelos de pasar por la vida bajo el signo del amor.

Las construcciones «sustantivo + *a* + sustantivo» solo son aceptables cuando el complemento acompaña a un sustantivo derivado de un verbo de acción (*pintura al óleo, cocción al vapor*). Son incorrectas construcciones del tipo ⊗*barco a vapor*, ⊗*cocina a gas*, en las que se recomienda sustituir la preposición por *de*, usada habitualmente en español para los complementos del nombre.

⊗ El sistema emplea tres aspas convencionales [...], las cuales operan con un motor a gasolina de bajas revoluciones y de torque alto.
(CREA, *Investigación y Desarrollo*, 01/2003, México)

✓ El sistema emplea tres aspas convencionales [...], las cuales operan con un motor de gasolina de bajas revoluciones y de torque alto.

Es incorrecta la preposición ante un adverbio de movimiento que comienza por *a-*: *de adentro* ®*a afuera, de arriba* ®*a abajo, de delante* ®*a atrás*, etc. En todos estos casos se debe suprimir la preposición. Del mismo modo, no debe usarse la preposición en las expresiones *boca abajo, boca arriba* (incorrecto: *boca* ®*a abajo, boca* ®*a arriba*).

También resulta incorrecta la adición de *a* en la expresión latina ®*a grosso modo;* la forma correcta es *grosso modo.*

La omisión puede ser consecuencia del encuentro de varias vocales iguales en la cadena hablada. Sucede, por ejemplo, en ®*Va haber que repararlo* por *Va a haber que repararlo; Viene* ®*de allá bajo* por *Viene de allá abajo; Este año* ®*va hacer frío* por *Este año va a hacer frío.*

Admiten la preposición *a* y la preposición *de* las siguientes construcciones, en las que es menos frecuente la que aparece en segundo lugar.

En torno a (preferible) y en torno de.
Respecto a y respecto de.
Con respecto a y con respecto de.

Para referirse al momento del día, son alternativas igualmente válidas *a la mañana, en la mañana* y *por la mañana*; y lo mismo con *tarde* y *noche*. Tratamos la secuencia de preposiciones *a por* más abajo en esta misma sección. Para la contracción de *a + el*, ⇨ págs. 229-230.

- *a nivel de*

Es una expresión de la que se abusa actualmente. Su uso es aceptable para indicar 'altura' —en cuyo caso se prefiere *al nivel de*— o, metafóricamente, 'categoría jerárquica, rango', pero debe evitarse cuando no tiene ninguno de estos valores y se debe sustituir por otras fórmulas más apropiadas.

⊗ No solamente se pide mejoras salariales, sino mejoras a nivel de contratación.

(CREA, Radio, Madrid, 16/09/91, España)

✓ No solamente se piden mejoras salariales, sino mejoras en la contratación.

• *al objeto de*

Esta locución presenta también las variantes *con objeto de* y *con el objeto de*, todas ellas correctas.

Si se usa la preposición *a*, es incorrecta la supresión del artículo.

⊗ El alcalde Raoul Bermúdez solicitó al fiscal general de la República abrir una exhaustiva investigación a objeto de establecer las responsabilidades penales.

(CREA, *El Universal*, 08/01/1997, Venezuela)

✓ El alcalde Raoul Bermúdez solicitó al fiscal general de la República abrir una exhaustiva investigación con objeto de establecer las responsabilidades penales.

También es incorrecto suprimir la preposición *de* cuando sigue una oración encabezada por la conjunción *que*.

⊗ Adicionalmente dentro del programa existe una fase de discusión sobre temas de investigación que se entregan a los participantes con el objeto que ellos hagan presentaciones.

(CREA, *Excélsior*, 18/09/1996, México)

✓ Adicionalmente dentro del programa existe una fase de discusión sobre temas de investigación que se entregan a los participantes con el objeto de que ellos hagan presentaciones.

• *ante*

Es una preposición de significado locativo que se usa para situar un elemento delante o en presencia de otro. Se usa en ocasiones incorrectamente en lugar de *contra, con* o *a*, especialmente en el lenguaje de los medios deportivos.

⊗ Más difícil lo tendrá Conchita Martínez porque juega ante una francesa de mucha calidad.

(CREA, *La Vanguardia*, 02/06/1995, España)

✓ Más difícil lo tendrá Conchita Martínez porque juega contra una francesa de mucha calidad.

• *bajo*

Significa posición inferior en el espacio, subordinación o dependencia, por lo que no es correcto emplearla en construcciones en las que no se da ninguno de estos valores.

⊗ Hoy estamos utilizando, esa área para estacionar autos japoneses en tránsito para Argentina y Paraguay bajo el régimen de zona franca.

(CREA, *El País*, 05/11/2002, Uruguay)

✅ Hoy estamos utilizando esa área para estacionar autos japoneses en tránsito para Argentina y Paraguay en régimen de zona franca.

La preposición *bajo* alterna con *desde* con nombres que indican metafóricamente el punto desde el que se considera un determinado asunto, como *perspectiva, visión, punto de vista, enfoque, consideración*, etc. En todos estos casos se recomienda el empleo de *desde*, más coherente semánticamente: se observa algo *desde* algún lugar, no *bajo* un lugar. Por similares razones de incongruencia semántica se recomienda sustituir la expresión ⊗*bajo la base de* por *desde* o *sobre la base de*.

⊗ Ello permite tratar bajo el punto de vista químico cuestiones como extracción de metales, tratamiento de aguas, combustión, usos del aire, y otros.

(CREA, J. Morcillo Rubio *et al.*, *Química*, Anaya, 1998, España)

✅ Ello permite tratar desde el punto de vista químico cuestiones como extracción de metales, tratamiento de aguas, combustión, usos del aire, y otros.

No debe usarse con el sentido de 'conforme a, de acuerdo con'.

⊗ Como es sabido, bajo el número 1553/96 el Poder Ejecutivo nacional resolvió facultar al ministerio de Trabajo y Seguridad Social para que revoque la homologación de las convenciones colectivas de trabajo.

(CREA, *La Nueva Provincia*, 01/04/1997, Argentina)

✅ Como es sabido, según el número 1553/96 el Poder Ejecutivo nacional resolvió facultar al Ministerio de Trabajo y Seguridad Social para que revoque la homologación de las convenciones colectivas de trabajo.

• *como*

Funciona como preposición en algunos contextos como *Trabaja como maestro; La contraté como informática.* Frente a los verbos que indican estimación o valoración (*considerar, estimar, juzgar*, etc.), donde es opcional la presencia de *como*, se considera superfluo en verbos que se construyen con complemento predicativo (*nombrar, denominar, elegir, declararse* y similares).

⊗ La eligieron como diputada.

✅ La eligieron diputada.

⊗ Lo han nombrado como consejero de administración.
⊘ Lo han nombrado consejero de administración.

El uso de *como* con el sentido de 'en el papel de' se considera anglicismo rechazable.

⊗ Actúa Gabino Diego como Carlos II el Hechizado.
⊘ Actúa Gabino Diego en el papel de Carlos II el Hechizado.

- *con*

Los usos indebidos de esta preposición se deben a su sustitución por otras, alterando así el régimen preposicional.

⊗ Te limitas con estudiar lo imprescindible.
⊘ Te limitas a estudiar lo imprescindible.
⊗ Arístides Sorto, representante de Municipal Limeño, discrepa con la Comisión.
(CREA, *El Salvador Hoy*, 02/11/2000, El Salvador)
⊘ Arístides Sorto, representante de Municipal Limeño, discrepa de la Comisión.
⊗ Ello debe ir acompañado con una reestructuración del poder judicial.
(CREA, *Diario de las Américas*, 18/04/1997, EE. UU.)
⊘ Ello debe ir acompañado de una reestructuración del poder judicial.

Conviene evitar la preposición *con* tras el adverbio *conjuntamente* por ser redundante.

⊗ Se ensaya periódicamente en maniobras internacionales, en las que España participa conjuntamente con los países ribereños de su entorno.
(CREA, *La Vanguardia*, 19/05/1994, España)
⊘ Se ensaya periódicamente en maniobras internacionales, en las que España participa junto a los países ribereños de su entorno.

- *conforme a*

Con el significado de 'según, con arreglo a' es incorrecta la supresión de la preposición *a*.

⊗ En esa ocasión, Fujimori y Bucaram reafirmaron la voluntad de ambos países de concretar el proceso de paz conforme lo establecido en el acuerdo de Itamaratí.
(CREA, *Expreso*, 30/01/1997, Perú)

✅ En esa ocasión, Fujimori y Bucaram reafirmaron la voluntad de ambos países de concretar el proceso de paz conforme a lo establecido en el acuerdo de Itamaratí.

• *contra*

El sentido de oposición que aporta esta palabra hace que a menudo tienda a sustituirse por otras que mitigan su significado, como *a, para, hacia* o *sobre,* pero estas resultan menos apropiadas.

⊖ El detenido fue expulsado de un cuerpo de élite del ejército por agresión a dos superiores y ahora trabaja de vigilante jurado.

(CREA, *La Voz de Galicia,* 30/10/1991, España)

⊕ El detenido fue expulsado de un cuerpo de élite del ejército por agresión contra dos superiores y ahora trabaja de vigilante jurado.

⊖ Quien, por lo demás, escucharía mis explicaciones con suspicacia, dispuesta, siempre, a hallarme culpable de alguna falta hacia ella.

(CREA, Cristina Peri Rossi, *Solitario de amor,* Grijalbo, 1988, Uruguay)

⊕ Quien, por lo demás, escucharía mis explicaciones con suspicacia, dispuesta, siempre, a hallarme culpable de alguna falta contra ella.

⊗ Error de Reiziger que obliga a Couto a cometer falta sobre Víctor en la frontral del área.

(CREA, *El País,* 10/11/1997, España)

✅ Error de Reiziger que obliga a Couto a cometer falta contra Víctor en la frontral del área.

Es incorrecto el empleo de ⊗*contra más,* ⊗*contra menos* por *cuanto más, cuanto menos* (⇨ pág. 306).

Son correctas las expresiones *en contra suya, en mi contra,* ya que aquí *contra* no es preposición, sino sustantivo.

• *de*

Esta preposición, la más usada en castellano, se omite en algunos grupos sintácticos como consecuencia del desgaste fonético. En algunos casos la supresión se ha convertido en norma. Así, frente al antiguo ⊗*el río de Ebro,* la forma correcta hoy es *el río Ebro.* En otros casos coexisten ambas soluciones (*La calle Sagasta/La calle de Sagasta*).

Corregir con humor

—Perdone, ¿la calle Sagasta?
—Hombre, si la pisa usted mucho...

Otras omisiones de la preposición, sin embargo, no son aceptables ni siquiera en la lengua hablada: no debe decirse ®*un kilo tomates*, ®*una copa coñac*, sino *un kilo de tomates, una copa de coñac*. Tampoco es aceptable omitir la preposición con verbos, sustantivos o adjetivos cuyo régimen sintáctico la requiere.

⊗ Hay que reconocer que hasta la fecha muchos de nuestros empresarios junto a sus trabajadores no han sido capaces de proveer servicios y productos en los volúmenes, precio y calidad suficientes.
(CREA, *El Universal*, 15/10/1996, Venezuela)

✓ Hay que reconocer que hasta la fecha muchos de nuestros empresarios, junto a sus trabajadores, no han sido capaces de proveer de servicios y productos en los volúmenes, precio y calidad suficientes.

⊗ Yo tengo esperanza que lo vamos a lograr.
(CREA, *La Nación*, 01/12/1996, Costa Rica)

✓ Yo tengo esperanza de que lo vamos a lograr.

Es incorrecto emplear *de* en sustitución de la preposición que exige el régimen sintáctico del verbo, el nombre o el adjetivo (⇨ págs. 272-273).

⊗ Es una adicta del trabajo.
✓ Es una adicta al trabajo.
⊗ Tiene opción de un premio.
✓ Tiene opción a un premio.

Otras incorrecciones se explican por cruce de regímenes sintácticos de verbos de significado similar: por influencia de *acordarse de* a veces se usa ®*recordarse* [DE ALGO] en lugar de *recordar*; el empleo de *saber* [DE ALGO] lleva al uso erróneo *conocer de*; *tratar de* puede ser la causa del incorrecto ®*intentar* [DE ALGO].

La adición de la preposición es incorrecta en las siguientes locuciones latinas:

Incorrecto	Correcto
de motu propio	motu proprio
de ex profeso	ex profeso
de ipso facto	ipso facto
de corpore insepulto	corpore insepulto

Son válidas las variantes *antes que* y *antes de que* cuando introducen una oración subordinada.

> ✓ Lo tendremos todo preparado antes que vengan los invitados.
> ✓ Lo tendremos todo preparado antes de que vengan los invitados.

El empleo de la preposición o su ausencia implica significados diferentes en la perífrasis *deber de* + infinitivo frente a *deber* + infinitivo (⇨ págs. 278-279). Para la alternancia entre las preposiciones *a* y *de* en algunas estructuras, véase el apartado relativo a la preposición *a* en esta misma sección. Para la contracción del artículo y la preposición, ⇨ págs. 229-230. Para las adiciones y omisiones de la preposición *de* que originan dequeísmo y queísmo, ⇨ págs. 329-334.

- ***de cara a***

Se trata de una locución de la que se abusa actualmente, a veces con la variante *cara a*. A pesar de que se admite con los significados de 'mirando a' y 'con vistas a', se recomienda su sustitución por una preposición simple cuando sea posible.

> ⊖ El tiempo de cara al fin de semana se presenta revuelto.
> ⊕ El tiempo para el fin de semana se presenta revuelto.

Es inapropiado usar la locución con los sentidos de 'ante' o de 'en relación con'.

> ⊗ La reunión con Reno y Albright que efectúa el canciller Alvarez es en conjunto con sus homólogos de Centroamérica, de cara a la visita del presidente Bill Clinton a San José, Costa Rica, en mayo.
>
> (CREA, *La Prensa*, 31/03/1997, Nicaragua)
>
> ✓ La reunión con Reno y Albright que efectúa el canciller Álvarez es en conjunto con sus homólogos de Centroamérica, ante la visita del presidente Bill Clinton a San José, Costa Rica, en mayo.

- *desde*

Con el verbo *decir*, se emplea erróneamente *desde* en sustitución de *con* en algunos usos metafóricos con los que el hablante atenúa su propia opinión.

⊗ Te lo digo desde el respeto.
⊘ Te lo digo con (mucho) respeto.
⊗ Y esto lo digo desde la sincera convicción de que si los sindicatos no existieran habría que inventarlos.
(CREA, *Cambio 16*, 08/01/1990, España)
⊘ Y esto lo digo convencido de que si los sindicatos no existieran habría que inventarlos.

Hoy resulta vulgar la antigua pronunciación ⊗*dende*, así como la reducción fónica ⊗*ende*.

- *después de*

Esta locución prepositiva tiene un valor temporal de posterioridad. No es correcto emplearla con el valor de simultaneidad ni como equivalente de *a causa de*.

⊗ Mi relación más cercana con Martín fue en la época en que se lesionó la mano, después de la pelea con Betulio González.
(CREA, *Revista Hoy*, 26/05-01/06/1997, Chile)
⊘ Mi relación más cercana con Martín fue en la época en que se lesionó la mano, durante la pelea con Betulio González. (*O bien*, en la pelea).

- *durante*

La preposición *durante* se usa para expresar transcurso del tiempo. Es redundante en combinación con perífrasis durativas, y por tanto, es preferible su eliminación.

⊖ Lleva nevando durante tres días.
⊕ Lleva nevando tres días.

No obstante, hay que tener en cuenta que en ocasiones puede adquirir valor enfático. Con una frase como *Estuvo durmiendo durante dos horas* se destaca más la duración o la intensidad del sueño que si simplemente se dice *Estuvo durmiendo dos horas*.

- *en*

Debido a la ambigüedad que puede provocar, conviene evitar el uso de *en* por *dentro de* o *al cabo de*, para indicar el tiempo que falta para que comience o se reanude una actividad.

⊖ Pidió a Baquero que bajara por él a preguntar si se tenía que vestir de futbolista o de persona, y Baquero subió en unos minutos y confirmó a Gordillo que debía vestirse de futbolista.
(CREA, *ABC*, 21/11/1987, España)

⊕ Pidió a Baquero que bajara por él a preguntar si se tenía que vestir de futbolista o de persona, y Baquero subió al cabo de unos minutos y confirmó a Gordillo que debía vestirse de futbolista.

⊖ Les contamos las noticias en cinco minutos.

⊕ Les contamos las noticias dentro de cinco minutos.

Nótese que, en el segundo ejemplo, la forma marcada como no preferida es perfectamente válida si lo que se quiere decir es que la exposición de las noticias durará cinco minutos.

Para señalar el estadio final de un proceso, no es correcto emplear *con* en lugar de *en*.

⊗ La enfermedad terminó con la muerte del escritor.

✓ La enfermedad terminó en la muerte del escritor.

⊗ Las desavenencias conyugales terminaron con el divorcio.

✓ Las desavenencias terminaron en el divorcio. (La preposición *con* es correcta cuando se quiere significar que tras el divorcio no hubo más desavenencias).

⊗ Se [le] acusa de haber provocado la discusión que terminó con el homicidio.
(CREA, *La Vanguardia*, 06/07/1994, España)

✓ Se [le] acusa de haber provocado la discusión que terminó en el homicidio.

Se considera un calco del italiano la locución ⊗*en base a*, que se emplea tanto en el sentido de 'por medio de, valiéndose de' como en el de 'con apoyo o fundamento en'. En su lugar pueden emplearse expresiones como *sobre la base de, en función de, de acuerdo con, según,* etc.; también está aceptada la locución *con base en*, aunque está menos extendida.

⊗ Y los seudoempresarios también temen la bonanza que traería un clima de esta naturaleza, porque tendrían que competir en base a las herramientas del mercado.
(CREA, *El Nuevo Herald*, 14/07/1997, EE. UU.)

✅ Y los seudoempresarios también temen la bonanza que traería un clima de esta naturaleza, porque tendrían que competir valiéndose de las herramientas del mercado.

- *en aras de*

Esta expresión significa 'en honor de' o 'en interés de'. Es incorrecto usar la variante con *a*, ⊗*en aras a*.

⊗ Se ha defendido públicamente en aras a la favorable evolución previsible de nuestra balanza de pagos.

(CREA, *ABC*, 16/06/1996, España)

✅ Se ha defendido públicamente en aras de la favorable evolución previsible de nuestra balanza de pagos.

- *entre*

Es vulgar el empleo de *entre* por *cuanto*, excepto en México y los países centroamericanos, donde este uso se extiende en todos los niveles.

⊗ Entre más retrasos, menos paz, y entre menos acuerdos «por arriba», más violencia, es lo que nos dicen los discursos de la unión.

(CREA, Jorge I. Bonilla Pérez, *Violencia, medios y comunicación*, Trillas, Colombia)

✅ Cuantos más retrasos, menos paz, y cuantos menos acuerdos «por arriba», más violencia, es lo que nos dicen los discursos de la unión.

También es vulgar el uso de ⊗*entre que* por la conjunción temporal *mientras* o simplemente por *entre*.

⊗ Fueron al baúl y entre que sacaban linos y muselinas reventando de bordados, le contaron por enésima vez a María Rosa...

(CREA, Ricardo Elizondo, *Setenta veces siete*, Consejo Nacional para la Cultura y las Artes, 1994, México)

✅ Fueron al baúl y, mientras sacaban linos y muselinas que reventaban de bordados, le contaron por enésima vez a María Rosa...

⊗ En medio de ellos el Gordo menea la cabeza entre que pendejo y misterioso.

(CREA, Alain Derbez, *Los usos de la radio*, Joaquín Mortiz, 1988, México)

✅ En medio de ellos el Gordo menea la cabeza entre pendejo y misterioso.

- ***hacia***

Se considera anglicismo usar *hacia* en lugar de *a, ante, con, para con...* con sustantivos que significan disposición anímica favorable o desfavorable (*amor, antipatía, actitud, elogio, fobia, fervor, sensibilidad,* etc.).

⊗ El patriotismo es un sentimiento natural de amor hacia la tierra donde se nace.

(CREA, *La Prensa*, 01/09/1997, Nicaragua)

✓ El patriotismo es un sentimiento natural de amor a la tierra donde se nace.

⊗ Me sentí fascinado una vez más por lo que siempre logra ese gran maestro que es Berlanga, con sus historias y con sus actores, con su saber y con su actitud hacia la vida y hacia el cine.

(CREA, *La Vanguardia*, 07/01/1994, España)

✓ Me sentí fascinado una vez más por lo que siempre logra ese gran maestro que es Berlanga, con sus historias y con sus actores, con su saber y con su actitud ante la vida y el cine.

- ***hasta***

Cuando se usa para introducir un complemento circunstancial de tiempo en oraciones de significado negativo, tiene dos significaciones opuestas en español. En la mayor parte del territorio hispanohablante una oración como *Estará en su casa hasta las ocho* se interpreta como 'a las ocho dejará de estar en su casa', y *No estará en su casa hasta las ocho* como 'llegará a su casa a partir de las ocho'. No obstante, en México, América Central, Colombia y zonas de Venezuela y Ecuador se ha eliminado el adverbio de negación, de manera que la oración *Estará en su casa hasta las ocho* ha pasado a significar que 'no llegará antes de esa hora', lo contrario que en el resto del español. Lo recomendable es que se conserve el adverbio de negación para evitar ambigüedad.

Puede usarse para expresar el límite máximo de una serie o el valor más elevado de una gradación (*La próxima semana las temperaturas subirán hasta tres grados*). A menudo se emplea también con valor enfatizador, equivalente a *incluso* (*Han llegado hasta tus primos de Córdoba*). Pero debe eliminarse cuando no presenta ni valor de límite ni carácter enfático.

⊗ Le dieron hasta quince puntos de sutura.

✓ Le dieron quince puntos de sutura.

⊗ Ha tardado hasta ocho segundos en reaccionar.

✓ Ha tardado ocho segundos en reaccionar.

⊗ El diario progubernamental *El Nacional* dijo que el terremoto de hasta seis grados en la escala abierta de Richter que «sacudió la Amazonia peruana el martes en la noche, recordó la pesadilla de los setenta».

(CREA, *El Tiempo*, 01/06/1990, Colombia)

✓ El diario progubernamental *El Nacional* dijo que el terremoto de seis grados en la escala abierta de Richter que «sacudió la Amazonia peruana el martes en la noche, recordó la pesadilla de los setenta».

- *para*

Tiene significado de finalidad, dirección o espacio de tiempo. No es correcto usar *para* cuando carece de estos valores; es preferible en estos casos recurrir a una oración de relativo.

⊗ Gasol jugó 31 minutos para anotar 6 de 20 tiros de campo y 5 de 5 desde la línea de personal.

(CREA, *El Universo*, 08/12/2003, Ecuador)

✓ Gasol jugó 31 minutos, en los que anotó 6 de 20 tiros de campo y 5 de 5 desde la línea de personal.

Es un vulgarismo la contracción fónica ®*pa*, muy abundante incluso en el registro coloquial. Asimismo, son vulgares las contracciones de la preposición con el artículo (®*pal*) y con algunos adverbios (®*palante*, ®*patrás*, ®*padentro*, ®*pafuera*).

- *por*

Debe evitarse la preposición en la secuencia sustantivo + *por* + infinitivo, en construcciones como *medios* ®*por emplear*, *revisión* ®*por realizar*, *razones* ®*por destacar*. Se debe recurrir a otra construcción sintáctica, como *medios que hay que emplear*, *que deben emplearse*.

Es innecesaria la preposición en los complementos de tiempo para expresar duración determinada.

⊗ Es normal que prefiera mantenerse alejado y callado por varios días.

(CREA, *Signo Vital*, 13/02/2004, Puerto Rico)

✓ Es normal que prefiera mantenerse alejado y callado varios días.

La agrupación de preposiciones *a por*, de uso exclusivo de España, había sido tachada de incorrecta tradicionalmente, pero está sancionada en la *NGLE*. Puede defenderse su idoneidad en el valor distintivo que presenta la oposición *a por* frente a *por* en algunas secuencias: *Vino a la fiesta por sus amigos* (= 'la causa de la asistencia fueron los amigos') frente a *Vino a la fiesta a por sus amigos* (= 'acudió para recoger a sus amigos'). No obstante, se recomienda que no se use *a por*, excepto en estos casos de posible ambigüedad.

- *sobre*

Con el verbo *preferir,* no debe usarse en sustitución de *a*. No se debe decir *preferir una cosa ®sobre otra,* sino *preferir una cosa a otra.*

En el lenguaje periodístico se emplea incorrectamente *sobre* en lugar de *hacia* o *a* y *contra,* posiblemente para minimizar el efecto de esta última preposición, dado su valor semántico.

⊗ El equipo avanzó sobre la portería.
✓ El equipo avanzó hacia la portería.
⊗ En la jugada previa había habido una falta sobre Camps.
(CREA, *La Nueva Provincia,* 06/10/1997, Argentina)
✓ En la jugada previa había habido una falta contra Camps.
⊗ Ni tampoco se hubieran incrementado las amenazas de agresión sobre esas naciones.
(CREA, *Trabajadores,* 19/12/2003, Cuba)
✓ Ni tampoco se hubieran incrementado las amenazas de agresión contra esas naciones.

La locución adverbial *sobre todo,* que significa 'especialmente, principalmente', se escribe en dos palabras; hay que diferenciarla del sustantivo *sobretodo* 'prenda de vestir más ligera que el gabán que se lleva sobre el traje ordinario', que se escribe junto.

⊗ Indicó el orador que comunicar era, sobretodo, saber escuchar.
(CREA, *El Universal,* 17/04/1988, Venezuela)
✓ Indicó el orador que comunicar era, sobre todo, saber escuchar.

De la preposición *sobre* deriva el adverbio *sobremanera* 'muchísimo', forma gráfica trabada que se prefiere a la variante separada *sobre manera*. Con este adverbio son incorrectas las formas con preposición antepuesta *®de sobremanera* y *®en sobremanera.*

⊗ Alfredo Sáenz, entregó a Indurain como recuerdo un retrato del navarro de grandes dimensiones, que gustó de sobremanera a Miguel.
(CREA, *El Diario Vasco,* 23/07/1996 , España)

✓ Alfredo Sáenz entregó a Indurain como recuerdo un retrato del navarro de grandes dimensiones, que gustó sobremanera a Miguel.

- *tras*

No es correcto usar esta preposición para indicar simultaneidad o para expresar la causa de algo.

⊗ Hubo cinco heridos tras la reyerta.
✓ Hubo cinco heridos en la reyerta.
⊗ No volverá a jugar como tal debido a una lesión que se produjo ayer en un entrenamiento tras una entrada de un jugador del filial.
(CREA, *El Mundo*, 15/03/1996, España)
✓ No volverá a jugar como tal debido a una lesión que se produjo ayer en un entrenamiento como consecuencia de una entrada de un jugador del filial.

- *versus*

Esta preposición latina, que significaba 'hacia', se ha reintroducido en español a través del inglés con el valor de 'frente a', 'contra'. Se usa en el lenguaje legal, en el científico y en el del periodismo deportivo, pero no se recomienda.

⊖ Reconoce que entre marzo y junio el incremento solo fue de 2,9 % versus 5,8 % en el primer trimestre.
(CREA, *El Universal*, 03/10/2001, Venezuela)
⊕ Reconoce que entre marzo y junio el incremento solo fue de 2,9 % frente a 5,8 % en el primer trimestre.

Dequeísmo y queísmo

Son dos fenómenos bastante extendidos en español que tienen que ver con la presencia de una preposición innecesaria o la ausencia de una preposición cuando la frase la necesita. Está más extendido el queísmo, que llega incluso al habla de las personas cultas, mientras que el dequeísmo se considera más vulgar.

- El **dequeísmo** consiste en añadir innecesariamente la preposición *de* ante la conjunción *que* cuando la preposición no está exigida ni por el verbo ni por ninguna otra palabra del enunciado. Se produce dequeísmo en los siguientes casos:

- Al añadir la preposición *de* en la oración que funciona como sujeto de otra.

⊗ Me gusta de que me regalen libros.
✓ Me gusta que me regalen libros.
⊗ Nos apetece de que vengas a la fiesta.
✓ Nos apetece que vengas a la fiesta.
⊗ Le preocupaba de que llegásemos tarde.
✓ Le preocupaba que llegásemos tarde.
⊗ Es posible de que suba la gasolina.
✓ Es posible que suba la gasolina.
⊗ Es necesario de que te gradúes la vista.
✓ Es necesario que te gradúes la vista.
⊗ Mi deseo es de que alcance sus metas.
✓ Mi deseo es que alcance sus metas.

- Al añadir *de* al complemento directo de la oración.

⊗ Dijo de que llegaría tarde.
✓ Dijo que llegaría tarde.
⊗ Considero de que la situación está a punto de resolverse.
✓ Considero que la situación está a punto de resolverse.
⊗ La chica temía de que no hubiese escuchado el mensaje.
✓ La chica temía que no hubiese escuchado el mensaje.
⊗ He oído de que van a derribar el edificio.
✓ He oído que van a derribar el edificio.

- Cuando se inserta la preposición *de* en locuciones conjuntivas como las siguientes: *a no ser que, a medida que, una vez que*, etc.

⊗ No te llamaré a no ser de que te necesite.
✓ No te llamaré a no ser que te necesite.
⊗ Iremos resolviendo el asunto a medida de que pase el tiempo.
✓ Iremos resolviendo el asunto a medida que pase el tiempo.

- Cuando se usa la preposición *de* para introducir el complemento en lugar de la que exige el verbo.

⊗ Confiaba de que pudiera recibirnos.
✓ Confiaba en que pudiera recibirnos.
⊗ No pensó de que podría hacer daño.
✓ No pensó en que podría hacer daño.
⊗ No se fijó de que había un charco.
✓ No se fijó en que había un charco.

- El **queísmo** consiste en la supresión indebida de una preposición —generalmente *de*—, delante de la conjunción *que*, cuando la preposición viene exigida por el verbo de la oración o por alguna otra palabra del enunciado. Se produce queísmo en los siguientes casos:

  - Cuando se omite la preposición que corresponde al complemento de régimen del verbo: *olvidarse de, acordarse de, preocuparse de, alegrarse de, fijarse en, arrepentirse de, convencer de, insistir en, fijarse en, vanagloriarse de, jactarse de, asegurarse de, percatarse de, desengañarse de, aburrirse de, enterarse de*, etc.

⊗ Una amiga iba caminando y no se fijó que frente a ella estaba una punta peligrosa de unas gradas.

(CREA, *La Prensa Gráfica*, 07/07/2004, El Salvador)

✓ Una amiga iba caminando y no se fijó en que frente a ella estaba una punta peligrosa de unas gradas.

⊗ Sobre el mercado andino insistió que es necesario que se integre de manera más decisiva para lograr una homogeneidad.

(CREA, *El Tiempo*, 18/04/1997, Colombia)

✓ Sobre el mercado andino insistió en que es necesario que se integre de manera más decisiva para lograr una homogeneidad.

⊗ Andaba Joaquín Peiró preocupado por frenar el poderío aéreo del Athletic y se olvidó que los leones tampoco lo hacen nada mal.

(CREA, *As*, 22/09/2003, España)

✓ Andaba Joaquín Peiró preocupado por frenar el poderío aéreo del Athletic y se olvidó de que los leones tampoco lo hacen nada mal.

⊗ El Ministerio Público insistió que la apertura está en manos del Consejo Nacional para la Cultura y el Arte.

(CREA, *El Diario de Hoy*, 17/12/2004, Panamá)

✓ El Ministerio Público insistió en que la apertura está en manos del Consejo Nacional para la Cultura y el Arte.

⊗ El vocal de la Corte Jorge Lazarte, informó que se realizan las investigaciones del caso para inhabilitarlo.

(CREA, *Los Tiempos*, 01/04/1997, Bolivia)

✓ El vocal de la Corte Jorge Lazarte informó de que se realizan las investigaciones del caso para inhabilitarlo.

  - Al eliminar la preposición que corresponde al complemento del sustantivo, en casos como *tener ganas de, tener la impresión de, con la condición de, tener la certeza de, tener miedo de, tener la convicción de*, etc., o al sustantivo que forma parte de locuciones verbales: *tener dudas de, no haber duda de, darse cuenta de, caer en la cuenta de*, etc.

⊗ Tenemos la esperanza que después de más de cuatro siglos de fundación de la UASD...

(CREA, *Revista Ahora*, 26/05/2003, Rep. Dominicana)

✓ Tenemos la esperanza de que después de más de cuatro siglos de fundación de la UASD...

⊗ Ya se encuentra adaptado al frío y está con muchas ganas que inicie la pelea.

(CREA, *El Siglo*, 19/02/1997, Panamá)

✓ Ya se encuentra adaptado al frío y está con muchas ganas de que se inicie la pelea.

⊗ Tengo mis dudas que unas elecciones anticipadas puedan realmente operar un cambio en la problemática actual española.

(CREA, *La Vanguardia*, 29/12/1994, España)

✓ Tengo mis dudas de que unas elecciones anticipadas puedan realmente cambiar la situación problemática actual española.

- Al omitir la preposición que requieren algunos adjetivos, como *seguro de, convencido de, harto de*, etc.

⊗ Cada uno está convencido que su método será el más rápido para finalizar el acuerdo.

(CREA, *El Universal*, 15/10/1996, Venezuela)

✓ Cada uno está convencido de que su método será el más rápido para finalizar el acuerdo.

⊗ Por eso estoy seguro que en este caso también habrá una solución.

(CREA, *La Nueva Provincia*, 15/12/1997, Argentina)

✓ Por eso estoy seguro de que en este caso también habrá una solución.

- Cuando se suprime la preposición que forma parte de algunas locuciones conjuntivas, como *a pesar de que, a fin de que, a condición de que, en caso de que, a causa de que, en vista de que, por razón de que, a cambio de que, a expensas de que, a propósito de que, en virtud de que*, etc.

⊗ Para inhabilitarlo en caso que se compruebe que su nacionalidad es suiza.

(CREA, *Los Tiempos*, 01/04/1997, Bolivia)

✓ Para inhabilitarlo en caso de que se compruebe que su nacionalidad es suiza.

- Las causas de la confusión dequeísta y queísta son diversas, pero entre las de origen gramatical hay que citar las siguientes:

    - Los verbos *dudar, advertir, avisar* e *informar* admiten doble régimen, con *de* y sin preposición. El *DPD* al tratar el dequeísmo incluye también el verbo *cuidar* en este grupo, pero este verbo tiene doble régimen cuando el complemento es un sintagma nominal (*cuida la casa, cuida de la casa*); cuando el complemento es una oración, debe llevar necesariamente *de*: *cuida de que te vean* (*®cuida que te vean*).

        Dudo que venga.
        Dudo de que venga.
        Te advierto que no bromeo.
        Te advierto de que no bromeo.
        Nos avisaron que se suspendía la función.
        Nos avisaron de que se suspendía la función.

    - También tienen la opción de aparecer con la preposición *de* o sin ella algunas locuciones conjuntivas, como *antes que* y *antes de que, después que* y *después de que, con tal que* y *con tal de que*.

    - Algunos verbos tienen un régimen diferente según sean o no pronominales.

        Me preocupa que no esté bien.
        Me preocupo de que esté bien.
        Me alegra que te hayas decidido a venir.
        Me alegro de que te hayas decidido a venir.
        Lamento que no lo hayas hecho.
        Se lamentó de que no lo hubiera hecho.
        Olvidó que era su cumpleaños.
        Se olvidaron de que era su cumpleaños.

    - A algunos verbos de significado muy similar les corresponden esquemas diferentes: *recordar algo*, pero *acordarse de algo*.

        Recuerdo que tenía un caballo de cartón.
        Me acuerdo de que tenía un caballo de cartón.

    - Algunos verbos que se construyen sin preposición significan aproximadamente lo mismo que otras expresiones con sustantivos o adjetivos en las que la preposición es obligatoria.

Es seguro que lloverá.
Está seguro de que lloverá.
Opina que los precios bajarán.
Es de la opinión de que los precios bajarán.
Pretende que trabajemos en su negocio.
Tiene la intención de que trabajemos en su negocio.

Para corregir el dequeísmo y el queísmo

Un recurso para determinar si se debe usar la preposición o no consiste en transformar el enunciado que causa duda en una pregunta. Si la pregunta debe ir introducida por preposición, esta es necesaria en el enunciado no interrogativo; en caso contrario, hay que suprimirla.

¿Qué me gusta? → Me gusta que... (*y no* me gusta ®de que)
¿Qué opina? → Opina que... (*y no* opina ®de que)
¿Qué es necesario? → Es necesario que... (*y no* es necesario ®de que)
¿De qué estoy convencido? → Estoy convencido de que... (*y no* estoy convencido ®que)
¿De qué tiene intención? → Tiene intención de que... (*y no* tiene intención ®que)
¿En qué confío? → Confío en que... (*y no* confío ® que, *ni* confío ®de que)

LAS CONJUNCIONES Y LOCUCIONES CONJUNTIVAS

En las páginas que siguen se dan algunas normas sobre el correcto uso de las conjunciones y locuciones conjuntivas.

- ®*a la que, a lo que*

Solo en el registro coloquial es aceptable el empleo de las expresiones *a la que* y *a lo que* para introducir oraciones temporales.

⊗ A la que vienes, pásate por el mercado.
✓ Según vienes, pásate por el mercado. (*O bien,* Cuando vengas...).

- *como*

En las estructuras comparativas, no es correcto el empleo de ®*tal cual como,* que se encuentra en algunos países hispanoamericanos en lugar de *tal como.*

⊗ La experiencia no es muy grata que digamos, ¿verdad?, sobre todo las primeras experiencias no son tal cual como tú te las has soñado.

(CREA, CSHC-87, Entrevista 15, Venezuela)

✓ La experiencia no es muy grata que digamos, ¿verdad?, sobre todo las primeras experiencias no son tal como tú te las has soñado.

La secuencia *como que* es correcta para expresar la causa o la explicación de algún hecho (*—¡Vaya casa tiene! —Como que es rico*) o cuando se emplea con valor modal condicional equivalente a *como si* (*Usted haga como que escribe*). Se considera erróneo, sin embargo, el empleo de *como que* por *como* en oraciones causales antepuestas a la oración principal.

⊗ Como que hay una crisis tan fuerte, la empresa se ha visto obligada a rescindir los contratos.

✓ Como hay una crisis tan fuerte, la empresa se ha visto obligada a rescindir los contratos.

Es incorrecta la construcción de *ser* + *como que*, que en ocasiones es directamente eliminable y, en otras, debe sustituirse por fórmulas más precisas (*como si, semejante a*).

⊗ Muchas de las cosas que ellos escuchan a mí me resultan muy atractivas, porque es como que la rueda dio la vuelta completa en lo que respecta al pop.

(CREA, *El País*, 12/11/2001, Uruguay)

✓ Muchas de las cosas que ellos escuchan a mí me resultan muy atractivas, porque es como si la rueda hubiera dado la vuelta completa en lo que respecta al pop.

No es aconsejable el uso expletivo de *como que*, aunque en ocasiones puede ser usado pragmáticamente como atenuador del enunciado.

⊗ Un espacio que sea como que integrador de los chicos en cuanto a espacio físico.

(CREA, Encuesta 68, Santiago Trinidad, Uruguay)

✓ Un espacio que sea integrador de los chicos como espacio físico.

Para el uso de *como* en función adverbial, ⇨ pág. 304; para el empleo como preposición, ⇨ págs. 318-319.

• *conque*

Es una conjunción consecutiva equivalente a *así que*. Debe escribirse en una sola palabra. Para las diferencias entre *con que, con qué* y *conque,* ⇨ pág. 187.

• *cuanto más, cuanto menos*

Las secuencias *cuanto más* y *cuanto menos* son locuciones conjuntivas que introducen oraciones temporales y condicionales. La concordancia de *cuanto* está relacionada con su combinación con sustantivos o adjetivos (⇨ pág. 246).

Para la confusión con *cuando más, cuando menos,* ⇨ págs. 304-305.

Se considera un vulgarismo sustituir *cuanto* por la preposición *contra* u otras deformaciones fónicas como ⊗*contrimás,* ⊗*cuantimás,* ⊗*contimás* (⇨ pág. 306).

• *en cuanto que*

Solo es correcto mantener la conjunción *que* cuando la locución tiene el valor de 'porque' o de 'como, en calidad de'.

> ✓ Es constatable, en cuanto que es accesible al sujeto y este, a su vez, puede darlo a conocer a los otros.
> (CREA, *Revista Internacional de Medicina y Ciencias de la Actividad Física y Deporte*, 4, 03/2002, España)
>
> ✓ Y aquí, lógicamente entran en juego todas las capacidades, las actitudes, las características, las actividades... de esa población a través del tiempo en cuanto que grupo social.
> (CREA, Julio Vinuesa Angulo y María Jesús Vidal Domínguez, *Los procesos de urbanización*, Síntesis, 1991, España)

Para el significado 'tan pronto como', se desaconseja usar *que*, aunque la conjunción aparece a menudo en el registro coloquial.

> ⊗ Un señor, sentado en la mesa de al lado, escuchaba su conversación y, en cuanto que pudo, dio el chivatazo a la policía.
> (CREA, *El País*, 23/02/2004, España)
>
> ✓ Un señor, sentado en la mesa de al lado, escuchaba su conversación y, en cuanto pudo, dio el chivatazo a la policía.

No hay que confundir esta locución conjuntiva temporal con la locución prepositiva *en cuanto a*, que significa 'en relación con'.

- ***entre más, entre menos***

Con el valor de 'cuanto más', 'cuanto menos' solo tienen vigor en la norma culta de México y el área centroamericana; en el resto del español se consideran coloquialismos o vulgarismos.

⊖ Se pudo determinar que entre más nivel de escolaridad, mayor conocimiento sobre la anatomía de ambos sexos.

(CREA, *Revista Adolescencia y Salud*, 2/2, 2000, Costa Rica)

⊕ Se pudo determinar que cuanto más nivel de escolaridad, mayor conocimiento sobre la anatomía de ambos sexos.

- ***luego que***

Esta locución conjuntiva de valor temporal a veces se usa incorrectamente con una preposición *de* intercalada, ⊗*luego de que.*

⊗ Fue la segunda información que se ha emitido desde ayer sobre los cosmonautas luego de que acoplaran su vehículo Soyuz-17 al laboratorio espacial.

(CREA, *El Comercio*, 14/01/1975, Perú)

✓ Fue la segunda información que se ha emitido desde ayer sobre los cosmonautas luego que acoplaran su vehículo Soyuz-17 al laboratorio espacial.

- ***mientras, mientras que***

Se pueden usar indistintamente *mientras* y *mientras que* para expresar simultaneidad, aunque se recomienda usar la segunda variante.

⊖ Tú lava los platos mientras yo recojo la cocina.

⊕ Tú lava los platos mientras que yo recojo la cocina.

Con valor de simple conjunción temporal, se prefiere *mientras* en lugar de *mientras que.*

⊖ A ver, si necesita algo yo la ayudaré, claro, mientras que esté en mi mano.

(CREA, Cristina Bain, *El dolor de la Ceiba. Novela latinoamericana*, Edamex, 1995, México)

⊕ A ver, si necesita algo yo la ayudaré, claro, mientras esté en mi mano.

Se recomienda, en cambio, usar *mientras que* cuando la oración introducida por esta expresión tiene valor adversativo.

> ⊖ Pero mientras los liberales la hacen cumplir de afuera hacia adentro con un policía armado de una clava, los conservadores lo conseguimos desde dentro.
> (CREA, *La Prensa*, 06/05/1997, Nicaragua)
>
> ⊕ Pero mientras que los liberales la hacen cumplir de fuera hacia dentro con un policía armado de una clava, los conservadores lo conseguimos desde dentro.

No debe sustituirse *mientras* por *en lo que* ni *entre que*, formas consideradas propias del registro coloquial o del vulgar.

> ⊗ Ahora, en las oficinas de su nuevo empleo en una compañía exhibidora norteamericana, en lo que llega la noche del próximo 22 de julio en el Palacio de Bellas Artes.
> (CREA, *Proceso*, 14/07/1996, México)
>
> ✓ Ahora, en las oficinas de su nuevo empleo en una compañía exhibidora norteamericana, mientras llega la noche del próximo 22 de julio en el Palacio de Bellas Artes.

Mientras más y *mientras menos* son locuciones de valor temporal condicional, equivalentes a *cuanto más, cuanto menos* (⇨ págs. 305-306).

- ***no sea que, no vaya a ser que, no fuera que***

Estas fórmulas se usan para expresar un reparo, una salvedad o una precaución. En la lengua culta no deben sustituirse por la expresión ⊗*no siendo que*, correspondiente solo al registro coloquial.

> ⊗ Pues ya ves, todos le vienen bien, según parece, de todos saca algo y los exprime, no siendo que se pierda un jugo salutífero para abonar sus tesis.
> (CREA, Carmen Martín Gaite, *Nubosidad variable*, Anagrama, 1994, España)
>
> ✓ Pues ya ves, todos le vienen bien, según parece, de todos saca algo y los exprime, no vaya a ser que se pierda un jugo salutífero para abonar sus tesis.

- ***o***

Se debe sustituir por *u* cuando la palabra que sigue empieza por *o-* o por *ho-*: *mujeres u hombres, siete u ocho*. Respecto al uso de la tilde cuando va entre cifras, ⇨ pág. 152.

- *o sea*

Esta locución se compone de dos palabras, por lo que es incorrecto escribirla como una sola.

⊗ Como los difuntos reasegurados de las cuñas de Gilbertico Correa, flotan en tiempo de réquiem, osea, en cámara lenta.
(CREA, *El Nacional*, 11/04/1997, Venezuela)

✓ Como los difuntos reasegurados de las cuñas de Gilbertico Correa, flotan en tiempo de réquiem, o sea, en cámara lenta.

Es una expresión invariable, de manera que no se debe emplear en plural.

⊗ La Ley de Aguas de Costa Rica define la zona marítima como «el espacio de las costas de la República que baña el mar en su flujo y reflujo y los terrenos inmediatos hasta la distancia de una milla, o sean mil seiscientos setenta y dos metros».
(CREA, Efraín Pérez, *Derecho ambiental*, McGraw-Hill Interamericana, 2000, Colombia)

✓ La Ley de Aguas de Costa Rica define la zona marítima como «el espacio de las costas de la República que baña el mar en su flujo y reflujo y los terrenos inmediatos hasta la distancia de una milla, o sea, mil seiscientos setenta y dos metros».

No pertenece a la lengua culta la variante ⊗*o séase* y menos aceptable aún es la forma ⊗*u séase*. Tampoco es admisible la reducción fónica ⊗*osá*. Pueden verse estas expresiones en textos de escritores y escritoras como rasgo de la lengua oral de sus personajes populares.

⊗ Pintadme mentalmente los hábitos externos e internos o séase la índole y costumbres de vuestro tan admirado Pepe Clítoris.
(CREA, Enrique Espinosa, *Jesús el bisabuelo y otros relatos*, Siglo XXI, 1995, México)

✓ Pintadme mentalmente los hábitos externos e internos, o sea, la índole y costumbres de vuestro tan admirado Pepe Clítoris.

⊗ Ya vino con el cuento, la beatona. U séase que no hay más que añadir.
(CREA, José María Rodríguez-Méndez, *Bodas que fueron famosas del Pingajo y la Fandanga*, Cátedra, 1990, España)

✓ Ya vino con el cuento, la beatona. O sea que no hay más que añadir.

- *por cuanto*

Es incorrecto añadir la conjunción *que* en la locución conjuntiva causal *por cuanto.*

⊗ La iniciativa de Elkarri es novedosa por cuanto que introduce un elemento de debate.

(CREA, *El País,* 10/11/1997, España)

✓ La iniciativa de Elkarri es novedosa por cuanto introduce un elemento de debate.

- *porque*

Para la forma correcta de escribir *porque, por qué, por que* y *porqué,* ⇨ pág. 188.

- *pues*

En la pronunciación de esta palabra no es aceptable ni reducir el diptongo, ®*pos,* forma habitual en el lenguaje coloquial menos cuidado, ni debilitar las vocales hasta eliminarlas, ®*ps,* variante esta que se da en algunas zonas de Hispanoamérica.

- *que*

En la reproducción de las palabras textuales (estilo directo) no se debe anteponer la conjunción *que*; se debe sustituir la conjunción por los dos puntos o bien transformar la frase a estilo indirecto.

⊗ Ramírez León señaló que «no vamos a tolerar este tipo de atropellos que generan más violencia».

(CREA, *El Universal,* 05/09/1996, Venezuela)

✓ Ramírez León señaló: «No vamos a tolerar este tipo de atropellos que generan más violencia» (estilo directo).

✓ Ramírez León señaló que no iban a tolerar ese tipo de atropellos que generan más violencia (estilo indirecto).

También es incorrecta la supresión de la conjunción en la locución conjuntiva temporal *una vez que.*

⊗ Recibirán autorización para trabajar en España una vez hayan transcurrido seis meses desde la presentación de su petición.

(CREA, *El País,* 27/10/2004, España)

✓ Recibirán autorización para trabajar en España una vez que hayan transcurrido seis meses desde la presentación de su petición.

Aunque el empleo de *que* puede adquirir valor enfático en oraciones exclamativas, la norma culta escrita prefiere la eliminación de la conjunción duplicada en casos en los que el uso resulta superfluo.

⊖ ¡Qué rico que está el cocido!
⊕ ¡Qué rico está el cocido!
⊖ ¡Qué bien que lo pasamos!
⊕ ¡Qué bien lo pasamos!
⊖ Y ya vas a ver qué bien que suena su nuevo discurso.
(CREA, Alfredo Bryce Echenique, *La vida exagerada de Martín Romaña*, Anagrama, 1995, Perú)
⊕ Y ya vas a ver qué bien suena su nuevo discurso.

Pero en las oraciones exclamativas la conjunción *que* es obligada si lo que sigue es una oración subordinada de sujeto.

✓ Qué bien que haya mujeres a las que apasione esto.
(CREA, E. Orúe y S. Gutiérrez, *Locas por el fútbol. De las gradas al vestuario*, Temas de hoy, 2001, España)

En las estructuras en las que se expresa un contraste entre dos actitudes, debe usarse *que*, no la preposición *de*, cuando los términos comparados son grupos nominales, adjetivos o pronombres. Pero se emplea *de* cuando el segundo término de la estructura contrastiva es una oración.

⊗ —Ah, pues yo de ti me preocuparía.
(CREA, Adolfo Marsillach, *Se vende ático*, Espasa-Calpe, 1995, España)
✓ —Ah, pues yo que tú me preocuparía.

⊗ Sobrevivió profesionalmente —al contrario de otras colegas— a aquel movimiento.
(CREA, *La Vanguardia*, 30/06/1995, España)
✓ Sobrevivió profesionalmente —al contrario que otras colegas— a aquel movimiento.

✓ Las primeras obras en las terminales de carga han comenzado y ya existen plazos de finalización, al contrario de lo que ocurre con la nueva pista.
(CREA, *La Vanguardia*, 02/11/1995, España)

Para el queísmo y el dequeísmo, ⇨ págs. 329-334.

• *tal*

Es incorrecto emplear *tal* en lugar de *tanto* en expresiones ponderativas de valor consecutivo. En estos casos puede usarse también *tanto es así que* (o *tan es así que*).

⊗ A los extranjeros nos echaban la culpa de todo, y el país era un polvorín; tal es así que casi nos impiden salir con mi esposa.
(CREA, *La Nueva Provincia*, 28/07/1997, Argentina)

✓ A los extranjeros nos echaban la culpa de todo, y el país era un polvorín; tanto es así que casi me impiden salir con mi esposa.

Se considera anticuado el uso de ®*por tal de* en lugar de *con tal de.*

⊗ Ni su inagotable trabajo, que la ha llevado a exponerse en su seguridad personal, por tal de cumplir con la tarea que se ha impuesto.
(CREA, *La Tribuna*, 21/12/2004, Honduras)

✓ Ni su inagotable trabajo, que la ha llevado a exponerse en su seguridad personal, con tal de cumplir con la tarea que se ha impuesto.

• *y*

En la coordinación, se debe sustituir la copulativa *y* por la variante *e* cuando la palabra que sigue comienza por *i-, hi-: madre e hija* (y no ®*madre y hija) tonto e imbécil* (y no ®*tonto y imbécil*). No obstante, se mantiene la *y* cuando la palabra comienza por *hie-: alfalfa y hierba; atacan y hieren* (y no ®*alfalfa e hierba,* ®*atacan e hieren*). También debe mantenerse la *y* en preguntas como *¿Y Isabel?* (⇨ pág. 157).

A diferencia del nombre de los signos de puntuación *punto y seguido* y *punto y aparte*, no es correcto usar la conjunción copulativa en la expresión ®*punto y final,* cuyo nombre correcto es *punto final* (⇨ pág. 167).

⊗ La decisión fue acogida con satisfacción por la UE porque pone punto y final al largo contencioso.
(CREA, *La Razón*, 15/01/2002, España)

✓ La decisión fue acogida con satisfacción por la UE porque pone punto final al largo contencioso.

EL ORDEN DE PALABRAS

A pesar de que el español es una lengua que permite una relativa libertad en la colocación de los elementos en función de los intereses de los hablantes, el orden en que pueden aparecer las palabras dentro de un enunciado está sometido a ciertas restricciones. Se enuncian a continuación las más importantes:

1. En el español general, el sujeto de las oraciones interrogativas se coloca tras el verbo, pero está admitida la anteposición en la norma culta de los países caribeños.

> ¿Qué quieres tú?
> ¿Qué tú quieres?

2. En las oraciones de infinitivo con sujeto pronominal expreso, este debe colocarse tras el verbo.

> ⊖ No recuerdo yo haber llamado a nadie.
> ⊕ No recuerdo haber llamado yo a nadie.

3. La colocación del verbo en posición final de la frase no es aceptable salvo para conseguir determinados efectos estilísticos.

> ⊗ A las afueras de la ciudad una gran mansión se divisaba.
> ✓ Una gran mansión se divisaba a las afueras de la ciudad.

4. No se pueden intercalar adverbios ni otros complementos entre las formas compuestas del verbo.

> ⊗ Había varias veces dicho que se retiraría.
> ✓ Había dicho varias veces que se retiraría.

Para la ambigüedad que puede ocasionar el orden del enunciado, ⇨ págs. 53-54.

LA CONCORDANCIA

Por concordancia se entiende la identidad de rasgos entre dos elementos de una oración, y ya hemos hablado de la importancia de este aspecto para construir oraciones correctas (⇨ págs. 53-63). Se distinguen dos tipos: la concordancia verbal y la nominal. La concordancia verbal se produce en la oración y consiste en que el núcleo del sujeto y el verbo han de presentar la misma persona y el mismo número; si la oración está en pasiva, también deben concordar en género el sujeto y el participio verbal.

> Nosotros todavía no hemos acabado.
> El piso de mis vecinos tiene dos habitaciones.
> La moción de censura fue presentada a la mesa de la presidencia.

La concordancia nominal se da entre el sustantivo y el adjetivo o el pronombre personal, entre los que debe haber el mismo género, el mismo número y, en el caso de los pronombres, la misma persona.

Concordancia entre el sustantivo y el adjetivo

Con los nombres epicenos (⇨ págs. 204-205), la concordancia debe hacerse en función del género gramatical de la palabra.

> ⊗ La perdiz macho es un excelente corredor.
> ✓ La perdiz macho es una excelente corredora.
> ⊗ La víctima, un hombre joven, fue trasladado al hospital.
> ✓ La víctima, un hombre joven, fue trasladada al hospital.

Los adjetivos referidos a varios sustantivos de diferente género van en plural y, si se posponen, la concordancia se establece en masculino (*Ella y él venían muy cansados; Elvira y Tomás son hermanos*). Pero si el adjetivo se antepone a los sustantivos, concuerda generalmente con el más próximo.

> ✓ El público lo recibió con entusiasta admiración y aplauso.
> ✓ Me admiraba su tranquila osadía y desparpajo.
> ✓ Admiro vuestro talento y sabiduría.

No es correcto anteponer un solo determinante en plural referido a ambos sustantivos.

> ⊗ El autor será quien deba tomar sus propia decisión y medidas.
> ✓ El autor será quien deba tomar su propia decisión y sus medidas.

En las construcciones partitivas, si ambos elementos tienen flexión de género, deben concordar.

> ✓ Muchas de nosotras lo creemos.
> ✓ Cristina fue una de las firmantes del acuerdo.

⊗ La propuesta fue presentada por otra de los magistrados.
✓ La propuesta fue presentada por otra de las magistradas. (*O, en el caso de que solo haya una mujer,* por la magistrada, *sin construcción partitiva*).

En las secuencias *lo* + adjetivo + *que,* el adjetivo debe concordar en género y número con el sustantivo al que se refiere.

✓ ¡Hay que ver lo pesada que se pone!
⊗ Hago esta sugerencia por lo perjudicial que son las pérdidas de esta clase.
✓ Hago esta sugerencia por lo perjudiciales que son las pérdidas de esta clase.

En este tercer capítulo se tratan otros aspectos relacionados con la concordancia de los determinantes: la concordancia del artículo y los determinantes con los sustantivos femeninos que comienzan por *a-* o por *ha-* (⇨ págs. 228-229); la concordancia de género del numeral *un* y sus derivados (⇨ pág. 250); la concordancia de género y número de *cualquiera* y *cuanto* (⇨ págs. 244-246); la concordancia de plural de *quien* (⇨ págs. 256-257), y la concordancia de *medio* seguido de adjetivos (⇨ pág. 226).

Concordancia entre el sustantivo y el pronombre personal

El pronombre debe concordar en número con el sustantivo al que se refiere, por lo que no es correcto mantener en singular el pronombre cuando el nombre es plural, como muestran los ejemplos subrayados.

⊗ Le compramos ropa a los hijos.
✓ Les compramos ropa a los hijos.
⊗ Francisco le escribe una carta a Carlos y a Diana.
✓ Francisco les escribe una carta a Carlos y Diana.
⊗ Voy a darle una sorpresa a mis amigas.
✓ Voy a darles una sorpresa a mis amigas.

Tampoco se admite en la norma culta el empleo que se encuentra en algunos países de América del plural *los* donde debe aparecer el singular *lo.* Esta falsa concordancia se produce cuando el hablante hace coincidir el número del pronombre con el del complemento indirecto plural.

⊗ A él nunca se lo dije, pero se los digo a ustedes: mi marido es un hombre genial.

(CREA, Juan Carlos Gené, *Ulf*, Argentina, 1988)

✓ A él nunca se lo dije, pero se lo digo a ustedes: mi marido es un hombre genial.

En las oraciones con verbos pronominales y en las de significado reflexivo si un pronombre tónico se repite con otro átono, debe haber concordancia de persona entre ellos.

⊗ Vosotros se venís conmigo.
✓ Vosotros os venís conmigo.
⊗ Estás que no cabes en sí de gozo.
✓ Estás que no cabes en ti de gozo.
⊗ Nos ha costado lo suyo llegar hasta aquí.
✓ Nos ha costado lo nuestro llegar hasta aquí.

Los pronombres *usted* y *ustedes*, aunque se refieren a la segunda persona del discurso, se combinan con formas verbales y pronominales de tercera persona.

⊗ Ustedes os levantáis muy temprano.
✓ Ustedes se levantan muy temprano.

Los pronombres de cortesía *usted* y *ustedes*, así como con las fórmulas de tratamiento *su alteza, su señoría, su excelencia*, concuerdan en femenino si designan mujeres y en masculino si se refieren a varones.

Es usted una santa.
Quédese usted tranquilo.
Quédese usted tranquila.
¿Su señoría se encuentra cómodo?

No es recomendable, por considerarse arcaizante, concordar en femenino las expresiones *su alteza, su señoría*, etc., cuando se refieren a un varón.

⊖ ¿Su señoría se encuentra cómoda? (referido a un varón).
⊕ ¿Su señoría se encuentra cómodo? (referido a un varón).

Concordancia entre el sujeto y el verbo

Un caso particular de aparente falta de concordancia de persona entre el sujeto y el verbo es el que aparece cuando el hablante o el oyente se consideran incluidos en el grupo designado por el sujeto. Es un uso plenamente aceptado en la lengua española.

> Los artistas son un colectivo muy peculiar.
> Los artistas sois un colectivo muy peculiar.
> Los artistas somos un colectivo muy peculiar.

Cuando el sujeto se compone de varios elementos coordinados, el verbo debe ir en plural si son entidades distintas (*Su mirada y su apostura nos cautivaron*), pero se conserva en singular en los siguientes casos:

1. Si los elementos coordinados se refieren a una misma entidad.

> El poeta y novelista presidió el acto.

2. Si los elementos coordinados se consideran fases o componentes de un único proceso.

> La entrada y salida de mercancías origina una gran actividad.
> Nos desconcierta la subida y bajada de la bolsa.
> Hay que tener en cuenta que éste es un tema cuyo estudio y propuesta depende del consejo.
> (CREA, *Tiempo*, 19/03/1990, España)

3. Si se trata de nombres no contables que van pospuestos al verbo.

> Me {fastidia/fastidian} la arrogancia y el desdén.

4. Si los elementos coordinados son infinitivos, oraciones o pronombres neutros.

> A todos nos apetece salir de fiesta y divertirnos.
> Ni esto ni eso otro ha podido terminarse hoy.

Frente a la concordancia gramatical, a veces los hablantes hacen concordar el sujeto y el verbo no por razones gramaticales, sino por el significado de la secuencia. Es la **concordancia por el sentido** o **concordancia *ad sensum*.** Los principales casos en los que se admite este tipo de concordancia son los siguientes:

1. Si el sujeto está asociado a otro elemento con enlaces como *junto con, además de, así como, con*, sobre todo si está situado tras el verbo.

> El portero, junto con otros dos jugadores, {recibió/recibieron} la copa.
> {Entró/entraron} en el recinto la mujer con su acompañante.

2. Si el núcleo del sujeto es un sustantivo cuantificador seguido de la preposición *de* más un nombre en plural.

    La mayoría de los visitantes {ha salido/han salido}.

3. Si el sujeto es *uno de los que,* el uso alterna entre el singular y el plural, aunque se considera gramaticalmente más correcta la concordancia en plural, pues el sujeto de la oración subordinada es el relativo plural *los que/las que.*

    Uno de los que {lograron/logró} llegar a la orilla.

4. En las estructuras *yo soy el que, tú eres el que* más un verbo, la norma culta prefiere la concordancia en tercera persona de singular; el habla coloquial suele concordar con la primera o segunda persona de singular.

    Yo soy el que {manda/mando} aquí.
    Tú eres la que {decide/decides}.

Si el sujeto es *nosotros* o *vosotros,* la concordancia debe hacerse en primera o segunda persona de plural. Es agramatical en estos casos la concordancia en tercera persona.

> *Nosotros somos los que mandan aquí.
> ✓ Nosotros somos los que mandamos aquí.

En las estructuras del tipo *yo soy de los que,* el verbo de la oración de relativo debe ir preferentemente en tercera persona de plural, aunque también se acepta el singular, en concordancia con una forma elidida *uno: yo soy [uno] de los que.*

> Yo soy de los que {piensan/piensa} que las cosas se arreglarán.
> Yo soy de los que {creen/cree} que las cosas se arreglarán.

No se admite en estos casos que el verbo de la oración de relativo vaya en primera persona.

> ⊗ Yo soy de los que pienso que se dedica demasiada atención al deporte.
> ✓ Yo soy de los que piensan que se dedica demasiada atención al deporte.
> ⊗ Yo soy de los que leo la prensa a diario.
> ✓ Yo soy de los que leen la prensa a diario.

En las **oraciones con el verbo *ser***, la norma general es que concierten en número y persona el sujeto y el atributo, y estos a su vez con el verbo. No obstante, no se mantiene la concordancia de persona en estos casos:

1. Si hay un pronombre personal de primera o segunda persona y un atributo de tercera. En estos casos el verbo debe concordar con el pronombre.

   El responsable soy yo.
   Mi preocupación eres tú.

2. Si el sujeto y el atributo difieren en número. En este caso, lo normal es establecer la concordancia en plural.

   Mi infancia son recuerdos de un patio de Sevilla.
   (A. Machado, «Retrato», *Poesías escogidas*, Castalia, 1986)

3. Algunas estructuras de uso frecuente en la lengua que contienen el verbo *ser* tienden a considerarse invariables, pero si el sujeto es plural, el verbo debe concordar en número. Ejemplos de este tipo son:
   – Las fórmulas *sea cual sea, sea cual fuere* y similares deben concordar con el sustantivo que sigue, que es el sujeto de *sea* y de *fuere*.

✓ Sea cual sea el resultado, será bueno.
✓ Sean cuales sean las razones, estamos de acuerdo.
⊗ Un profesional tiene que echar el resto, sea cual fuera las circunstancias.
(CREA, Radio, Madrid, Circuito del Jarama, 15/06/91, España)
✓ Un profesional tiene que echar el resto, sean cuales fueran las circunstancias.
⊗ En las sociedades más civilizadas los seres humanos, sea cual sea su sexo, raza, condición o trabajo, se consideran equivalentes.
(CREA, Rafael Rodríguez Delgado, *Del universo al ser humano*, McGraw-Hill, 1997, España)
✓ En las sociedades más civilizadas los seres humanos, sean cuales sean su sexo, raza, condición o trabajo, se consideran equivalentes.
⊗ Javier Solana dejó claro que el terrorismo, sea cual sea su origen y sus objetivos, debe condenarse sin ningún género de dudas.
(CREA, *La Vanguardia*, 16/08/1995, España)
✓ Javier Solana dejó claro que el terrorismo, sean cuales sean su origen y sus objetivos, debe condenarse sin ningún género de dudas.

– En las construcciones *es preciso, es necesario, es conveniente* y similares, el adjetivo hace el oficio de atributo, por lo que ha de concordar con el sujeto de la oración.

✓ Es preciso otro esfuerzo.
⊗ Es preciso nuevas aportaciones.
✓ Son precisas nuevas aportaciones.

– En las fórmulas introductorias de cuentos, como *érase una vez, esto era una vez* y similares, el grupo nominal que se enuncia a continuación es el sujeto de *era*; si el sustantivo está en plural o es múltiple, lo aconsejable es que se establezca la concordancia. No obstante, dado su carácter de fórmula estereotipada, se admite también su uso invariable.

✓ Érase una vez un rey.
✓ Éranse una vez unos músicos.
✓ Éranse una vez una zorra y una cigüeña.
⊖ Esto era una vez dos hermanos.
⊕ Esto eran una vez dos hermanos.

Tampoco es una fórmula invariable *quedar por* o *quedar que* más infinitivo para el significado de 'no haber recibido aún' la acción expresada por el infinitivo. Son oraciones que tienen sujeto, —normalmente el sustantivo que aparece a continuación—, con el que debe mantener concordancia el verbo *quedar*.

⊗ ¿Qué países te queda que conocer?
✓ ¿Qué países te quedan que conocer?
⊗ A estos presupuestos para el próximo año le queda por perfilar bastantes detalles.
(CREA, *ABC Electrónico*, 25/07/1997, España)
✓ A estos presupuestos les quedan por perfilar bastantes detalles.

En las exclamaciones *¡Viva!* o *¡Muera!* seguidas de un grupo nominal, el sustantivo pospuesto es el sujeto del verbo respectivo, por lo que ha de concordar en número y persona.

✓ ¡Viva la novia!
⊖ ¡Viva los novios!
✓ ¡Vivan los novios!

Concordancia en las oraciones impersonales

Las oraciones impersonales carecen de sujeto, por lo que el verbo debe usarse únicamente en tercera persona de singular.

⊗ En hacer el trabajo se tardan tres horas.
✓ En hacer el trabajo se tarda tres horas.
⊗ A este siglo codicioso no le bastan con cien años.
(CREA, *ABC Cultural*, 16/02/1996, España)
✓ A este siglo codicioso no le basta con cien años.

De igual modo, las oraciones impersonales con *se*, o impersonales reflejas, carecen de sujeto y es un error concordar el verbo en plural con el complemento directo

⊗ Se detuvieron a los atracadores.
✓ Se detuvo a los atracadores.
⊗ Se han elegido a los delegados.
✓ Se ha elegido a los delegados.

Hay que distinguir las oraciones impersonales con *se* de las pasivas reflejas también con *se*. Mientras que las impersonales carecen de sujeto, las pasivas reflejas sí lo llevan, por lo que el verbo debe concordar en número y persona.

⊗ Se vende pisos.
✓ Se venden pisos.
⊗ Se arregla zapatos.
✓ Se arreglan zapatos.

El verbo *haber* es impersonal cuando se usa solo, es decir, cuando no forma parte de un tiempo compuesto (*Hay un pájaro en la azotea; Había revistas de moda*). En consecuencia, el sustantivo pospuesto no es el sujeto, sino el complemento directo, como se puede ver por la sustitución pronominal (*lo hay, las había*). Es erróneo hacer concordar el verbo en tercera persona del plural con el sustantivo pospuesto.

⊗ Hubieron muchos factores que dificultaron la realización del proyecto.
✓ Hubo muchos factores que dificultaron la realización del proyecto.
⊗ Entre los premiados habían dos alumnas de nuestra escuela.
✓ Entre los premiados había dos alumnas de nuestra escuela.
⊗ Aseguran que han habido reuniones entre las partes implicadas.
✓ Aseguran que ha habido reuniones entre las partes implicadas.

Tampoco debe aparecer en plural en caso de que el verbo forme parte de una perífrasis.

⊗ En esta playa no suelen haber medusas.
✓ En esta playa no suele haber medusas.
⊗ La semana que viene van a haber fiestas.
✓ La semana que viene va a haber fiestas.

El verbo *hacer* para la expresión del tiempo es impersonal, por lo que solo debe usarse en singular.

⊗ Hacen varios años del accidente.
✓ Hace varios años del accidente.
⊗ Las explicaciones típicas de la Psicología Popular siguen siendo hoy las mismas que fueron hacen dos mil años.
(CREA, Josefa Toribio Mateas, *Eliminativismo y el futuro de la psicología popular*, CSIC-Trotta, 1995, España)
✓ Las explicaciones típicas de la psicología popular siguen siendo hoy las mismas que fueron hace dos mil años.

LA CORRECCIÓN LÉXICO-SEMÁNTICA

Las palabras, para cumplir su función comunicativa en la sociedad, han de adaptarse a la realidad, por lo que, a medida que esta se transforma, han de ir cambiando también los términos y las voces con que nos referimos a ella. De este modo, hay palabras que van quedando anticuadas (arcaísmos) y palabras que surgen (neologismos) en un proceso de cambio permanente. Por ello, es en el nivel léxico-semántico donde más inestable es la norma y con frecuencia lo que ayer se consideraba errado hoy adquiere carta de naturaleza. Baste citar ejemplos como *cable, túnel, raíl* o *submarino*, denunciados por los puristas del siglo XVIII como galicismos inadmisibles. Y, sin salirnos de nuestros días, sirvan de prueba las modificaciones que se producen en el diccionario en cada nueva edición: en la última del *DRAE* se añadieron más de 11 000 entradas y casi 25 000 acepciones nuevas.

Esta variabilidad no implica, claro está, que en el plano léxico-semántico se carezca de norma o que esta sea totalmente voluble. El propio diccionario sirve como referente para validar los usos léxicos y, aunque no haya que tomar su contenido en términos absolutos en el sentido de que solo está bien dicho lo que aparece en él, lo cierto es que los hablantes de español tendemos a otorgarle ese valor normativo y sancionador y lo consideramos la referencia común y guía de los usos lingüísticos. Esta consideración permite distinguir entre los usos que están plenamente consagrados y aceptados por todos de otros que son más inestables y sobre los que el consenso es menor. Lo que vamos a mostrar en este apartado son precisamente los usos que se apartan de lo que se considera asentado, tomando la norma académica y el diccionario como criterio.

LAS IMPROPIEDADES

La impropiedad se produce cuando se le aplica a una palabra un significado que no le corresponde. Hay que tener en cuenta que para la mayoría de los hablantes el significado de muchas palabras tiene un carácter difuso, no presenta unos límites claros y bien trazados. La impropiedad puede ocasionarse por muchas causas. A menudo se debe a que el hablante sabe más o menos lo que quiere decir una palabra o intuye qué puede querer decir según el contexto en que se usa, pero desconoce el significado exacto o los matices que distinguen una palabra de otra con la que está relacionada. La impropiedad se produce en otras ocasiones porque dos palabras son similares en la forma, lo que hace que sus significados puedan llegar a confundirse. Otro tipo particular de uso impropio es el que se produce por desajuste semántico en la combinación de palabras, al complementar una palabra de significación positiva con otra de valor negativo o viceversa. Un último grupo es el formado por las palabras que han adquirido significados nuevos por contagio de voces semejantes de otras lenguas.

En el listado que aparece a continuación figuran palabras en las que a menudo se han observado impropiedades de todos estos tipos y se añaden también algunas acepciones de palabras que antes se consideraban incorrectas pero que ya se consideran aceptables.

- *abigarrar*

Significa 'combinar mal los colores' y también 'amontonar, apretujar cosas heterogéneas'. El participio *abigarrado* se usa a veces inadecuadamente como sinónimo de *compacto, apelmazado*.

⊗ Vestía un enorme y abigarrado manto gris que, sin duda, había sido fiel compañero de sus aventuras, pues se adaptaba como un molde rígido a la silueta.

(CREA, J. C. Somoza, *La caverna de las ideas*, Alfaguara, 2001, España)

✓ Vestía un enorme y tupido (apelmazado) manto gris que, sin duda, había sido fiel compañero de sus aventuras, pues se adaptaba como un molde rígido a la silueta.

- ***abolición***

Técnicamente significa el 'acto legal de dejar sin vigencia una ley o una costumbre'. Dado ese carácter técnico, tiene un significado más restringido que los términos generales *supresión* o *prohibición*, por lo que no en todos los casos puede utilizarse como sinónimo de estos.

⊗ Poder pagar pequeñas compras con una tarjeta-monedero cuya finalidad última es la abolición de las monedas.

(CREA, *La Vanguardia*, 17/04/1995, España)

✓ Poder pagar pequeñas compras con una tarjeta-monedero cuya finalidad última es la supresión de las monedas.

- ***absceso***

Es un término médico que designa la 'acumulación de pus en los tejidos orgánicos internos o externos'. No debe confundirse con *acceso*, que significa 'entrada o paso'.

⊗ La Internet ha tenido un alto desarrollo y todos estos países tienen absceso a la Internet excepto Haití.

(CREA, *Revista Médica Dominicana*, 01/04/2000, Santo Domingo)

✓ La Internet ha tenido un alto desarrollo y todos estos países tienen acceso a la Internet, excepto Haití.

- ***abstraerse***

A menudo se confunde con *sustraerse*. *Abstraerse* es 'apartar alguien la atención de lo que le rodea para concentrarse en lo que se tiene en el pensamiento'; *sustraerse*, por el contrario, significa 'separarse de lo que es una obligación o un compromiso'.

⊗ Nadie puede abstraerse de la responsabilidad derivada de una conducta irregular.

(CREA, *La Hora*, 28/09/2000, Guatemala)

✓ Nadie puede sustraerse de la responsabilidad derivada de una conducta irregular.

- *abrumador*

Tiene un significado originariamente negativo: 'que agobia por el peso', 'que preocupa', 'que cansa'. Es un adjetivo que se usa hoy en exceso y habitualmente referido a sustantivos de carácter positivo (*éxito abrumador, victoria abrumadora, respaldo abrumador*); debe evitarse como sinónimo de *grande, masivo*.

⊗ La carrera contará con el seguimiento abrumador de las grandes cadenas de radio estatales.

(CREA, *La Vanguardia*, 02/09/1995, España)

✓ La carrera contará con el seguimiento masivo de las grandes cadenas de radio estatales.

- *abertura*

Son frecuentes las confusiones entre *apertura* y *abertura*. Aunque tienen usos compartidos, *abertura* se aplica con más propiedad al mundo físico, mientras que *apertura* es más apropiado para designar conceptos o ideas. Una camisa puede tener una abertura; un juicio se inicia con su apertura por parte del juez.

⊗ Ha de existir una mínima regulación pero no debe afectar la libertad de abertura, que aumentaría el servicio y ocuparía a muchos farmacéuticos ahora en paro.

(CREA, *La Vanguardia*, 16/02/1995, España)

✓ Ha de existir una mínima regulación pero no debe afectar a la libertad de apertura, que aumentaría el servicio y ocuparía a muchos farmacéuticos ahora en paro.

⊗ Existen cuatro puertas correderas en cada lado, con una apertura de 1,4 metros.

(CREA, *Vía Libre*, 466, 07/08/2003, España)

✓ Existen cuatro puertas correderas en cada lado, con una abertura de 1,4 metros.

- *accesible*

Se confunde a veces con *asequible*. *Accesible* es aquello a lo que se puede acceder con facilidad, bien porque tiene fácil acceso, bien porque es de trato llano o fácil, bien porque se puede comprender fácilmente. En cambio, *asequible* se aplica a aquello 'que puede conseguirse o alcanzarse'. Una casa puede ser accesible, si tiene fácil acceso, y asequible si se dispone de suficiente dinero para poder comprarla. Un libro es accesible si su contenido se comprende con facilidad. Una persona de trato sencillo es accesible, pero no es correcto decir que sea asequible.

⊗ El ministro, muy asequible, y que ha explicado su proyecto por pasiva y por activa en los últimos meses, se ve ahora prisionero de esas explicaciones.

(CREA, *Faro de Vigo*, 15/06/2001, España)

✓ El ministro, muy accesible, y que ha explicado su proyecto por pasiva y por activa en los últimos meses, se ve ahora prisionero de esas explicaciones.

- *acarrear*

En uso metafórico significa 'ocasionar daños o desgracias', por lo que el complemento ha de ser algo que se considere negativo o desafortunado. Resulta contradictorio, por tanto, que el complemento tenga carácter positivo.

⊗ Si el Uruguay fuera un país en serio, Montevideo exhibiría el sello del arquitecto Fabiano como Barcelona acarrea victoriosamente el de Gaudí.

(CREA, *El País*, 12/11/2001, Uruguay)

✓ Si el Uruguay fuera un país en serio, Montevideo exhibiría el sello del arquitecto Fabiano como Barcelona exhibe victoriosamente el de Gaudí.

- *acceso*

Ver *absceso*.

- *acerbo*

Ver *acervo*.

- *acervo*

Acervo es un sustantivo que significa 'conjunto de bienes acumulados en una tradición o en una cultura' o 'montón de cosas menudas'. *Acerbo* es un adjetivo que significa 'áspero, cruel, riguroso'.

⊗ Estos siete volúmenes constituyen un acerbo cultural importante que pertenece al patrimonio histórico español.

(CREA, *El Diario Vasco*, 31/01/2001, España)

✓ Estos siete volúmenes constituyen un acervo cultural importante que pertenece al patrimonio histórico español.

- *actitud*

No se debe confundir su significado con el de *aptitud*. La *aptitud* es la 'capacidad' para poder realizar algo; la *actitud* es la 'disposición mental' para hacer algo.

> ⊗ Es necesaria la convocatoria urgente de una conferencia internacional de nuestros Partidos al objeto de adoptar una aptitud común ante los graves problemas políticos, económicos y ecológicos que afectan a nuestra zona.
>
> (CREA, Raúl Morodo, *Por una sociedad democrática y progresista*, Turner, 1982, España)
>
> ✓ Es necesaria la convocatoria urgente de una conferencia internacional de nuestros Partidos al objeto de adoptar una actitud común ante los graves problemas políticos, económicos y ecológicos que afectan a nuestra zona.

- *adaptar*

Su significado es 'acomodar, ajustar algo a otra cosa'. No debe confundirse con *adoptar*, 'recibir como hijo, con los requisitos y solemnidades que establecen las leyes, al que no lo es naturalmente', 'recibir, haciéndolos propios, pareceres, métodos, doctrinas, ideologías, modas, etc., que han sido creados por otras personas o comunidades'.

> ⊗ Hurt es además el protagonista de «Second best», en la que interpreta a un hombre tímido y reprimido, encerrado siempre en sí mismo, que encuentra la felicidad al adaptar un niño.
>
> (CREA, *La Vanguardia*, 29/12/1994, España)
>
> ✓ Hurt es además el protagonista de «Second best», en la que interpreta a un hombre tímido y reprimido, encerrado siempre en sí mismo, que encuentra la felicidad al adoptar un niño.

- *adicción*

Es el 'hábito de quien se deja dominar por el uso de alguna o algunas drogas tóxicas, o por la afición desmedida a ciertos juegos'. Se puede confundir con su parónimo *adición*: 'acción y efecto de añadir. Operación de sumar'.

> ⊗ La política del cigarrillo, encaminada a inducir a la adición a niños y adolescentes de ambos sexos, entre los 10 y los 18 años, es uno de los aspectos más repudiables.
>
> (CREA, *El siglo*, 01/04/1997, Panamá)

✓ La política del cigarrillo, encaminada a inducir a la adicción a niños y adolescentes de ambos sexos, entre los 10 y los 18 años, es uno de los aspectos más repudiables.

- *adición*

Ver *adicción*.

- *adolecer*

Se utiliza a menudo indebidamente con el valor de 'carecer', pero *adolecer* significa 'tener un defecto', por lo que solo admite combinación con elementos que supongan tacha o carencia de algo (*adolecía de tibieza en sus juicios*).

⊗ Esperaba que fuese rechazada por adolecer de fundamentos técnicos y antecedentes.

(CREA, *El Norte de Castilla*, 19/06/2001, España)

✓ Esperaba que fuese rechazada por adolecer de falta de fundamentos técnicos y antecedentes.

- *adoptar*

Ver *adaptar*.

- *afección*

Junto con *afición* y *aflicción* forma un grupo de parónimos que a veces se confunden. *Afección* designa 'la impresión que hace algo en otra cosa, causando en ella alteración o mudanza', 'alteración en la salud de algún órgano del cuerpo'. Puede ser sinónimo de *afición* en el sentido de 'inclinación, amor a alguien o algo', pero no debe confundirse este último término con *aflicción*: 'efecto de afligir o afligirse'.

- *afición*

Ver *afección*.

- *aflicción*

Ver *afección*.

- *aforo*

Es el número máximo de personas que admite un establecimiento público o un recinto. No equivale, por tanto, al 'número de asistentes a un acto'.

⊗ El aforo ayer estaba en su justa medida, prácticamente lleno, pero la multitud de mañana podría romper el equilibrio.

(CREA, *El País*, 03/05/1997, España)

⊘ El recinto ayer estaba en su justa medida, prácticamente lleno; pero la multitud de mañana podría romper el equilibrio.

- *agnóstico*

No equivale a *ateo*. El *ateo* es el que no cree en la existencia de Dios; el *agnóstico* es aquel que solo cree en lo que se puede demostrar por la razón, por lo que admitirá la existencia de Dios o no en la medida en que esta se pueda demostrar. Con la expresión *no creyente* se alude tanto al ateo como al agnóstico.

⊗ ¿Qué es el hombre contemporáneo?: la suma de las luchas que le han moldeado, la combinación disonante de un progresista y un reaccionario, un nacionalista y un cosmopolita, un agnóstico y un creyente tirando cada uno en sentido opuesto.

(CREA, *El País. Babelia*, 22/03/2003, España)

⊘ ¿Qué es el hombre contemporáneo?: la suma de las luchas que le han moldeado, la combinación disonante de un progresista y un reaccionario, un nacionalista y un cosmopolita, un no creyente y un creyente tirando cada uno en sentido opuesto.

- *alocución*

Es un 'discurso breve dirigido por un superior a sus inferiores o a sus secuaces'. No debe emplearse como sinónimo de *discurso*, *sermón*, etc.

⊗ En su alocución, Alberto Meiller hizo referencia a la preocupación comunal por las consecuencias de un ciclo agrícola ganadero que originó la presentación de 546 planillas de emergencia.

(CREA, *La Nueva Provincia*, 21/10/1997, Argentina)

⊘ En su discurso, Alberto Meiller hizo referencia a la preocupación comunal por las consecuencias de un ciclo agrícola ganadero que originó la presentación de 546 planillas de emergencia.

- *americano*

Se admite ya su empleo como sinónimo de *estadounidense*.

⊘ El atractivo central será el enfrentamiento entre jugadores estelares de los Estados Unidos y una gruesa representación de *bigleaguers* procedentes de diversos países de América Latina.

El equipo americano tendrá en sus filas a Frank Thomas [...]. Del otro lado estarán los dominicanos [...], el nicaragüense [...], los venezolanos [...], y los puertorriqueños [...].
(CREA, *El Universal*, 06/11/1996, Venezuela)

- *apertura*

Puede confundirse con *abertura* (⇨ *abertura*). Es incorrecto el verbo derivado ⊗*aperturar*; debe usarse en su lugar *abrir, inaugurar, iniciar.*

⊗ Es el agente o teniente (autoridades) quienes se encargan de aperturar el encuentro campesino.
(CREA, Alca A. *et al.*, *Recuperación y socialización de conocimientos en Medicina andina*, Centro de Capacitación Campesina, 1994, Perú).

✓ Es el agente o teniente (autoridad) quien se encarga de inaugurar el encuentro campesino.

- *aprehender*

Escrito con *h* intercalada significa 'coger, asir, prender a alguien, o bien algo, especialmente si es de contrabando'. Si se pronuncia de forma excesivamente relajada suena como *aprender*: 'adquirir el conocimiento de algo por medio del estudio o de la experiencia'. En determinados contextos ambos términos pueden generar ambigüedad:

⊖ La enfermería cubana tiene que enfrentar los nuevos retos de este milenio [...]; pero también debe esforzarse por aprehender las nuevas técnicas de la información automatizada, para hacer más calificado su trabajo.
(CREA, *Revista cubana de enfermería*, 18/1, 01/04/2002, Cuba)

⊕ La enfermería cubana tiene que enfrentar los nuevos retos de este milenio, [...]; pero también debe esforzarse por aprender las nuevas técnicas de la información automatizada, para hacer más cualificado su trabajo.

- *aprender*

Ver *aprehender*.

- *aptitud*

Ver *actitud*.

- *arrear*

Ver *arriar*.

- *arriar*

Se puede confundir con su parónimo *arrear*: 'estimular a las bestias para que echen a andar, o para que sigan caminando, o para que aviven el paso'. *Arriar* significa 'bajar las velas, las banderas, etc., que están en lo alto'.

⊗ Una noche oyeron que alguien con voz fuerte comenzó a arriar el ganado «illa, illa».
(CREA, VV. AA., *Condiciones de Saneamiento Ambiental en las Poblaciones Indígenas de El Salvador*, 2001, El Salvador)

✓ Una noche oyeron que alguien con voz fuerte comenzó a arrear el ganado «illa, illa».

- *arrogarse*

Puede confundirse con *irrogar*. *Arrogarse* es 'atribuirse alguien una facultad o atribución que no le corresponde'; *irrogar* significa 'causar daños'.

⊗ El conserje se irroga unos derechos que no le corresponden.

✓ El conserje se arroga unos derechos que no le corresponden.

- *arrojar*

Referido a un documento o un dato, puede usarse con el valor de 'presentar una consecuencia o un resultado'. Se usa indebidamente cuando se utiliza como sinónimo de *ocasionar, producir, causar*.

⊗ Los dos atentados perpetrados contra la Armada y la Guardia Civil arrojaron un resultado de tres muertos.
(CREA, *El País*, 02/12/1985, España)

✓ Los dos atentados perpetrados contra la Armada y la Guardia Civil ocasionaron tres muertos.

- *asequible*

Ver *accesible*.

- *asolado*

Se emplea erróneamente con el significado de 'lleno de dolor, pena o tristeza', significado que corresponde a *desolado*. El significado de *asolado* es 'destruido'.

⊗ Al recibir la noticia de la muerte de su padre rompió a llorar, asolado.

✓ Al recibir la noticia de la muerte de su padre rompió a llorar, desolado.

- *asumir*

Significa 'atraer a sí', 'hacerse cargo, responsabilizarse, aceptar'. No es sinónimo de *suponer*.

⊗ El hecho de que Stone, un enemigo de hacer películas «políticamente correctas», vuelque su interés en Nixon, ha llevado a algunos a asumir que el filme será un retrato malévolo del presidente.
(CREA, *El Mundo*, 15/06/1995, España)

✓ El hecho de que Stone, un enemigo de hacer películas «políticamente correctas», vuelque su interés en Nixon, ha llevado a algunos a suponer que el filme será un retrato malévolo del presidente.

- *atesorar*

Como derivado de *tesoro*, tiene un significado positivo, por lo que no admite complementos metafóricos que se sientan como negativos o desfavorables.

⊗ Su malestar lo atesora solo Justo Jorge, el anfitrión de la isla, que ni dio lo prometido ni dijo lo pactado.
(CREA, *ABC Cultural*, 08/11/1996, España)

✓ Su malestar se concentra solo en Justo Jorge, el anfitrión de la isla, que ni dio lo prometido ni dijo lo pactado.

- *azahar*

Designa la 'flor blanca, y por antonomasia, la del naranjo, limonero y cidro'. En una pronunciación descuidada puede sonar igual que *azar*: 'casualidad, caso fortuito'.

⊗ La asimilación de los elementos del medio externo, no son al azahar, ya que los bovinos solamente toman del medio ambiente algunos elementos.
(CREA, José W. J. Raunelli Sander, *Genética de la calidad de la carne bovina*, 1994, Perú)

✓ La asimilación de los elementos del medio externo, no son al azar, ya que los bovinos solamente toman del medio ambiente algunos elementos.

- *azar*

Ver *azahar*.

- *balance*

Es el estudio comparativo de las circunstancias o factores que intervienen en un proceso para tratar de prever su evolución y, en el lenguaje del comercio, el contraste entre el activo y el pasivo para averiguar el estado de un negocio. No equivale, por tanto, a *resultado, saldo, total.*

> ⊗ Nada importó el balance de una elección que pasó a la historia como la de mayor participación ciudadana y menor número de impugnaciones.
>
> (CREA, *Proceso*, 10/11/1996, México)
>
> ✓ Nada importó el resultado de una elección que pasó a la historia como la de mayor participación ciudadana y menor número de impugnaciones.

- *barajar*

Significa 'considerar varias posibilidades', por lo que el complemento ha de ser plural; no se puede barajar una sola opción. Cuando no hay opciones alternativas pueden usarse verbos como *estudiar, analizar, considerar, proponer*.

> ⊗ La fórmula que se baraja es incluir el compromiso de aplicar en el futuro una reducción de las cotizaciones sociales.
>
> (CREA, *El País*, 25/09/1996, España)
>
> ✓ La fórmula que se considera es incluir el compromiso de aplicar en el futuro una reducción de las cotizaciones sociales.

- *bianual*

Bianual es lo que tiene lugar con una frecuencia de dos veces al año, *bienal* es lo que sucede cada dos años. La muestra de cine de Venecia, que se celebra cada dos años, recibe el nombre de Bienal de Venecia; los equinoccios suceden de forma bianual.

- *bienal*

Ver *bianual.*

- *bimensual*

Bimensual es lo que sucede dos veces al mes. Puede confundirse con *bimestral*, que es lo que ocurre cada dos meses. Bimensualmente la luna se encuentra en la fase de cuarto (menguante o creciente).

- *bimestral*

Ver *bimensual*.

- *bifurcarse*

Significa 'dividirse un camino en dos', por lo que resulta incongruente cuando se usa para indicar una división en más brazos o ramales. Para estos casos se puede recurrir a *dividirse, segmentarse, ramificarse, distribuirse*.

> ⊗ Cuenta una historia que se bifurca en múltiples relatos.
> (CREA, *La Vanguardia*, 02/06/1995, España)
>
> ✓ Cuenta una historia que se ramifica en múltiples relatos.

- *calificar*

Se confunde su significado con el de *clasificar*. *Calificar* es 'expresar un juicio sobre las cualidades o circunstancias de alguien' o 'juzgar el grado de suficiencia de los conocimientos demostrados por un alumno'. *Clasificar* es 'distribuir en clases' y 'obtener un determinado puesto en una competición'.

> ⊗ Se han calificado en cuatro categorías: usos privados no residenciales (grandes almacenes, por ejemplo), usos privados residenciales, usos públicos dotacionales y usos públicos no dotacionales.
> (CREA, *El País*, 25/10/1980, España)
>
> ✓ Se han clasificado en cuatro categorías: usos privados no residenciales (grandes almacenes, por ejemplo), usos privados residenciales, usos públicos dotacionales y usos públicos no dotacionales.

- *celebrar*

Puede tener un significado neutro cuando equivale a 'tener lugar un acontecimiento público': *se celebra* un juicio, una asamblea, una reunión, etc. No obstante, cuando significa 'festejar una fecha o un acontecimiento' y 'alabar o aplaudir algo' tiene carácter positivo y no debe combinarse con sustantivos que se refieran a hechos o actitudes que se valoren negativamente, por la posible ambigüedad que pueda causar. Debe emplearse en tales casos *conmemorar*.

> ⊖ Se ha celebrado el aniversario de la matanza de los abogados.
>
> ⊕ Se ha conmemorado el aniversario de la matanza de los abogados.

- ***clasificar***

Ver *calificar.*

- ***coger***

Se debe tener cuidado con este verbo en los países en los que es palabra tabú (⇨ págs. 45-46). Por otra parte, en la lengua culta debe evitarse su uso con el significado de *caber.*

> ⊗ El pasillo era tan estrecho que no cogíamos más que de uno en uno.
>
> ✓ El pasillo era tan estrecho que no cabíamos más que de uno en uno.

- ***concitar***

A veces se utiliza inadecuadamente *concitar* como sinónimo de *suscitar. Concitar* significa 'reunir, congregar', además de 'instigar a alguien contra otra persona' y 'excitar inquietudes y sediciones en el ánimo de los demás'. *Suscitar* es 'levantar, promover'.

> ⊗ La presencia de la autora concitó el interés de los medios intelectuales de Port-au-Prince.
>
> (CREA, *Granma Internacional*, 10/1997, Cuba)
>
> ✓ La presencia de la autora suscitó el interés de los medios intelectuales de Port-au-Prince.

- ***conferencia***

Con el sentido de 'reunión de personas' se limitaba al encuentro de representantes de gobiernos o de instituciones (*conferencia episcopal, conferencia interministerial*). Hoy se aplica indebidamente a cualquier *congreso,* uso considerado anglicismo.

- ***contemplar***

Por influencia del inglés *to contemplate,* ha incrementado su uso con el valor de 'considerar', significado que ya tenía la palabra en español pero que era poco frecuente.

> ⊖ El Gobierno contempla la posibilidad de incrementar las cargas fiscales.
>
> ⊕ El Gobierno considera la posibilidad de incrementar las cargas fiscales. (*O bien,* estudia, prevé).

• *climatología*

Es la 'ciencia que estudia el clima' y el 'conjunto de las condiciones propias de un determinado clima'. No es correcto, por tanto, usarlo como equivalente de 'clima' o de 'tiempo atmosférico'.

⊗ La operación salida se vio dificultada por la climatología adversa.

✓ La operación salida se vio dificultada por las condiciones meteorológicas adversas.

• *comentar*

No equivale a *afirmar, señalar* o *decir*. Implica un desarrollo de la información, es decir, ofrecer una explicación detallada de algo.

⊗ El entrenador azulgrana no estuvo de acuerdo cuando se le comentó que el equipo había «bajado el tono» en los últimos partidos.

(CREA, *La Vanguardia*, 02/12/1995, España)

✓ El entrenador azulgrana no estuvo de acuerdo cuando se le indicó que el equipo había «bajado el tono» en los últimos partidos.

• *contabilizar*

No es lo mismo que *contar, sumar* o *producirse*. El significado es 'apuntar una cantidad en un libro de cuentas'.

⊗ Las fiestas se prolongarán este año durante todo el mes y contabilizan un amplio abanico de actos culturales.

(CREA, *El País*, 02/05/1980, España)

✓ Las fiestas se prolongarán este año durante todo el mes y ofrecen un amplio abanico de actos culturales.

• *corroborar*

Significa 'dar mayor fuerza a un argumento u opinión mediante nuevos razonamientos o nuevos datos', por lo que no debe usarse como sinónimo de *ratificar* o *confirmar*.

⊗ El dirigente nacionalista corroboró las palabras expresadas el jueves por el presidente del PNV.

(CREA, *La Vanguardia*, 16/12/1995, España)

✓ El dirigente nacionalista ratificó las palabras expresadas el jueves por el presidente del PNV.

• *crimen*

No siempre equivale a *asesinato*. Este necesariamente implica la muerte de alguien, mientras que el *crimen* es la 'acción voluntaria de matar o herir gravemente a alguien'.

• *cruento*

Equivale a *sangriento*, es decir, 'que echa sangre', o, también, 'que ofende gravemente'. No debe usarse como sinónimo de *cruel*.

⊗ Los dispositivos, de un peso que va de los siete a los 10 kilos, fueron colocados en la cabeza de los animales y sostenidos con ganchos sin puntas. Harris advirtió que el método de estudio en principio parece muy cruento porque está agarrado a la piel del animal, pero lo defendió al señalar que el aparato cae a los dos o tres meses.

(CREA, *La Nueva Provincia*, 21/10/1997, Argentina)

✓ Los dispositivos, de un peso que va de los siete a los diez kilos, fueron colocados en la cabeza de los animales y sostenidos con ganchos sin puntas. Harris advirtió que el método de estudio en principio parece muy cruel porque está agarrado a la piel del animal, pero lo defendió al señalar que el aparato cae a los dos o tres meses.

• *cuestionar*

No debe usarse como equivalente de *preguntar*, pues su significado es 'controvertir algún asunto proponiendo pruebas o argumentos de una y otra parte' o bien 'poner en duda lo afirmado por alguien'.

⊗ En la Sala de Prensa en el Miami Arena se le cuestionó a Robi Draco Rosa qué sintió al entregarle el premio a Ricky.

(CREA, *Teve Guía*, n.º 2112, 26-31/05/2003, Puerto Rico)

✓ En la Sala de Prensa en el Miami Arena se le preguntó a Robi Draco Rosa qué sintió al entregarle el premio a Ricky.

• *cualquier*

Significa 'uno indeterminado, sea el que sea', pero se emplea con el significado de 'todo' por influencia del inglés.

• *culpable*

Su contenido semántico es claramente negativo, por lo que el complemento deben ser aspectos que se perciban como perjudiciales, dañinos o negativos. Solo se admite este uso cuando se emplea *culpable* con carácter irónico en el sentido de 'causante, responsable'.

⊗ Confesó Pedro Pacheco que era cliente de FREMAP desde hacía tiempo, y de que esta mutua era «culpable de que yo pueda terminar las maratones en las que participo».

(CREA, FREMAP Magazine, 17, 01/03/2003, España)

✓ Confesó Pedro Pacheco que era cliente de FREMAP desde hacía tiempo, y de que esta mutua era «causante de que yo pueda terminar las maratones en las que participo».

- *deflagración*

Se emplea en el lenguaje periodístico como sinónimo de *explosión*, pero su significado propio es el de 'acción y efecto de arder súbitamente con llama y sin explosión'.

⊗ La estruendosa deflagración sobrevino en el interior del sótano.

(CREA, *El País*, 10/11/1997, España)

✓ La estruendosa explosión sobrevino en el interior del sótano.

- *dejar*

Este verbo no cuenta entre sus numerosas acepciones con la de 'causar, ocasionar', que aparece con frecuencia en el lenguaje periodístico para referirse a hechos luctuosos que producen desgracias. Debe usarse *ocasionar, producir, originar, tener como consecuencia.*

⊗ Tienen previsto firmar el próximo 29 de diciembre en la capital el histórico acuerdo de paz que pondrá fin a 36 años de enfrentamiento armado que ha dejado más de 150.000 muertos.

(CREA, *La Nación*, 01/12/1996, Costa Rica)

✓ Tienen previsto firmar el próximo 29 de diciembre en la capital el histórico acuerdo de paz que pondrá fin a 36 años de enfrentamiento armado que ha ocasionado más de 150 000 muertos.

- *deleznable*

Además de significar 'que dura poco' o 'que se rompe con facilidad', aplicado a las cosas significa también 'despreciable por su poco valor'. No es apropiado sin embargo utilizarlo como sinónimo general de *despreciable;* tampoco equivale a *detestable.*

⊗ Es deleznable su costumbre de criticar a los demás.

✓ Es detestable su costumbre de criticar a los demás.

⊗ Solo una infinita crueldad y la ausencia de cualquier sentimiento de humanidad explican un comportamiento tan deleznable.
(CREA, *El Diario Vasco*, 27/04/99, España)

✓ Solo una infinita crueldad y la ausencia de cualquier sentimiento de humanidad explican un comportamiento tan detestable.

- ***desconvocar***

Su significado es 'anular una convocatoria'. Así pues, un acto previamente convocado solo puede desconvocarse antes de iniciarse este. No es correcto usarlo con el sentido de *interrumpir, suspender* algo ya empezado.

⊗ El Comité Karabaj decidió ayer desconvocar la huelga general iniciada hace una semana en la capital de esa república.
(CREA, *El País*, 01/10/1988, España)

✓ El Comité Karabaj decidió ayer suspender la huelga general iniciada hace una semana en la capital de esa república.

- ***desolado***

Ver *asolado*.

- ***detentar***

Significa 'retener y ejercer ilegítimamente el poder', por lo que no es correcto emplearlo como sinónimo de *ocupar, ejercer* o *desempeñar un cargo.*

⊗ Con coraje, sangre fría y conscientes del peligro, solidaricémonos con la valiente actitud del Presidente y sus ministros, en especial quien detenta la cartera de Justicia.
(CREA, *El Tiempo*, 07/01/1988, Colombia)

✓ Con coraje, sangre fría y conscientes del peligro, solidaricémonos con la valiente actitud del presidente y sus ministros, en especial quien ocupa la cartera de Justicia.

- ***dilema***

Es la duda que se produce por tener que elegir entre dos opciones. No se debe usar cuando no hay opciones entre las que elegir ni tampoco si la duda es entre más de dos. En estos casos se debe usar *problema, dificultad, conflicto.*

⊗ Cuando un estudio o un diseñador tiene que realizar por ejemplo el diseño de un proyecto de identidad de una pizzeria, restaurante, o empresa telefónica, tiene que enfrentarse al dilema de competir con imágenes tan posicionadas en el mundo como Domino's pizza, Pizza Hut, Bellsouth, etc.

(CREA, *Trama. Revista de Arquitectura y Diseño*, 73, 03/02/2001, Ecuador)

✓ Cuando un estudio o un diseñador tiene que realizar por ejemplo el diseño de un proyecto de identidad de una pizzería, restaurante o empresa telefónica, tiene que enfrentarse al problema de competir con imágenes tan posicionadas en el mundo como Domino's pizza, Pizza Hut, Bellsouth, etc.

• *discusión*

En plural, se usa como 'conversaciones' por influjo del inglés. Es una acepción no recomendada, pues puede crear ambigüedad.

⊗ Las partes proseguirán las discusiones a partir del lunes próximo.

✓ Las partes proseguirán las negociaciones a partir del lunes próximo (*O bien,* las conversaciones).

• *disyuntiva*

Es la situación en la que hay que optar entre dos cosas o posibilidades. No es correcto usarlo como sinónimo de *situación* o cuando las opciones son más de dos.

⊗ Resulta irónico que justamente ante la nueva disyuntiva de factores que incesantemente hacen avanzar la globalización de las economías...

(CREA, *El Universal*, 16/07/1996, Venezuela)

✓ Resulta irónico que justamente ante la nueva situación de factores que incesantemente hacen avanzar la globalización de las economías...

• *doméstico*

Se emplea con el significado de 'nacional' para referirse a los vuelos de avión cuyo destino es el propio país. **Vuelo doméstico*, calco del inglés *domestic fly*, es un uso no admitido; se debe sustituir por *vuelo nacional*.

• *educación*

Ver *escolaridad*.

- *ejecutar*

Tiene el significado, entre otros, de 'ajusticiar, dar muerte al reo'. Implica, por tanto, el requisito de haber seguido algún tipo de proceso judicial, de manera que no es correcto aplicarlo a situaciones en las que falta ese requisito.

⊗ Testigos nombraron a Alvarenga como uno de los 20 o más encapuchados que usaron armas automáticas y escopetas recortadas para ejecutar a residentes del arrabal.

(CREA, *El Nuevo Herald*, 28/04/1997, EE. UU.)

✓ Testigos nombraron a Alvarenga como uno de los veinte o más encapuchados que usaron armas automáticas y escopetas recortadas para asesinar a residentes del arrabal.

- *emergencia*

Por influencia del inglés ha adquirido el significado que tradicionalmente correspondía a *urgencia*, pero no son sinónimos. Una *emergencia* es el 'suceso, accidente que sobreviene' o la 'situación de peligro o desastre que requiere una acción inmediata'; una *urgencia* es cualquier 'caso urgente' y también la 'necesidad o falta apremiante de lo que es menester para algún negocio'.

- *enclave*

No es sinónimo de *lugar* o *territorio* sin más, sino que se aplica a aquel territorio que se halla incluido en otro de diferentes características geográficas, políticas, económicas, etc.

⊗ Ese año, al noroeste de Lisboa, en un enclave próximo a Monte Redondo, Ribeiro descubrió piedras talladas por la acción del hombre.

(CREA, Bruno Cardeñosa, *El código secreto. Los misterios de la evolución humana*, Grijalbo, 2001, España)

✓ Ese año, al noroeste de Lisboa, en un lugar próximo a Monte Redondo, Ribeiro descubrió piedras talladas por la acción del hombre.

- *endosar*

Se define como 'trasladar a alguien una carga, trabajo o cosa no apetecible'. No se debe usar en el sentido de *propinar*, *encajar*, que se usa a menudo en el lenguaje deportivo.

⊗ Esa zamarra de tono naranja que portaban los jugadores blanquiazules cuando el Mónaco le endosó aquella sonrojante derrota por 8-3.

(CREA, *El Mundo*, 09/12/2003, España)

✓ Esa zamarra de tono naranja que portaban los jugadores blanquiazules cuando el Mónaco le propinó aquella sonrojante derrota por 8-3.

- *envergadura*

Es la 'distancia de los brazos humanos cuando están extendidos en cruz' o, en sentido figurado, 'importancia, amplitud, alcance'. No equivale a *corpulencia* o *gran estatura*.

⊗ Pero ese toro, por mucha envergadura que tenga, no lo puede querer ni Madrid, ni Valladolid, ni Antequera, ni Castellón de la Plana.

(CREA, *ABC*, 03/06/1989, España)

✓ Pero ese toro, por mucha corpulencia que tenga, no lo puede querer ni Madrid, ni Valladolid, ni Antequera, ni Castellón de la Plana.

- *envolver*

Por influencia del inglés *to involve*, se usa en lugar de *rodear* en expresiones como *las circunstancias que envuelven el caso*, *las incidencias que envuelven el campeonato*. La acepción ya está admitida.

- *erigir*

Significa 'fundar o instituir algo' y 'dar a alguien o algo un carácter o una categoría superior al que tenía'. No es correcto utilizarlo en el sentido simple de *edificar* o *construir*.

⊗ El parque se erige en un terreno localizado frente al estadio Olímpico Metropolitano en un área de 44 manzanas.

(CREA, *La Prensa de Honduras*, 08/11/2004, Honduras)

✓ El parque se levanta en un terreno localizado frente al estadio Olímpico Metropolitano en un área de 44 manzanas.

- *escarbar*

Significa 'remover repetidamente la superficie de algo' e incluso en sentido metafórico 'inquirir curiosamente lo que está encubierto hasta averiguarlo'. No debe confundirse con *excavar*, forma con la que guarda semejanzas de forma (paronimia) y de significado: 'quitar de una cosa sólida parte de su masa o grueso, haciendo hoyo o cavidad en ella'.

⊗ Los restos fueron encontrados el sábado por la tarde por un grupo de personas que se disponían a escarbar otro hoyo para sacar arena.

(CREA, *La Prensa de Nicaragua*, 31/12/2001, Nicaragua)

✓ Los restos fueron encontrados el sábado por la tarde por un grupo de personas que se disponían a excavar otro hoyo para sacar arena.

• *escolaridad*

No se debe confundir con *escolarización*. La *escolaridad* es el 'tiempo que dura la asistencia a un centro escolar', mientras que la *escolarización* es la acción o el efecto de proporcionar escuela a los niños.

⊗ En 1999, la tasa bruta de escolaridad general era de 52.5 por ciento.

(CREA, *Theorethikos. Revista electrónica*, 2, 07/12/2001, El Salvador)

✓ En 1999, la tasa bruta de escolarización general era de 52,5 por ciento.

Tampoco debe usarse *escolaridad* como sinónimo de *educación*.

⊗ La mejora progresiva de la escolaridad pública, primaria y secundaria, ha hecho disminuir bastante las diferencias anteriores. Muchos alumnos de la primaria privada van a la secundaria pública y en muchos barrios la primaria pública apenas se distingue de la privada, para bien o para mal.

(CREA, *El Mundo*, 20/06/1996, España)

✓ La mejora progresiva de la educación pública, primaria y secundaria, ha hecho disminuir bastante las diferencias anteriores. Muchos alumnos de la primaria privada van a la secundaria pública y en muchos barrios la primaria pública apenas se distingue de la privada, para bien o para mal.

• *escuchar*

Significa 'oír con atención, prestar atención a lo que se dice'. No se recomienda usar *escuchar* como sustituto de *oír*, 'percibir por el oído', cuando no hay intencionalidad por parte del individuo, a pesar de que esta acepción se usa en América por personas cultas.

⊖ Desde hace tiempo, ya no se escucha el ta-ca-ta-ta-ca de las máquinas de escribir, que acompañaron a importantes generaciones de periodistas.

(CREA, *El Nacional*, 27/06/1996, Venezuela)

⊕ Desde hace tiempo, ya no se oye el ta-ca-ta-ta-ca de las máquinas de escribir, que acompañaron a importantes generaciones de periodistas.

- *esgrimir*

Solo se aplica a las armas blancas, como la espada, el sable o el cuchillo. No es correcto que el complemento sea un arma de fuego.

⊗ El joven esgrimió un revólver y disparó cinco tiros.

(CREA, *El País*, 01/08/1989, España)

✓ El joven empuñó un revólver y disparó cinco tiros.

- *esotérico*

Con este término nos referimos a aquello que está 'oculto, reservado' o que es 'impenetrable o de difícil acceso para la mente'. Todo lo contrario de lo que significa su parónimo *exotérico*: 'común, accesible para el vulgo' y 'que es de fácil acceso para la mente'.

- *especia*

Se confunde a menudo con *especie. Especia* es el 'condimento alimentario'; *especie* es, entre otras cosas, el 'conjunto de cosas semejantes entre sí'.

⊗ Estuve trabajando con el grupo Nun Tris, en la pieza *Los remedios de la Bixigona*, que es una especia de comedia del arte para la calle.

(CREA, *La Ratonera. Revista Asturiana de Teatro*, 09/2001, España)

✓ Estuve trabajando con el grupo Nun Tris, en la pieza *Los remedios de la Bixigona*, que es una especie de comedia del arte para la calle.

⊗ Aunque por fuera se ve blanca pues se recubre de una especia de capa de cera.

(CREA, *Revista Bioplanet. Biotecnología para sus negocios*, 07/08/2000, Chile)

✓ Aunque por fuera se ve blanca pues se recubre de una especie de capa de cera.

- *especie*

Ver *especia*.

- *esperar*

Se aplica a la creencia de que vaya a suceder algo favorable, por lo que resulta contradictorio con complementos que significan sucesos funestos, aciagos o adversos.

⊖ Se esperan inundaciones en la zona este de la Península.
(TVE, *El tiempo*, 11/01/2009, España)

⊕ Se prevén inundaciones en la zona este de la Península. (*O bien*, Se temen inundaciones...).

⊖ La Dirección General de Tráfico espera unas cien víctimas mortales durante las próximas vacaciones de Semana Santa.

⊕ La Dirección General de Tráfico prevé unas cien víctimas mortales durante las próximas vacaciones de Semana Santa.

- *estático*

Ver *extático*.

- *evento*

Significaba en español 'eventualidad, hecho imprevisto, suceso'; por influencia del inglés *event* ('cosa que sucede'), en español se usa como 'acaecimiento, hecho que sucede'. Esta nueva acepción ya está admitida.

- *exclusivo*

Ha adquirido los valores de 'selecto', 'elegante', que no le corresponden. En español *exclusivo* significa 'único, solo, excluyendo a cualquier otro'.

⊖ Se ha abierto un restaurante exclusivo.

⊕ Se ha abierto un restaurante selecto (*o* especial, elegante).

- *exento*

No es sinónimo de *carente, desprovisto* o *falto*. Su significado es 'libre, desembarazado de una ocupación' (*queda exento de responsabilidades*) y también 'aislado, independiente' (*una columna exenta*).

⊗ Fernández Ordóñez, en tono distendido no exento de ironía, dijo que cuando se le comunicó que iba a ser galardonado, lo valoró mucho.
(CREA, *El Diario Vasco*, 27/04/99, España)

✓ Fernández Ordóñez, en tono distendido no desprovisto de ironía, dijo que cuando se le comunicó que iba a ser galardonado, lo valoró mucho.

- *exiguo*

No significa simplemente 'pequeño', sino que lleva el valor añadido de 'insuficiente'.

⊗ Para realizarlo basta un exiguo esfuerzo.
✓ Para realizarlo basta un pequeño esfuerzo.
⊗ Quienes auguraron, después del exiguo triunfo electoral, que su paso por el poder sería efímero, quizá se vean obligados a revisar el pronóstico.
(CREA, *ABC Electrónico*, 06/07/1997, España)
✓ Quienes auguraron, después del ajustado triunfo electoral, que su paso por el poder sería efímero, quizá se vean obligados a revisar el pronóstico.

- *exotérico*

Ver *esotérico*.

- *extático*

Se confunde frecuentemente con su parónimo *estático*: 'que permanece en un mismo estado, sin mudanza en él'. *Extático* es aquello 'que está en éxtasis, o lo tiene con frecuencia o habitualmente'.

- *extender*

Por influencia del inglés, se usa incorrectamente como sinónimo de *ampliar*.

⊗ Han extendido el plazo para el pago de la contribución.
✓ Han ampliado el plazo para el pago de la contribución.

- *facción*

En sentido colectivo tiene el significado peyorativo de grupo que actúa o tiene intenciones perversas. No es correcto emplearlo como sinónimo de *grupo, sector*, etc.

⊗ Tal acuerdo entre políticos de una y otra facción ha sido imposible.
(CREA, *El País*, 28/09/1977, España)
✓ Tal acuerdo entre políticos de uno y otro bando ha sido imposible.

- *favoritismo*

Es un comportamiento negativo que se produce cuando, entre varios candidatos, se tiene en cuenta más el favor a uno de ellos que sus méritos. No debe usarse, por tanto, con el significado neutro de 'considerar favorito a alguien'.

⊗ Contando con abrumador favoritismo el invicto Di Caprio solo logró finalizar cuarto.

(CREA, *El País*, 11/06/2001, Uruguay)

✓ Aunque contaba con la condición de favorito, el invicto Di Caprio solo logró finalizar cuarto. (*O bien,* Aunque la mayoría lo consideraba favorito...).

- ***franquía***

Ver *franquicia.*

- ***franquicia***

Es un sustantivo que significa la 'exención de pagar' y la 'concesión de derechos de explotación de un producto o una actividad'. No se debe confundir con la locución adverbial *en franquía,* que tiene el significado de 'en disposición de poder hacer lo que se quiera liberándose de algún quehacer o compromiso'.

⊗ Los visitantes tuvieron que esforzarse lo justo para poner en franquicia esta semifinal.

(CREA, *Faro de Vigo,* 21/06/2001, España)

✓ Los visitantes tuvieron que esforzarse lo justo para poner en franquía esta semifinal.

- ***hacer gala***

Es demostrar una cualidad o un comportamiento preciándose de ello. El significado de *gala* exige como complemento que lo que se considera motivo de gala sea algo favorable: *hacer gala de las virtudes propias, hacer gala de buena educación, hacer gala de buen gusto, hacer gala de buen humor, hacer gala de sabiduría,* etc. No obstante, se está extendiendo el uso de *hacer gala* como simple equivalente de *mostrar.*

⊗ En este caso resulta imprescindible aclarar quién hizo gala de semejante irresponsabilidad para que se lo comieran con tanta facilidad.

(CREA, *La Nueva Provincia,* 21/10/1997, Argentina)

✓ En este caso resulta imprescindible aclarar quién demostró semejante irresponsabilidad para que se lo comieran con tanta facilidad.

- ***hojear***

Se puede confundir con su homónimo *ojear*. *Hojear* es 'pasar las hojas de un libro leyendo deprisa algunos pasajes'; *ojear* es 'lanzar ojeadas a algo'. No obstante, ambos términos coinciden en el significado de 'leer superficialmente un texto'.

⊗ En cambio, basta hojear el santoral para ver que es considerable el número de mártires de habla española.

(CREA, Luis Ricardo Alonso, *El Supremísimo*, Destino, 1981, España)

✓ En cambio, basta ojear el santoral para ver que es considerable el número de mártires de habla española.

- ***honestidad***

Tradicionalmente tenía el significado de 'decencia', 'recato', 'pudor', pero por influencia del inglés se está igualando en el significado con *honradez*. Es un uso admitido. En cambio, debe evitarse el empleo del adverbio *honestamente* por *sinceramente, francamente*.

⊖ Te lo digo honestamente: ese chico no te conviene.

⊕ Te lo digo sinceramente: ese chico no te conviene.

- ***humanitario***

Se aplica a aquello que se refiere al bien del género humano y, en particular, a lo que tiene como fin aliviar los efectos que las guerras y catástrofes producen en las personas. Así se puede hablar de *ayuda humanitaria, sentimiento humanitario, labor humanitaria*, etc., pero no resulta apropiado hablar de *drama humanitario, catástrofe humanitaria, crisis humanitaria*.

⊗ Ruanda es solo una más de las tragedias que se viven en Africa, aunque la magnitud de esta crisis humanitaria la ha catapultado hacia nuestros receptores de televisión y radio.

(CREA, *La Vanguardia*, 10/08/1994, España)

✓ Ruanda es solo una más de las tragedias que se viven en África, aunque la magnitud de esta crisis humana la ha catapultado hacia nuestros receptores de televisión y radio.

- ***identificar***

Consiste en 'reconocer si una persona o cosa es la misma que se supone o se busca'. Por tanto, no equivale a *descubrir* o *encontrar*, ya que para poder *identificar* es preciso haber hallado.

⊗ La víctima debe una importante cantidad de dinero a un grupo de personas al que la Policía trata de identificar.

(CREA, *El Mundo*, 20/04/1995, España)

✓ La víctima debe una importante cantidad de dinero a un grupo de personas al que la Policía trata de encontrar.

- *imberbe*

No equivale a *barbilampiño*. Es *imberbe* el que carece de barba, mientras que es *barbilampiño* el que tiene barba rala o escasa.

- *impacto*

Es el choque de un proyectil o de otro objeto contra algo y también la huella que deja ese choque; en su uso metafórico, debe conservar ese valor de intensidad y sorpresa; pero por influencia del inglés se emplea en contextos neutros, sustituyendo a términos más precisos, como *efecto, repercusión, consecuencia, reflejo.*

- *inaudito*

Significa 'no oído' y también 'monstruoso, extremadamente vituperable'. No es sinónimo, por tanto, de *insólito.*

⊗ Comprendo perfectamente que las cuevas posean unas estrictas condiciones de mantenimiento, pero es inaudito que a las autoridades se les hayan desbordado las demandas de visita.

(CREA, *El Mundo*, 13/04/1996, España)

✓ Comprendo perfectamente que las cuevas posean unas estrictas condiciones de mantenimiento, pero es insólito que a las autoridades se les hayan desbordado las demandas de visita.

- *incidente*

Un incidente es una 'riña, disputa o pelea'. No debe usarse como sinónimo de *suceso, problema, avería* o *accidente.*

⊗ Viniendo hacia aquí tuvimos un pequeño incidente: se nos pinchó la rueda del coche.

✓ Viniendo hacia aquí tuvimos una pequeña avería: se nos pinchó la rueda del coche.

⊗ El incidente del aterrizaje, el pasado jueves, en plena plaza Roja de Moscú, de la avioneta pilotada por el joven alemán occidental Mathias Rust, ha servido al líder soviético, Mijail Gorbachov, para reforzar su control.

(CREA, *El País*, 01/06/1987, España)

✓ El suceso del aterrizaje, el pasado jueves, en plena plaza Roja de Moscú, de la avioneta pilotada por el joven alemán occidental Mathias Rust, ha servido al líder soviético, Mijail Gorbachov, para reforzar su control.

- *incurrir*

Significa 'caer en una falta', por lo que el complemento debe portar el significado negativo de la falta cometida.

⊗ La tendencia más aceptada en este caso es a la utilización del tratamiento farmacológico convencional, pues de otra forma se podría incurrir en consecuencias éticas e incluso legales.
(CREA, *Revista de Psiquiatría y Psicología del Niño y del Adolescente*, 2, 2002, España)

✓ La tendencia más aceptada en este caso es a la utilización del tratamiento farmacológico convencional, pues de otra forma se podrían derivar consecuencias éticas e incluso legales.

- *inerme*

Se puede confundir con *inerte. Inerme* significa 'indefenso'; *inerte* es 'sin vida, muerto'. *Inerme* solo debe aplicarse a los elementos que tengan la capacidad de portar armas (personas, organismos...), salvo en biología, donde se aplica a las plantas que carecen de espinas u otras defensas.

⊗ Tenemos el imperativo gozoso [...] de hablar, de escribir, de gritar, sobre los millares de cadáveres de nuestros seres queridos, soldados, jueces, periodistas..., sobre el pueblo colombiano que cayó inerme ante el disparo aleve del sicario apátrida.
(CREA, *El Tiempo*, 11/01/1987, Colombia)

✓ Tenemos el imperativo gozoso [...] de hablar, de escribir, de gritar, sobre los millares de cadáveres de nuestros seres queridos, soldados, jueces, periodistas..., sobre el pueblo colombiano que cayó inerte ante el disparo aleve del sicario apátrida.

- *inerte*

Ver *inerme.*

- *infectar*

Por el parecido fónico, puede confundirse con *infestar. Infectado* se dice del organismo o la parte de él que padece una infección causada por microbios; *infestado* se aplica a los seres vivos o los lugares cuando se encuentran repletos de parásitos u otros seres molestos o nocivos. El mar puede estar *infestado* de tiburones, el cuero cabelludo *infestado* de piojos y un barrio *infestado* de drogas; una herida está *infectada*, un animal puede resultar *infectado* por una enfermedad y un ordenador con virus está *infectado*.

> ⊗ La triquina es un parásito de cerdos y ratas. Se puede adquirir esta lombriz si se come carne de puerco infestada y mal cocida.
> (CREA, E. Valdivieso, *Cómo aliviarse de la panza*, Árbol, 1988, México)
>
> ✓ La triquina es un parásito de cerdos y ratas. Se puede adquirir esta lombriz si se come carne de puerco infectada y mal cocida.

- ***infestado***

  Ver *infectado*.

- ***inflación***

  Ver *infracción*.

- ***infracción***

  Una *infracción* es una 'transgresión o quebrantamiento de una ley', término que no hay que confundir con la forma parónima *inflación*: 'acción y efecto de inflar', 'elevación notable del nivel de precios con efectos desfavorables para la economía de un país'.

- ***infligir***

  Ver *infringir*.

- ***infringir***

  Se infringe una ley o una norma cuando se quebranta o no se cumple; *infligir* es 'causar daño' o 'imponer un castigo'.

> ⊗ Está prohibido infringir daño físico y psicológico no solo a los humanos (sean amigos o enemigos), sino también a los animales.
> (CREA, *El País. Ciberpaís*, 03/04/2003, España)
>
> ✓ Está prohibido infligir daño físico y psicológico no solo a los humanos (sean amigos o enemigos), sino también a los animales.

- ***ingerir***

  No es lo mismo que *injerirse*. *Ingerir* es 'tomar alimento'; *injerir* significa 'meter una cosa en otra' e *injerirse* 'entrometerse'.

• *inicializar*

Solo tiene el significado técnico de 'establecer los valores iniciales de funcionamiento de un programa' en el lenguaje de la informática. Es incorrecto emplearlo como sinónimo de *iniciar.*

⊗ El acto se inicializó con la lectura de un manifiesto.

✓ El acto se inició con la lectura de un manifiesto. (*O bien,* comenzó con).

• *injerir*

Ver *ingerir.*

• *inmiscuirse*

Equivale a *entremeterse,* meterse en asuntos cuando no hay razón o autoridad para ello. No significa *incluir.*

⊗ Hoy firmarán ambos organismos un convenio de patrocinio para la selección, donde se inmiscuye a los presidentes de equipos y de la federación.

(CREA, *La Prensa,* 07/04/1997, Honduras)

✓ Hoy firmarán ambos organismos un convenio de patrocinio para la selección, donde se incluye a los presidentes de equipos y de la federación.

• *interceptar*

Se aplica a objetos, no a personas: la policía puede interceptar vehículos, carreteras, mercancías, etc., el portero intercepta el balón, el radiotelegrafista intercepta una señal.

⊗ Los asaltantes interceptaron al conductor del bus y luego comenzaron a robar el dinero y prendas de valor.

(CREA, *El Salvador Hoy,* 01/04/1997, El Salvador)

✓ Los asaltantes detuvieron al conductor del bus y luego comenzaron a robar el dinero y prendas de valor.

• *intimar*

Aparte del significado de 'tener confianza con alguien', en cuyo caso es un verbo intransitivo que lleva un complemento con la preposición *con,* tiene un uso transitivo con el valor de 'exigir, porque se tiene autoridad para ello, que alguien haga algo'. No se debe confundir con *intimidar,* que significa 'atemorizar'.

✓ Su jefe lo intimó a presentar el informe urgentemente.

⊗ Se esforzaba por intimidar con todos los amigos de su pareja.
✓ Se esforzaba por intimar con todos los amigos de su pareja.

- *intimidar*
  Ver *intimar*.

- *involucrar*
  Se define como 'complicar a alguien en un asunto, comprometiéndolo con él'. En consecuencia, tiene un matiz peyorativo que debe conservarse al formular el enunciado. No debe usarse como *implicar* ni como *inmiscuirse*.

⊗ Esa sabiduría del artista popular se involucra contigo de tal manera que pasa a formar parte de tu vida.
(CREA, *El Nacional*, 22/12/1997, Venezuela)
✓ Esa sabiduría del artista popular se integra contigo de tal manera que pasa a formar parte de tu vida.
⊗ El espacio incluye actuaciones musicales y diversos juegos y bromas en las que se involucra al público asistente en el plató.
(CREA, *El Mundo*, 15/12/1995, España)
✓ El espacio incluye actuaciones musicales y diversos juegos y bromas en las que se implica al público asistente en el plató.

- *irrogar*
  Ver *arrogarse*.

- *jugar un papel*
  Se considera calco del francés (*jouer un rôle*) o del inglés (*play a role*). Está aceptado por su arraigo en la lengua culta, aunque se aconseja emplear otros verbos, como *desempeñar, hacer* o *representar*.

⊖ Los sindicatos han jugado un papel decisivo en el acuerdo.
⊕ Los sindicatos han desempeñado un papel decisivo en el acuerdo.

- *justiciero*
  No significa 'justo' sino 'que observa y hace cumplir la justicia'. Es un adjetivo que debe aplicarse a personas, no a cosas.

⊗ Y fue el chico de Huracán quien, a los 31, cabeceó un rebote [...] para poner el 1 a 0. Un resultado demasiado exiguo, pero justiciero.
(CREA, *Clarín*, 07/01/1997, Argentina)
✓ Y fue el chico de Huracán quien, a los 31, cabeceó un rebote [...] para poner el 1 a 0. Un resultado demasiado escaso, pero justo.

- *laico*

  No es lo mismo que *aconfesional*. Lo que se sitúa y se comporta de forma independiente respecto a cualquier organización o confesión religiosa se califica de *laico*. A lo que no pertenece ni está adscrito a ninguna confesión religiosa se denomina *aconfesional*. Un *partido aconfesional* o *la enseñanza aconfesional* son diferentes de un *partido laico* o *la enseñanza laica*.

- *levantar*

  Levantar dudas es otro préstamo de influencia inglesa (*to arouse doubts*) o francesa (*soulever des doutes*). En español el sustantivo *dudas* se combina con verbos como *suscitar, surgir, provocar, sembrar, despertar*.

- *loor*

  Para el cambio incorrecto de *loor* por *olor* en expresiones como *en olor de multitud* y similares, ver *olor*.

- *mayor*

  Se usa sin valor comparativo por influencia del inglés.

  ⊗ Se trata de un tema mayor.

  ✓ Se trata de un tema importante.

- *mayoritariamente*

  Presenta casos de confusión con *mayormente*. *Mayoritariamente* significa 'por mayoría'; *mayormente* quiere decir 'principalmente, especialmente'.

  ⊗ Pero el electorado español mayormente y el catalán con cautela se decantan por partidos antigubernamentales.

  (CREA, *La Vanguardia*, 30/05/1995, España)

  ✓ Pero el electorado español mayoritariamente y el catalán con cautela se decantan por partidos antigubernamentales.

- *mayormente*

  Ver *mayoritariamente*.

- *mortalidad*

  Se confunde el significado de esta palabra con el de *mortandad*. Con *mortandad* nos referimos a una 'gran cantidad de muertos causados por epidemia, cataclismo, peste o guerra'. La *mortalidad* es la tasa de muertes que se produce en un territorio en un tiempo determinado; puede usarse con valor general o aplicarse a la relacionada con una causa específica (*La mortalidad ocasionada por el sarampión prácticamente ha desaparecido*).

- *mortandad*

Ver *mortalidad*.

- *nominar*

Se acepta ya el significado de 'presentar o proponer a alguien para un premio', de influencia inglesa. Como se puede ver, el objeto de la propuesta para la que se nomina a alguien es de carácter positivo; así pues, debe evitarse el uso de este verbo cuando la propuesta es negativa.

⊗ Lo nominaron para ser expulsado del concurso.
✓ Lo propusieron para ser expulsado del concurso.

- *nutricio*

Ver *nutritivo*.

- *nutricional*

Ver *nutritivo*.

- *nutritivo*

No debe confundirse con *nutricional*. *Nutritivo* significa 'que nutre', mientras que *nutricional* es el adjetivo que se aplica a lo relacionado con la nutrición. El *DPD* señala para *nutritivo* también el significado de 'de gran poder alimenticio', valor no recogido en el *DRAE*, y en este caso no es equivalente de *nutricio*, que significa solo 'que nutre o sirve para nutrir'.

⊗ Las zanahorias, crudas o hervidas, son verduras muy nutricionales.
✓ Las zanahorias, crudas o hervidas, son verduras muy nutritivas.

- *obligación*

No debe confundirse con *obligatoriedad*. La *obligación* es lo que alguien está obligado a hacer; la *obligatoriedad* es una característica, la cualidad que posee lo que es obligatorio.

⊘ Tienes la obligación de circular a menos de 120 km/h.
⊘ Estoy de acuerdo con la obligatoriedad de circular a menos de 120 km/h.

- *obligatoriedad*
Ver *obligación*.

- *obsoleto*
No es sinónimo de *antiguo*, sino de *anticuado*: las cintas de casete hoy pueden resultar objetos anticuados y hasta obsoletos para algunos, aunque no sean demasiado antiguos.

- *ojear*
Ver *hojear*.

- *olor*
Se usa la locución *en olor de multitud* o *en olor de multitudes* para expresar que algo tiene lugar con la admiración y aclamación de mucha gente. Se considera ultracorrección sustituir *olor* por *loor* en esta expresión y otras similares: *en* ⊗*loor de multitudes, en* ⊗*loor de santidad*, etc.

⊗ Tanto los emperadores, los dictadores como los reyes sin parlamento tienen en común una llegada al poder con magníficos augurios, en loor de multitudes.

(CREA, *Revista Centro Veterinario*, 6, 11/12/2004, España)

⊘ Tanto los emperadores, los dictadores como los reyes sin parlamento tienen en común una llegada al poder con magníficos augurios, en olor de multitudes.

- *oscilar*
No significa 'aproximarse a una determinada cantidad' ni 'girar', sino 'efectuar movimientos de vaivén, como un péndulo' y 'crecer y disminuir alternativamente'.

⊗ Dejaron de ganar una suma que oscila alrededor de los 50 mil dólares.

(CREA, *Última Hora*, 12/11/2004, Paraguay)

⊘ Dejaron de ganar una suma que ronda los cincuenta mil dólares.

- ***ostentar***

Significa 'mostrar' y 'hacer gala de grandeza, lucimiento y boato'. Tanto el *DRAE* como el *DPD* admiten también que pueda usarse referido a los cargos y profesiones como equivalente de *ejercer* o *desempeñar*.

> ✓ Un hombre que ha conseguido durante más tiempo en este siglo ostentar la presidencia de Francia.
> (CREA, *La Vanguardia*, 17/04/1995, España)

- ***panfleto***

No equivale a *folleto*. Un panfleto es un 'libelo difamatorio', por lo general de carácter ofensivo. Un *folleto* es simplemente una publicación no periódica de reducido número de hojas.

> ⊗ Carteles, panfletos, fotografías y pintadas, traerán al recuerdo las coloristas manifestaciones de la plaza del Rossio.
> (CREA, *El Mundo*, 19/02/1994, España)
>
> ✓ Carteles, folletos, fotografías y pintadas traerán al recuerdo las coloristas manifestaciones de la plaza del Rossio.

- ***patología***

Significa el 'conjunto de síntomas de una enfermedad'. No es correcto, por tanto, usarlo como sinónimo de *enfermedad*.

> ⊗ Sólo al 4.81 % de los individuos le ha sido diagnosticada la patología.
> (CREA, *Revista Internacional de Medicina y Ciencias de la Actividad Física y del Deporte*, 6, 10/2002, España)
>
> ✓ Solo al 4,81 % de los individuos le ha sido diagnosticada la enfermedad.

- ***peculiar***

Significa 'propio o exclusivo de una persona o cosa'. Por influencia del inglés se usa en contextos que corresponden a *extraño, raro*.

> ⊗ Pero en este caso hemos observado una peculiar excepción a lo que es habitual: en el *DRAE*92 sí aparece el femenino *teóloga* y, además, correctamente situado en una única entrada *teólogo-ga*.
> (CREA, *Clac. Círculo de Lingüística Aplicada a la Comunicación*, 9, 02/2003, España)
>
> ✓ Pero en este caso hemos observado una rara excepción a lo que es habitual: en el *DRAE*92 sí aparece el femenino *teóloga* y, además, correctamente situado en una única entrada *teólogo-ga*.

- *perecer*

No es sinónimo perfecto de *morir*; se utiliza para expresar un proceso generalmente breve y violento que desemboca en una muerte repentina. Se perece en un incendio, en una inundación, en un tumulto, como consecuencia de una enfermedad fulminante, etc.

⊗ Las leyes que no están en consonancia con los hechos constantes, o bien con las costumbres, están destinadas a perecer por desuso.

(CREA, Pompeyo Ramis M., *Esencia prejurídica del derecho*, Venezolana, 2002, Venezuela)

✓ Las leyes que no están en consonancia con los hechos constantes, o bien con las costumbres, están destinadas a desaparecer por desuso.

- *perjuicio*

A pesar de su parecido fónico, no debe confundirse con *prejuicio*. *Perjuicio* es el daño o menoscabo que ocasiona algo; *prejuicio* es el juicio previo, la opinión desfavorable con que se juzga algo que se conoce mal.

⊗ El presidente de la CECA expresó que un aumento en el volumen de los recursos propios de las cajas no redundará en prejuicio de los dividendos sociales.

(CREA, *La Voz de Galicia*, 1991, España)

✓ El presidente de la CECA expresó que un aumento en el volumen de los recursos propios de las cajas no redundará en perjuicio de los dividendos sociales.

⊗ Las autoridades de la Universidad no se dan cuenta del enorme prejuicio que están creando.

(CREA, *La Tribuna*, 03/10/1997, Honduras)

✓ Las autoridades de la Universidad no se dan cuenta del enorme perjuicio que están creando.

- *permisividad*

Añade al concepto de *tolerancia* el matiz de 'excesivo'. Por tanto, no deben ser consideradas voces sinónimas en todos los casos.

- *pirómano*

No equivale a *incendiario*. La piromanía es una enfermedad, una tendencia patológica a provocar incendios y el que la padece es el *pirómano*. Si no hay patología, al que provoca un incendio se le ha de denominar simplemente *incendiario*.

- *pírrico*

Se aplicaba a la victoria conseguida con más daño para el vencedor que para el vencido. Se suma ahora la acepción de 'conseguido con mucho trabajo o con poco margen de diferencia'. No es correcto, sin embargo, emplearlo como sinónimo de otros adjetivos de carácter negativo, como *irrisorio, lamentable, ridículo.*

✓ Los resultados electorales ofrecen una victoria pírrica del partido en el Gobierno.

⊗ Esos jugadores pudieron constituir no sólo un fuerte imán de taquilla sino incluso un espaldarazo —pese a su pírrico estado físico— al conjunto que desde la fecha, será sometido a intensa presión.

(CREA, *La Hora*, 14/07/1997, Guatemala)

✓ Esos jugadores pudieron constituir no solo un fuerte imán de taquilla sino incluso un espaldarazo —pese a su lamentable estado físico— al conjunto que desde la fecha, será sometido a intensa presión.

- *pobre*

Ha ampliado sus significados tradicionales con el de 'malo', en ejemplos como *un ⊗pobre resultado,* pero la variedad culta del español prefiere *mal resultado.*

- *posicionar*

Significa 'tomar una posición o una actitud ante algo' y se ha extendido sobre todo en el lenguaje periodístico. Resulta afectado su empleo como sinónimo de *colocar* o *situar*.

⊗ Para facilitar tu carrera de velocísimo mecanógrafo es recomendable (no es necesario) que las teclas de la letra F y J tengan un pequeño resalte (como un guión) en la parte inferior. Si tu teclado lo tiene, posiciona en estas teclas los dedos índice de la mano izquierda y derecha, respectivamente.

(CREA, Kosme del Teso, *Introducción a la informática para torpes*, Anaya, 1999, España)

✓ Para facilitar tu carrera de velocísimo mecanógrafo es recomendable (no es necesario) que las teclas de la letra F y J tengan un pequeño resalte (como un guion) en la parte inferior. Si tu teclado lo tiene, coloca en estas teclas los dedos índice de la mano izquierda y derecha, respectivamente.

• *preeminente*

Es un adjetivo que se aplica a cualidades abstractas y equivale a 'sublime, superior, honorífico, que está más elevado'. A veces se confunde con *prominente* 'que se levanta o sobresale sobre lo que está a su inmediación o alrededores'.

⊗ El Partido Revolucionario Democrático, a través de su secretario general, Martín Torrijos, manifestó su preocupación por el estado de salud del prominente miembro de ese colectivo.
(CREA, *El siglo*, 14/06/2001, Panamá)

✓ El Partido Revolucionario Democrático, a través de su secretario general, Martín Torrijos, manifestó su preocupación por el estado de salud del preeminente miembro de ese colectivo.

• *prejuicio*

Ver *perjuicio*.

• *prescribir*

Puede confundirse con *proscribir*. *Prescribir* tiene los significados de 'preceptuar, ordenar', 'recetar' y 'extinguirse por el transcurso del tiempo una obligación, una deuda, un delito, etc.' *Proscribir* es 'expulsar a alguien de un territorio' o 'prohibir una costumbre'. No deben confundirse tampoco los adjetivos derivados *prescrito* y *proscrito*.

• *presunto*

No equivale a *supuesto*. En el lenguaje judicial, el adjetivo *presunto* se aplica al que se supone que ha cometido un delito mientras está abierta la causa judicial y hasta que se emite el fallo. Si no hay causa judicial, no se debe hablar de *presunto*, sino de *supuesto*, y una vez terminada la causa ya no se debe seguir aplicando el adjetivo.

• *previsto*

Previsto es el participo del verbo *prever*, que significa 'conocer por indicios lo que ha de suceder' y 'preparar con antelación'; *provisto* viene de *proveer*, 'dotar de medios o alimentos'. Lo *previsto* es lo que ha sido pensado con antelación y preparado; lo *provisto* es lo dispuesto.

• *problemática*

Está admitida ya esta voz, con el significado de 'conjunto de problemas'. Es sinónimo, por tanto, de *problemas,* en plural, pero no debe hacerse equivalente de *problema,* en singular.

⊗ La problemática de un resultado tan justo es que no nos deja margen de maniobra.

✓ El problema de un resultado tan justo es que no nos deja margen de maniobra.

• *proclive*

Quiere decir 'inclinado o propenso a algo, especialmente a lo malo'. No obstante, se usa con mucha frecuencia con complementos que se perciben como positivos.

⊗ Saavedra, siempre se ha mostrado proclive a acuerdos con las autonomías que luego no ha ratificado el Gobierno.
(CREA, *La Vanguardia,* 31/08/1994, España)

✓ Saavedra siempre se ha mostrado favorable a acuerdos con las autonomías que luego no ha ratificado el Gobierno.

• *proferir*

Significa simplemente 'pronunciar'; no obstante, se usa por lo general en combinación con elementos negativos: *proferir* amenazas, insultos, gritos, etc.

• *prominente*

Ver *preeminente.*

• *promover*

Por influencia del inglés *to promove,* desplaza innecesariamente a verbos más precisos, como *convocar, fomentar, organizar, promocionar.*

⊖ Los jóvenes promueven el lenguaje de los SMS.

⊕ Los jóvenes fomentan el lenguaje de los SMS.

• *proscribir*

Ver *prescribir.*

• *provisto*

Ver *previsto.*

- *puntual*

Por influencia del inglés, se usa por *concreto, esporádico, limitado a un caso individual*. Son acepciones no recogidas aún en el *DRAE*, pero están muy extendidas, de manera que el *DPD* considera que no hay razones para no aceptarlas.

> ✓ Las autoridades consideran que el contagio solo se ha dado de manera puntual.

- *rebelar*

Se confunde a veces con su homófono *revelar*. *Revelar* deriva de *velo* y significa 'descubrir lo que estaba oculto'; *rebelar* quiere decir 'sublevar u oponer resistencia'.

- *recepción*

Es incorrecto el verbo derivado ®*recepcionar*. Debe usarse en su lugar el verbo *recibir*.

> ⊗ Aeronáutica no contaba con equipos, sólo disponía del equipo administrativo para recepcionar las solicitudes de los distintos planes de vuelos que se iban a efectuar 24 y 48 horas antes.
>
> (CREA, *La Prensa*, 24/11/2000, Nicaragua)
>
> ✓ Aeronáutica no contaba con equipos, solo disponía del equipo administrativo para recibir las solicitudes de los distintos planes de vuelos que se iban a efectuar 24 y 48 horas antes.

- *recolectar*

Tiene el significado de 'juntar personas o cosas dispersas'. Puesto que los elementos que se recolecten han de estar dispersos, no equivale siempre a *recoger*.

> ⊗ La mayoría de los condones vienen enrollados. Si el suyo carece de un reservorio en la punta, desenrolle aproximadamente 1.5 centímetros antes de colocarlo en el pene con el fin de dejar un espacio para recolectar el semen.
>
> (CREA, *El Tiempo*, 01/12/1991, España)
>
> ✓ La mayoría de los condones vienen enrollados. Si el suyo carece de un reservorio en la punta, desenrolle aproximadamente 1,5 centímetros antes de colocarlo en el pene con el fin de dejar un espacio para recoger el semen.

- ***recopilar***

Se define como 'juntar en compendio, recoger o unir diversas cosas, especialmente escritos literarios'. Es incorrecto su empleo cuando lo que se recoge es un solo objeto o cuando no se realiza ningún compendio de lo recogido; en estos casos debe usarse *recoger*, *juntar* u otros similares.

⊗ Desde entonces ha dedicado una buena parte de su tiempo a recopilar datos sobre el comercio de este fruto.

(CREA, *El País*, 02/02/1989, España)

✓ Desde entonces ha dedicado una buena parte de su tiempo a acopiar datos sobre el comercio de este fruto.

⊗ Calatambo Albarracín recopiló este villancico llamado *El Manuelito*.

(CREA, *Revista Hoy*, 01-07/02/1978, Chile)

✓ Calatambo Albarracín recuperó este villancico llamado *El Manuelito*.

- ***remarcable***

Además de ser un galicismo, este adjetivo está perdiendo uso en español, por lo que se aconseja que se sustituya por un sinónimo, como *notable* o *destacable*.

⊗ La masiva presencia de visitantes no ha originado, por ahora, ningún incidente remarcable.

(CREA, *La Vanguardia*, 02/05/1995, España)

✓ La masiva presencia de visitantes no ha originado, por ahora, ningún incidente destacable.

- ***remarcar***

Aunque en el *DRAE* el verbo aún figura con el significado único de 'volver a marcar', el *DPD* da por válidos también los significados de 'recalcar' y 'destacar o hacer notar', extendidos en todo el ámbito hispano. Antes se reprobaba por considerarse galicismo.

✓ Tenemos que remarcar la importancia de aquella visita a Nueva York en su formación como escultor.

- ***remover***

En lenguaje informático, se emplea con el significado de 'borrar, suprimir, eliminar' por influencia inglesa (*to remove*). Es un uso no aceptado.

⊗ Si se detecta un archivo infectado, se recomienda removerlo.
✓ Si se detecta un archivo infectado, se recomienda borrarlo.

• ***reticente***

No es sinónimo de *reacio, remiso* o *terco*. Se aplica al que no dice todo sobre un asunto, dando a entender con malicia que se oculta algo que debiera o pudiera decirse; por ello mismo, también se aplica al que se muestra 'reservado o desconfiado'. *Reacio* es el que se resiste a hacer algo y es *remiso* el poco diligente o poco determinado en hacer algo.

⊗ Reconoció que la UE es reticente a dar su financiación sin saber el compromiso económico que asumirá Estados Unidos.
(CREA, *El Tiempo*, 31/10/1996, Colombia)
✓ Reconoció que la UE es reacia a dar su financiación sin saber el compromiso económico que asumirá Estados Unidos.

• ***rutinario***

Es 'lo que se hace o practica por rutina', es decir, sin reflexión y por mera práctica, por lo que tiene un valor negativo. No debe usarse como sinónimo de *habitual, ordinario* o *de trámite*, como podemos encontrar en ejemplos como estos: ⊗*trámite rutinario,* ⊗*vuelo rutinario,* ⊗*informe rutinario,* ⊗*control rutinario,* ⊗*reconocimiento rutinario*, etc.

⊗ La conversación textual, difundida en la prensa, podría ser perfectamente atribuible a cualquier matrimonio rutinario.
(CREA, *La Vanguardia*, 27/02/1994, España)
✓ La conversación textual, difundida en la prensa, podría ser perfectamente atribuible a cualquier matrimonio convencional.

• ***revelar***

Ver *rebelar.*

• ***reverter***

No se debe confundir con *revertir*. *Reverter* se aplica a las cosas cuando rebosan o se salen de sus límites; *revertir* una cosa es volverla al estado que tuvo o también hacer que llegue a parar en otra.

• ***revertir***

Ver *reverter.*

- *romance*

Por influjo del inglés se usa ya desde hace tiempo en español con el significado de 'episodio amoroso de breve duración'. La acepción se ha incluido en el diccionario, pero no debe sustituir a términos tradicionales como *idilio, amorío, aventura amorosa.*

- *saga*

Es un 'relato novelesco que cuenta las vicisitudes de dos o más generaciones de familias'. Se usa metonímicamente como falso sinónimo de *familia, dinastía familiar*.

⊗ Miembro de una saga de destacados arquitectos, su padre, Manuel de Solá-Morales, fue decano del Colegio de Arquitectos de Barcelona.

(CREA, *El Diario Vasco*, 13/03/2001, España)

✓ Miembro de un linaje de destacados arquitectos, su padre, Manuel de Solá-Morales, fue decano del Colegio de Arquitectos de Barcelona.

- *salvar*

En el lenguaje informático se emplea con el significado de *guardar* o de *grabar*. Es un anglicismo.

⊗ Conviene que cada poco tiempo salve el trabajo que está realizando.

✓ Conviene que cada poco tiempo guarde el trabajo que está realizando.

- *santuario*

Ha tomado del inglés el significado de 'espacio natural regulado legalmente para la conservación de especies'. Es un uso aún no admitido en la norma culta, que prefiere usar en su lugar *reserva, espacio protegido.*

⊗ Las islas Galápago son el santuario de varias especies de tortuga.

✓ Las islas Galápago son la reserva natural de varias especies de tortuga.

- *sensible*

Por influencia del inglés, se usa con el significado de 'importante', acepción que no registra el diccionario. No debe confundirse con *sensitivo* (⇨ *sensitivo*).

⊗ Hay una sensible diferencia entre las dos propuestas.
✓ Hay una importante diferencia entre las dos propuestas.

- ***sensitivo***

Es un adjetivo que se aplica a lo relacionado con las sensaciones, especialmente la del tacto, y también a lo que excita la sensibilidad. Se considera un anglicismo su empleo con otros valores, como 'impresionable, susceptible', 'emocionable, de sentimientos delicados', 'que cede fácilmente a la acción de ciertos agentes', referido a personas, que son valores que en español corresponden a *sensible.* También es anglicismo emplearlo como sinónimo de *confidencial, reservado, delicado* para referirse a las cosas o a los asuntos.

⊗ Su madre ridiculizó la idea. «No tuvo intención de hacerlo. Es sensitivo al ruido. Los bebés empezaron a llorar y él probablemente no supo qué hacer».
(CREA, *El Nuevo Herald,* 03/06/1997, EE. UU.)

✓ Su madre ridiculizó la idea. «No tuvo intención de hacerlo. Es muy sensible al ruido. Los bebés empezaron a llorar y él probablemente no supo qué hacer».

⊗ En un tema tan sensitivo se debe actuar con la mayor prudencia posible.
(CREA, *El Siglo,* 15/08/1997, Panamá)

✓ En un tema tan delicado se debe actuar con la mayor prudencia posible.

- ***señalar***

Se diferencia de *señalizar,* voz con la que a menudo se confunde. *Señalizar* es 'colocar señales en las vías de comunicación' mientras que *señalar* es 'marcar, indicar'.

⊗ En el uso de formas analíticas como marcadores sintácticos para señalizar los tiempos verbales y el plural.
(CREA, Alexandra Álvarez Muro, *Poética del habla cotidiana,* Universidad de Los Andes, 2000, Venezuela)

✓ En el uso de formas analíticas como marcadores sintácticos para señalar los tiempos verbales y el plural.

- ***señalizar***

Ver *señalar.*

- *severo*

Se usa en plural con el significado de 'mucho' o de 'grave', usos incorrectos de origen inglés que deben sustituirse.

> ⊗ El año pasado tuvo severos problemas laborales.
> ✓ El año pasado tuvo muchos problemas laborales. (*O bien*, importantes *o* graves problemas).

- *singladura*

No equivale a *recorrido, trayecto* o *travesía* en general, sino que designa expresamente la 'distancia recorrida por una nave en 24 horas'.

> ⊗ La nueva policía de barrio de la Guardia Urbana comenzó ayer su singladura por doce barrios de Barcelona.
> (CREA, *La Vanguardia*, 16/02/1995, España)
> ✓ La nueva policía de barrio de la Guardia Urbana comenzó ayer su andadura por doce barrios de Barcelona.

- *sobreimpresión*

Es la acción y el efecto de sobreimprimir. No es correcto el derivado verbal ⊗*sobreimpresionar*, innecesario por no añadir nada al ya existente *sobreimprimir*.

> ⊗ Claro que, para tortura, nada como lo que hacen en Tele 5, que no sólo interrumpen cada diez minutos, sino que se permiten sobreimpresionar anuncios durante la propia película.
> (CREA, *El Mundo*, 11/02/1994, España)
> ✓ Claro que, para tortura, nada como lo que hacen en Tele 5, que no solo interrumpen cada diez minutos, sino que se permiten sobreimprimir anuncios durante la propia película.

- *soportar*

En el lenguaje informático, se usa para expresar la compatibilidad de un programa con otro. En el mismo sentido, no es aceptable el sustantivo *soporte* en expresiones como ⊗*soporte técnico*, ⊗*soporte telefónico* en lugar de *asistencia técnica, asistencia telefónica* o incluso de ⊗*soporte al cliente* en lugar de *atención al cliente*.

> ⊗ Windows© soporta Photoshop©.
> ✓ Windows© es compatible con Photoshop©.

- ***susceptible***

Cuando significa 'capaz de recibir modificación o impresión' se combina con la preposición *de* seguida de un infinitivo que expresa la modificación que puede producirse o un sustantivo abstracto que expresa acción o efecto (*susceptible de padecer una enfermedad, de convertirse en algo, de ser reconocido; susceptible de alteraciones, de diagnóstico*). Puesto que *susceptible* indica la capacidad de recibir la acción, no puede combinarse con verbos que significan capacidad de llevarla a cabo. Para estos últimos casos deben emplearse adjetivos como *capaz* o *apto*.

⊗ Cada grano produce de 40 a 50 vástagos o retoños y cada retoño es susceptible de producir su espiga.
(CREA, *Granma Internacional*, 42, 10/1997, Cuba)

✓ Cada grano produce de 40 a 50 vástagos o retoños y cada retoño es capaz de producir su espiga.

- ***suscitar***

Ver *concitar.*

- ***suspense***

Con el valor de 'impaciencia o ansia por conocer el desarrollo de una acción' se emplea en América la variante *suspenso*. No es correcta la variante ⊗*en suspense* para el significado de 'en situación de aplazamiento'.

⊗ Tenía el ánimo en suspense pensando qué complicación podía traerle aquella desgraciada.
(CREA, Inés Palou, *Carne apaleada*, Círculo de Lectores, 1975, España)

✓ Tenía el ánimo en suspenso pensando qué complicación podía traerle aquella desgraciada.

- ***suspenso***

Ver *suspense.*

- ***sustraerse***

Ver *abstraerse.*

- ***tachar***

Al igual que *tildar,* solo admite combinación con elementos que se consideran defectuosos.

⊗ Todos coincidieron en tachar como «histórica» la declaración de Viña del Mar.

(CREA, *El Mundo*, 11/11/1996, España)

✓ Todos coincidieron en valorar como «histórica» la declaración de Viña del Mar.

- *temática*

La palabra está admitida ya, con el significado de 'conjunto de temas'. Puede usarse, por tanto, como sinónimo de *temas*, en plural, pero no con el de *tema*, en singular.

⊗ La temática central de la cinta es muy sencilla: en Colombia la muerte en forma violenta es considerada una muerte natural.

(CREA, *Revista Semana*, 09-15/10/2000, Colombia)

✓ El tema central de la cinta es muy sencillo: en Colombia la muerte en forma violenta es considerada una muerte natural.

- *tesitura*

A los significados tradicionales de 'actitud o disposición de ánimo' y, en música, 'altura propia de cada voz o de cada instrumento', el *DPD* añade el de 'circunstancia, situación'. No debe usarse, sin embargo, como equivalente de *idea* o *tesis*.

✓ Es necesaria la colaboración de todos, dada la difícil tesitura en la que nos encontramos.

⊗ En 1977, cuando nadie ignoraba los procedimientos utilizados, insistió en su tesitura de apoyo al régimen militar.

(CREA, Emilio Mignone, *Iglesia y Dictadura*, Ediciones del Pensamiento, 1986, Argentina)

✓ En 1977, cuando nadie ignoraba los procedimientos utilizados, insistió en su idea de apoyo al régimen militar.

- *tildar*

Aplicado a una persona o una situación, significa calificarlo denigrativamente, por lo que no se debe usar con adjetivos o sustantivos de significación positiva. En estos casos hay que reemplazarlo por otros verbos, como *considerar*, *suponer*, *calificar*, etc.

⊗ Una lectura que podríamos tildar adecuada.

(CREA, *La Nueva Provincia*, 04/09/1997, Argentina)

✓ Una lectura que podríamos considerar adecuada.

⊗ Un descubrimiento que muchos no han dudado de tildar de histórico.

(CREA, *El Mundo*, 08/08/1996, España)

✓ Un descubrimiento que muchos no han dudado de calificar de histórico.

- *vesania*

Es la 'locura furiosa'. No debe usarse con el significado de 'maldad'.

⊗ El presidente cometió no solo un error, sino también una vesania, y ofendió no solo al pueblo judío, sino a todos los norteamericanos.

(CREA, *ABC*, 07/05/1985, España)

⊗ El presidente cometió no solo un error, sino también una maldad, y ofendió no solo al pueblo judío, sino a todos los norteamericanos.

Corregir con humor

Suelen resultar muy jocosas las impropiedades que resultan de confundir dos términos que más o menos se parecen en la pronunciación, pero que no tienen nada que ver en el significado. Se conocen con el nombre de *malapropismos.* Estos son algunos ejemplos, extraídos del libro de Tony Garrido y Xosé Castro, *Inculteces. Barbaridades que dice la gente* (Planeta, 2011).

Tengo un dolor en las *verticales.* (cervicales)

En esa obra están haciendo un hoyo con una *escarbadora.* (excavadora)

Se rompió la tibia y el *pirulé.* (peroné)

Se tomó un *Colocatil* para el dolor de cabeza. (Gelocatil)

Pasé por delante de la discoteca esa a la que va tu hijo y salía un pestazo a *drogaína...* (droga)

Le dieron un golpe con un *báter* de béisbol. (bate)

Estoy *tirititando* de frío. (tiritando)

Tenía tanta hambre que me *avalanché* sobre el plato. (abalancé)

¡Vete *a freír puñetas*! (a freír espárragos *o* hacer puñetas).

Doctor, vengo porque me había salido una *erección* cutánea. (erupción)

Mi mujer está en el paritorio con las *contradicciones.* (contracciones)

Ese anda *por las ramas de Úbeda.* (por las ramas *o* por los cerros de Úbeda)

Me encuentro entre la *espalda* y la pared. (espada)

LOS EXTRANJERISMOS

Se llaman extranjerismos las palabras o expresiones que una lengua toma de otra. Las razones por las que una lengua necesite incorporar palabras desde otra lengua pueden ser diversas, pero las más importantes son dos: para designar un nuevo concepto o bien como alternativa a una palabra ya existente en el idioma. Cuando se da el primer caso, el préstamo se convierte en un procedimiento enriquecedor, ya que el neologismo sirve para designar realidades nuevas y hay acuerdo general en que estos extranjerismos son necesarios. Más discutido ha sido siempre, desde el punto de vista normativo, el caso de los extranjerismos que entran en competencia con otras palabras de la lengua receptora, sobre todo cuando la voz foránea no añade ningún matiz a la palabra autóctona.

La norma académica propone que los extranjerismos necesarios se incorporen al español adaptados a la fonética española, es decir, simplificando consonantes dobles y eliminando algunas consonantes finales o los grupos consonánticos más ajenos a la pronunciación española: *chalé,* del francés *chalet; parqué,* del francés *parquet*; *ragú,* del francés *ragoût*; *esquí*, del inglés *sky*; *pudin* o *pudín*, del inglés *pudding; pícher,* del inglés *pitcher*; *yate,* del inglés *yacht*. En el capítulo anterior hemos incluido una lista de adaptaciones que la Academia propone para un buen número de extranjerismos (⇨ págs. 113-115).

En cambio, al hablar o escribir en español se recomienda no usar palabras extranjeras cuando estas no aportan ningún significado nuevo, sino recurrir a la voz española equivalente. Cuando el préstamo no es una palabra individual, sino un grupo de palabras, la norma aconseja siempre que se traduzca al español. Se ofrecen a continuación algunos de los sustitutos de extranjerismos que aparecen con frecuencia en los medios de comunicación.

Extranjerismo (no recomendado)	**Preferible**	**Extranjerismo** (no recomendado)	**Preferible**
baby-sitter	niñero o niñera, canguro	*copyright*	derechos de autor, de edición
best seller	superventas	*display*	demostración; pantalla de visualización
blue jean	vaquero, bluyín, yin	*fast food*	comida rápida

Extranjerismo (no recomendado)	Preferible	Extranjerismo (no recomendado)	Preferible
fair play	juego limpio	*nursery*	sala de cunas, nido
feed-back	retroalimentación, retroacción	*off the record*	confidencialmente, extraoficialmente
grill	parrilla; gratinador	*overbooking*	sobreventa, sobrecontratación
hacker	pirata informático	*password*	contraseña
hall	vestíbulo, entrada, recibidor	*photo finish*	foto de llegada
handicap	desventaja, obstáculo, impedimento; discapacidad	*play-back*	(sonido) pregrabado
hardware	equipo informático; componentes	*play-off*	eliminatoria
hit	(gran) éxito	*prime time*	horario estelar
hobby	afición, pasatiempo	*revival*	resurgimiento, retorno, regreso
holding	grupo (empresarial)	*roulotte*	caravana, casa rodante, autocaravana
hooligan	hincha violento	*royalty*	regalía, canon, derechos
jet lag	desfase horario	*sex symbol*	símbolo sexual
lifting	estiramiento (facial)	*share*	cuota de audiencia
light	bajo en calorías; suave, ligero	*shopping*	compras
link	enlace, vínculo	*short*	pantalón corto
lobby	grupo de presión, grupo de cabildeo; vestíbulo	*show*	espectáculo
mailing	buzoneo	*showman*	animador, presentador
match	partido	*single*	(disco) sencillo; individual; soltero
mobbing	acoso	*skin, skinhead*	cabeza rapada

Extranjerismo (no recomendado)	Preferible	Extranjerismo (no recomendado)	Preferible
snack bar	cafetería	*spot*	anuncio, cuña comercial
software	programas, aplicaciones	*spray*	aerosol
speaker	altavoz	*stand*	puesto, caseta; pabellón
speech	discurso, perorata	*stock*	existencias, reservas
sponsor	patrocinador	*tour*	viaje, gira, ruta turística
sport	deporte; informal		

LAS REDUNDANCIAS

La redundancia es la repetición de la misma información en un texto. La redundancia léxica se produce cuando se juntan dos palabras que repiten el mismo significado. A veces se usa para producir un efecto expresivo o intensificador: probablemente el efecto que se consigue con una orden como *¡sube para arriba!* sea más eficaz que el del simple *¡sube!*; y, aunque es claro que una persona solo puede ver con sus ojos, no resulta igual de convincente una expresión neutra como *lo vi* que la redundante *lo vi con mis propios ojos*. Estos casos se denominan también **pleonasmos** y se consideran aceptables por el aporte expresivo que supone la reiteración del significado. Otros casos de redundancia, a veces criticados sin razón, sirven para ayudar al oyente o lector a interpretar el mensaje: decir *aterido de frío* es redundante, pues *aterido* significa 'pasmado de frío', pero al añadir el complemento estamos tratando de facilitar la interpretación del mensaje ante la posibilidad de que quien nos oye o nos lee desconozca el significado de esa palabra.

Deben evitarse, sin embargo, las redundancias cuando son simples rellenos. Se trata con frecuencia, además, de expresiones que se generalizan y se convierten en meros clichés. Algunas de las redundancias que se encuentran con frecuencia en el español actual se dan en las expresiones que se enumeran a continuación. En los ejemplos se ha tachado el elemento redundante.

- ***a la misma vez***

El adjetivo *misma* es redundante; basta con decir *a la vez.*

> Nunca antes en la historia, el contacto de la población con los centros de decisión política había sido tan inmediato y, a la misma vez, tan indirecto.
>
> (CREA, Tomás López-Pumarejo, *Aproximación a la telenovela*, Cátedra, 1987, España)

- ***a menudo, frecuentemente, con frecuencia***

Son expresiones pleonásticas cuando se usan con verbos que indican acción que se hace repetidamente por costumbre, como *soler, frecuentar, acostumbrar*, etc.

> Lo que frecuentemente suele suceder es que a algunos de los dos padres les dé miedo tener relaciones sexuales durante el embarazo.
>
> (CREA, *El Tiempo*, 11/02/1997, Colombia)

- ***a un mismo tiempo***

En esta expresión se produce el cruce de dos estructuras de igual significado: *a un tiempo* y *al mismo tiempo.*

> Aquel otoño criollo de un mayo francés terminaba, como todo movimiento que intenta vender a un mismo tiempo dogmas y libertad, en un caos amorfo.
>
> (CREA, *El Nacional*, 01/09/1997, Venezuela)

- ***accidente fortuito***

Solo si se trata de un suceso fortuito puede hablarse de *accidente*; si no es fortuito, puede tratarse de un *atentado*, un acto premeditado.

> Como Vuestra Excelencia ya sabe, un accidente fortuito y lamentable costó la vida a los cinco geólogos que realizaron la investigación conmigo.
>
> (CREA, Fernando Schwartz, *La conspiración del Golfo*, Planeta, 1983, España)

Corregir con humor

> —¡Papá, papá, en el colegio me llaman mafioso!
>
> —No te preocupes, hijo, mañana hablo con el director y arreglo el asunto.
>
> —¡Vale, pero que parezca un accidente!

• *actualmente en vigor*

En vigor quiere decir que 'rige, se usa o es válido en el momento de que se trata'. Solo es necesario especificar la vigencia para referirse a momentos diferentes del que se habla: *en vigor hasta 1958; en vigor durante el siglo pasado.*

> Sabemos que la policía no puede intervenir porque las leyes actualmente en vigor, lo impiden.
>
> (CREA, Televisión, Madrid, en un juicio, 14/07/91, España)

• *adelante*

Es redundante cuando se combina con palabras que contienen la idea de 'hacia delante', como *proseguir, progresar*.

> Descendía manoteando cuando divisó en tierra a la ciega quien, como si dirigiera el estreno de sus alas, le hacía señas de proseguir adelante.
>
> (CREA, Manuel Scorza, *La tumba del relámpago*, Plaza & Janés, 1988, Perú)

• *antecedentes previos*

El *antecedente* de un hecho es aquello que ha ocurrido con anterioridad y que se usa para comprender ese hecho o valorarlo. Por tanto, es redundante el adjetivo *previo*.

> Se ha visto envuelto en un nuevo escándalo tras la desaparición de unos documentos confidenciales sobre los antecedentes previos de la actriz.
>
> (CREA, *El Mundo*, 14/11/2002, España)

• *aproximadamente*

Este adverbio cuantificador resulta redundante si se combina con otras expresiones que indican cantidad estimada o aproximada.

> Más de 600 caballos, yeguas y poneys de aproximadamente unas 150 ganaderías están presentes en la VII edición del salón internacional del caballo.
>
> (CREA, *La Vanguardia*, 30/09/1995, España)

• *arrecido de frío, aterido de frío*

Arrecirse es 'entumecerse por exceso de frío'; *aterir* es 'pasmarse de frío'.

Se le saltaban las lágrimas y, cuando se calló, los dientes le castañeaban como si estuviera arrecida de frío.

(CREA, Eduardo Mendicutti, *El palomo cojo*, Tusquets, 1995, España)

- ***asesinato premeditado***

Un asesinato es un acto alevoso que causa la muerte de una persona y *alevosía* es la 'cautela para asegurar la comisión de un delito, sin riesgo para el delincuente', lo que exige premeditación.

La fiscalía se basó en el capítulo 228 del Código Penal Federal que cualifica para la pena de muerte el asesinato premeditado de un testigo del gobierno mediante el uso de la fuerza y armas de fuego.

(CREA, *El Nuevo Día*, 08/01/1998, Puerto Rico)

Lo que apoya la versión de que se trató de un asesinato premeditado y selectivo de los servicios secretos.

(CREA, *La Voz de Galicia*, 13/12/2000, España)

- ***autopsia de un cadáver***

La autopsia solo puede realizarse a un cadáver.

En la vista declaró el médico forense que practicó la autopsia al cadáver del anciano.

(CREA, *La Voz de Galicia*, 30/10/1991, España)

- ***beber líquidos***

Beber significa 'ingerir un líquido', por lo que el complemento debe ser la especificación del líquido: *bebe vino, bebe limonada.*

Gua aprendió a comer correctamente con la cuchara, a beber líquidos en un vaso, a jugar a la comba y a abrir las puertas.

(CREA, Antonio Lucas Marín, *Introducción a la sociología*, EUNSA, 1996, España)

- ***caer eliminado***

En el lenguaje deportivo *caer* se utiliza como sinónimo de ser derrotado. Resulta redundante la combinación cuando se emplea para aquellos deportes o competiciones en los que la derrota supone la eliminación.

Arancha Sánchez, de 19 años, cayó eliminada en cuartos de final del Masters al perder por 1-6, 6-4 y 6-2 ante la estadounidense Martina Navratilova, de 35 años.

(CREA, *La Voz de Galicia*, 23/11/1991, España)

- *cita previa*

Se define *cita* como la 'asignación de día, hora y lugar para verse y hablarse dos personas'. Por tanto, pedir cita implica acordarla previamente. A menudo se usa *cita previa* para referirse a la que se solicita telefónicamente en organismos públicos, como hacienda, hospitales, etc., pero el adjetivo es innecesario.

> Si su declaración es abreviada o simplificada y quiere que se la confeccionemos gratuitamente, deberá pedir cita previa en el teléfono indicado.
>
> (CREA, 98104068. Propaganda impresa 1998, España)

- *colofón final*

El significado de *colofón* es el 'remate final de un proceso'.

> Como colofón final actuarán Mente en Blanco junto a los eibarreses Su ta Gar.
>
> (CREA, *Artez. Revista de Artes Escénicas*, n.º 75, 01/07/2003, España)

- *completamente, por completo, absolutamente, totalmente*

Es redundante combinar estas expresiones con adjetivos que ya contienen en su significado la idea de totalidad, como *abarrotado, repleto, colmado, atestado, colapsado* y similares, así como con otros que no admiten gradación, como *gratis, innecesario*. Se usan a menudo con valor enfático con verbos como *suprimir, desaparecer, ignorar, evitar, diluir, eliminar, descartar, erradicar,* etc.

> Y por el transporte, no os preocupéis: tenéis también, completamente gratis, hasta tres portes para que los regalos lleguen a casa.
>
> (CREA, 98104132. Propaganda impresa, 1998, España)
>
> Llegamos a las once de la noche al palacio de los deportes, que estaba completamente abarrotado de público.
>
> (CREA, Julio Feo, *Aquellos años*, Ediciones B, 1993, España)
>
> Bonilla dijo que este punto creará un gran conflicto debido a que tanto la Cámara de Industria como la de Comercio, están pidiendo que desaparezca por completo dicho impuesto.
>
> (CREA, *La Prensa*, 06/05/1997, Nicaragua)
>
> Asumí el compromiso de erradicar totalmente los cultivos ilícitos durante mi gobierno.
>
> (CREA, *Proceso*, 22/09/1996, México)

- ***conocer por primera vez***

Conocer implica la idea de acceder a un conocimiento que no se tenía previamente, por lo que resulta redundante el complemento temporal.

> La inexistencia de ríos en la Isla la habían convertido en 1962, cuando el redactor de este artículo la conoció por primera vez, en un terreno semidesértico.
>
> (CREA, *Tecno. Revista Interna de Formación e Información*, 40, 03/2001, España)

- ***constelación de estrellas***

Una constelación es un 'grupo de estrellas'. Se abusa de esta redundancia cuando *estrella* tiene el valor metafórico de 'personaje famoso del mundo del cine, el espectáculo, etc.).

> Rodeado de una constelación de estrellas de Hollywood como los actores Robert De Niro, Ben Afleck y Glenn Close, así como de los cantantes Bon Jovi y Stevie Wonder, entre otros, Gore y su esposa Tipper saludaron a la multitud
>
> (CREA, *El Nuevo Herald*, 07/11/2000, EE. UU.)

- ***crespón negro***

Un *crespón* es una 'tira o lazo de tela negra', por tanto, es redundante hablar de *crespones negros*.

> Las casas de los Llanos estaban con banderas a media asta con crespón negro, por la muerte de Guadalupe Salcedo.
>
> (CREA, Arturo Alape, *La paz, la violencia: testigos de excepción*, Planeta Colombiana, 1985, Colombia)

- ***de antemano, con antelación, por adelantado***

Son locuciones redundantes combinadas con palabras en cuyo significado esté la idea de anterioridad, especialmente con las formados por el prefijo *pre: prever de antemano, predecir con antelación, previsión por adelantado, presagiar con antelación, avisar con antelación, reservar de antemano,* etc.

> Además de ver a Clinton, su viaje, previsto con antelación, incluye una visita a la sede de la ONU.
>
> (CREA, *El Mundo*, 15/06/1995, España)

- *de nuevo, nuevamente, otra vez*

Son expresiones pleonásticas cuando se combinan con palabras que denotan repetición, en particular con las prefijadas con *re-*: *repetir de nuevo, reiniciar de nuevo, reaparecer nuevamente.*

> Tal como el Mefistófeles del Fausto, queriendo hacer el mal hará siempre el bien, porque sus esfuerzos aniquiladores solo servirán para reproducir ~~de nuevo~~ más y más.
>
> (CREA, Fernando Savater, *Invitación a la ética*, Anagrama, 1995, España)

- *deambular sin rumbo*

Deambular indica un modo de andar sin dirección determinada, esto es, sin rumbo.

> Varios que prefieren jugar fútbol y otros tantos a los que les gusta deambular ~~sin rumbo fijo~~.
>
> (CREA, *Revista Hoy*, 06-12/10/1997, Chile)

- *dentro* y *adentro*

Se consideran pleonasmos cuando se combinan con verbos como *entrar, introducir(se), meter(se)*. No obstante, pueden ser aceptables cuando tienen una intención expresiva.

> El representante de la gestora cogió una cubitera de hielo que había en la sala e introdujo ~~dentro~~ cuatro trozos de papel doblados con los nombres de los cuatro candidatos.
>
> (CREA, Gonzalo López Alba, *El relevo. Crónica viva del camino hacia el II Suresnes del PSOE. 1996-2000*, Taurus, 2002, España)
>
> Pero la verdad es que no acababa de sanar, aunque ya medio que podía trabajar, ir de un lugar al otro y hasta meterse dentro de la pesada armadura.
>
> (CREA, Ignacio Solares, *Nen, la inútil*, Alfaguara, 1994, México)

- *diferentes, distintos, diversos*

Estos adjetivos se usan con mucha frecuencia de forma redundante cuando aparecen en grupos nominales junto con un numeral.

> Por tanto, añade un tercio a la cifra anterior, y obtiene así la escalofriante cantidad de 41.389 especies ~~distintas~~ de artrópodos por hectárea de bosque.
>
> (CREA, Miguel Delibes de Castro, *Vida. La naturaleza en peligro*, Temas de Hoy, 2001, España)

- *divisas extranjeras*

Las *divisas* son las monedas extranjeras, así que el adjetivo sobra.

> En realidad, toda la operación parece una reforma monetaria destinada a recolectar las divisas extranjeras que pueda todavía tener la población.
>
> (CREA, *La Vanguardia*, 25/01/1994, España)

- *doblar a muerto las campanas*

Referido a las campanas, *doblar* significa 'tocar a muerto'.

> ¿Por quién doblan las campanas? Cuando las oigas que doblan a muerto no preguntes quién se ha muerto, te has muerto tú.
>
> (CREA, Conferencia de Literatura Norteamericana, Madrid, 01/05/90, España)

- *edad longeva*

El adjetivo *longevo* significa 'muy anciano o de larga edad', por lo que resulta redundante como complemento del sustantivo *edad*. Debe decirse *edad avanzada*.

> ⊗ Y finalmente gobernar hasta que en edad longeva muere en la cama sin haber dejado de ser jefe del Estado.
>
> (CREA, José Manuel Otero Novas, *Fundamentalismos enmascarados. Los extremismos de hoy*, Ariel, 2001, España)
>
> ✓ Y finalmente gobernar hasta que en edad avanzada muere en la cama sin haber dejado de ser jefe del Estado.

- *entre sí, unos con otros*

Es redundante el empleo de estas secuencias como complemento de palabras prefijadas con *inter*, que significa 'entre': *interrelacionados entre sí, intercomunicados entre sí*, etc.

> Este concepto comprende dos conjuntos de aspectos distintos, pero interrelacionados entre sí.
>
> (CREA, Enrique Ortega Martínez, *La dirección publicitaria*, ESIC, 1991, España)

- *erario público*

El significado de *erario* es 'tesoro público'. *Erario* admite adjetivos como *municipal, nacional, comunal*, etc.

> Es mucho lo que la provincia aporta al erario público y poco lo que recibe a cambio.
>
> (CREA, *El País*, 10/03/1979, España)

- ***error involuntario***

Si no es involuntario, no es un error, sino un acto malintencionado o una falta o descuido voluntarios.

> Un solo error ~~involuntario~~ en el software de un nanoordenador, de una nanomáquina, que entre en *loop* generando sustancia tóxica para el hombre podría resultar en su propia destrucción.
> (CREA, Alejandro Piscitelli, *Ciberculturas 2.0. En la era de las máquinas inteligentes*, Paidós, 2002, Argentina)

- ***especial hincapié***

El sustantivo *hincapié* conlleva la idea de insistencia en algo que se afirma, se propone o se encarga. Por tanto, supone siempre actuar con una atención especial.

> Hizo ~~especial~~ hincapié en los problemas a los que se enfrenta la economía.
> (CREA, *El País*, 01/04/1987, España)

- ***exultante de alegría, de gozo, de satisfacción***

El significado de *exultante* es 'que muestra gran alegría o satisfacción', por lo que los complementos resultan redundantes.

> Con quien dijo que acababa de hablar por teléfono y estaba exultante ~~de alegría~~.
> (CREA, *La Vanguardia*, 19/05/1994, España)

- ***falso pretexto***

Pretexto tiene el significado de 'causa simulada', por lo que siempre es falso, a diferencia de una *excusa*, que no necesariamente ha de ser falsa, sino simplemente insuficiente. Si alguien dice *Con la excusa de que me duele la cabeza, hoy me quedo en casa*, puede que le duela efectivamente la cabeza, pero si lo considera excusa es porque cree que es una razón insuficiente para quedarse en casa.

> Y al regresar a Barcelona, me di cuenta de que los ~~falsos~~ pretextos que utilicé a menudo para ocultarme en un baño...
> (CREA, Alfredo Bryce Echenique, *La vida exagerada de Martín Romaña*, Anagrama, 1995, Perú)

- ***fuera, afuera***

Se consideran pleonasmos cuando se combinan con verbos como *salir, escaparse* u otros de significado similar. No obstante, puede ser aceptable cuando tienen una intención expresiva.

¿Cómo veía Cerpa y su grupo la posibilidad de poder salir fuera del país?

(CREA, *El Tiempo*, 19/05/1997, Colombia)

- *funcionario público*

Un *funcionario* es la 'persona que desempeña profesionalmente un empleo público'. No hay, por tanto, funcionarios privados.

El tema de fondo es que han desaparecido los tiempos en los que un funcionario público era calificado por lo mucho que gastaba en un problema concreto.

(CREA, *La Vanguardia*, 30/01/1995, España)

- *futuro*

El adjetivo resulta redundante combinado con sustantivos que contienen la idea de futuridad, como *plan, proyecto, propósito, intención, deseo,* etc.

En el plan futuro de Oscura figuraba el largarse cuanto antes a la capital a coger otros oxígenos.

(CREA, María Luisa Mendoza, *El perro de la escribana o Las Piedecasas*, Joaquín Mortiz, 1982, México)

- *gratuito, gratis*

Es redundante la combinación de estos adjetivos con sustantivos como *regalo, obsequio* y otros que contienen el significado de gratuidad.

Se entregará un obsequio gratuito a todos los asistentes.

- *hace tiempo atrás*

En la expresión del tiempo transcurrido, es redundante la combinación del adverbio *atrás* con el verbo *hacer* seguido de palabras que significan tiempo.

Con lo que ahora se incrementa sería el equivalente a casi 21 centavos de dólar, es decir, no llega todavía al valor que estaba hace dos años atrás.

(CREA, *ABC Color*, 07/11/2000, Paraguay)

- *hecho real, hecho práctico*

Un *hecho* es una 'acción u obra', una 'cosa que sucede', por lo que ha de ser real; y, por eso mismo, no puede ser teórico. Puede aceptarse, sin embargo, decir que una obra de ficción está basada en un *hecho real*, para indicar que se ha tomado el argumento de algo ocurrido en la realidad.

> El traspaso del centrocampista blanquiazul Roberto al Atlético de Madrid ya es un hecho real.
> (CREA, *La Vanguardia*, 02/07/1995, España)

- ***hijo primogénito***

Primogénito significa 'hijo nacido en primer lugar'. Para diferenciar entre hijos según su momento de nacimiento, debe usarse *hijo mayor* frente a *mediano* o *pequeño*.

> Sin embargo en el caso del sacrificio de Abraham sí coinciden los tres textos. En ellos se dice que Dios ordenó al padre de las tres religiones entregarle a su hijo primogénito.
> (CREA, *El Mundo*, 10/05/1995, España)

- ***hipotético supuesto***

Un *supuesto* es una 'suposición', por lo que es siempre de carácter hipotético.

> Pensaba explayar su filosofía acerca de la protección del casco urbano de Santa Inés en el hipotético supuesto [...] de que la localidad padeciese asedio.
> (CREA, Ramón Ayerra, *La lucha inútil*, Debate, 1984, España)

- ***hueco vacío***

Hueco como sustantivo significa 'espacio vacío en el interior de algo'.

> Durante la conmemoración del aniversario fundacional de la Falange Española era visible un hueco vacío en el banco azul, el correspondiente al ministro de Información.
> (CREA, Luis Herrero, *El ocaso del régimen. Del asesinato de Carrero a la muerte de Franco*, Temas de Hoy, 1995, España)

- ***idiosincrasia propia, particular***

La idiosincrasia la constituyen los 'rasgos, el temperamento, el carácter, etc., distintivos y propios de un individuo o de una colectividad'.

Comentaba las dificultades de la integración y la amenaza que podía suponer la inmigración masiva a nuestra propia idiosincrasia.

(CREA, *El Norte de Castilla*, 01/03/2001, España)

- ***insistir repetidamente, reiteradamente, de nuevo, una vez más***

El significado de *insistir* es 'instar reiteradamente', 'repetir', lo que convierte en redundantes los complementos circunstanciales que repiten ese significado.

Duhalde recordó que el intendente Jorge Izarra le insistió reiteradamente sobre esta vital cuestión.

(CREA, *La Nueva Provincia*, 21/10/1997, Argentina)

- ***kilos de peso***

De peso es un complemento redundante cuando se coloca tras unidades que expresan esta magnitud: *tonelada de peso, kilos de peso, gramos de peso*, etc.

Han realizado 1.400 kilómetros de dura travesía a pie, tirando de un trineo con 80 kilos de peso.

(CREA, *El Mundo*, 26/01/1995, España)

Dos prensas hidráulicas trasladaron su «filigrana blanca» (como se denomina a la monumental pieza de 800 toneladas de peso).

(CREA, *El Mundo*, 13/04/1996, España)

- ***macedonia de frutas***

Como nombre común, *macedonia* significa 'ensalada de frutas'.

Añade el arroz ya cocido y la macedonia de frutas escurrida. Mezcla suavemente.

(CREA, Karlos Arguiñano, *1069 recetas*, Asegarce y Debate, 1998, España)

- ***mendrugo de pan***

Referido al pan, la palabra *mendrugo* significa 'pedazo duro o que se desecha'.

Sin importar que su reflejo esconda la cara sucia del que nada tiene y todo lo anhela, aun un mendrugo de pan para sus hijos.

(CREA, *Diario del Sur*, 30/04/2004, Colombia)

- *monopolio exclusivo*

Monopolio se define como la 'concesión otorgada por la autoridad competente a una empresa para que esta aproveche con carácter exclusivo alguna industria o comercio'.

> La seguridad pública es monopolio exclusivo del Estado.
> (CREA, *El Universal*, 06/04/1999, Venezuela)

- *nexo de unión*

Un *nexo* es un nudo, un lazo, una unión.

> El Patrimonio geológico nos permite establecer el nexo de unión entre la historia de la Tierra y la historia del Hombre.
> (CREA, *Terralia*, 28, 09/2002, España)

- *objetar en contra*

En el significado de *objetar* ya está incluida la idea de ponerse en contra de algo.

> No les resulta imprescindible que el reparto esté encabezado por estrellas consagradas (aunque por supuesto no tendrían nada que objetar en contra).
> (CREA, José Carreras, *Autobiografía. Cantar con el alma*, Ediciones B, 1989, España)

- *opinión personal*

Una opinión es siempre personal. Es muy habitual el pleonasmo que consiste en la combinación de *opinión* con el posesivo (*mi, tu, su*) y el adjetivo *personal*, secuencia usada pragmáticamente como refuerzo expresivo.

> Mi opinión personal es que se dan las circunstancias que justifican una actitud comprensiva y generosa de la sociedad.
> (CREA, *La Vanguardia*, 16/05/1995, España)

- *parte integrante*

Una *parte* es una 'porción de un todo', por lo que necesariamente ha de ser *integrante*.

> La música y los bailes forman parte integrante de la vida social de la ciudad.
> (CREA, *La Vanguardia*, 30/12/1995, España)

- *peluca postiza*

Las pelucas son siempre objetos postizos.

> Quedó completamente calvo, sin un pelo en todo el cuerpo, y se puso una peluca postiza.
>
> (CREA, Gonzalo Torrente Ballester, *Filomeno, a mi pesar*, Planeta, 1993, España)

- *persona humana*

Es redundante el adjetivo, salvo si *humana* se emplea como 'comprensiva, sensible a los infortunios ajenos'.

> Aumentando así el sentimiento de vergüenza, de impotencia y de indignación de todos aquellos que creemos en la dignidad de la persona humana y en el respeto del derecho.
>
> (CREA, *La Vanguardia*, 30/07/1995, España)

- *personalmente*

Se usa de forma redundante cuando el hablante se refiere a las opiniones propias, a menudo precedido o seguido de pronombres personales de primera persona, *yo, a mí*.

> Uno tiene una responsabilidad muy fuerte, porque le piden resultados. Pero yo personalmente me inclino por la honestidad.
>
> (CREA, *Proceso*, 24/11/1996, México)
>
> A mí, personalmente, me parece que la extradición es una monstruosidad.
>
> (CREA, *Semana*, 24/11-01/12/1997, Colombia)

- *protagonista principal, protagonista directo*

El *protagonista* siempre es el personaje principal, sobre el que recae directamente la acción que se narra o que sucede.

> El argentino, actor de reparto en tareas ofensivas por la exigencia del guión, se convirtió en protagonista principal cuando la prórroga llegaba a su fin.
>
> (CREA, *El Mundo*, 18/03/2004, España)
>
> Durante su etapa como ministro de la Guerra fue protagonista directo de dos acontecimientos relevantes.
>
> (CREA, *El Mundo*, 27/11/1994, España)

- *protocolo previo*

En uno de sus significados, *protocolo* significa la serie de actos que se han de seguir en un determinado proceso. Se trata, por tanto, de algo fijado previamente, por lo que su combinación con *previo* resulta redundante.

> El proceso de selección se realizó partiendo de experiencias ya conocidas, mediante la aplicación de un protocolo ~~previo~~.
> (CREA, *RESPYN. Revista de Salud Pública y Nutrición*, 2/1, 01/03/2004, México)

• *puño cerrado*

No hay puños abiertos, ya que *puño* es la 'mano cerrada'. Aunque en ocasiones puede considerarse pleonasmo, por usarse con valor expresivo, debe evitarse el adjetivo cuando no aporta ese valor añadido.

> El lenguaje de los gestos debe de ser amable, evitando señalar con el dedo índice o amenazar con el puño ~~cerrado~~.
> (CREA, *Media vuelta*, 14/03/97, Cadena SER, España)

• *rodeado por todas partes*

Rodear es 'cercar algo cogiéndolo en medio'. Constituye un pleonasmo complementarlo con *por todas partes*.

> El poeta griego lírico por excelencia, sin embargo, no nació ni murió en Grecia, sino en Alejandría, Egipto, rodeado ~~por todas partes~~ del mundo árabe.
> (CREA, *El Caimán Barbudo*, 314, 02/2003, Cuba)

• *soler frecuentar a menudo*

Soler se aplica a los hechos que son frecuentes o a lo que tienen por costumbre los seres vivos. Es redundante combinarlo con verbos y expresiones que significan también acciones habituales: *repetir, frecuentar; a menudo, habitualmente, con frecuencia.*

> Entre tanto, prosigue la fuerte vigilancia policial en las propiedades de Luis Roldán y en los sitios que ~~solía~~ frecuentar.
> (CREA, *La Vanguardia*, 04/05/1994, España)

• *tarifa de precios*

El significado exacto de *tarifa* es 'tabla de precios'.

> Debe, asimismo, llevar un ejemplar del presente Código y de la tarifa ~~de precios~~ aprobada.
> (CREA, Anónimo, *Código de Circulación*, Tecnos, 1994, Madrid)

- ***testigo presencial***

Un *testigo* es una 'persona que presencia o adquiere directo y verdadero conocimiento de algo', por lo que el adjetivo *presencial* está contenido en el significado.

> Uno de los viajeros, que manifestó haber sido testigo ~~presencial~~ de los hechos, relató que el Ejército afgano utilizó helicópteros de combate.
>
> (CREA, *El País*, 02/05/1980, España)

- ***túnel subterráneo***

Es redundante el adjetivo si atendemos a la definición de *túnel*, que se define como 'vía subterránea abierta artificialmente para el paso de personas y vehículos'. *Túnel* se puede usar con otros complementos como tecnicismo, como *túnel aerodinámico* o *túnel de lavado*; se podría añadir el *túnel de vestuarios*, aún no recogido en el diccionario.

> El Museo está unido por medio de un túnel ~~subterráneo~~ al teatro y anfiteatro de la antigua Emérita Augusta.
>
> (CREA, *ABC*, 20/09/1986, España)

- ***utopía inalcanzable***

Una *utopía* es un 'plan, proyecto, doctrina o sistema optimista que aparece como irrealizable en el momento de su formulación'.

> Sentía la verdadera amistad como una utopía ~~inalcanzable~~, espejismo lleno de sufrimiento, esfuerzo sobrehumano jamás recompensado.
>
> (CREA, Lola Beccaria, *La luna en Jorge*, Destino, 2001, España)

- ***volver a reiterar, repetir, reiniciar, reproducir, releer, reafirmar, retomar,* etc.**

Uno de los valores del prefijo *re-* es el de indicar repetición de la acción, por lo que es redundante usar verbos con este prefijo con la perífrasis reiterativa *volver a*.

> ⊗ Toma nuevo impulso y ~~vuelve a repetir~~ la operación con redoblado brío.
>
> (CREA, Luis Agromayor, *España en fiestas*, Aguilar, 1987, España)
>
> ✓ Toma nuevo impulso y repite la operación con redoblado brío.

4
Modelos de textos

INTRODUCCIÓN

Este capítulo ofrece un conjunto de modelos de textos orales y escritos, explica las características estructurales de cada uno de ellos y propone pautas para construirlos correctamente, de manera que puedan servir de guía a los lectores que así lo deseen. La variedad de formas que puede adoptar el texto es innumerable, como son innumerables los fines con los que se elaboran los textos. Pero en cada sociedad la tradición ha ido fijando unas formas específicas de realizar una buena parte de los actos comunicativos habituales. En nuestra sociedad, por ejemplo, para *saludar* es preciso decir unas palabras (*hola; buenos días*) que suelen ir acompañadas de algún gesto de las manos o de los ojos; no se puede *brindar* de cualquier modo: hay que pronunciar algunas palabras de alabanza o de deseos de bienestar para el futuro y ha de hacerse necesariamente con algo de beber; para *contar cuentos* es preciso indicar al que escucha que vamos a situarnos en el mundo de la fantasía con unas palabras que encuadren el texto *Érase una vez...* o bien expresiones como *Te voy a contar una historia...*, mientras que un chiste se introduce de una manera repentina (*Va un señor por la calle y dice...*) o con una pregunta (*¿Saben aquel que dice...?*); las narraciones de hechos reales, por el contrario, se inician con algún elemento que sitúe en el tiempo y en el espacio lo que se va a contar (*Esta mañana estaba en el mercado y entró un señor que...*). De igual modo, se han fijado las maneras de redactar un informe, de escribir en la red social, etc. Estas manifestaciones fijas de realizar los actos comunicativos se denominan «géneros discursivos».

Hemos seleccionado los modelos de textos atendiendo a la frecuencia de uso en nuestra sociedad y hemos elegido aquellos que consideramos que pueden resultar más útiles a un número mayor de lectores. Antes de presentar cada uno, es preciso tener en cuenta dos características que afectan a todos los textos: el canal y el grado de formalidad.

- El **canal** en el que producimos el texto. Los dos canales de comunicación básicos son, como sabemos, el oral y el escrito. A ellos ha venido a sumarse hoy internet, que es un canal escrito pero que recoge muchas de las características que encontramos en la oralidad; por ese motivo lo separamos en un apartado diferente.

- El grado de **formalidad** del texto. La diferencia entre un texto formal y uno informal viene provocada siempre por el tipo de receptor al que nos dirigimos:
    1. Los textos informales se dirigen a un receptor conocido, amigo. Son textos personales, es decir, marcados por el estilo de cada uno: hay quien prefiere frases más cortas o más largas, quien no utiliza el punto y coma casi nunca, etc. En este tipo de textos podemos usar un tono más coloquial y cercano, pero no menos «pensado»: su elaboración puede parecer costosa para quien quiere transmitir algo concreto sin dar lugar a equivocaciones (si escribimos a alguien para pedirle disculpas, ¿cómo empezamos el texto?, ¿qué palabras exactas usamos para que no den lugar a equívocos?, ¿cómo suplimos la falta de pronunciación y de miradas y gestos, en un texto escrito?).
    2. Los textos formales se dirigen a un receptor desconocido o con el que no tenemos confianza. En ellos tendremos que seguir toda una serie de formulismos y convenciones para tratar correctamente a la otra persona. Formulismos y convenciones que varían en función del tipo de texto que emitamos.

Una vez que tenemos en cuenta las características relacionadas con la adecuación del mensaje al contexto, deberemos atender al tipo de texto en cuestión y a sus propias características; características que lo diferencian de los demás tipos de textos (correo electrónico, acta, memorando, currículo, etc.) y que debemos conocer para poder escribir en cada momento aquello que deseamos de forma adecuada y siguiendo las normas establecidas para cada caso.

TEXTOS ESCRITOS

La comunicación escrita posee una serie de patrones que nos ayudan a conocer cuáles son las características específicas de cada texto.

No todos los textos se crean con los mismos objetivos y, en consecuencia, no todos los textos pueden crearse de la misma manera, con la misma forma. Por este motivo, queremos reflejar aquí las diferencias que existen entre algunos tipos de textos escritos con alta frecuencia de uso. Para ello, hemos descrito cinco modelos de texto (la carta, el memorando, la instancia, el acta y el currículo) aportando información detallada sobre su función principal y características formales prototípicas. Además, facilitamos de cada uno de ellos sencillas recomendaciones para su correcta elaboración y un modelo que se ajusta a la descripción dada.

LA CARTA

La carta es uno de los medios de comunicación más tradicional que se ha visto potenciada gracias a los recursos electrónicos actuales: hoy en día no solo enviamos cartas por correo ordinario, sino que también podemos incluirlas dentro de un correo electrónico, o enviarlas como un adjunto a este. La diferencia entre el registro formal y el informal hace que distingamos, en este caso, dos tipos de cartas: la comercial y la personal.

Características formales

En la siguiente imagen podemos ver las partes de que consta una carta. Señalamos en cursiva aquellas partes que solo contiene la carta comercial, pero no la personal.

Membrete de la empresa o institución (derecha o izquierda)

Número de referencia

Fecha

Encabezamiento (nombre, cargo y dirección de la persona a quien se dirige)

Asunto

Saludo

Cuerpo del texto

Despedida

RÚBRICA ORIGINAL

Firma *y posfirma*

- **Membrete de la empresa o institución.** En el membrete, que solo se usa para las cartas comerciales, pero no para las personales, aparecen reflejados los datos de contacto de la empresa: el nombre, la dirección, el teléfono y la dirección postal desde la que se envía la carta.

- **Número de referencia.** Indica la referencia de la empresa o entidad que elabora la carta.

- **Fecha.** La fecha en este tipo de texto es fundamental, dado que no sabemos con certeza cuándo puede llegar a su destinatario. A diferencia del correo electrónico (⇨ págs. 460-468), la correspondencia ordinaria no suele ser tan rápida como las comunicaciones informatizadas. Por ello, conviene dejar clara la fecha de envío.

- **Encabezamiento.** En este espacio, que tampoco se utiliza en el caso de las cartas personales, el emisor ha de exponer sus datos de contacto, de manera que la persona que reciba el mensaje reconozca quién es el emisor y pueda dirigirse a él si lo necesita. Los datos que se especifican suelen ser el nombre propio de la empresa (como emisor general) o de la persona encargada de enviar el mensaje, la dirección postal y el número de teléfono.

- **Asunto.** En este espacio se expondrá de forma breve y concisa el tema por el cual escribimos.

- **Saludo.** El saludo es nuestra forma de dirigirnos (sea por primera vez o no) a nuestro interlocutor. En el caso de las cartas comerciales y formales, hay toda una serie de fórmulas establecidas, tanto para el saludo como para la despedida.

- **Cuerpo del texto.** En el cuerpo del texto se expresará el asunto que se quiera tratar.

- **Despedida.** La despedida, en el caso de las cartas formales, tiene una serie de fórmulas que debemos conocer y mantener.

- **Firma y posfirma.** Por último, debemos dejar nuestro sello personal. En las cartas personales basta con la rúbrica, pero en las comerciales, tanto si hemos dado nuestros datos personales en el encabezamiento como si hemos dado el general de la empresa, debemos firmar al terminar el texto con nuestro nombre y cargo, para que la persona que reciba el mensaje identifique de quién proviene el mensaje. Al tratarse de una carta impresa, la rúbrica deberá ser original, esto es, no digitalizada.

- **El sobre.** El sobre presenta dos caras: el anverso, donde se escribe la dirección del destinatario, y el reverso o remite, que es la parte por donde se cierra la carta, donde se escribe nuestra dirección. Las direcciones, en ambos casos, mantienen la estructura que señalamos a continuación.

  Nombre y apellidos
  Calle, número, piso, letra
  Código postal, ciudad
  Provincia
  País

Recomendaciones para escribir una carta

A continuación, ofrecemos algunas recomendaciones que pueden ayudarnos a elaborar una carta eficaz y correcta, tanto comercial como personal.

- **(Ciudad), fecha.** En una carta no es obligatorio escribir la ciudad donde nos encontramos: en el membrete de las cartas formales hemos indicado dónde está nuestra empresa, y en las cartas personales la otra persona suele saber dónde estamos. Ahora bien, la fecha sí es importante indicarla, y se escribe del siguiente modo.

  24 de enero de 2012

  Tanto en el español de España como en el de Hispanoamérica, el orden es ascendente: día, mes y año. Es recomendable escribir el día en números, el mes en letras (sin mayúscula inicial) y el año también en números, y separados en todo caso por la preposición *de*. No es adecuado, por tanto, en las cartas, escribir la fecha abreviada, con el mes en números o letras romanas y separadas las tres partes con guiones (24-01-2012), puntos

(24.01.2012) o barras oblicuas (22/I/2012). Aunque no es incorrecto escribir la forma contracta *del* seguida del año, porque estamos omitiendo esa palabra: *24 de enero del [año] 2012*, es recomendable el uso de la preposición sin artículo. Por último, el número del año tiene que presentar los dígitos seguidos, no separados por un punto: ®*2.012*, pues este uso se reserva para los números decimales (aunque, por otro lado, en este caso es preferible separar las partes entera y decimal con una coma que con un punto: *3,14* mejor que *3.14*). El ejemplo correcto, por tanto, sería uno como el siguiente.

Buenos Aires, 24 de enero de 2012

- **Saludo.** Debemos evitar saludos como *Buenos días* o *Buenas tardes*, porque nuestro destinatario no tiene por qué leer la carta en la misma franja horaria en que la escribimos. Si el lector tiene que saber que estamos escribiendo por la mañana y no por la tarde, es preferible decírselo dentro del cuerpo de la carta.
  - En la carta formal debemos evitar el tuteo: es preferible llamar de *usted* a la persona que reciba nuestra carta. Existen muchas fórmulas que nos ayudan a dirigirnos a nuestro receptor adecuadamente y manteniendo la distancia de respeto y formalidad requerida en estos casos, todas las cuales deben estar seguidas de los dos puntos, nunca de la coma o del punto y coma.

Si conocemos el nombre del receptor	*Estimado/a cliente:* *A la atención de Dña. Sofía Fernández, directora de RR. HH.:*
Si no conocemos su nombre	*A quien corresponda:* *Muy señor mío:* *A la atención del responsable del Departamento de Transacciones Comerciales:*
Si queremos usar una abreviatura para la fórmula «A la atención de», podemos usar «Att.» o «A/A» (⇨ págs. 189-190)	*Att. Dña. Sofía Fernández:* *A/A. Responsable del Departamento de Transacciones Comerciales:*

  - En la carta informal o personal tenemos dos fórmulas de dirigirnos a nuestro receptor.

Estimado/Querido Pedro:
Hola, amor/Victoria/papá.

En el primer caso, en el que usamos expresiones como *querido* o *estimado,* debemos terminar la línea con los dos puntos. En el segundo, debemos separar el saludo (*hola, qué tal*) del nombre de la otra persona (o de cómo la llamamos: *padre, amor, pequeño*) con una coma, y cerrar con un punto.

- **Cuerpo del texto.** Tanto en las cartas más formales como en las menos formales, tenemos que prestar especial cuidado a la ortografía, pues presentar un texto con faltas ortográficas da muy mala imagen de nosotros mismos. Recordemos que las faltas de ortografía dificultan la lectura y, con respecto a la carta comercial, esta es nuestra «carta de presentación» y de su buena redacción depende que nos consideren o no en lo sucesivo, ya sea dentro de nuestra propia empresa o fuera de ella.
  - Cada vez se escriben menos cartas a mano, pero si decidimos hacerlo así, debemos cuidar la caligrafía, para que no haya que descodificar nuestro texto. Además, es importante la presentación: se deben dejar márgenes en los laterales (el derecho más amplio que el izquierdo); no presentar hojas con las líneas torcidas; dejar espacio entre línea y línea; presentar el texto estructurado en varios párrafos separados, no escribir todo seguido; no hacer borrones; y si hay que tachar algo, simplemente trazar una línea horizontal encima de aquello que no sirve.
  - No conviene dar rodeos, es preferible ser breve y conciso, especialmente en las cartas comerciales, pues de esta manera agilizamos la lectura y facilitamos la comprensión de nuestro mensaje.
  - Nuestro texto debe tener sentido. Es decir, se debe mantener un orden en las ideas y plasmarlas progresivamente en el texto, de manera que el que lo vaya a leer sea capaz de entender exactamente lo que queremos decir (⇒ págs. 28-90).
  - Hay que evitar las formas coloquiales (como **he quedao*) también en las cartas informales, pues se trata de textos escritos, no orales. Tampoco debemos repetir palabras «comodín», como por ejemplo *evento* o *asunto* (⇒ págs. 41-42).

Abusar de este tipo de palabras empobrece el texto y lo hace menos preciso.

– En las cartas formales, no debemos cambiar nuestra forma de dirigirnos al receptor: muchas veces caemos en el error de empezar tratándole de *usted* (en el saludo, por ejemplo) y terminar haciéndolo de *tú*. Eso refleja nuestra poca atención en lo que escribimos y la imagen que proyectamos no es, ni mucho menos, de seguridad.

- **Despedida.** La despedida, al igual que ocurre con el saludo, suele estar fijada a partir de fórmulas, tanto en el registro formal como en el informal. Después de las palabras de despedida podemos acabar la línea en un punto, si hemos acabado la idea (por ejemplo, en *Un saludo*, no tenemos nada más que añadir), o en una coma si no la hemos acabado (por ejemplo, en *Se despide atentamente* parece que falta algo: *quién* se despide, por lo tanto terminaremos la línea con una coma).

  – En las cartas comerciales podemos usar fórmulas como las que se muestran a continuación.

  A la espera de su respuesta, se despide atentamente,
  Sin más, se despide,
  Un saludo.

  – En las cartas personales usamos despedidas como las que vemos aquí.

  Un beso.
  Te quiere,
  ¡Hasta la próxima!

- **Firma y posfirma.** Para finalizar nuestra carta, debemos dejar nuestra firma. En las cartas comerciales, además, lo más habitual es escribir inmediatamente debajo de la firma nuestro nombre completo, y en el renglón de abajo, nuestro cargo en la empresa. De esta manera, la persona que lo reciba sabrá, por un lado, que se trata de un documento único y original y, por otro, quién es la persona a la que ha de dirigirse en caso de querer contestar.

  Víctor Jiménez
  Rector de la Universidad

Textos modelo

- **Modelo de carta comercial.** Un ejemplo de carta comercial que cumple con todas las características mencionadas sería el siguiente.

IntelYgente
La telefonía para todos

C/ Feria, 3
88767 Barcelona

26 de marzo de 2010

A/A D. Rafael Sastre. Responsable del Departamento de Relaciones Externas de Empresasuya
Polígono Las Acacias
Av. Bahía, 8
28347 Cádiz
Tlf. xxxxxxx

Asunto: Confirmación del convenio de cooperación.

Muy señor mío:

Tras la reunión llevada a cabo el pasado mes de enero, en la que se acordó la firma del convenio de cooperación entre ambas empresas, le pedimos que, por favor, nos envíe lo antes posible su carta de aceptación para poder seguir con los trámites.

Quedamos a su disposición para resolver cualquier duda que tenga en relación con el convenio.

Agradeciéndole de antemano su colaboración, se despide atentamente,

RÚBRICA ORIGINAL

Fdo. Isabella Gordini
Responsable del Departamento de Cooperación
y Relaciones Externas de IntelYgente

- **Modelo de carta personal.** Un ejemplo de carta personal podría ser el que presentamos a continuación.

Buenos Aires, 24 de enero de 2012

Querida Julia:

¿Cómo estás? ¿Hace mucho frío en Madrid? Aquí ha llegado el verano y estamos «rebién», como dicen los argentinos.
Te escribo, sobre todo, para contarte algo importante. Ya sé que no te lo esperas, ya sé que es muy precipitado, ya sé que nunca me has oído hablar de esto, ya sé todo lo que me vas a decir, pero... ¡me caso! ¡Sí!
Quizá sea una locura, pero ahora estoy convencida de querer hacerlo. Pero no, no te preocupes, no os voy a traer hasta acá para que estéis conmigo ese día: ¡nos casamos en España! Aún no sabemos la fecha, pero será dentro de unos seis meses, para que dé tiempo a comprar los pasajes y que no salgan demasiado caros.
¡Madre mía, eres la primera que lo sabe! ¡Aún no se lo he contado ni a mi padre! Estoy muy ilusionada, sé que se va a alegrar mucho.
Ya te iré contando poco a poco, en cuanto tenga más datos.

Un beso enorme. No sabes cuánto te echo de menos.
Te quiero muchísimo.

Elisa

EL MEMORANDO

El memorando o «memo», cuya forma etimológica latina es *memorandum*, es un tipo de escrito que se incluye dentro de la comunicación interna de la empresa, ya sea entre personal del mismo rango o diferente (de un superior a un inferior o viceversa). En el primer caso, la función básica de este texto es facilitar datos, pedirlos, comprobarlos, contrastarlos, ordenar algo, etc. En el segundo caso, en cambio, el objetivo es transmitir información de gran interés sobre un asunto concreto, por lo que el tono suele ser más imperativo y estos textos suelen contener órdenes o recomendaciones.

La forma más adecuada de escribir la palabra es «memorando», esto es, con la forma castellanizada. El plural, por tanto, habrá de ser «memorandos». En caso de usar la forma latina *(memorandum)*, hay que escribir la palabra en cursiva, pues se trata de un latinismo, y su plural será *los memorandum.*

Características formales

El memorando se ajusta a la siguiente estructura formal:

NOMBRE DE LA EMPRESA (ciudad y país donde se ubica)

Fecha

DE: Emisor (nombre, cargo...)
PARA: Destinatario (nombre, cargo...)
Asunto: Tema del memorando (opcional)

Cuerpo del texto

Despedida

Nombre del emisor
Firma o cargo que ocupa

Recomendaciones para escribir un memorando

- El memorando es un tipo de texto que nos permite intercambiar información de forma rápida y breve. Por ello, es muy importante saber expresar lo que se desea de forma concisa y comprensible, pues no se trata de hacer un informe del asunto en cuestión, sino de pedir o enviar información muy concreta acerca de un tema.
- El hecho de que el cuerpo del texto sea (por regla general) breve no significa que sea fácil de escribir. Precisamente porque no nos podemos extender demasiado, debemos ser capaces de concentrar la información requerida o solicitada y para ello recomendamos pensar y ordenar las ideas antes de empezar a escribir.
- Dado que existen los dos tipos de memorandos antes mencionados, podemos afirmar que el de comunicación horizontal permite un lenguaje mucho más coloquial que aquel utilizado de un superior a un subordinado, dentro del organigrama de la empresa. Sin embargo, el hecho de que uno de ellos permita un

registro más coloquial no quiere decir que esté permitido descuidar la escritura. Por tanto, debemos estar atentos en cualquier caso a la corrección ortográfica y tener en cuenta que es un texto de difusión interna a la empresa y si presentamos faltas ortográficas, la imagen que daremos será de poco cuidadosos. La excusa de «da igual, si me entienden...» no es válida en ningún caso.

- En ambos tipos de memorando, son características ciertas fórmulas que nos permiten introducir nuestro texto de manera que el receptor sepa, antes de leer el contenido, si se trata de una petición, de una orden, de un aviso general, etc. Muchas de ellas están escritas en forma impersonal y podemos encontrar ejemplos como *Se pone en conocimiento...*, *Se comunica que...*, *Se hace saber que...*, *Se pide a todo el personal...*, *Se requiere...*, etc.

Texto modelo

Un ejemplo de memorando entre personal del mismo rango, que cumple con todas estas recomendaciones mencionadas sería el siguiente.

EMPRESA LAS ALPUJARRAS S. A. Almería (España)

25/06/2012

DE: Responsable de Personal y Relaciones Laborales
PARA: Responsable de Servicios Generales

Ha quedado resuelto el asunto de los cursos de prevención de riesgos laborales de los que hablamos ayer. Finalmente, tendrán lugar el próximo viernes a las 18:00 horas en la sala de juntas.

Un cordial saludo.

Irene Santander
Responsable de Personal y Relaciones Laborales

Por otro lado, el memorando emitido por un superior a un subordinado se podría ajustar al siguiente modelo.

EMPRESA LAS ALPUJARRAS S. A. Almería (España)

25/06/2012

DE: Responsable del Departamento de Gestión
PARA: Personal administrativo

Se pone en conocimiento de todo el personal administrativo que desde el día 3 y hasta el 10 de septiembre estará abierto el plazo para realizar las últimas compras incluidas en el ejercicio económico del 2012. **Por tanto, las facturas deberán enviarse firmadas para que lleguen a Gerencia antes del 10 de julio.**

Un saludo.

Antonio López
Director

LA INSTANCIA

La instancia es un tipo de texto que va dirigido de un subordinado a un superior, y en el que se expone una o varias situaciones, dispuestas en uno o diferentes puntos y tras lo cual se solicita algo concreto relacionado con lo anterior.

Características formales

La forma de una instancia está muy fijada y la distribución del texto es muy clara. Tanto los elementos como su disposición están tan fijados que, en ocasiones, las empresas tienen incluso un modelo disponible (bien en papel o digitalizado) en el que solo es necesario rellenar cada una de estas partes. Una plantilla modelo sería la siguiente.

D./Dña. .... con DNI ....
y domicilio en calle .... n.° ....

EXPONE: ....
....
....
....

SOLICITA: ....
....
....
....

En .... a .... de .... de ....

Firma (del emisor)

D./Dña. ....

- **Datos personales.** Los datos personales nos permiten saber quién es el emisor del mensaje, esto es, quién lo escribe, así como su dirección postal.

- **Cuerpo del texto.** Este espacio queda reservado para el contenido de la instancia propiamente dicho. En primer lugar ha de aparecer el apartado denominado «EXPONE», en el que expondremos la situación o los puntos de interés que nos han movido a escribir la instancia. Tras este, aparecerá el apartado introducido por la palabra «SOLICITA», en el que desarrollamos nuestra solicitud o petición. De esta manera, los dos puntos importantes del texto quedan expuestos de manera muy clara y (preferiblemente) concisa.

- **Fecha.** Tras exponer la causa (o causas) de la instancia y la propia solicitud, aparece la fecha en la que se ha emitido el escrito.

- **Firma.** En este tipo de texto no es necesario incluir ni el saludo ni la presentación, pues con los datos personales ya es suficiente. Sin embargo, la firma siempre aparece al final del documento.

- **Pie.** Finalmente, la última línea queda reservada para el nombre y cargo de la persona a la que va dirigida la instancia, generalmente escrito todo con mayúsculas.

Recomendaciones para escribir una instancia

- Debemos recordar que los elementos en este tipo de escrito están perfectamente fijados y su orden es fundamental para la adecuada comprensión del mensaje. Por ello, recomendamos no cambiar el orden, pues la persona que la reciba dará por hecho el orden fijado.

- Inmediatamente después de los verbos que introducen cada apartado, debe aparecer el texto precedido por la conjunción *Que...*, pues ha de entenderse todo como una oración completa.

Alguien(emisor)

EXPONE: Que...

(y) SOLICITA: Que...

a alguien(receptor)

- Generalmente, los verbos «EXPONE» y «SOLICITA» están en tercera persona del singular, por lo que hay que ser coherente en el texto y seguir redactando tanto el contenido de un apartado como el del otro en tercera persona del singular. Es decir, sería incorrecto introducir la exposición con «EXPONE» y continuar escribiendo *Que ⊗he cumplido el plazo establecido en el reglamento para que se ⊗me devuelva lo acordado.* Para evitar estos errores, hay dos opciones.
  - Cambiar la persona del verbo que introduce el texto. De esta manera, en lugar de aparecer «EXPONE» y «SOLICITA», tendríamos «EXPONGO» y «SOLICITO» que, aunque menos habitual, es preferible antes que cometer una falta de concordancia en nuestro texto.
  - Pensar que el texto se refiere a otra persona, de manera que la forma verbal nos salga con más facilidad que si pensamos en nosotros mismos.

Texto modelo

Un modelo de instancia que reúne estas características y recomendaciones podría ser el siguiente.

D. Ángel Somolinos García con DNI xxxxxxxxx y domicilio en calle Galápagos, n.° 11

EXPONE: 1.° Que el solicitante presentó correctamente toda la documentación requerida por la Consejería de Medio Ambiente y Ordenación del Territorio para comenzar con los trámites de obtención de la licencia de pesca en la Comunidad de Madrid, el pasado 12 de mayo del presente año.
2.° Que una vez presentada la documentación, solicitó los permisos exigidos y abonó los 80 € de tasas correspondientes para la obtención de una licencia válida por cinco años.
3.° Que le fue concedida dicha licencia el pasado mes de julio del presente año obteniendo el número 730375.
4.° Que a pesar de presentar dicha licencia, el solicitante fue multado por dos agentes de la Guardia Civil el pasado 15 de septiembre en el coto de pesca de Horcajo, mientras desempeñaba esta actividad para la que estaba correctamente habilitado.

SOLICITA: Que se tenga a bien revisar dicha denuncia y retirarla una vez comprobados los documentos que se adjuntan y que justifican la posesión de licencia de pesca.

En Madrid, a 25 de octubre de 2010

Firma (del emisor)

DIRECCIÓN GENERAL DE LA POLICÍA Y DE LA GUARDIA CIVIL

EL ACTA

El acta es un documento de creación y uso exclusivamente internos a la empresa, departamento, secretaría, etc., cuya función principal es la de resumir y dejar constancia por escrito del desarrollo y conclusiones extraídas a partir de una reunión. En definitiva, podría considerarse un resumen de la reunión.

Características formales

El acta, en principio, se crea a partir de unos puntos del día que se han anunciado previamente a la reunión y que serán tratados en la fecha acordada para esta. Para poder recoger todos los puntos del día y plasmar las opiniones de todos los asistentes, conviene ordenar y diferenciar claramente todos los puntos que se vayan a tratar, pues eso permitirá hacer un seguimiento perfectamente estructurado de la reunión. El esquema podría ser el siguiente:

NOMBRE DEL ACTA, FECHA EN QUE SE CELEBRA Y EMPRESA U ORGANISMO A QUE CORRESPONDE

Encabezamiento del acta
(Lista de asistentes)

Orden del día por el que se convoca

Párrafo en el que se presentan las excusas de los no asistentes

Punto 1.° ....
Punto 2.° ....
Punto 3.°, etc.

Cierre de acta

Firma del secretario   Firma del director

- **Encabezamiento.** En el encabezamiento aparece la palabra «Acta» seguida del nombre o título del motivo por el cual se convoca, la fecha y el lugar en que se celebrará. Todo ello puede ir escrito en mayúsculas.

- **Asistentes.** En un párrafo aparte, se detallará la hora exacta, el lugar físico concreto (sala, despacho, etc.) de la reunión, así como el nombre del presidente de esta y demás asistentes. Normalmente, los nombres de los asistentes se adjuntan en un documento aparte en forma de listado. En ocasiones, en este apartado se hacen explícitos los nombres de aquellos que no podrán asistir a la reunión y que han disculpado su ausencia. En otros casos, esta disculpa se hace explícita tras la exposición del orden del día previsto. Esa excusa suele exponerse en un párrafo que responde a una fórmula concreta y fijada, como veremos más abajo.

- **Puntos del orden del día.** En este apartado, se relacionarán en forma de listado (Punto 1, Punto 2, Punto 3, etc.) los puntos del día previstos para la reunión convocada. Dentro de cada uno de esos puntos, la persona encargada de redactar el acta (normalmente el secretario), resumirá el contenido de la reunión referido al asunto concreto. Al final de cada uno de ellos, deberá dejar constancia del acuerdo al que los miembros asistentes han llegado tras debatir cada asunto.

- **Cierre de acta.** El cierre de acta también presenta una fórmula fijada, que mostraremos en el ejemplo, y en la cual se señala que no hay más asuntos que tratar y que, por tanto, se da por terminada la reunión, especificando el día y la hora exactos del cierre.

- **Pie del acta.** Para finalizar, tanto la persona encargada de redactar el acta como el presidente de la reunión firmarán el documento como seña de oficialidad.

Recomendaciones para escribir un acta

- Hemos de tener en cuenta que el acta es un resumen y, por tanto, no es necesario incluir por escrito todo aquello que se diga en la reunión. Solo lo importante.
- Por esto mismo, debemos evitar a toda costa dar cualquier opinión personal. Hay que reflejar de la forma más objetiva posible el contenido de la reunión sin aportar nuestras opiniones, a menos que decidamos ser parte activa en ella. En ese caso, deberemos tratar nuestras intervenciones como las de cualquier otro miembro, esto es, de la manera más objetiva posible.
- Tenemos que intentar seguir un orden y, si es posible, escribir el nombre de cada persona que interviene para poder asignar el texto a la persona que lo dijo sin confundirnos.
- La redacción del acta implica el uso de un lenguaje administrativo específico que conviene que conozcamos para no cometer errores. Por ejemplo, para excusar la ausencia de ciertos miembros, la estructura fijada es *Excusan su ausencia* + nombres y cargos. El hecho de que se den estas fórmulas fijadas para introdu-

cir ciertas partes no quiere decir que el lenguaje tenga que ser complejo e incomprensible. Intentaremos ser lo más escuetos y claros posible, de manera que al leer el acta, aparte de quedar reflejado el desarrollo de la reunión, se entienda cada intervención y pueda relacionarse con las previas y las siguientes.

- No podemos olvidarnos de apuntar la hora de comienzo y de cierre de la reunión.
- Conviene que el acta se presente lo antes posible, cuando la información todavía es reciente y, sobre todo, antes de la siguiente reunión.

Texto modelo

Un ejemplo de acta que reúne las recomendaciones expuestas sería el siguiente.

ACTA DE LA REUNIÓN ORDINARIA DEL DEPARTAMENTO DE GESTIÓN COMERCIAL, CELEBRADA EL DÍA 4 DE OCTUBRE DE 2010, LUNES, EN LA EMPRESA MIGUEL E HIJOS S. A.

A las 10:30 horas del día 4 de octubre de 2010 comenzó en la Sala de Juntas de la empresa Miguel e Hijos S. A. la reunión ordinaria del Departamento de Gestión Comercial bajo la presidencia de su director, D. Antonio Pérez Ridruejo, y con la presencia de los miembros que se relacionan en el listado adjunto, de acuerdo con el siguiente orden del día:

1.° Revisión y aprobación del informe relativo al inventario N.° 322 perteneciente al ejercicio económico del 2010.

Excusan su ausencia Dña. Diana Jiménez, responsable del Departamento de Compras, y D. Vicente Gómez, secretario de Documentación.

Punto 1.° Revisión y aprobación del informe del inventario n.° 322 perteneciente al ejercicio económico del 2010.

El director del Departamento de Ventas sugiere que este año los remanentes puedan ser utilizados sin necesidad de hacer una solicitud explícita cada vez que se requieran.

El director del Departamento de Gestión Comercial deniega dicha propuesta argumentando que cada cantidad ingresada se redirige a una partida diferente y esta es intransferible, a menos que se haga una petición explícita para realizar movimientos de una a otra y siempre que sea por una causa justificada.

El secretario procede a la lectura del informe.
Se aprueba por asentimiento el informe relativo al inventario N.° 322 perteneciente al ejercicio económico del 2010.
Y sin más asuntos que tratar, el director levanta la sesión a las 11:00 horas, de lo que doy fe como secretario, en Madrid, a cuatro de octubre de dos mil diez.

Firma del secretario Firma del director

EL CURRÍCULO

El currículo es nuestra carta de presentación a la hora de buscar un empleo. En él quedará reflejada nuestra formación y nuestra experiencia laboral anterior, de manera que la persona que lo valore pueda determinar si esta es adecuada o no para desempeñar las funciones requeridas en el nuevo trabajo. Por ello, deberemos calcular hasta el último detalle todo lo que incluimos en él y lo que dejamos fuera, pues de ello dependerá conseguir o no el trabajo deseado.

La Academia recomienza escribir esta palabra en letras redondas, en su forma castellanizada: currículo, terminada en *-o*, y con el plural en *-os*. Si queremos escribirlo en latín, la forma será *curriculum*, sin tilde y en cursiva, para indicar que se trata de un extranjerismo (⇨ pág. 401).

Características formales

El currículo ha de presentar al candidato de la manera más adecuada tomando como referencia el empleo al que se opta. Existen diferentes tipos de currículo: el cronológico convencional, en el que se exponen los datos por el orden cronológico según se han ido produciendo; el currículo funcional, en el que se destacan los datos más relevantes con respecto al perfil buscado; y el currículo cronológico inverso, en el que se exponen los datos empezando por las actividades más recientes llevadas a cabo por el candidato.

En cualquier caso, todos los currículos presentan un mismo esquema.

CURRICULUM VITAE	FOTO
Datos personales Formación del candidato Experiencia laboral Otros datos de interés	
	Fecha
Firma del candidato	

Recomendaciones para escribir un buen currículo

Un currículo debe ser, ante todo, claro, preciso y veraz.

- Debe ser claro a la hora de exponer la experiencia del candidato. Para ello, recomendamos no mezclar tipos de actividades (experiencia laboral propiamente dicha con estudios obtenidos y otras actividades de menor interés, por ejemplo) y seguir siempre un mismo orden, dependiendo del tipo de currículo que hayamos elegido.
- Necesitamos ser precisos. No se trata de escribir un artículo sobre uno mismo, sino de presentar los datos más importantes, en función del puesto al que aspiramos. Cuanto más esquemático sea, más fácil le resultará a la persona que lo lea ir directamente a lo importante.
- Es absolutamente indispensable que todo lo que se incluya sea veraz, es decir, que pueda ser demostrado. No siempre ocurre, pero en ocasiones, en las siguientes fases del proceso de selección, el candidato debe justificar los méritos señalados, y el hecho de que alguno de esos méritos no pueda ser demostrado puede significar el rechazo automático.
- En primer lugar debemos escribir la secuencia *CURRICULUM VITAE,* que es invariable, no tiene plural y debe ir escrita en mayúsculas o versalitas (⇨ pág. 196).

- Normalmente debemos presentar cuatro grandes secciones, cada una de las cuales debe destacarse y diferenciarse del texto (con mayúsculas, subrayadas, en negrita, en cursiva o mezclando algunas de todas ellas, como vemos en el modelo de texto).
  - Datos personales: nombre y apellidos, DNI, dirección postal, teléfono y correo electrónico.
  - Formación académica obtenida.
  - Experiencia profesional adquirida (ordenada dependiendo del tipo de currículo que elijamos).
  - Otros datos de interés. En este último apartado, el candidato puede añadir cualquier otro dato de interés que tenga que ver bien con su formación (idiomas, por ejemplo), bien con otras motivaciones o experiencias potencialmente adecuadas para el trabajo al que se opta.
- Debemos señalar el año (y a veces, el lugar) en que realizamos las actividades que señalamos en el currículo. La ordenación dependerá del tipo de currículo que queramos presentar, y si en él importa más que lo último que hemos realizado esté en primer o en último lugar.
- Por regla general, es recomendable que el documento no sobrepase las tres páginas, por lo que no debemos adornarlo demasiado, ni recargarlo con imágenes, resaltes tipográficos (la negrita, sobre todo) ni tipos de letra informales o poco frecuentes.
- La firma es un elemento muy importante dentro del currículo, por lo que recomendamos que sea original, no digitalizada.
- Debemos utilizar un lenguaje formal para todos los apartados: se trata de un texto con un receptor desconocido y al que, además, debemos causar buena impresión.
- Hay que cuidar la ortografía. Un currículo con faltas de ortografía no da buena imagen de nosotros mismos.
- Si hemos presentado nuestro currículo de forma digitalizada, es recomendable presentar una nueva copia en papel a la hora de nuestra entrevista personal.
- Nunca está de más que, junto al currículo, adjuntemos una carta de recomendación expedida por el responsable de la empresa o institución en la que trabajamos anteriormente. Eso puede ayudar a que los encargados de hacer la selección tengan más refe-

rencias sobre nosotros y posean una información más completa sobre nuestro modo de trabajar.

Texto modelo

Un modelo de currículo que reúne las características y recomendaciones antes expuestas, puede ser el siguiente.

CURRICULUM VITAE

FOTO

DATOS PERSONALES

Sofía Rodríguez Méndez
C/ Perú, n.° 3
28822 Madrid
Tlf. XXX
Correo electrónico: correo.electrónico@ui.es

FORMACIÓN ACADÉMICA

1999- Título de Educación Secundaria Obligatoria (ESO) en el IES Luis García. Madrid, España.

2009- Título de auxiliar administrativo en el Centro de Educación a Distancia Hernán Cortés. Madrid, España.

EXPERIENCIA LABORAL

2000-2003 Auxiliar de seguridad en Securitas Direct S. A.
2005-2010 Auxiliar administrativo en Domino S. A.

OTROS DATOS DE INTERÉS

Conocimiento avanzado de ofimática (Word, Excel, Access) e internet.
Manejo de páginas web a nivel usuario.
Nivel intermedio de francés.

En Madrid, a 25 de mayo de 2011

FIRMA

TEXTOS ORALES

Aunque la palabra *texto* tradicionalmente se asocia con la comunicación escrita, debemos recordar que un texto es todo acto comunicativo producido para llevar a cabo una determinada función o conseguir cierto efecto, como informar, saludar, opinar, acordar, pedir, etc. Desde esta consideración nos será más fácil reconocer que también las producciones orales son textos y que, pese al carácter más espontáneo que prima en la comunicación oral, también son actos comunicativos que pueden y deben planificarse.

Dentro de la gran variedad de textos orales, hemos seleccionado aquellos que consideramos más representativos o que pueden tener una mayor presencia en nuestras actividades cotidianas, utilizando los tres criterios de clasificación más comunes.

1. El número de personas que intervienen: monologados (el discurso espontáneo) y dialogados (la entrevista).
2. El grado de formalidad: textos formales (la conferencia) e informales (la conversación).
3. El ámbito de uso: académico (presentaciones con diapositivas), profesional (entrevista) o social (discursos improvisados).

El bloque se completa con un espacio dedicado a la lectura en voz alta, ya que es una manifestación oral bastante frecuente en ámbitos profesionales y académicos.

LA CONVERSACIÓN

La conversación es la práctica comunicativa más habitual que usamos para interactuar con los demás. Aquí hablaremos de la conversación espontánea, no de otras formas de diálogo más planificadas y formales, como el coloquio, el debate, la tertulia, la entrevista o la mesa redonda. Más concretamente, nos centraremos en la conversación espontánea cara a cara, en la que los interlocutores comparten el espacio y el tiempo, a diferencia de otras modalidades como la conversación telefónica en la que el lenguaje no verbal (⇨ págs. 123-132) es menos importante.

Características formales

La conversación puede girar en torno a cualquier tema y desarrollarse en todos los ámbitos (familiar, profesional, académico), pero, en cualquier caso, se trata de una práctica discursiva en la que dos o más hablantes alternan los papeles de emisor y receptor, de modo que las intervenciones de cada interlocutor están motivadas o condicionadas por las del otro u otros y nunca se pueden planificar de forma completa. Esto hace que la conversación sea improvisada e imprevisible.

Sin embargo, como señala Amparo Tusón en su obra *Análisis de la conversación* (Ariel, 1997), todas las conversaciones se componen de tres partes o secuencias: el inicio, en el que se decide comenzar la conversación, la parte central, que contiene su desarrollo, y por último la parte final, en la que se produce el cierre.

- **El inicio de la conversación.** El requisito indispensable para establecer una comunicación es manifestar nuestra intención al respecto. Esta intención puede mostrarse de dos formas.
  1. Explícita, dirigiendo a nuestro interlocutor ciertos enunciados que indiquen la intención de establecer la conversación. Por ejemplo, usando expresiones como las siguientes:

     Luis, necesito hablar contigo.
     Luis, ¿tienes un momento?
     ¿Podría dedicarme unos minutos, por favor?
     Oye, Luis, te tengo que contar lo que me pasó ayer...

  2. Implícita, si al saludar a alguien no nos limitamos a un frío *Hola* sino que le dirigimos alguna pregunta (*¿qué tal te va en tu nuevo trabajo?, ¿recibió el informe que le envié ayer?*) o le mostramos nuestras emociones (*¡Caramba, Elisa!, ¡cuánto tiempo sin verte!*) y además acompañamos estas expresiones con otros comportamientos no verbales (⇨ págs. 123-132) como acercarnos a una distancia apropiada para conversar, o ralentizar el paso e incluso detenernos junto a él, haremos evidente que queremos iniciar una conversación.

- **El desarrollo de la conversación.** Toda conversación se rige por tres principios comunes: negociación, cooperación y cortesía, y un eje estructurador que la organiza: los turnos de palabra.

- *La negociación.* Es el grado de acuerdo que se establece entre los interlocutores sobre cuestiones como el tono (serio, cordial, familiar, amistoso, profesional...), el tema, la intención o el papel que vamos a desempeñar. Para ello, utilizamos también dos formas básicas.
  1. Podemos decirlo de forma explícita, con expresiones del tipo *No sé lo que me quieres decir* (solicitud de aclaración de significado) *pero este asunto es muy serio* (tono) *y te lo comento como compañero* (papel), *para que estés atento a las consecuencias* (finalidad).
  2. Podemos manifestarlo de forma implícita, a través de mensajes no verbales: cambiamos la velocidad de la elocución para resaltar la importancia del tema; variamos el volumen para establecer un tono de confidencialidad; hacemos silencios para destacar la importancia de lo dicho o mostrar reflexión sobre lo escuchado; realizamos gestos de extrañeza, complicidad o asentimiento, o intercalamos vocalizaciones *(sí, sí, humm)* de carácter fático (las que tienen por objeto asegurar la comprensión y garantizar el progreso del tema).

- ***El principio de cooperación y el principio de cortesía.*** La conversación cotidiana tiene éxito porque los interlocutores ajustan sus intervenciones a una serie de comportamientos que permiten el desarrollo adecuado de la comunicación. Estos comportamientos han sido descritos por los investigadores británicos Grice y Leech. El primero considera que en la conversación rige el principio de cooperación (⇨ pág. 27); el segundo añade la cortesía como el engrase necesario para que la comunicación fluya. Para Leech (*Principios de pragmática*, Longman, 1983) la cortesía se manifiesta a través de seis aspectos: el tacto, la generosidad, la aprobación, la modestia, el acuerdo y la simpatía. Ser cortés para este autor significa equilibrar la balanza de los intereses de los interlocutores, expresado, como lo hace Leech, en términos de costes y beneficios, nuestras acciones serán más corteses cuanto mayor sea el beneficio de nuestro interlocutor y menor su coste, lo que, dicho a la inversa, supone reducir nuestro propio beneficio y aumentar nuestro coste. Así formula, por ejemplo, la máxima de generosidad: «Minimice su propio beneficio, maximice el beneficio de su interlocutor».

- *El turno de palabra.* Es el elemento estructurador de toda conversación, que determina quién habla, cuándo habla y durante cuánto tiempo. En esencia se rige por un principio de alternancia, y para establecerlo, utilizaremos dos mecanismos en la conversación espontánea.
  1. El interlocutor puede interpelar al siguiente hablante mediante una pregunta (*y tú, ¿qué opinas?*), una petición (*nos gustaría saber lo que opina usted sobre este particular*) o mediante gestos reguladores (⇨ pág. 128) como el característico levantamiento de cejas y adelantamiento de barbilla de valor interrogativo.
  2. Sin necesidad de que se nos interpele, intervenimos cuando reconocemos un momento oportuno para hacerlo, a través de indicios tales como la pausa o la entonación descendente del final de una oración.

- **El cierre de la conversación.** Para cerrar una conversación usamos frases que señalan de forma inequívoca nuestro deseo de finalizar la conversación y que por lo general pueden incluir o ser al mismo tiempo fórmulas de despedida específicas de cada grupo cultural o de cada tipo de evento.

Recomendaciones para desarrollar una conversación

- Hemos de saber elegir el momento, el lugar y la fórmula de saludo adecuados que faciliten un posterior desarrollo positivo. Una forma incorrecta de abordar a nuestro interlocutor puede determinar una comunicación fracasada.
- Para evitar molestos equívocos, hemos de dejar nítidamente establecidos cuanto antes el tono, la intención y el papel que jugamos en la conversación.
- Debemos proporcionar a nuestro interlocutor todas las claves para interpretar correctamente el significado y el sentido de nuestras palabras y solicitar aclaraciones sobre las suyas tantas veces como lo consideremos necesario.
- Son incorrectos los comportamientos que atenten contra los principios de cooperación o cortesía.

- Respecto al turno de palabra, debemos respetar el grado de formalidad exigible por el ámbito en que nos encontremos: por ejemplo, interrumpir a quien está en uso de la palabra puede ser aceptable en contextos familiares y coloquiales, pero no se considera correcto en contextos formales.
- Cerrar una conversación es una tarea que requiere encontrar el momento justo y la forma adecuada, de modo que no quede nada por decir y no se prolongue más de lo necesario.
- Hemos de procurar que al final de una conversación quede siempre un regusto positivo de lo hablado; para ello, las fórmulas de despedida tienen que ser amables y cordiales.
- Por cortesía, se recomienda huir de la brusquedad en el cierre de una conversación, pero frecuentemente deberemos expresar nuestra intención con claridad y firmeza para evitar prolongaciones tediosas e incómodas: *Seguiremos hablando en otro momento, Ya nos veremos, Eso es todo, entonces...*
- Si la falta de tiempo impone un cierre abrupto, utilizaremos fórmulas que indiquen que postergamos el tema, pero que no lo damos por concluido.

LA CONFERENCIA

La conferencia es una forma de comunicación oral muy formal, frecuente en los ámbitos académicos, culturales y profesionales. El emisor o conferenciante suele ser un experto en una determinada materia y el receptor, múltiple en este caso, es un público que asiste a la conferencia con el ánimo de adquirir o ampliar conocimientos.

Dependiendo de los intereses y características del público, las conferencias pueden tener un carácter divulgativo o especializado, pero siempre se trata de textos expositivos en los que predomina la intención de informar y transmitir ideas y datos con claridad y precisión.

Características formales

Para que podamos ofrecer una buena conferencia, deberemos cumplir dos requisitos básicos.

1. Conocimiento amplio y riguroso del tema que explicamos, lo cual supone la búsqueda y acopio previos de información, datos, citas y referencias sólidas y pertinentes. Podemos incluir

estos elementos en fichas o notas que después utilizaremos en función del desarrollo de la conferencia (interés del público, disponibilidad de tiempo, etc.).

2. Cuidadoso proceso de elaboración. La conferencia es un texto oral que parte de otro texto escrito previamente y que con frecuencia se publica después. Esta doble naturaleza de texto escrito para ser presentado oralmente condiciona su forma, ya que cuando escribamos la conferencia deberemos considerar cómo lo vamos a exponer: si memorizaremos el texto, lo leeremos (⇨ págs. 458-459) o seguiremos un guion para presentarlo.

La conferencia se enmarca en una estructura formal que comprende tres etapas.

- **Presentación.** A cargo de algún miembro de la organización, consiste en una breve introducción de la persona que va a desarrollar la conferencia, en la que se traza una biografía de la misma y se señalan sus méritos.

- **Desarrollo de la conferencia.** Es el discurso propiamente dicho y responde a una estructura tripartita (⇨ págs. 133-137): apertura, desarrollo y conclusión.

- **Apertura del turno de preguntas.** Una vez finalizada la exposición, el conferenciante contesta a las preguntas que el público asistente quiera dirigirle para aclarar dudas o ampliar los conceptos desarrollados.

Esta estructura básica se realiza dentro de un límite temporal predeterminado. La entidad encargada de la organización nos dirá el tiempo de que disponemos y que deberemos respetar escrupulosamente, pues es muy posible que después de nosotros haya programada otra conferencia u otro acto.

Recomendaciones para desarrollar una conferencia

No debemos perder de vista que el objetivo básico de una conferencia es transmitir, con claridad y eficacia, un conjunto de ideas sobre un determinado tema. Para lograrlo debemos establecer desde el primer momento una relación de colaboración con el público asistente, que se traduce en las siguientes recomendaciones.

- Conocer al público. La cantidad y la naturaleza de los contenidos, así como el tono de nuestra exposición deberán adecuarse a las características, edad, intereses, capacidad y formación del público.
- Conocer las condiciones físicas del lugar donde se va a desarrollar la conferencia: espacio disponible, comodidad (número de asientos, calefacción, aire acondicionado...), acústica, iluminación...
- Es importante mostrar desde el primer momento una actitud de colaboración para facilitar a los asistentes la comprensión de las ideas que se van a exponer. Resulta muy útil en este sentido determinar de qué modo se van a resolver las dudas que puedan presentarse, si en cualquier momento de la conferencia o solo al final.
- Debemos ofrecer una presentación cuidada en un registro lingüístico formal. Trataremos de usted al auditorio y emplearemos el registro culto: pronunciación cuidada, vocabulario variado y preciso, con presencia de tecnicismos propios del tema que se desarrolla y construcciones sintácticas complejas bien construidas y estructuradas, evitando incorrecciones gramaticales.
- No es recomendable leer el texto de la conferencia, salvo que se trate de un discurso leído (ponencia o comunicación) o cuando transmitimos datos precisos que no pueden memorizarse. Si queremos transmitir seguridad y contactar con el público, nuestra mirada debe estar en el auditorio, no en el texto (⇨ págs. 130-131).
- Un error muy común en los conferenciantes inexpertos es el de incluir demasiados contenidos, lo cual convierte la conferencia en un maratón agotador para el auditorio. Para evitar esta alta densidad de contenidos introduciremos elementos que relajen la atención, sin distraer: anécdotas, ejemplos, comparaciones... Y para que el auditorio siga con facilidad el orden de la presentación, podemos hacer recapitulaciones en determinados puntos del desarrollo y remitir al esquema inicial.
- Delimitar el tiempo. El cálculo del tiempo debe hacerse siempre por lo alto y contemplar un margen para el turno de preguntas.
- Las preguntas. Son una buena forma de comprobar el interés que nuestra conferencia ha despertado.
  - Puede suceder que no haya preguntas. En este caso, esperaremos un tiempo prudencial, sin hacer comentarios ni

mostrar ansiedad y daremos por finalizada la conferencia. Lo más frecuente es que cueste romper el hielo a la hora de iniciar el turno de preguntas, pero a partir de la primera el flujo suele ser constante, por eso algunos conferenciantes se formulan a sí mismos alguna pregunta para invitar al público a preguntar.

– Cuando se produzca una pregunta nos aseguraremos de que todo el público la ha escuchado, repitiéndola en voz alta si es necesario. Nuestra respuesta deberá ser breve y concisa para no repetir lo ya dicho y dar cabida a nuevas preguntas. Procuraremos evitar que algunas personas monopolicen el turno estableciendo diálogos cerrados, porque este hecho desmotiva por lo general al resto de los asistentes. Si alguien está interesado en profundizar más, podemos citarlo para después de finalizada la conferencia.

LA ENTREVISTA

Entre los textos orales pertenecientes al ámbito profesional la entrevista de trabajo es una de las situaciones comunicativas más frecuentes. La mayoría de los procesos de selección laboral utilizan la entrevista de trabajo como culminación de los mismos y es muy probable que tengamos que afrontar varias entrevistas a lo largo de nuestra vida profesional.

La entrevista es una modalidad de conversación muy planificada, en la que los interlocutores tienen asignados papeles claramente definidos: un entrevistador/seleccionador y un entrevistado/aspirante conversan en un marco profesional con objetivos muy diferentes.

El entrevistador, que es quien dirige y planifica el diálogo, pretende obtener información contrastada, directa y personal, que complete la que tiene de nosotros a través del currículo que previamente hemos enviado, para determinar la adecuación de nuestro perfil a la empresa y al empleo ofertado.

Para el entrevistado, que debe responder a las cuestiones que el entrevistador plantea, el objetivo principal es demostrar que posee los conocimientos, la experiencia y la motivación requeridos para el desempeño del empleo, pero también obtener información complementaria sobre el puesto de trabajo y la empresa, a través de las preguntas que él mismo realiza.

Características formales

La entrevista de trabajo puede adoptar diversos formatos, que conviene tener en cuenta a la hora de abordarla.

1. En las entrevistas directas o dirigidas, el entrevistador utiliza un formulario preestablecido e idéntico para todos los entrevistados, algo similar a un examen oral en el que se busca completar o contrastar datos personales y profesionales del aspirante. Este tipo de preguntas requiere respuestas precisas, concretas y objetivas.
2. La entrevista no dirigida adopta la forma de una conversación abierta en la que se plantean cuestiones de carácter general que van ajustándose y variando en función de nuestras respuestas. En este tipo de entrevista se busca más el perfil personal y la capacidad de reacción del entrevistado, por lo que es recomendable utilizar respuestas más elaboradas que en el caso anterior. Lo más frecuente es que se combinen ambas modalidades, de modo que el entrevistador comenzará por un «examen» de nuestros datos para dar paso después a preguntas más abiertas.

El entrevistador también puede presentar diversas variantes a las que debemos adecuarnos. Si imaginásemos un proceso tipo realizado en varias fases, nuestro primer entrevistador sería un experto en técnicas de entrevista, generalmente un psicólogo de una empresa de selección de personal, cuyo objetivo es definir nuestro perfil para comprobar si es compatible con las características que la empresa contratante ha determinado previamente. Nuestro objetivo será demostrar con solvencia que reunimos los requisitos para optar al puesto que se ofrece. Superada esta primera fase, la siguiente entrevista podría ser con el responsable de recursos humanos de la empresa contratante, una persona que conoce bien el puesto de trabajo que se ofrece y al que deberemos convencer de nuestra capacidad de integración en la empresa y nuestra compatibilidad para el empleo. Aún es posible que tengamos que superar una tercera entrevista, en esta ocasión con un técnico, quizás la persona a cuyo cargo habremos de trabajar, que evaluará nuestra capacidad profesional y nuestra personalidad. Es el momento de demostrar lo que sabemos y de caer bien a quien probablemente será nuestro compañero y nuestro jefe.

Sea del tipo que sea, la entrevista presenta tres fases diferenciadas.

- El **inicio** de la entrevista es el momento de las presentaciones y los saludos. El entrevistador nos hará una descripción de las actividades de la empresa y del puesto de trabajo que se ofrece. Nuestro papel consistirá en mantener una escucha activa (⇨ pág. 128) que demuestre nuestro interés y receptividad, especialmente a través del lenguaje no verbal.

- El **desarrollo** de la entrevista consiste en un diálogo organizado en forma de pregunta-respuesta que gira en torno a temas tanto personales como profesionales tales como los siguientes.

1. Formación y estudios:

   ¿Por qué eligió usted los estudios de...?
   ¿Si volviera a estudiar, elegiría la misma formación?
   ¿Qué considera que le ha aportado su formación?
   ¿Se considera suficientemente formado para el desempeño de este puesto de trabajo?

2. Experiencia profesional:

   ¿Cómo accedió a sus anteriores trabajos?
   Describa en qué consistía su trabajo y qué beneficios formativos le aportó.
   ¿Cómo valora su experiencia profesional en las empresas anteriores?
   ¿Por qué cambió de empresa?

3. Expectativas laborales y salariales:

   ¿Por qué le interesa este empleo?
   ¿Por qué piensa que va a desarrollar con éxito este trabajo?
   ¿Qué importancia tiene para usted el factor económico en su decisión de aceptar el empleo?

4. Aspectos relacionados con nuestra personalidad:

   Enumere tres virtudes y tres defectos propios
   ¿Cómo se relaciona con sus compañeros de trabajo? ¿Y con sus superiores?

¿Y con sus subordinados?
¿Le gusta trabajar solo o prefiere trabajar con gente?
Si usted tuviera que realizar esta selección, ¿qué cualidades le gustaría que reuniera el candidato?

- En el final de la entrevista, el entrevistador suele realizar alguna pregunta abierta e incluso plantear si nosotros queremos aclarar alguna duda. Es, por tanto, el momento más propicio para tomar cierta iniciativa y realizar preguntas que demuestren nuestro conocimiento sobre la empresa y el puesto de trabajo además del interés por el mismo.

Recomendaciones para afrontar una entrevista

- **Antes de la entrevista.** Es importante tener en cuenta que la entrevista puede ser el momento final de un proceso. El entrevistador ya conoce nuestro currículo y lo que quiere ahora es tener una impresión directa de nosotros. Lo que digamos es importante pero lo es más todo lo relacionado con nuestro comportamiento no verbal, para lo cual hemos de actuar con estudiada naturalidad, sin fingir actitudes que no se corresponden con nuestra manera de ser. La actitud más apropiada es la de colaboración. Pensemos que se trata de una negociación en la que ambas partes intentan hallar un terreno común a sus intereses: estamos ofreciendo nuestros servicios y solicitando un empleo.
  - Debemos preparar el encuentro. Para ello nos informaremos sobre la empresa, el sector en el que trabaja y el puesto que se oferta. Podemos hacer un listado de posibles preguntas, como las que se muestran más arriba, para ensayar y preparar las respuestas.
  - Estudiaremos nuestro currículo para retener los datos más importantes, destacar los puntos fuertes y minimizar los débiles.
  - Debemos vestirnos de forma adecuada al lugar de trabajo al que optamos, pero siempre con corrección y presentando un aspecto cuidado.
  - Seamos puntuales y, antes de entrar a la entrevista, no olvidemos apagar totalmente el teléfono móvil.

- **Durante la entrevista.** Cuando nos encontramos ante nuestro entrevistador, podemos seguir las recomendaciones siguientes:
  - Debemos dejar que sea el entrevistador quien lleve la iniciativa en el saludo (⇨ pág. 129) y la designación del lugar en el que debemos situarnos y escucharle sin interrumpir hasta que finalice sus intervenciones, mostrando siempre una escucha atenta. El trato indicado en este tipo de situaciones formales es de usted, evitando en todo momento las familiaridades. Puede ser recomendable mantenerse en el usted incluso después de que se nos invite al tuteo, alegando que eso nos resulta más cómodo.
  - Mantengamos un tono de voz constante, sin cambios bruscos, en un volumen medio, ni demasiado bajo para no transmitir timidez ni demasiado alto para no denotar nerviosismo o inseguridad.

    Las respuestas deben tener un contenido justo. Evitemos los monosílabos (sí, no, etc.), pero sin dar una imagen de locuacidad excesiva. Una breve pausa antes de contestar transmite imagen de reflexión y seguridad a nuestras respuestas, al igual que solicitar aclaraciones sobre el contenido de las preguntas que se nos hacen. Debemos ser lo más objetivos posible y evitar siempre la ironía.
  - Adoptaremos una postura correcta, evitando movimientos innecesarios (balanceos o giros en la silla) y manipulaciones de objetos (bolígrafo, llaves, teléfono) así como tics y gestos automáticos (tocarse el pelo, la barba, algún colgante...). Y debemos evitar mirar continuamente al reloj, pues de ese modo damos la impresión de estar incómodos y tener ganas de marcharnos.
  - Es correcto que apoyemos nuestras respuestas con gestos de las manos, pero evitando que esta gesticulación sea excesiva y acabe distrayendo a nuestro interlocutor.
  - Hemos de mantener en todo momento una mirada atenta y franca ante nuestro interlocutor y mostrar una sonrisa cordial y un gesto distendido.
  - Ante cierto tipo de cuestiones que podamos considerar provocadoras o comprometedoras, es aconsejable responder educadamente que no lo consideramos relevante para el puesto y que pertenece a nuestra vida personal.

– Nuestros comentarios siempre deben tener un enfoque positivo, incluso cuando hablamos de nuestros intereses o nuestras experiencias anteriores.

EL DISCURSO IMPROVISADO

Bajo este concepto podemos agrupar todos aquellos discursos asociados a algún acontecimiento de carácter social, más o menos cotidiano, como jubilaciones, bodas, bautizos, funerales, presentaciones, celebraciones, etc., que a veces tenemos que pronunciar sin previo aviso y sin posibilidad de prepararlos y elaborarlos.

Características formales

En la mayoría de los casos se trata de discursos de carácter emotivo, en los que la finalidad del orador es la de dar voz a los sentimientos (festivos, lúdicos, tristes, nostálgicos) propios del acontecimiento que ha congregado a los participantes en el acto.

Se trata de textos breves, que tienen un carácter secundario, ornamental, pero que responden, en términos generales, a una estructura que podríamos condensar en tres grandes bloques, con sus diferentes elementos.

- **Saludo.** Dependiendo del grado de formalidad, puede ser un simple *¡Buenas tardes a todos!,* o una mención individual y en orden protocolario a las personalidades presentes (*Señor alcalde, Señora presidenta...*). No nos debemos olvidar nunca, si es el caso, de dirigir un saludo a los protagonistas (la persona homenajeada, los novios, el invitado al que se presenta...).

  También es el momento de agradecer a todos los presentes su participación en el acto que se está celebrando y mencionar el acontecimiento que nos ha reunido, aludiendo, de paso, a las «credenciales» del orador.

- **Cuerpo.** Será la parte central y más importante del discurso y su contenido vendrá determinado por la naturaleza del acontecimiento que provoca el discurso: el panegírico de las virtudes del fallecido, el currículo del conferenciante, las cualidades profesionales y personales del jubilado, las características del edificio que se inaugura, nuestros sentimientos como receptores de tal homenaje, etc.

- **Despedida.** Debe ser rápida, breve y concisa. Podemos agradecer la atención que se nos ha prestado y, si es el caso, ceder la palabra a la persona que vaya a hablar a continuación.

Recomendaciones para improvisar un discurso

A las anteriores recomendaciones de adecuarse al público, a la ocasión y al contexto, podemos añadir, con carácter particular, algunas otras.

- La mejor improvisación es aquella que está preparada. Esta aparente paradoja se resuelve si tenemos en cuenta que hasta los profesionales de la improvisación como género dramático utilizan modelos y plantillas para construir sus actuaciones. En nuestro caso, la estructura formal que hemos presentado nos servirá de esquema si lo seguimos mentalmente.
- No debemos comenzar este tipo de discursos con disculpas o manifestaciones de incompetencia del tipo *No me considero la persona más indicada...*
- Ante el bloqueo de ideas que puede provocar un discurso improvisado es recomendable, antes que permanecer callado, verbalizar la situación (*Así que tengo que dirigiros unas palabras para...*).
- El error más grave en este tipo de discursos es pretender suplantar a los auténticos protagonistas (el jubilado por quien se brinda, los novios a quienes se felicita, el conferenciante a quien se presenta...). Estos textos son breves por definición y el orador es un actor secundario en el acto que se celebra.
- Dado el carácter emotivo de la mayoría de estos discursos, debemos ser lo más expresivos posible: el lenguaje no verbal adquiere una especial relevancia en la expresión de nuestras emociones, así como el desarrollo de recursos expresivos, la narración de anécdotas o el uso del humor, pero evitando caer en el histrionismo, que es el otro gran error de estos discursos.

LA PRESENTACIÓN CON DIAPOSITIVAS

No nos referimos ahora a un tipo de texto nuevo o diferente, sino a una forma de realización de determinados discursos orales, generalmente expositivos, apoyados por la proyección, mediante un ordenador, de diapositivas que pueden incorporar texto, imagen y sonido.

La herramienta más conocida para la elaboración de diapositivas es el programa Power Point©, de Microsoft©, hasta el punto de que ha popularizado el nombre de «presentaciones con Power Point©» o simplemente «Power Point©» para referirse a esta forma de desarrollo del discurso oral apoyado en imágenes.

Características formales

La característica formal distintiva de este tipo de presentaciones es la utilización de elementos técnicos de apoyo (ordenador, proyector, pantalla) para desarrollar textos de carácter expositivo. Esta característica, que permite apoyar las palabras del orador con ilustraciones, datos, cuadros, estadísticas, etc., multiplica las posibilidades informativas del texto y es la causa de que las presentaciones con Power Point tengan actualmente una enorme presencia en el ámbito profesional y académico, y su uso esté muy extendido en las presentaciones de empresa y en el desarrollo de las clases.

Por lo demás, le son de aplicación las características propias de la conferencia (⇨ págs. 446-449) o las recomendaciones del apartado «hablar en público» (⇨ págs. 132-143).

Recomendaciones para hacer una buena presentación

- La cantidad de diapositivas estará, lógicamente, en relación con la duración de la exposición pero, como norma general, debemos procurar que el número de diapositivas sea reducido (para hacernos una idea, los «decálogos» hablan de no más de seis, otros de no más de diez).
- Una diapositiva puede incorporar textos, cuadros, tablas, imágenes estáticas o móviles y sonidos. La regla de oro es presentar

la mínima acumulación posible (sonido y palabra, imagen y texto...) y que lo mostrado tenga capacidad de sugerir, pero que no esté completo sin el desarrollo oral que lo explique.

- El texto de la diapositiva debe ser un material de apoyo a la palabra hablada, no su sustituto. La «regla del seis» habla de seis viñetas (líneas) por diapositiva y seis palabras por viñeta. Por eso se recomienda que el texto de la diapositiva presente enunciados no oracionales y no contenga nunca párrafos.
- El tipo de letra deberá ser el adecuado a la situación de comunicación (⇨ pág. 87). En cuanto al estilo y el cuerpo, está desaconsejado el uso de la cursiva, ya que se lee muy mal en pantalla. Por último, se recomienda que el tamaño oscile entre 24 y 30, dependiendo de la distancia entre el público y la pantalla.
- Para facilitar la legibilidad de la diapositiva se recomienda sobriedad en la elección de la cantidad y variedad de los colores, así como utilizar contrastes marcados entre fondo (claro) y texto (oscuro).
- Los movimientos que señalan el paso de una diapositiva a otra, que se llaman transiciones, pueden presentar gran variedad de formas: ascendentes, descendentes, cortinillas, cuadrículas... Lo recomendable es elegir una forma poco artificiosa y usar un único sistema en cada presentación.
- Tanto la diapositiva de apertura como la diapositiva de cierre requieren una atención especial, que se corresponde con la importancia de estos dos momentos, comentada cuando hablamos de la organización del discurso (⇨ págs. 74-75).
- La principal recomendación que debemos tener en cuenta a la hora de realizar una presentación con diapositivas es recordar que la diapositiva es un apoyo, un recurso técnico que debe contribuir a mejorar nuestra exposición, pero que en ningún caso la sustituye. Ignorar este principio nos puede conducir a cometer dos de los errores más graves de una presentación:
  - Convertir al orador en un lector público de la diapositiva.
  - Sustituir los contenidos del discurso por el «virtuosismo» formal (profusión de colores y de imágenes, sonidos, vídeos, hipervínculos, transiciones sorprendentes) del programa de edición.

LA LECTURA EN VOZ ALTA

En la lectura en voz alta podemos distinguir dos modalidades básicas, correspondientes a dos situaciones que pueden presentarse y exigir una lectura ante público: la lectura comunicativa o informativa, que tiene por finalidad transmitir una información con la mayor claridad posible, y la lectura expresiva, en la que además hemos de aportar y transmitir valores emotivos. Dos ejemplos correspondientes podrían ser la lectura de un acta en una reunión o un poema en un acto de homenaje.

Características formales

Las características de una lectura en voz alta dependerán del tipo de texto y del tipo de auditorio que tengamos. Como decíamos, no es lo mismo la lectura en voz alta de un cuento para que nuestro hijo se duerma, que una lectura dramatizada por actores o la lectura de un artículo científico ante un grupo de investigadores.

Recomendaciones para leer en voz alta

- Buscar condiciones de iluminación apropiadas. Si la luz natural es insuficiente, nos aseguraremos de que disponemos de una adecuada luz artificial.
- Adoptar una postura cómoda y natural. Si podemos, es preferible leer de pie, con ayuda de un atril, pues facilita la correcta respiración y el desarrollo de una gesticulación natural del rostro y de las manos (⇨ págs. 129-130).
- Si somos los autores del texto, debemos escribirlo para ser leído (⇨ págs. 133-137). Si no somos los autores, revisaremos el contenido del texto con anterioridad para conocerlo y darle el sentido correcto.
- Preparar la legibilidad del texto. Escribiremos el texto por una sola cara, en páginas numeradas, a doble espacio y en un tamaño de letra que nos permita leerlo con facilidad. Si usamos gafas para ver de cerca, buscaremos un tamaño que las haga innecesarias, pues resulta muy incómodo ajustar la vista al texto y al auditorio.
- Prever y estudiar las pausas y la entonación requeridas. Es recomendable utilizar marcas personales en el texto (subraya-

dos, colores, negrita...) para indicar las pausas y los cambios de intensidad, ritmo o entonación, tan necesarios para evitar la monotonía.

- Controlar el ritmo o tempo de lectura. Ser consciente de la extensión del texto y reajustarlo a partir de las reacciones del público. Podemos abreviarlo acelerando el ritmo e incluso eliminando fragmentos previamente seleccionados. Para alargarlo se pueden introducir aclaraciones, explicaciones o paráfrasis de algunos fragmentos.
- Levantar la mirada del texto y pronunciar las últimas palabras de cada frase mirando al auditorio. Para lograrlo es necesario leer a una velocidad que nos deje el margen de tiempo necesario entre la captación visual del texto y la enunciación del mismo.
- Interpretar con fidelidad los signos de puntuación del texto. Revisaremos a continuación la lectura de los signos de puntuación (⇒ págs. 162-183).

TEXTOS ELECTRÓNICOS

Este tipo de textos se escribe de un modo particular —distinto del modo en que se escribe en papel—, porque se lee de un modo particular: en papel leemos todo lo que está escrito, mientras que en internet saltamos de párrafo a párrafo como si escaneáramos el texto, buscando los datos que nos interesan o que nos parecen más importantes, o abrimos otras ventanas mientras leemos (es decir, otras páginas de internet, que pueden ser otros textos, imágenes, música, sonidos, vídeos, etc.). La lectura en este medio, por tanto, es mucho más fragmentada y ello nos obliga a modificar, necesariamente, la manera de escribir.

Estas son algunas indicaciones generales para escribir bien en internet:

1. Ser breves.
2. Ser claros.
3. Facilitar las búsquedas mediante hipervínculos u otros resaltes tipográficos.
4. Variar de estilo para romper la uniformidad y la monotonía.
5. Poner títulos a los apartados.
6. Incluir material multimedia.

7. Construir párrafos cortos en el texto escrito.
8. Colocar lo más importante al comienzo de la página.

Palabras clave en internet

ventana: recuadro independiente que aparece en la pantalla del ordenador y que nos permite trabajar dentro de un programa.

pestaña (en inglés, *tab*): subdivisión de la ventana.

enlace (en inglés, *link*): **1** Dirección web de una página. **2** Palabra o expresión que permite abrir una página de internet dentro de otra. Se denomina también hipervínculo o hipertexto, y suele presentarse en otro color distinto al del texto.

red social (en inglés, *social network*): sitio web que sirve a los usuarios para comunicarse entre sí y compartir opiniones, comentarios, fotos, vídeos, etc.

entrada (en inglés, *post*): texto que se publica en un blog o una red social y que está separado de otros.

sesión: tiempo en el que un usuario está conectado a un sitio web (red social, servicio de correo electrónico, etc.). Para iniciar sesión hay que proporcionar un correo electrónico o un nombre, además de una contraseña.

EL CORREO ELECTRÓNICO

Podemos afirmar que un correo electrónico (del inglés *e-mail, 'electronic mail'*), cumple más o menos las mismas funciones que la «antigua» carta en papel.

Características formales

El esquema visual de los elementos que componen un correo electrónico es el siguiente:

De: (Emisor)
Para: (Receptor)
CC: (Direcciones vistas)
CCO: (Direcciones ocultas)

Asunto

Saludo

Cuerpo del mensaje

Despedida

Firma (y posfirma)

- **Barra de direcciones.** Esta parte queda reservada para especificar las direcciones tanto del emisor como del receptor del mensaje. Existen varias opciones que nos permiten dejar vistas u ocultas las direcciones del receptor del mensaje.

- **Asunto.** El asunto es, aunque se obvie en muchas ocasiones, una parte fundamental del correo electrónico, pues permite a la persona que lo recibe saber de qué se trata y darle o no prioridad en función de sus intereses. Se encuentra justo debajo de la barra de direcciones.

- **Saludo.** Al igual que sucede con el asunto, el saludo es fundamental en un correo electrónico. Es la manera en la que nos dirigimos a nuestro interlocutor, que puede ser conocido o desconocido para nosotros. El saludo es lo primero que nos permite diferenciar entre un correo de carácter informal, con expresiones del tipo *¿Qué pasa, tío?*, y uno de carácter formal, en el que las fórmulas establecidas son menos coloquiales.

- **Cuerpo del texto.** Este espacio queda reservado para el texto del mensaje propiamente dicho. Debemos tener en cuenta al receptor del mensaje, el tema que vamos a tratar, el conocimiento que tenemos de nuestro interlocutor y el contexto en que se va a incluir el texto.

- **Despedida y firma.** La despedida, como el resto de elementos mencionados, resulta necesaria en un escrito de estas características y debe ajustarse al registro.

Recomendaciones para escribir un correo electrónico

- **Barra de direcciones.** Es importante completar todos los datos para que tanto el emisor como el receptor (o receptores) sea consciente de cuál es el origen y el destino del mensaje.
  1. Si el receptor es único, podemos escribir su dirección vista (en la barra de «Para») u oculta (en la barra «CCO», esto es, 'con copia oculta').
  2. Si son varios los destinatarios del mensaje, podemos proceder de varias maneras.
     - Si alguno de ellos tiene prioridad sobre los demás pero queremos que todos los destinatarios sean visibles, podemos dejar su dirección vista y las del resto en la barra de «CC» ('con copia'). Esto quiere decir que todos los receptores podrán ver a quién se ha enviado el mensaje, siempre dando prioridad a la/s dirección/es que aparece/n en la barra de «Para».
     - Si ninguno de los receptores tiene prioridad sobre los demás y queremos que todos sepan a quién enviamos el mensaje, utilizaremos únicamente la barra «Para» o «CC».
     - Por último, si queremos enviar un mensaje a más de un receptor y no deseamos que ninguno conozca las direcciones de los demás, deberemos utilizar la barra «CCO».
     - Si enviamos un correo masivo (por ejemplo, para informar de algún evento, como un cumpleaños, una cena, una noticia importante, etc.), es preferible incluir las direcciones de todos los destinatarios en la barra «CCO», para preservar su dirección no solo del resto de destinatarios, sino sobre todo, del mal uso que se pueda hacer de ella en la red.

Atención

La Agencia Española de Protección de Datos indica que los correos masivos deben enviarse sin especificar la dirección del receptor, esto es, «CCO», para que no exista riesgo de difundir datos personales de terceros, porque el correo electrónico es uno de los medios más comunes de registrar la «identidad» de alguien. Contribuir a esta difusión, sin el consentimiento de la otra persona, supone infringir la Ley Orgánica de Protección de Datos de Carácter Personal.

- **Asunto.** El asunto es la puerta de acceso a nuestro correo, por eso hay que incluirlo siempre. Por eso y porque, en ocasiones, cuando no lo incluimos, el servidor envía nuestro correo electrónico directamente a la carpeta de «elementos eliminados» o «papelera».

- Hay que elegir un asunto que no conduzca a equivocaciones: hay numerosos servicios de publicidad y, lo que es peor, virus, que utilizan nuestras cuentas personales, de forma que nuestros conocidos reciben un correo que no hemos escrito y que contiene algo perjudicial para su ordenador. Por lo general, los virus se envían en correos sin asunto o cuyo asunto está escrito en otra lengua (en inglés, sobre todo). Si escribimos un correo electrónico con asunto en inglés, debemos hacerlo de modo que el destinatario sepa que es nuestro, que no se trata de un virus.
- Lo más recomendable es expresar el tema del asunto de forma clara y breve, y adecuada al registro formal o informal: *Saludos, Hola, Reunión, Cumpleaños, Despedida de Alberto*. De este modo la persona que lo reciba podrá identificar de qué trata su contenido y darle prioridad en caso de que sea necesario.

- **Saludo.** Del mismo modo que cuando nos encontramos con un conocido lo saludamos con dos besos o un abrazo, mientras que si nos encontramos con nuestro jefe le estrechamos la mano, los saludos de un correo electrónico formal e informal van acordes al destinatario.

El saludo es indispensable. Solo hay un caso en que podemos prescindir de él: en las cadenas de correos, sobre todo en las de correos informales, pues puede dificultar la lectura del mensaje. En el siguiente ejemplo vemos cómo la primera persona, e incluso la segunda, saludan al resto, pero ya la tercera puede evitar el saludo para continuar la conversación.

De: Ernesto
Para: Rubén; Celia; María; Jaime; Claudio

Asunto: Cumpleaños de Bea

¡Hola, amigos!
¿Qué tal? Como ya sabéis, el próximo viernes es el cumple de Bea, ¿qué hacemos? ¿Qué le regalamos?

De: Rubén
Para: Celia; María; Jaime; Claudio; Ernesto

Asunto: RE: Cumpleaños de Bea

¡Hola!
¡Es verdad! Hace tiempo Bea me dijo que le gustaría...

> De: Celia
> Para: María; Jaime; Claudio; Rubén; Ernesto
>
> Asunto: RE: Cumpleaños de Bea
>
> La idea de Rubén me parece buena. Yo puedo encargarme de...

– Debemos evitar las fórmulas como *Buenos días* o *Buenas tardes*. Podremos comprobar cuándo se ha enviado el correo sin necesidad de ponerlo de forma manifiesta en el saludo, pues aparece como información por defecto en cada mensaje.

– Los correos formales presentan un saludo acompañado del tratamiento del destinatario, por lo que resulta necesario conocer las reglas de uso de las abreviaturas (⇨ págs. 189-190). La línea del saludo terminará con los dos puntos.

Estimado Sr. Pérez:
Ilmo. Sr. Alcalde de Sevilla:
Ilma. Sra. Dra. del Servicio Regional de Empleo:

– Los saludos en los correos informales seguirán la misma regla que las cartas (⇨ págs. 424-425).

Queridos todos:
¡Hola, Jesús!
¿Qué tal, amigos?

– Si nuestro destinatario es múltiple y queremos referirnos a cada uno de ellos dejando patente que se trata de interlocutores femeninos y masculinos debemos usar la barra oblicua (⇨ pág. 183) de manera que se muestren las dos alternativas. En los correos formales no podemos, y en los informales no debemos, usar la arroba (el símbolo informático @, 'en', del inglés *at*), ni la *x* (*Hola a* ⊗*todxs*):

⊗ Estimad@ alumn@,
✓ Estimado/a alumno/a:

De todos modos, en español el masculino plural recoge tanto a los destinatarios masculinos como femeninos, por lo que un *Hola a todos* contiene en sí mismo el *Hola a todas* (⇨ págs. 46-47).

- **Cuerpo del texto.** Siempre debemos respetar las reglas ortográficas habituales: un escrito sin faltas de ortografía da una imagen de formalidad y educación, y el hecho de que sea un texto digital no significa que podamos saltarnos las reglas ortográficas cuando queramos. Entre los errores ortográficos y ortotipográficos más frecuentes en los correos electrónicos, encontramos los siguientes.
  - El uso de abreviaturas propias de los SMS (⇨ págs. 468-469), como ⊗*q* en lugar de *que*. El correo electrónico no tiene un límite de caracteres establecido, como sucede en los SMS, por lo que este tipo de abreviaturas no está justificado ni aceptado en ningún caso.
  - El uso de un solo signo de interrogación y exclamación en lugar de los dos reglamentarios, el de apertura y el de cierre (⇨ págs. 170-172).

    ⊗ Qué opinas???
    ✓ ¿Qué opinas?

  - La ausencia de tildes en palabras que, de acuerdo con las reglas de acentuación, deberían llevarlas.
  - La ausencia de signos de puntuación primarios y secundarios. Como en cualquier tipo de texto, los signos de puntuación nos ayudan a estructurar el texto y a disponer las ideas de manera que el contenido sea fácilmente comprensible. No utilizarlos se considera una falta ortográfica y, además, su mal uso puede ocasionar que nuestro texto se interprete como poco cortés.

Cortesía	Descortesía
Si necesita algún dato más, pídamelo, por favor.	Si necesita algún dato más, pídamelo por favor.

— No debemos abusar de las mayúsculas para enfatizar una parte del texto. En el lenguaje digital, las mayúsculas se interpretan como una subida en el tono de voz, de modo que si las escribimos parecerá que gritamos a nuestro interlocutor. Ese resalte lo podemos hacer escribiendo en negrita el fragmento que deseemos destacar o cambiando el tipo de letra, dos opciones posibles gracias a la barra de herramientas.

— En los correos formales no hay que usar emoticonos, y tampoco podemos abusar de su uso en los informales (⇨ pág. 469).

— Los puntos suspensivos (⇨ págs. 169-170) tienen unas funciones determinadas, y la más importante es la de dejar un enunciado suspendido. En la escritura digital informal los puntos suspensivos suelen utilizarse con una función atenuante, de manera que el mensaje no le suene demasiado directo o agresivo al receptor. Sin embargo, y especialmente en un texto formal, se recomienda ceñirse a las funciones básicas de este signo de puntuación y utilizarlo solo cuando sea pertinente. Debemos recordar que los puntos suspensivos son solo tres.

— Sobre todo en los correos formales no deberíamos sustituir las formas verbales menos corteses (construcciones más directas) por las propias de un registro más cortés.

⊖ Quiero que me envíes las convocatorias.
⊕ Quisiera que me enviase las convocatorias.

■ **Despedida y firma.** En los correos formales se recomienda evitar fórmulas muy coloquiales como *Hasta luego* o *Venga, nos vemos.* Estas fórmulas son más propias de un discurso oral y trasladarlas a la escritura formal no es adecuado. Así, recomendamos construcciones del tipo *Se despide atentamente, Atentamente* o *Un saludo*. Después de la despedida, terminaremos la línea con un punto si la idea está cerrada y con una coma si no lo está, como ocurría con la carta (⇨ pág. 426).

La firma en los correos formales consiste en el nombre de la persona que escribe el mensaje, y debe incluirse siempre.

Se despide atentamente,
Margarita Serrano Díaz
Jefa de sección

¡Hasta pronto!
Margarita

Textos modelo

Un ejemplo de correo electrónico **formal** podría ser el siguiente.

De: (Emisor)
Para: (Receptor)
CC: (Direcciones vistas)
CCO: (Direcciones ocultas)
Asunto: Consulta

Estimada directora:
Me pongo en contacto con usted para saber si me podría facilitar la lista de candidatos que optan al puesto vacante y sus direcciones. No sé si podrá enviármela a lo largo de la mañana, pero necesitaría tenerla lo antes posible para poder publicarla.
Con respecto al jueves, también necesitaría que me confirmase si tendrá lugar la reunión con los representantes del grupo Eagle como estaba previsto o si, por el contrario, se pospone.
Muchas gracias.

Un saludo.
Margarita Serrano Díaz

Un ejemplo de correo electrónico **informal** es el que se muestra a continuación.

De: (Emisor)
Para: (Receptor)
CC: (Direcciones vistas)
CCO: (Direcciones ocultas)
Asunto: Desde Roma

¡Hola, familia!
¿Cómo estáis? Ya he llegado a Roma, esta mañana, y todo va bien. Los padres de Marco son encantadores y me han preparado una pasta para

chuparse los dedos. ¡A ver si aprendo a cocinar como ellos! Ahora vamos a dar un paseo por el Trastevere, que tengo ganas de conocerlo. Espero que todo vaya bien por aquí. Os escribiré mañana en cuanto tenga tiempo.
Un beso fuerte a los cuatro.
Os quiero.
Susana.

EL SMS

El SMS, cuyas siglas corresponden en inglés a *short message service*, 'servicio de mensajes cortos', es el texto que enviamos desde los teléfonos móviles. Para escribir esta palabra podemos usar la forma española *mensaje de texto* o simplemente SMS, sin cursiva y en mayúsculas (⇨ pág. 191).

Características formales

Este tipo de documento se caracteriza por su brevedad: solo disponemos de 160 caracteres para desarrollar nuestro mensaje. Eso implica que recurramos a abreviaturas y símbolos en lugar de palabras completas, para poder contar más cosas en menos espacio. Debido a su inmediatez, es el medio de comunicación escrita más semejante a la lengua hablada, si excluimos el chat. Esta idea de semejanza con la lengua oral es una característica del llamado *lenguaje SMS* y crea nuevas formas de reducir caracteres en una palabra: si queremos escribir *guapo*, podemos enviar dentro del texto de nuestro mensaje la forma ⊗*wapo*, ya que la *w* en inglés suena como el grupo español *gu*; o no escribiremos *de*, sino solamente *d*, porque la *e* viene implícita en la pronunciación de la consonante. Además, claro, del uso de onomatopeyas, como el *ja, ja* de la risa o el *puf*, que usamos para expresar, por ejemplo, agobio.

- **Abreviaciones.** Las reducciones de la palabra, que se consiguen suprimiendo letras o sílabas, están mucho más extendidas en el lenguaje SMS que en cualquier otro tipo de texto. Tanto es así, que podemos encontrar abreviaciones de todo tipo, especialmente de vocales: *q* ('que'), *mñn* ('mañana'), *bst* ('besito'), *vams* ('vamos'), *dnd* ('dónde o donde'), *cmo* ('como' o 'cómo'), etc. A veces, la abreviación es tal que sustituye a varias palabras: *tq* por *te quiero*.

Hay otro tipo de abreviaciones por las que, en lugar de reducir una palabra, modificamos su forma: es lo que ocurre con *xa* ('para'), que se relaciona con *x* ('por') y con *xo* ('pero').

Algunas abreviaciones juegan con el sonido de la sílaba o de la consonante: así, podemos escribir *d* en lugar de la preposición *de*, o ®*stoy* por *estoy*. A veces, el sonido de una consonante puede reemplazar a otra: es lo que ocurre con *k*, que puede sustituir al grupo *ca* en ®*ksa* por *casa*.

- **Números y símbolos.** En los mensajes de texto, debido a su brevedad, pero casi exclusivamente en los informales, es normal encontrar símbolos matemáticos que sustituyen a las palabras: + ('más'), = ('igual'), *x* ('por'); o números en cifra y no en letras (*5* y no *cinco*).

Hay, además, casos en que una palabra se escribe con la combinación de letras y números, para imitar la pronunciación: así, *adiós* puede escribirse con la fórmula *a2*.

- **Emoticonos.** La palabra *emoticono* es un neologismo que deriva de la unión de los términos *emoción* e *icono*. Cada emoticono es una secuencia de signos (de puntuación, matemáticos, de números, de letras o de todo ello combinado) que crean dibujos (iconos) y sirven para representar un estado de ánimo o una intención. Son muy útiles a la hora de transmitir un mensaje, porque ahorran mucho espacio y porque representan lo que querríamos expresar con la cara si estuviéramos viendo al receptor del mensaje. Pero también pueden resultar muy infantiles, en función del receptor al que vaya dirigido el SMS.

Hay decenas de ellos, entre los que se encuentran los siguientes: :-) 'alegría', :-D 'más alegría', ;-) 'complicidad', XD 'risa', :-P 'broma', :-('tristeza', :-O 'sorpresa', etc.

Recomendaciones para escribir un SMS

Puesto que el objetivo final de cualquier texto es que llegue correctamente al receptor y que este lo sepa descodificar para que pueda, a su vez, respondernos, debemos tener cuidado con el número o la forma de las abreviaciones. Por ello, no podemos olvidar a quién enviamos el SMS: un amigo quizá tenga facilidad para descifrar lo que escribimos, pero es posible que una persona a la que no conocemos, no. Por otro lado, es importante la imagen que damos al enviar un mensaje de texto, ya que es uno de los medios de comunicación que más usamos en nuestro día a día: no debemos incurrir en faltas de ortografía ni gramaticales, y si nos vemos limitados por el espacio debemos buscar la solución que menos afecte a la lengua, que menos pueda incomodar al lector.

No hay normas sobre cómo deben escribirse los SMS, de modo que aquí solo podemos ofrecer consejos y resaltar algunos de los problemas que puede generar la lectura de un mensaje de texto.

- Debemos ser concisos, no dar rodeos.
- Hay que facilitar siempre la lectura al destinatario del mensaje.
- Debemos escribir todas las palabras y letras. Si nos falta espacio, buscaremos formas de resumir lo que hemos escrito.
- No podemos cometer un error ortográfico porque queramos abreviar una palabra. Así, no podemos eliminar la *h* «porque no suena» y escribir ®*aora* en lugar de *ahora*, ni cambiar unas grafías por otras «porque suenan igual», como la *ll* por la *y* (®*yego* en lugar de *llego*) o la *k-* por el grupo *qu-* (®*kemar* por *quemar*). Tampoco debemos abusar de la *w* como sustituta del grupo *gu-* (®*wapo* por *guapo*). Parece que estos cambios están «aceptados», porque en los mensajes de texto nos guiamos por la pronunciación de los sonidos y dejamos que influya en la escritura, pero debemos saber que son faltas de ortografía y, por tanto, debemos evitarlos. Sobre todo, para que no nos acostumbremos a estos cambios y los extrapolemos a otros textos, en los que se consideran fallos ortográficos graves.
- No es correcto escribir *k* en lugar de *c*: ®*kosa* ocupa lo mismo que *cosa*, pero solo este último es correcto.
- No hay que eliminar las tildes. Son fundamentales para la comprensión (⇨ págs. 146-155).
- Para abreviar, podemos buscar sinónimos y formas más simples de expresar una misma idea: *irse* por *marcharse*; *estuve* por *he estado*; *solo* en lugar de *solamente*; *frente a* en vez de *enfrente de*; *despacio* por *poco a poco*; o *decidir*, en lugar de *tomar una decisión* (⇨ págs. 35-36).
- Es preferible no dejar un espacio en blanco después del punto o la coma (para ahorrar espacio) antes que cometer otro error.

- La utilización de los signos de puntuación (puntos, comas, etc.) es exactamente la misma que en cualquier otro texto escrito (⇨ págs. 162-183). La única diferencia es que, en ocasiones, suprimimos uno de los tres puntos suspensivos o eliminamos los signos de interrogación o exclamación que abren la expresión. Son licencias que se permiten por tratarse de un texto tan breve, pero que debemos evitar en caso de que haya espacio en el mensaje.
- No debemos abusar de las mayúsculas. Al tratarse de un mensaje que se ve casi completo en una pantalla de móvil, las mayúsculas destacan especialmente. Por ello, tienen un uso especial: sirven para señalar que algo es importante. El abuso de mayúsculas se relaciona con el grito en el habla. Por lo demás, hay que usar la mayúscula inicial en los casos en que esta es obligatoria (⇨ págs. 159-161).
- Los emoticonos están reservados solo para el registro informal, y no debemos abusar de ellos ni tampoco de la combinación de números y letras. En el registro formal deben evitarse absolutamente.
- Es recomendable indicar quiénes somos, pues el receptor no tiene por qué tener nuestro número. Podemos hacerlo o bien presentándonos o bien añadiendo nuestra firma al final del mensaje.
- A veces escribimos mensajes abreviados sin pensar que el mismo mensaje, sin abreviar, no sobrepasa el número de caracteres permitido.

  ⊖ Wapo, knd akb voy xa aya. [25 caracteres]
  ⊕ Guapo, cuando acabe voy para allá. [35 caracteres]

Otras veces escribimos mensajes largos y, al darnos cuenta de que exceden los 160 caracteres, en lugar de pensar en formas más breves de escribirlos, directamente recurrimos a las abreviaturas.

> Perdona, antes me he marchado sin decir adiós. Tenía que llegar pronto a clase y no me di cuenta. Te he visto muy guapa y muy feliz, y me alegro mucho. Tenemos que volver a vernos pronto, esta vez sin prisas :) Un besazo [220 caracteres].
>
> Prdona, ants m fui sin dspedirm. Tnia q yegar pronto a clase y no m di cuent. T he vist mu wapa y mu feliz, m alegro muxo. Tnemos q verns prnto, sin prisas :) 1bsz [155 caracteres].
>
> Perdona, antes me fui sin despedirme. Debía llegar pronto a clase y no me di cuenta. Te veo muy guapa y feliz: me alegro. Tenemos que vernos sin prisas. Besazos [160 caracteres].

Textos modelo

Pongamos por caso que una óptica envía mensajes de texto a sus clientes para indicarles que su pedido ya está en la tienda: puede optar entre el tuteo o no, entre llamar al cliente por el nombre o el apellido, por ejemplo. Cualquiera de estas opciones será correcta y se tratará de un mensaje formal en todos los casos, siempre y cuando la puntuación sea correcta y el mensaje aparezca «firmado». Un ejemplo de este tipo de SMS sería el siguiente.

> Hola, María. Ya están las lentes. Puede pasar a por ellas cuando quiera. Óptica Manuel.

Un ejemplo de SMS informal puede ser el siguiente.

> ¡Felicidades, bonito! Disfruta de tu día y haz que sea maravilloso, como haces con todos :-) Te mandamos muchos besos. ¡Ya lo celebraremos con unas cervezas!

EL CHAT

La palabra *chat* es un verbo inglés que significa 'charlar' y se refiere a la conversación virtual que mantienen dos o más personas a través de internet. En español, debemos escribirlo en letras redondas, así como su plural: chat, chats.

Características formales

El chat es la forma de comunicación escrita que más se aproxima a la conversación hablada porque en ella los dos «interlocutores» coinciden en el mismo tiempo, aunque no en el mismo espacio y, por tanto, carecen de los componentes gestuales y de entonación (⇨ págs. 115-131). Tampoco son «locutores», ya que no hablan ni escuchan, solo escriben y leen. La simultaneidad temporal provoca que la conversación sea inmediata y que se produzcan fenómenos parecidos a los que suceden en el habla. Por ejemplo, uno puede creer que el otro ha terminado su discurso y comenzar el suyo, lo que hace que borre lo que ha escrito al darse cuenta de que la otra persona sigue escribiendo. Esto mismo ocurre con las interrupciones, esto es, cuando nuestra intervención se solapa con la de nuestro interlocutor y nos callamos para dejarlo terminar. También sucede que podemos mantener dos conversaciones paralelas en algún momento, como en el habla.

Sin embargo, la falta de coincidencia espacial provoca que la escritura deba sustituir todos los elementos prosódicos y gestuales. Así, usamos emoticonos (como en los SMS, [⇨ pág. 469]), onomatopeyas (*ja, ja, ¡bum!, jo*), duplicamos los signos de interrogación y exclamación o algunas letras (*⊗¿¿¿cómo???, ⊗clarooooo*), usamos las mayúsculas cuando queremos indicar que estamos gritando (*te he dicho ya que NO voy a ir*), separamos las sílabas con guiones para que el internauta interprete con un determinado tono lo que le decimos (no es lo mismo escribir *gracias* que *gra-cias* y, según el contexto, sabremos si es irónico, por ejemplo), etc. Por último, y al igual que sucede con el SMS, utilizamos las abreviaturas para que la escritura sea más veloz. Todas estas características crean y conforman el llamado «lenguaje chat».

Este medio de comunicación se usa sobre todo entre jóvenes y adolescentes, para hablar con amigos, compañeros o conocidos. Es decir, normalmente se trata de conversaciones informales, que posibilitan el uso de abreviaturas, emoticonos y todas las características del lenguaje chat. Pero como sucede con el lenguaje SMS o con los correos electrónicos, no podemos permitirnos cometer errores ortográficos y gramaticales solo porque quien recibe lo que escribimos sea un amigo.

Recomendaciones para escribir en un chat

- Debemos tener en cuenta quién va a ser el receptor de nuestros mensajes.
- El chat es tan parecido a la conversación hablada que puede dar una idea muy aproximada de cómo somos y cómo nos expresamos, por eso trataremos de dar en el chat la imagen que querríamos dar en persona.
- Hay que tratar de abreviar menos y escribir las palabras completas. No se tarda tanto y facilita la lectura.
- Es imprescindible respetar las normas ortográficas y gramaticales. Si cometemos un error, debemos corregirlo; si ya hemos en-

viado el mensaje, deberemos enviar otro con la corrección. Podemos enviar la palabra sola o acompañarla de un asterisco (*) delante de la palabra errada.

- El uso de los emoticonos, onomatopeyas, mayúsculas y duplicaciones de los signos de exclamación e interrogación o de letras en ocasiones es necesario para aportar el sentido de lo que escribimos. Pero no debemos abusar de ello o el mensaje quedará muy infantil o poco serio.
- Si usamos ciertas fórmulas repetidamente, acabarán perdiendo el sentido: el uso continuo de *ja, ja* o *je, je* (la onomatopeya de la risa se escribe con los elementos separados por comas y no ⊗*jajaja*) impide que el receptor entienda cuándo nos reímos realmente.
- Si citamos las palabras exactas de otro, debemos usar comillas (⇨ págs. 175-178).

EL BLOG

Un blog consiste en un sitio web en el que un autor publica informaciones, opiniones, creaciones artísticas, etc. La palabra *blog* deriva del inglés (de la unión entre *web* y *logbook*) y aunque hasta hace poco se recomendaba sustituirla por *bitácora* o *ciberdiario*, hoy está aceptada en el *DPD* y en el *DRAE* (23.ª ed.). Como el resto de extranjerismos aceptados, para escribirlo en español basta con ponerlo en letras redondas: blog y blogs.

No hay que confundir el blog con el *wiki* (palabra que proviene también del inglés, a partir de una voz hawaiana). El *wiki* es un sitio web colaborativo, en el que varios autores escriben sobre un tema.

Características formales

Cada una de las informaciones publicadas en el blog es una entrada. Las entradas aparecen en orden cronológico inverso: la última que el autor ha publicado es la primera que aparece en pantalla. Aunque pueden crearse blogs con fines profesionales o comerciales, lo más común es que un blog tenga una impronta personal, en la que destaca la subjetividad de su autor. Además, los ciberdiarios suelen seguir temáticas claras: el autor escribe sobre su opinión acerca de la situación económica de un país o publica bromas en forma de viñetas, narra sus aventuras en un viaje, etc., todo ello agrupado bajo el título del blog, que indica su temática. Por último, las bitácoras contienen un espacio dedicado a los comentarios que sus lectores hacen acerca del contenido.

Palabras clave

Tanto quienes tienen blog como quienes los consultan han tenido que crear un vocabulario propio para facilitar la comunicación entre ellos. Aquí van algunas de las palabras que más se usan:

bloguear (del inglés *blogging*): acción de escribir en el blog.
bloguero (del inglés *blogger*): persona que escribe una bitácora.
blogosfera (del inglés *blogosphere*): conjunto de ciberdiarios.
perfil: espacio del blog dedicado a información sobre el autor. En él suele incluirse una foto, el nombre, el correo electrónico y ciertos datos sobre los intereses del bloguero.
vlog: blog cuyo contenido consiste, sobre todo, en vídeos.

Recomendaciones para escribir un blog

- Debemos seguir las pautas de brevedad, concisión y organización generales de internet que hemos expuesto al comienzo de este apartado.
- El blog es personal, por tanto, los contenidos deben ser originales, no copiados. En caso de incluir una cita, hay que marcarla como tal. También hay que indicar siempre la fuente en la que se basan las entradas que publicamos.
- Para que un blog tenga lectores, debemos actualizarlo con frecuencia.
- Para lograr que los lectores sean fieles a nuestro blog, debemos seguir unas pautas constantes: tener un estilo determinado, tanto en la imagen como en la redacción, tratar temas específicos y seleccionados, etc.
- Debemos evitar las abreviaturas y los emoticonos: el blog es un lugar donde nos podemos extender tanto como queramos, de modo que no hay razón para no escribir correctamente.
- Los títulos que incluyamos deben tener relación con la entrada. De otro modo, el lector se sentirá estafado y no seguirá leyéndonos.
- Es recomendable incluir fotografías y vídeos en los textos, para estimular al lector y que no todo sea escrito.

Una red social (del inglés *social network*) es un sitio web donde los internautas se comunicaan entre sí e intercambian materiales multimedia (fotos, vídeos y audios), noticias y opiniones.

Características formales

Las redes sociales son herramientas nuevas, pues han aparecido a principios del siglo XXI (en España e Hispanoamérica, a partir de 2006) y han supuesto una revolución en nuestra forma de interactuar en internet. Se han convertido en un fenómeno social tan influyente que ya no solo las personas anónimas se crean *perfiles*, sino que también las empresas, los medios de comunicación y las figuras públicas (como los políticos) tienen *cuentas* en las que publican sus ofertas, sus decisiones o sus opiniones, para dirigirse directamente a sus *amigos*, *fans* o *seguidores*. Ellos, a su vez, después de leer las *actualizaciones de estado* o *tuits* de esas figuras pueden responder directamente, sin intermediarios. De este modo, se crea un diálogo virtual que une a individuos de diferentes ciudades, países e incluso continentes. La diferencia con el chat, y lo que hace tan atractivas a las redes sociales, es que en ellas las publicaciones de unos y de otros son públicas (aunque hay opciones para hacer que sean privadas o para hacer que solo tengan acceso a ellas personas concretas). Es decir, son herramientas en las que uno emite una opinión (o información, o *cuelga* un vídeo, etc.) a «todo el mundo» y, a menos que la red social detecte la publicación como una ofensa, se puede llevar a cabo sin censuras. A fin de cuentas, es una manera de compartir.

La importancia de las redes sociales es tal en nuestros días que se han convertido en un documento de intercambio más importante que otros y, por ello, queremos explicar cómo se usan y qué errores podemos evitar. Para esa labor, vamos a elegir las dos grandes redes sociales que existen: Facebook y Twitter. Hay otras muchas que siguen las pautas de alguna de estas dos e incluyen alguna modificación, porque normalmente van dirigidas a un colectivo concreto: es lo que sucede con Tuenti, que es la versión española de Facebook, y que es usada sobre todo (aunque no solo) por jóvenes de no más de veinte años.

LinkedIn es otra de las grandes redes sociales, y se utiliza sobre todo para fines de carácter laboral: al registrarnos debemos especificar nuestro ámbito profesional y cumplimentar nuestro currículo. Al ser una red pública podemos acceder al perfil de quien queramos y ofrecerle o pedirle información, sobre todo laboral. Además, LinkedIn ofrece la posibilidad de crear foros o debates de opinión acerca del tema que nos interese. No hablaremos de esta red social en las páginas siguientes por dos motivos: uno de ellos es que, al ser una red internacional, suele usar como lengua el inglés (es cierto que tenemos LinkedIn en español, pero se trata de una red tan grande que lo más favorable es usar el inglés), y el segundo motivo es que para usar correctamente esta red debemos, sencillamente, seguir las recomendaciones que hemos señalado para escribir un buen currículo (⇨ págs. 438-441), guiarnos en los foros por las pautas que se ofrecieron cuando hablamos del chat (⇨ págs. 472-474) y seguir las directrices ortográficas y gramaticales (⇨ págs. 145-418) y las que veremos tanto para Facebook como para Twitter.

Facebook

Esta red social permite a los usuarios compartir pensamientos y opiniones, pero también vídeos, fotos y música. Todo lo que se publica puede ser comentado por los demás, de modo que se pueden generar debates y opiniones.

Palabras clave para Facebook

Para manejar bien esta red social debemos conocer el vocabulario mínimo que se utiliza.

abrir una cuenta: acceder a Facebook y registrarse como usuario.
perfil, **cuenta**: página personal de un usuario. Se utiliza en expresiones como *Tengo perfil en Facebook* o *Ya se ha hecho una cuenta en Facebook*.
página: la diferencia con el perfil es que la página no es personal y se corresponde con un colectivo de personas (por ejemplo, un comercio, una compañía de teatro o un grupo de música suelen tener páginas, no perfiles).

contacto, amigo: persona con la que te comunicas a través de Facebook. Dos usuarios pueden llegar a ser «amigos» si se aceptan mutuamente.

fan: persona que declara que le gusta una página. Para ello, debe pulsar en el recuadro donde está escrito «Me gusta».

estado: pequeño recuadro, dentro de un perfil o una página, que se utiliza para escribir una opinión, para decir cómo nos encontramos o para compartir una información (ya sea en formato de texto o a través de un enlace).

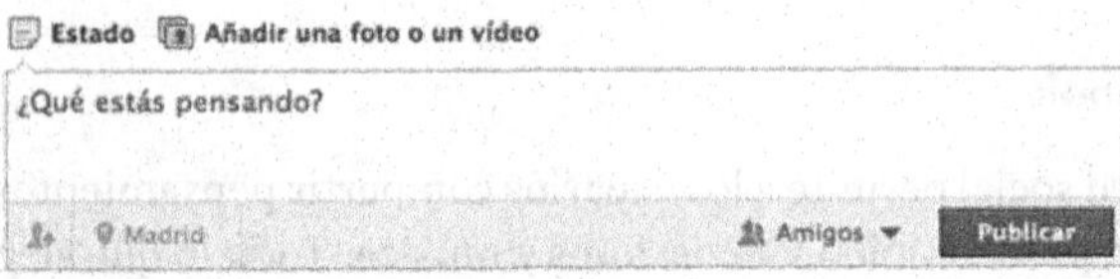

publicación (en inglés, *post*): pequeño recuadro, en el perfil de un amigo o en una página, donde se puede escribir algo. También se usa este término para referirse a los estados cuando son más impersonales.

comentario: recuadro que se sitúa debajo de un estado o de una publicación y que tiene por objetivo abrir el diálogo entre los «amigos». En ellos se expresa la conformidad o no con una publicación, se matiza algo o se responde a un comentario previo.

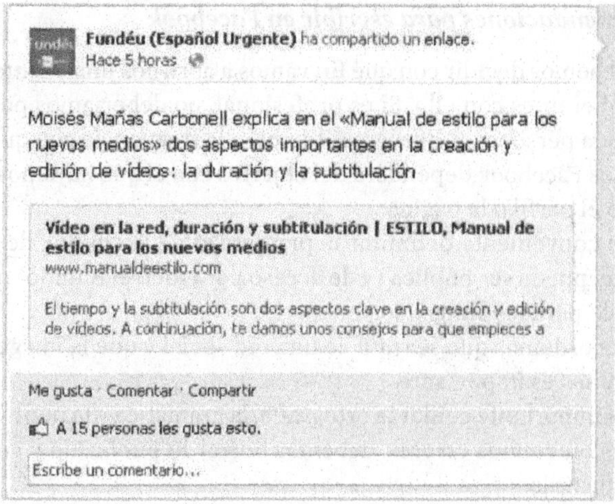

muro, biografía (en inglés, *wall*): pantalla de un perfil o página, en la que se ven, en orden cronológico inverso, las publicaciones.

«me gusta»: además de aparecer en las páginas, el usuario tiene la opción de marcar esa casilla en todas las publicaciones, ajenas o propias.

compartir: opción de copiar un estado o una publicación en el propio muro o en el de un amigo.

etiquetar: opción de mencionar a alguien en una publicación, de modo que el nombre de esa persona sea un hipervínculo que redirija a su propio muro.

evento: página en la que se informa sobre una actividad que va a suceder y en la que el usuario, al que se le ha invitado previamente, debe indicar si participará o asistirá, si posiblemente lo haga o si no lo hará.

nota: espacio reservado para crear textos y documentos extensos.

grupo: página que une a distintas personas en la que todas ellas, y solo ellas, pueden compartir información.

aplicación (en inglés, *application*. Puede aparecer en su forma abreviada, *app.*): programa informático que se relaciona con Facebook.

principal: se refiere a la foto que cada usuario tiene en su muro.

privado: mensaje que un contacto envía a otro y que solo pueden leer ellos, pues no es público.

Recomendaciones para escribir en Facebook

- Debemos decidir con qué fin vamos a abrirnos una cuenta y ser coherentes con ello. Si es profesional, no deberíamos publicar nada personal, y viceversa. También la frecuencia con que usemos Facebook dependerá del objetivo con el que hayamos creado el perfil o la página.
- Es conveniente delimitar la privacidad de la cuenta, de modo que pueda ser pública (y de acceso para todo el mundo) o no (y solo para los amigos).
- Recordemos que se trata de una red social y que la imagen que damos es importante.
- Es importante cuidar la ortografía, la gramática y la puntuación. Si cometemos errores, debemos borrar lo publicado y volver a enlazarlo.
- Hay que marcar las citas como tales: no es justo apropiarse de las palabras de otros.
- No debemos molestar a nuestros contactos invitándolos a juegos o aplicaciones constantemente.

Twitter

Twitter es una red social en la que básicamente se expresan opiniones. Como ocurría con el SMS, el usuario tiene un espacio limitado para escribir: en este caso 140 caracteres. Cuando un usuario publica algo, inmediatamente aparece en la *cronología* de todos sus *seguidores* y, puesto que en Twitter se sigue a muchas personas o instituciones, se reciben mensajes continuamente. Es uno de los medios de comunicación más rápidos que existen y esta es una de sus características más atractivas: su inmediatez, el hecho de que tener una cuenta en esta red social supone «estar a la última», «ser el primero» en enterarse de algo.

En esta red social los usuarios intercambian puntos de vista y opiniones acerca de lo que está ocurriendo en el momento en que escriben. También pueden compartir fotos y enlaces a vídeos o a noticias. El objetivo de este sitio web es darse a conocer a través de las palabras y los pensamientos y crear comentarios ingeniosos para ganar seguidores y que la «voz» del autor llegue a más gente. Es de suponer que, a causa de esto, los medios de comunicación, las figuras públicas y las instituciones cuenten también con un perfil de Twitter.

Palabras clave para Twitter

tuit o **tuiteo** (del inglés *tweet*): mensaje que se envía a través de Twitter. Se escribe en letras redondas, porque está adaptada al español, y su plural: tuits o tuiteos.

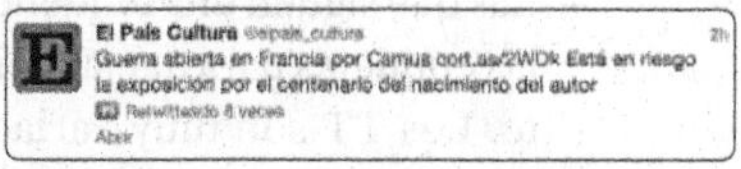

tuitero, -ra: persona que se comunica a través de Twitter.

tuitear (forma adaptada del inglés *to tweet*): enviar un mensaje, publicar un tuit.

retuitear (del inglés *to retweet*): volver a enviar lo que ha publicado una persona. El retuiteo es muy importante en esta red social. Los usuarios publican textos con la intención de que lleguen al mayor número posible de personas. En los propios aparatos electrónicos (móvil u ordenador) suele haber una aplicación que permite retuitear algo o que indica que nuestro mensaje es un reenvío de otro. Pero si no tenemos esa opción o si queremos remarcar que no son nuestras palabras, debemos indicarlo. Para ello, debemos escribir *RT* o *via* precediendo al mensaje que copiamos. Si escribimos *RT* (o *RT please*, *RT porfa*, etc.) al final de nuestro mensaje, y no al principio, estamos pidiendo a nuestros seguidores que copien nuestro mensaje.

línea cronológica o **línea del tiempo** (en inglés, *timeline*): conjunto de publicaciones (o tuits) de una persona. Es el equivalente, en Facebook, al muro. Se abrevia con la forma *TL*.

seguidor: persona que se suscribe a otra, de modo que pueda leer sus tuiteos.

tema del momento o **tendencia** (en inglés, *trending topic*): en Twitter se crean continuamente temas sobre los que debatir u opinar. Un *TT* (que así es como se abrevia) se marca como una etiqueta.

etiqueta (en inglés, *tag* o *hastag*): expresión destacada dentro de un tuit. Una etiqueta se forma siempre con el símbolo # pegado a la palabra que le sigue (y en caso de que sean varias palabras, deberemos escribirlas todas seguidas, sin espacios). El símbolo # sirve para que el buscador pueda agrupar todas las etiquetas que se refieren a lo mismo. Hay tres grandes tipos de etiquetas:

- Las que siguen una tendencia o TT. En ellas, los tuiteros usan las etiquetas para dar su opinión acerca del tema del momento. Los TT son muy variados y normalmente se refieren a noticias actuales (el día en que falleció el dibujante Mingote, una etiqueta frecuente fue *#Mingote* o *#HastaSiempreMingote*) o a eventos (el 19 de marzo los tuiteros suelen etiquetar expresiones como *#padre*, *#MiPadre* o *#díadelpadre*).
- Las que pretenden generar opiniones sobre algo (como la etiqueta *#OdioCuando*, o *#LoQueNecesitoEs*) o suscitar el interés por algo (por ejemplo, un negocio que oferta sus *#NuevosProductos*). Estas etiquetas pueden llegar a convertirse en TT si el tuitero logra que mucha gente hable, a la vez, de eso que propone tras el símbolo #.
- Las que tienen apariencia de etiqueta, pues se componen de # y de una expresión, pero se utilizan como broma o de forma irónica. Es un recurso muy frecuente en Twitter, porque permite sorprender a los seguidores.

  Dormir cinco horas y que se te caiga encima el café. #MenosMalQueEsViernes
  Vuelvo a casa por Navidad. #soyunturrón
  Mañana más y mejor. #BuenasNoches

Recomendaciones para escribir en Twitter

- Twitter es una red pública y a través de ella estamos dando una imagen de nosotros. Por ello, antes de tuitear algo, debemos plantearnos si es de interés público o si realmente no lo es y por tanto es preferible no escribirlo.
- El límite de espacio no justifica las faltas de ortografía. Debemos repasar el tuit antes de publicarlo y corregir las posibles erratas.

- Hay que ser claro en nuestros tuits.
- Es preferible utilizar frases cortas y directas y evitar las subordinadas.
- No podemos abusar de las abreviaturas ni de los emoticonos, o dificultaremos la lectura.
- En Twitter parece que «no hay intermediarios» y podemos hablar directamente con mucha gente, lo que posibilita la cercanía, y el uso del tú en lugar del usted. Ahora bien, esto no debe hacernos parecer insolentes e irrespetuosos: pensemos a quién escribimos y cómo deberíamos dirigirnos a él.
- Si queremos tener éxito en esta red social, necesitamos aprender a utilizar correctamente las abreviaturas y los símbolos para que nuestras publicaciones tengan sentido y nos permitan interactuar con otros usuarios. El modo de emplearlas es cambiante, de manera que hay que estar pendiente de las modificaciones y las innovaciones que se produzcan.

Abreviaturas y símbolos en Twitter

@: se escribe delante del nombre del usuario al que tuiteamos o mencionamos (en el ejemplo hemos ocultado la identidad de la persona que tuiteó a la Fundéu).

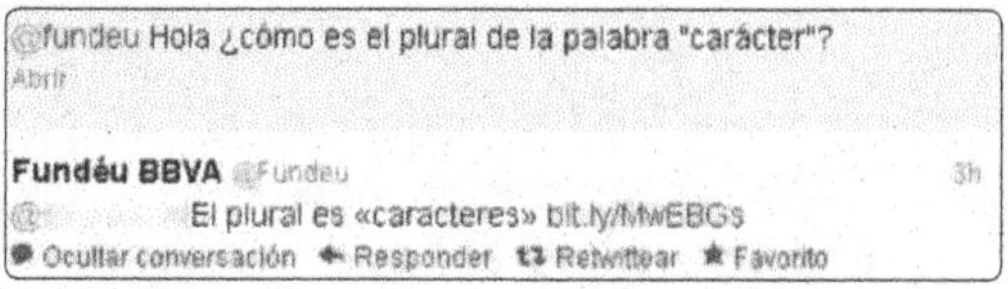
@fundeu Hola ¿cómo es el plural de la palabra "carácter"?
Abrir
Fundéu BBVA @Fundeu 3h
@ El plural es «caracteres» bit.ly/MwEBGs
Ocultar conversación Responder Retwittear Favorito

#: marca de etiqueta.
RT: retuiteo.

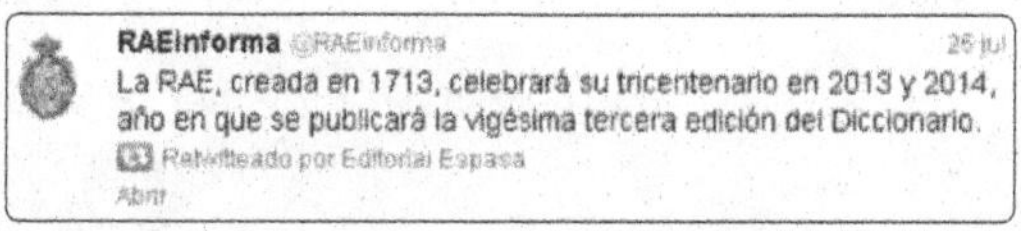
RAEinforma @RAEinforma 26 jul
La RAE, creada en 1713, celebrará su tricentenario en 2013 y 2014, año en que se publicará la vigésima tercera edición del Diccionario.
Retwitteado por Editorial Espasa
Abrir

TT: *Trending Topic*. Tema del momento o tendencia.
FF: *Follow Friday*. Entre los tuiteros existe la costumbre de recomendar, los viernes, a alguien o algo. A esa recomendación le sigue o precede la forma *#FF*, así el buscador identificará y podrá reunir todas las recomendaciones.

emoticonos: como en los SMS, en Twitter también se usan emoticonos, es decir, combinaciones de símbolos que crean «caras» para expresar un estado de ánimo (⇨ pág. 469).

5
Herramientas y recursos

HERRAMIENTAS Y RECURSOS

A lo largo de las páginas anteriores hemos visto qué podemos hacer para hablar y escribir mejor, y hemos ofrecido modelos que pueden servir de guía para construir nuevos textos. Ahora bien, no todo lo que hasta aquí hemos expuesto nos servirá para todas las situaciones comunicativas en las que nos encontremos. Por eso, vamos a dedicar las páginas siguientes a ofrecer herramientas que pueden ayudarnos a comprender mejor nuestra lengua y a saber cómo usarla adecuadamente en circunstancias diversas.

EL DICCIONARIO

Como es sabido por todos, los diccionarios son obras (generalmente libros, pero cada vez más otros soportes, como el CD o las páginas electrónicas) en las que se explica el significado de las palabras o expresiones de una o varias lenguas. Casi todos los diccionarios presentan un aspecto externo similar, al menos en las ediciones impresas: el texto se distribuye en varias columnas por página y cada columna contiene «párrafos» separados por espacios en blanco, encabezados por una palabra o expresión que está destacada, normalmente en negrita y con letra más grande. Las palabras que encabezan esos «párrafos» suelen estar ordenadas alfabéticamente, y dentro de cada uno de ellos, según el diccionario habrá una información u otra. La clase de palabras que se incluya en el libro y los criterios de ordenación, junto con la información que haya dentro de cada «párrafo» crearán los distintos tipos de diccionario.

Leer el prólogo de un diccionario —y los apéndices, si los hay— es una actividad muy útil para entender el diccionario y sacarle el máximo provecho. En el prólogo se explican los objetivos del diccionario, su manejo, su estructura, cómo descodificar las abreviaturas, etc. Los apéndices aportan informaciones complementarias muy valiosas: tablas con las conjugaciones de algunos verbos, índices de las voces usadas... todo tipo de informaciones que complementan la obra y solucionan muchas de las dudas que nos pueden surgir.

PALABRAS CLAVE PARA EL MANEJO DE LOS DICCIONARIOS

- **Acepción.** El significado de una palabra o de una expresión no es estable y a menudo las palabras añaden significados nuevos: por ejemplo, *ratón* solo era un mamífero, hasta que tomamos prestado el término informático del inglés, y le añadimos un nuevo significado a esta palabra. De este modo, *ratón* significa varias cosas, que somos capaces de diferenciar gracias al contexto en el que nos encontremos. Cada uno de estos significados, dependientes del contexto, recibe el nombre de *acepción*.

  El concepto de acepción es básico, pues hay que tener en cuenta que, cuando buscamos el significado de una palabra que desconocemos, por regla general lo que queremos saber en realidad es la acepción que corresponde al contexto en el que hemos encontrado la palabra desconocida.

- **Definición.** La definición es la parte más importante del diccionario, pues nos ayuda a comprender el significado de la palabra que buscamos. Hay unidades léxicas que tienen un solo significado, pero la mayor parte de ellas presentan varios significados o acepciones, y el buen diccionario debe recogerlos todos. La ordenación de los distintos significados de las palabras dependerá de los criterios del diccionario pero, a grandes rasgos, se suelen ordenar de las más corrientes a las de uso más restringido.

- **Entrada.** La *entrada*, a la que también podemos llamar *lema* o *encabezamiento*, es el elemento que es objeto de definición o explicación dentro del artículo lexicográfico. Lo más habitual es que sea una palabra, pero también puede ser una letra, un prefijo, un sufijo, etc. Ejemplificaremos con el *DRAE*.

(1)— **a**[1]. f. Primera letra del abecedario español y del orden latino internacional, que representa un fonema vocálico abierto y central. [...]

(2) **diccionario.** (Del b. lat. *dictionarium*). m. Libro en el que se recogen y explican de forma ordenada voces de una o más lenguas, de una ciencia o de una materia determinada. || **2.** m. Catálogo numeroso de noticias importantes de un mismo género, ordenado alfabéticamente. *Diccionario bibliográfico, biográfico, geográfico.*

① Entrada.
② Entrada.

La entrada aparece siempre destacada con respecto al cuerpo del artículo, mediante recursos tipográficos como las mayúsculas, versalitas, negrita, cursiva o con caracteres de mayor tamaño. Además, se separará de la definición por medio de un punto, por medio de un cuadratín (un espacio blanco) o por ambas.

Las palabras que tienen variantes formales, como un nombre, un pronombre o un adjetivo que tenga alternancia de género, suelen encontrarse en su forma masculina singular, seguidas de la terminación femenina: *blanco, -ca, blanco, ca.* El verbo se encuentra siempre en infinitivo, por ser la forma neutra que no ofrece información sobre la persona, el número, el tiempo o el modo.

Atención

¿Qué entradas no aparecen en los diccionarios?

- Los nombres propios (salvo si se usan como nombre común: *una venus, un quijote*), ya que estos carecen de definición, no son verdaderas palabras de la lengua.
- Los diminutivos acabados en *-ito,-ico, -illo,* los aumentativos en *-ón, -azo* y superlativos en *-ísimo,* salvo que estén lexicalizados o presenten alguna particularidad. Se incluye, por ejemplo, *cerilla,* porque está lexicalizado, o *bonísimo,* por la diferencia respecto al adjetivo del que deriva.
- La mayor parte de los adverbios derivados en *-mente.*
- Los despectivos que terminan en *-ote, -ucho, -uco.*

• **Fraseología.** A veces el significado de una palabra que forma parte de una expresión fija no tiene nada que ver con el significado original. Si alguien no sabe el significado de *tirar la casa por la ventana* no le servirá de mucha ayuda buscar en el diccionario la palabra *tirar*, ni *casa*, ni *ventana* ni ninguna de las otras, porque el único significado que obtendrá será el de que 'dejar caer o arrojar el edificio donde se habita a través de la abertura de la pared', y no el de 'gastar con esplendidez en un convite o con cualquier otro motivo'. En las locuciones el significado se conforma a través de la combinación completa de las palabras, no a partir de cada una de las palabras aisladamente. Los buenos diccionarios incluyen en cada entrada las unidades fraseológicas, esto es, las locuciones, frases hechas o expresiones fijas en las que la entrada esté contenida.

Atención

¿En qué palabra buscar el significado de una unidad fraseológica? Si no sabemos el significado de una expresión formada por varias unidades podemos encontrarnos con la duda de en qué palabra debemos buscarla.

- Por el nombre, si la expresión contiene un sustantivo: el significado de *tirar la casa por la ventana* lo encontramos bajo la entrada de *casa*; el significado de *ser del montón* ('ser adocenado y vulgar, en su persona o condición social') se encuentra bajo el sustantivo *montón*.
- Si la locución no contiene nombres, en el verbo, adjetivo, pronombre o adverbio, por este orden. El significado de *estar a la que salta*, 'estar siempre dispuesto a aprovechar las ocasiones' lo encontraremos en el verbo *estar*; el de *ni a la de tres*, 'de ningún modo', en *tres*.

- **Palabra guía.** Es un recurso a menudo poco utilizado por los usuarios, pero muy útil para encontrar rápidamente la palabra que estamos buscando. Las *palabras guía* son aquellas que aparecen en la parte superior de cada página y que indican las palabras que se contienen en las páginas correspondientes. En la esquina superior izquierda de las páginas pares encontramos una palabra, que es la primera entrada que se define en esa página; en la parte superior derecha de las impares, la que corresponde a última entrada de esa página. Dirigir los ojos hacia esas palabras, en lugar de hacia el centro de la página nos ayuda a saber de inmediato si la palabra que buscamos está en la página que tenemos abierta o no.

- **Subentrada.** Es una unidad léxica refundida dentro de una entrada principal, de la que depende. También está destacada dentro del cuerpo del artículo, pero no tanto como la entrada principal: suele aparecer en negritas, pero no en un tamaño tan grande como la entrada. En el *DRAE* se usa el signo ~ en las subentradas para indicar que en ese lugar debe aparecer el lema, que se ha suprimido.

(1) **teatro.** (Del lat. *theātrum*, y este del gr. θέατρον, de θεᾶσθαι, mirar). m. Edificio o sitio destinado a la representación de obras dramáticas o a otros espectáculos públicos propios de la escena. || **2.** [...] || **9.** m. p. us. Práctica en el arte de representar comedias. *Ese actor tiene mucho teatro.* || **~ de autor.** m. El que da mayor relieve al texto escrito que a los demás elementos espectaculares. || **~ de bolsillo.** m. El que se representa en salas de pequeño aforo. || **~ de cámara,** o **~ de ensayo.** m. El experimental y artístico que se presenta en locales pequeños
(2) y, a menudo, en representaciones excepcionales. || **~ épico.** m. El que, por contraposición al que pretende la identificación del espectador con las emociones de la obra, intenta que esta cause en aquel reflexiones distanciadoras y críticas por medio de una técnica apoyada más en lo narrativo que en lo dramático.

① Entrada.
② Subentradas.

- **Palabras homógrafas.** Son las palabras que proceden de orígenes etimológicos diferentes pero que han confluido en una misma forma, y por eso se escriben igual. Las palabras homógrafas tienen entradas diferentes en el diccionario y se diferencian mediante un número en forma de subíndice o superíndice, como en el caso de **colina**^{1} ('elevación natural del terreno, menor que una montaña'), **colina**^{2} ('colino'; 'dicho de un animal: colín, que tiene la cola cortada'), **colina**^{3} ('sustancia básica existente en la bilis de muchos animales, que forma parte de las lecitinas y actúa como neurotransmisor').

- **Información complementaria.** En algunos casos, los diccionarios incluyen otro tipo de informaciones, que también facilitan la comprensión de las palabras: por ejemplo, si una palabra que es un sustantivo se usa también como adjetivo. En el ejemplo siguiente subrayamos la información: «**violeta.** [...] **3.** m. Color morado claro, parecido al de la violeta. <u>U. t. c. adj.</u>», 'usado también como adjetivo'. En este sentido son muy útiles las muestras de oraciones en las que puede aparecer la palabra, pues nos ofrecen el contexto de uso: «**música.** [...] **8.** f. Sonido grato al oído. <u>*La música del viento entre las ramas. La música del agua del arroyo*</u>».

TIPOS DE DICCIONARIO

Es probable que la primera idea que nos llegue a la mente cuando pensamos en la palabra *diccionario* sea la de un libro que contiene el significado de las palabras. Y es una idea correcta, pues es la más común. Pero hay diccionarios de muchos tipos. Si buscamos en internet la palabra *diccionario* podemos encontrar títulos tan variados como el *Diccionario de autores: quién es quién en las letras españolas*, del Centro de las Letras Españolas, el *Diccionario de instrumentos musicales*, de R. Andrés, el *Diccionario gay-lésbico*, de F. Rodríguez, el *Diccionario de símbolos*, de E. Cirlot, el *Diccionario de construcciones sintácticas del español*, de Náñez Fernández o el *Diccionario internacional de siglas y acrónimos* de Martínez de Sousa. Las variantes son casi infinitas: hay diccionarios de la lengua, escolares, de idiomas, de arquitectura, de cine, de informática, de ideas, de imágenes..., hasta diccionarios de diccionarios. En definitiva, se crean diccionarios continuamente para comprender y ordenar las palabras que se usan en el mundo (en los mundos), porque conocer esas palabras es la puerta para conocer el mundo.

No nos vamos a ocupar de todos ellos, como es lógico. Puesto que el objeto de este libro es la lengua correcta, el español correcto, y puesto que los diccionarios no generales suelen usarse para especialistas, en las siguientes páginas presentaremos solo los diccionarios más comunes, aquellos que nos ayudarán a descifrar el significado de las palabras de nuestra lengua, pero también aquellos que nos ayudarán a encontrar significados equivalentes, aquellos que nos aportarán información sobre la historia de las palabras o aquellos que nos ayuden a encontrar la palabra que pone nombre al concepto que estamos buscando.

Nos centraremos en los diccionarios en español, excluyendo los diccionarios bilingües y las enciclopedias. Cada presentación de un tipo de diccionario irá acompañada de unas breves indicaciones de manejo (en casi todos los casos, el manejo de un diccionario es sencillo, pero hay excepciones), tanto en la versión impresa como en la versión digital. Hoy en día, prácticamente todos utilizamos internet para nuestro trabajo y para nuestro ocio, por eso nos parece importante señalar qué diccionarios (y, sobre todo, qué diccionarios fiables) existen en el ciberespacio y cómo se pueden encontrar y usar.

Diccionario general o diccionario de la lengua

Es el diccionario más común. Este tipo de obra recoge todas las palabras de la lengua y dentro de este grupo podemos encontrar, entre otros, el diccionario escolar y el diccionario general. Aquí hablaremos de este segundo tipo, por ser considerado el normativo.

> Real Academia Española, *Diccionario de la lengua española,* 22.ª ed., Madrid, Espasa-Calpe, 2001.

Para qué sirve un diccionario general

Se suele pensar que el diccionario sirve solo para buscar el significado de las palabras, pero en realidad la información que contienen sus entradas sirve para muchas otras cosas.

- La **ortografía.** En primer lugar, el diccionario es útil para conocer la ortografía de la palabra. La manera en que está escrita la entrada ya nos está dando información sobre ello: si la palabra se escribe con *b* o con *v*, si lleva *h* o no, si se escribe junta o separada, si tiene acento, etc. En ocasiones, la entrada nos remite a otra forma también aceptada de la palabra; por ejemplo, en los animales, la cola que tiene mucho pelo se denomina *hopo* o *jopo*, formas ambas válidas.

- Los **ejemplos** de uso. A menudo dentro del artículo se incluyen frases en las que se usa la palabra. Estos ejemplos ayudan mucho no solo a interpretar el significado, sino a ver cuáles son los contextos en los que se emplea la palabra que estamos buscando.

- La **etimología.** También se nos ofrece información sobre el origen de la palabra. Sabemos así que *robot* es una palabra que ha llegado del inglés procedente del checo *robota*, que significaba 'trabajo, prestación personal'.

- La **categoría gramatical.** Esto es, si la palabra que buscamos es un nombre, un verbo, una conjunción, etc. (Este aspecto puede resultar muy útil para el manejo del libro que tiene el lector entre sus manos, sobre todo para el capítulo 3, pues los comentarios sobre la norma están organizados según la categoría gramatical). Además, podemos saber si un nombre es masculino, femenino, ambiguo, común; si un verbo es transitivo o intransitivo; si una locución es adverbial, conjuntiva o de otro tipo, etc. En este mismo sentido, el diccionario nos indica también si se trata de una palabra que funciona sola o si es un elemento que debe adjuntarse a otros para poder aparecer, como sucede con los prefijos y sufijos.

- Las **unidades fraseológicas.** Son las expresiones complejas en las que se incluye el término que se define en la entrada. Cada unidad aparece junto con su significado y categoría gramatical.

- Las **preferencias de uso.** El diccionario contiene recomendaciones sobre el uso preferible de ciertas palabras. A veces en una palabra se nos remite a otra, que es la que realmente se define. Estas remisiones nos están indicando que la primera es la forma no preferida, bien sea porque está anticuada, porque es menos frecuente o por otras razones. Así, si buscamos el prefijo *cuatri-*, la entrada nos remite a *cuadri-*, lo que quiere decir que esta es la forma que se recomienda.

- Los **dialectalismos.** A menudo se nos indica si una palabra se usa en un país o en una región determinada, es decir, si la voz es un dialectalismo. Si en la entrada no se indica nada, teóricamente quiere decir que es una palabra usada en cualquier territorio del español. (Hay diccionarios especializados en este tipo de palabras, como el *Diccionario de americanismos* de la Asociación de Academias de la Lengua Española, Santillana, 2010, Lima).

- Los **tecnicismos.** Es posible saber también si la palabra es de carácter técnico o no, esto es, si es un término propio de una ciencia o una disciplina (música, arquitectura, biología, etc.) o, incluso cuando es una voz general, si tiene un significado específico dentro de una ciencia.

- El **registro.** Si la entrada lo requiere, se ofrece información sobre el registro que corresponde a la palabra. Sabremos por tanto, si en una palabra es vulgar (y por tanto evitable en los estilos cuidados), si es de carácter festivo o jocoso, si pertenece al ámbito de lo coloquial o si, por el contrario, es voz solemne, etc.

En la siguiente entrada señalamos todas las informaciones complementarias que aparecen en el *DRAE* sobre la voz *buscar.*

(1) **buscar.** (Quizá voz de or. celta, y esta del indoeuropeo
(2) **bhudh-skō*, conquistar, ganar; cf. celta **boudi-*, ganancia, victoria, irl. ant. *búaid*, victoria, galés *budd*, ganancia). tr. (3)
(4) Hacer algo para hallar a alguien o algo. *Estoy buscando un libro.* (5)
|| **2.** tr. Hacer lo necesario para conseguir algo. *Busca trabajo.* (6)
(7) U. t. c. prnl. || **3.** tr. Ir por alguien o recogerlo para llevarlo o acompañarlo a alguna parte. *Fueron a buscarla a su casa.* || **4.** tr. **provocar** (|| hacer que una cosa produzca otra). U. t. c. prnl. *Tú te lo has buscado.* || **5.** tr. germ. Hurtar rateramente o con mañas. (8)
(9) || **6.** intr. *Ven.* Dirigirse hacia un lugar. *Buscaron hacia Caracas.* || ~ alguien **lo que no se le ha perdido.** fr. coloq. *Ven.* (10)
(11) **meterse donde no lo llaman.** || **buscársela.** fr. coloq. Ingeniarse para hallar los medios de subsistencia. (12)

---

① Información ortográfica.
② Etimología.
③ Descripción lingüística: categoría. Verbo transitivo.
④ Definición.
⑤ Información complementaria: ejemplo.
⑥ Acepción.
⑦ Información complementaria: cambio de categoría. *Usado también como pronominal.*
⑧ Descripción lingüística: se usa en un cierto nivel sociocultural («marca diastrática»).
⑨ Descripción lingüística: se utiliza en un determinado lugar («marca diatópica»).
⑩ Fraseología: locución.
⑪ Fraseología: locución.
⑫ Fraseología: locución.

Cómo se maneja un diccionario general

Para ejemplificar el manejo de un diccionario general usaremos el *DRAE*, en su vigésima segunda edición, la de 2001, por ser el diccionario normativo.

Pongamos por caso que hemos leído en un texto la palabra *pestorejazo* y no sabemos qué significa. Para comprender ese texto deberemos descodificar esa expresión, y para ello tendremos que consultar un diccionario general. Después de elegir el tomo adecuado, aquel que contenga la letra *p*, deberemos seguir las palabras guía (que se ordenan alfabéticamente, como las entradas) hasta llegar a la combinación que necesitamos: en este caso, nuestra palabra estará entre las voces *pespuntear* (en la esquina superior izquierda) y *peto* (esquina superior derecha). Más concretamente, en la página de la que *pespuntear* es palabra guía.

Una vez localizada nuestra entrada, nos encontramos con el siguiente artículo.

(1) **pestorejazo.** (2) m. Golpe dado en el pestorejo. (3)

① Entrada.
② Descripción lingüística: sustantivo masculino.
③ Definición.

Si no conocemos la palabra *pestorejo*, deberemos buscarla. Y esta se halla a continuación.

(1) **pestorejo.** (Del lat. *post auricŭlum*, detrás de la oreja). m. (2)
(3) **cerviguillo.**

① Entrada.
② Etimología.
③ Definición.

Esto es lo que se llama una *definición por sinonimia*, por la que el diccionario nos remite a una palabra sinónima, que deberemos buscar para conocer el significado de nuestra palabra. Eso sí, en este caso, la etimología nos ha dado pistas acerca de su posible significado. Iremos, por tanto, al tomo donde se encuentre la letra *c*, y la situaremos entre las palabras guía *cerrojazo* y *cesteril*.

(1) **cerviguillo.** m. Parte exterior de la cerviz, cuando es gruesa y abultada. (2)

① Entrada.
② Definición.

Es posible que tampoco conozcamos o tengamos claro el significado de *cerviz*, por lo que tendremos que localizar esta entrada, que encabeza un artículo situado debajo de *cerviguillo*.

(1) **cerviz.** (Del lat. *cervix, -īcis*). f. Parte dorsal del cuello, que en (2)
(3) el hombre y en la mayoría de los mamíferos consta de siete vértebras, de varios músculos y de la piel. || **agachar,** o **bajar,** o **doblar, la ~. 1.** locs. verbs. Humillarse, deponiendo el orgullo y altivez. || **levantar la ~.** frs. Humillarse, deponiendo el orgullo y altivez. || **ser de dura ~.** fr. Ser indómito. (4)

① Entrada.
② Etimología.
③ Definición.
④ Fraseología.

Después de haber recorrido gran parte del diccionario, podremos entender qué significa *pestorejazo.* Y habremos aprendido qué es el *cerviguillo.*

La RAE ha puesto a disposición de los internautas la versión digital de su *Diccionario de la lengua española,* a través de su sitio web. Por medio de esta página, un usuario puede escribir una palabra cualquiera y en la pantalla de su ordenador aparecerá inmediatamente la definición.

El contenido de la versión digital y el de la versión en papel no varían demasiado, aunque en el primero se incluyen voces que aún no aparecen en la última versión del *DRAE* publicada, porque se trata de términos nuevos, que han aparecido posteriormente a esa última publicación. Otra ventaja es la rapidez y facilidad con que encontramos la palabra que estamos buscando. Solo debemos acceder a la página web, escribir la palabra de la que desconocemos el significado y leeremos la definición. Y en caso de que hayamos escrito mal la palabra, se nos abre una pantalla con vocablos cuya escritura es similar. Estas palabras funcionan como hipervínculos, es decir, que si pulsamos sobre ellas el buscador nos conduce a otra página, en la que aparece la definición del término que buscamos.

El significado de las palabras es como el que encontrábamos en el libro, con las mismas partes que allí se nos presentaban. Aquí, además, hay colores para diferenciar unas partes de otras, y las herramientas de internet nos permiten saltar de una palabra a otra a través de los enlaces y los hipervínculos, de modo que la información sea aún más accesible de lo que era en el libro.

(1) **Conjugar** **buscar.** (Quizá voz de or. celta, y esta del indoeuropeo **bhudh-skō*, conquistar, ganar; cf. celta **boudi-*, ganancia, victoria, irl. ant. *búaid*, victoria, galés *budd*, ganancia).

(2) **1.** tr. Hacer algo para hallar a alguien o algo. *Estoy buscando un libro.*

2. tr. Hacer lo necesario para conseguir algo. *Busca trabajo.* U. t. c. prnl. (3)

3. tr. Ir por alguien o recogerlo para llevarlo o acompañarlo a alguna parte. *Fueron a buscarla a su casa.*

(4) **4.** tr. **provocar** (|| hacer que una cosa produzca otra). U. t. c. prnl. *Tú te lo has buscado.* (5)

(6) **5.** tr. germ. Hurtar rateramente o con mañas.

(7) **6.** intr. *Ven.* Dirigirse hacia un lugar. *Buscaron hacia Caracas.*

~ alguien **lo que no se le ha perdido.**

(8) **1.** loc. verb. coloq. *Ven.* **meterse donde no lo llaman.** (9)

buscársela.

1. loc. verb. coloq. Ingeniarse para hallar los medios de subsistencia.

① Pulsando, aparecen las formas conjugadas de *buscar*.
② Si pasamos el cursor por encima, leeremos *Verbo transitivo*.
③ *Usado también como pronominal.*
④ Hipervínculo que nos lleva a *provocar*.
⑤ *Germanía.*
⑥ Verbo *intransitivo*.
⑦ Solo en *Venezuela* tienen esta acepción.
⑧ *Locución verbal coloquial.*
⑨ Hipervínculo que nos lleva a esta definición.

Diccionario de uso

El diccionario de uso es aquel que recoge las palabras del lenguaje (hablado y escrito) de una comunidad determinada en un momento histórico concreto, generalmente el contemporáneo a la creación del diccionario. La idea es definir el léxico tal y como se usa, sin tener en cuenta los criterios normativos o puristas.

Aquí señalamos algunos de los diccionarios de uso más importantes:

— M. Moliner, *Diccionario de uso del español*, 2 vols., 2.ª ed., Madrid, Gredos, 1998 (1.ª ed. 1966 y 1967).

— *Diccionario de uso del español actual (Clave)*, Madrid, SM, 1996.

— M. Seco, O. Andrés, y G. Ramos, *Diccionario del español actual*, Madrid, Aguilar, 1999.
— M. Moliner, *Diccionario de uso del español*, ed. abrev., Madrid, Gredos, 2000.
— *Diccionario de uso del español de América y España (Vox)*, Barcelona, Spes, 2002.

Para qué sirve un diccionario de uso

Vamos a ejemplificar aquí con el diccionario de María Moliner. La intención de María Moliner era la de «guiar en el uso del español tanto a los que lo tienen como idioma propio como a aquellos que lo aprenden». Para ello esta lexicógrafa, que ordenó las palabras en familias y no en orden alfabético (aunque en 1998, el equipo que actualizó este diccionario colocó las entradas alfabéticamente), además de renovar por completo las definiciones, incluyó en cada entrada un sistema de palabras afines, sinónimos, referencias e indicaciones gramaticales; eliminó de las páginas de su diccionario algunas entradas que se encontraban en el *DRAE*, como arcaísmos o tecnicismos, pues no se corresponden con términos de la lengua usada por los hablantes, y, del mismo modo, incluyó acepciones de algunas palabras que el *DRAE* no recogía.

La información que contiene cada entrada del diccionario es la siguiente:

1. Pronunciación.
2. Un paréntesis inicial donde podemos encontrar informaciones diversas, desde cuál es lengua de origen del término, hasta cómo se escribe y pronuncia el plural de esa unidad léxica, pasando por indicaciones sobre si el término corresponde a una marca registrada.
3. Acepciones y subacepciones: subentrada (lo subrayamos: «**bocaza 1 f.** Aum. desp. de BOCA. **2 bocazas n.** Persona que habla más de lo que es discreto.»), categoría gramatical, marcas (geográfica, de especialidad, de registro, de valoración y otras), paréntesis de acepción, definición, anotaciones de uso pronominal, ejemplos, nombre científico, sinónimos.
4. Unidades fraseológicas.
5. Notas de uso.
6. Conjugación.

En la versión abreviada podemos encontrar ejemplos como los que mostramos a continuación.

① **adolecer 1. Intr.** (*de*) Padecer una enfermedad crónica. **2** (*de*) Tener cierta imperfección que se expresa con un nombre o con *ser* y un adjetivo: 'La novela adolece de falta de originalidad. Ese chico adolece de ser apático'. ■ CONJUG. como *agradecer*. ■ NOTAS DE USO Se emplea con frecuencia impropiamente con el significado de «carecer»: 'Adolece de principios morales'. ② ③ ④

① El complemento *adolecer* debe estar introducido por *de*.
② Definición.
③ En *agradecer* encontraremos su conjugación.
④ Para resolver las dificultades con respecto a este verbo.

indio, -a 1 adj. y n. De la India, país de Asia. **2** Se aplica a los individuos de cualquiera de los pueblos que poblaban América en el tiempo del descubrimiento y conquista, y a sus cosas. **3 m.** Metal, n.º atómico 49, parecido al estaño, pero más fusible y volátil. Símb. *In.* || **hacer el indio 1** inf. Divertirse gastando bromas o haciendo cosas impropias de la seriedad de quien las hace: 'Estuvimos haciendo el indio hasta las dos de la mañana' ≈ Hacer el GANSO. **2** inf. Hacer cualquier cosa desacertada o que enfada: 'Compra ese coche, que es una verdadera ganga, y no hagas el indio' ≈ Hacer el TONTO. ■ NOTAS DE USO Para evitar la confusión léxica entre indios asiáticos y americanos, se tiende a usar la terminación *hindú* para los naturales de la India, aunque propiamente este término se refiere al hinduismo, confesión religiosa, y no a la India como entidad política o geográfica. ① ② ③

① Fraseología.
② Ejemplo.
③ En *ganso* podemos leer el significado de *hacer el ganso*: 'decir o hacer cosas para hacer reír'.

① ② ⑤ **password** [pásguord] (ingl.) m. Inform. Contraseña, clave de seguridad. ③ ④

① Extranjerismo.
② Pronunciación.
③ Lengua de origen.
④ Marca de especialidad: informática.
⑤ Definición.

Cómo se maneja un diccionario de uso

Los diccionarios de uso editados en papel se manejan igual que los diccionarios generales: con ayuda de las palabras guía (⇨ pág. 488) y buscando las entradas por orden alfabético.

El diccionario *Clave* se encuentra en internet y utiliza un sistema de consulta idéntico al sistema del *DRAE*: el usuario escribe en la casilla correspondiente la palabra que se desea buscar y, al pulsar el retorno del teclado, aparece la definición. Además, como ocurría en el *DRAE*, la entrada contiene numerosos hipervínculos que nos ayudan a completar el significado. Por otro lado, en la esquina inferior derecha de la página encontraremos un recuadro con el rótulo «Más diccionario», donde se nos ofrece la información necesaria para comprender cómo se utiliza esta página.

(1) **ventana** 🔊 **s. f. 1.** En un muro, esp. si es de un edificio, abertura elevada sobre el suelo para que entre la luz y el aire: *Mi habitación tiene dos ventanas.* (2) **2.** Marco con una o más hojas, generalmente con cristales, con que se cubre esta abertura: *Se dio en la cabeza con la ventana y se hizo una herida.* **3.** En la nariz, cada uno de sus dos orificios exteriores. **4.** En el monitor de un ordenador, pequeño recuadro que aparece en la pantalla y que muestra las distintas posibilidades de operar o las distintas opciones. (3)
● {**echar/tirar**} algo **por la ventana.** loc. verb. Desperdiciarlo o malgastarlo: *Las oportunidades hay que malgastarlas y no tirarlas por la ventana.* (4) ETIMOLOGÍA Del latín *ventus* (viento). (5)

① Al pulsar, escuchamos la pronunciación.
② Ejemplo.
③ Todas las palabras son hipervínculos. Si pulsamos, vemos su definición.
④ Locución verbal.
⑤ No funciona como hipervínculo porque es latín.

Diccionario de dudas

Este diccionario se encarga de recoger las dudas y dificultades que pueden surgir a los hablantes en el uso de la lengua. Indicamos a continuación algunos de los diccionarios de dudas más reconocidos.

- Real Academia Española y Asociación de Academias de la Lengua Española, *Diccionario panhispánico de dudas*, Madrid, Santillana, 2005.
- M. Seco, *Diccionario de dudas y dificultades de la lengua española*, 11.ª ed., Madrid, Espasa-Calpe, 2002.
- J. Martínez de Sousa, *Diccionario de usos y dudas del español actual*, 4.ª ed., Gijón, Trea, 2008.
- M. Seco, *Nuevo diccionario de dudas y dificultades*, Barcelona, Espasa Libros, 2011.

Para qué sirve un diccionario de dudas

Un diccionario de dudas ayuda a resolver problemas que se les presentan a los usuarios de la lengua cuando quieren usarla correctamente. Se trata de dificultades como las siguientes:

1. La conjugación de los verbos.
2. El régimen preposicional de los verbos y otras palabras.
3. Errores en el significado de palabras que se parecen.
4. El uso de los signos de puntuación.
5. Aspectos particulares sobre acentuación u ortografía (solo cuando se trata de excepciones).

Ahora bien, no todas las dudas que los hablantes tienen pueden resolverse en este tipo de diccionarios. No resuelve, por ejemplo, las dudas que están resueltas en el diccionario general, es decir, el significado de las palabras y su ortografía. Aquí extraemos una entrada correspondiente al *Diccionario de dudas y dificultades de la lengua española*, de Manuel Seco.

(1) **raptar.** ¿Hay alguna diferencia entre *raptar* y *secuestrar*? En el uso corriente, coinciden en este sentido: 'apoderarse (de una persona) y retener(la), especialmente con el fin de pedir dinero por su rescate, o como arma política'. Sin embargo, se prefiere en ese caso el verbo *secuestrar*. Con el sentido preciso de 'apoderarse (de un avión o de un barco) como medio de presión', se usa siempre *secuestrar*. Y también con el sentido de 'embargar judicialmente': *Fue* SECUESTRADA *toda la edición del periódico*. *Raptar* se usa especialmente para 'apoderarse (un hombre de una mujer), por la violencia o por el engaño, con miras deshonestas'. Precisamente por este sentido particular de *raptar* no es aconsejable usarlo como sinónimo de *secuestrar*. Puede darse lugar a interpretaciones equivocadas, como en este ejemplo: «*El episodio que costó la vida al General Diego de León, en el inútil y 'magnífico' intento de raptar a la reina*» (Torrente, *Literatura*, I, 19). Las intenciones del general con respecto a la reina Isabel II no iban más allá del terreno puramente político. Las mismas diferencias son válidas para las parejas de nombres *rapto/secuestro* y *raptor/secuestrador*.

---

① La entrada *raptar* le sirve a M. Seco para contraponerla a otra de significado semejante, *secuestrar*, y aporta ejemplos para ayudar a diferenciarlas. Si buscamos *secuestrar* encontraremos: **secuestrador, secuestrar, secuestro →** RAPTAR.

Cómo se maneja un diccionario de dudas

Los diccionarios de dudas también siguen la ordenación alfabética, lo que facilita la incorporación de nuevos términos según las necesidades de los hablantes.

La página de la Real Academia ha puesto a la disposición de los internautas una versión en línea de su *Diccionario panhispánico de dudas*, que presenta los mismos contenidos que encontramos en el libro: no solo las entradas, sino también los apartados sobre el manejo del diccionario y los apéndices que están en la versión publicada.

Como ocurre con todas las versiones cibernéticas de los diccionarios, debemos escribir la palabra que buscamos y nos aparecerá en la pantalla de nuestro ordenador toda la información que allí se haya publicado, con un conjunto de hipervínculos que nos dirigen directa y rápidamente a otras definiciones.

Pongamos un ejemplo: puesto que se trata de un diccionario de dudas, además de sustantivos, verbos, adjetivos, etc., este diccionario también nos ofrecerá indicaciones de qué es y cómo se usa, por ejemplo, un signo ortográfico.

CORCHETE. 1. Signo ortográfico doble ([ ]) que se utiliza, por lo general, de forma parecida a los paréntesis que incorporan información complementaria o aclaratoria. Los corchetes se escriben pegados a la primera y la última palabra del período que enmarcan, y separados por un espacio de las palabras o signos que los preceden o los siguen (hay algunas excepciones; → 2c); pero si lo que sigue al corchete de cierre es un signo de puntuación, no se deja espacio entre ambos. (1)

2. ***Usos*** (2)

a) Cuando dentro de un enunciado que va entre paréntesis es preciso introducir alguna precisión o nota aclaratoria: *Una de las últimas novelas que publicó Galdós (algunos estudiosos consideran su obra* Fortunata y Jacinta *[1886-87] la mejor novela española del siglo* XIX*) fue* El caballero encantado *(1909)*. Este orden de inclusión se invierte en las fórmulas matemáticas o químicas, donde los corchetes encierran operaciones que contienen otras ya encerradas entre paréntesis: $[(4 + 2) \times (5 + 3)] - (6 - 2)$ (→ PARÉNTESIS, 2h).

b) En libros de poesía, se coloca un corchete de apertura delante de las últimas palabras de un verso cuando no se ha transcrito en una sola línea y se termina, alineado a la derecha, en el renglón siguiente:

Y los ritmos indóciles vinieron acercándose,
juntándose en las sombras, huyéndose y
[buscándose.
(Silva *Obra* [Col. 1880-95]).

c) En la transcripción de un texto, se emplean para marcar cualquier interpolación o modificación en el texto original, como aclaraciones, adiciones, enmiendas o el desarrollo de abreviaturas: *Hay otros [templos] de esta misma época de los que no se conserva prácticamente nada; Subió la cue[s]ta con dificul-*
(2) *tad. [En el original,* cuenta]; *Acabose de imprimir el A[nno] D[omini] de 1537.* Al desarrollar abreviaturas, no se deja espacio de separación ante los corchetes de apertura.

d) En obras de carácter lingüístico, se usan para encerrar las transcripciones fonéticas: [dwén,de], transcripción fonética de *duende.* Para las transcripciones fonológicas se emplean las barras (→ BARRA, 1e).

e) Se usan tres puntos entre corchetes para indicar, en la transcripción de un texto, que se ha omitido un fragmento del original: *«Pensé que él no pudo ver mi sonrisa* [...] *por lo negra que estaba la noche»* (Rulfo *Páramo* [Méx. 1955-80]).

(3) ***3. Combinación con otros signos.*** Es idéntica a la de los paréntesis(→ PARÉNTESIS, 3).

① Definición.
② Uso de los corchetes con explicaciones y ejemplos.
③ Los corchetes con otros signos ortográficos.

Diccionario ideológico

Los diccionarios ideológicos son aquellos que presentan las palabras agrupadas por ideas afines. Los más importantes en lengua española son los que señalamos.

– J. Casares, *Diccionario ideológico de la lengua española*, Barcelona, Gustavo Gili, 1959.
– M. Alvar Ezquerra (dir.), *Diccionario ideológico de la lengua española*, Barcelona, Bibliograf, 1995.

Para qué sirve un diccionario ideológico

La utilidad principal de un diccionario ideológico es que nos sirve para encontrar la palabra que estamos buscando; es decir, es la obra que utilizaríamos para responder a la pregunta *¿cómo se llamará esto?*

También sirve para encontrar sinónimos y antónimos de las palabras o para conocer la familia léxica de una palabra. Como los términos aparecen en listados agrupados por categorías sintácticas, estos diccionarios nos ayudan también a encontrar, por ejemplo, el nombre, el verbo, el adjetivo o el adverbio que corresponde al elemento que estemos buscando.

Cómo se maneja un diccionario ideológico

El manejo del diccionario ideológico es muy diferente del resto de diccionarios, como lo es también la propia estructura de la obra. En estos diccionarios encontramos tres partes.

1. La parte sinóptica.
2. La parte analógica.
3. La parte alfabética.

En la primera parte se nos ofrecen unos cuadros sinópticos en los que vemos un título inicial, y varias palabras seguidas de un número cada una. La segunda parte está formada por esas palabras que encontrábamos en los cuadros sinópticos, ordenadas por el número que las acompañaban. A esas palabras, que funcionan como entradas del diccionario, no les sigue una definición, sino una serie de términos, agrupados entre sí y separados por espacios en blanco. La tercera parte, la alfabética, es un diccionario general, en el que aparecen las definiciones de las palabras. Es decir, que dentro del diccionario ideológico siempre tenemos un diccionario de la lengua.

Pongamos un caso. Imaginemos que estamos en la siguiente situación de duda lingüística: *Sé que la poligamia es la unión de un hombre con varias mujeres, pero ¿cómo sería el caso contrario? ¿Cómo se le llama a la unión de una mujer con varios hombres?* La duda se puede resolver por dos vías, una larga y otra corta. La larga se tiene que recorrer cuando no se conoce otra palabra relacionada con la que estamos buscando. La corta se usa cuando podemos vincular la palabra que desconocemos con alguna otra (su antónimo, una palabra del mismo ámbito, etc.).

- **Vía larga.** Vamos a empezar con la vía larga y usaremos el *Diccionario ideológico* de VOX para mostrar cómo se puede resolver esa duda. Lo primero que se nos ofrece es un cuadro general de clasificación, en el que encontramos, a su vez, dos cuadros que pueden interesarnos: si se trata de la convivencia humana, será algo que tenga que ver con las relaciones generales o con los modos de vivir.

RELACIONES GENERALES		MODOS DE VIDA	
	Cuadro número		Cuadro número
Existencia	1	Convivencia	29
Relación	2	Grupos sociales	30
Cambio	3	Hábitat	31
Causalidad	4	Actividades	32
Cantidad	5	Medios	33
[...]	[...]	[...]	[...]

Cada uno de los títulos que encontramos en los cuadros va a abrir, en la parte sinóptica, otro cuadro que se corresponde con el número que aparece a la derecha. Por lo que podemos intuir, lo que estamos buscando debe de encontrarse en los cuadros de *Convivencia* o *Grupos sociales*, de modo que vayamos a ellos.

Cuadro **Convivencia**		29
Convivencia	922	
Aislamiento	932	
Hospitalidad	924	
[...]		

Cuadro **Grupos sociales**		30
Sociedad	941	
Humanidad	942	
[...]		
Estructura social	953	
Genealogía	954	
Familia	955	
Matrimonio	956	
[...]		

El cuadro de *Convivencia* trata de asuntos más generales, pero en el de *Grupos sociales* ya hay algo mucho más próximo a lo que estamos buscando. De todos los grupos que aquí nos ofrecen, nos parece que el más adecuado es el de *estructura social, familia* o *ma-*

trimonio, de modo que pasaremos a la parte analógica a investigar si allí podría encontrarse la palabra que buscamos.

Una vez hayamos localizado las tres entradas que estamos buscando, veremos que hay un subgrupo que nos puede interesar, bajo la entrada de *familia*: el compuesto por las palabras *monogamia, poliandria, poligamia, endogamia* y *exogamia*. Las palabras se presentan ordenadas como aquí las hemos escrito, sin respetar el orden alfabético. En primer lugar, vemos que hay un paralelismo formal entre *monogamia* y *poligamia* y entre *poligamia* y *poliandria*, y por otro lado, lo hay entre *endogamia* y *exogamia*. Como conocemos el significado de *monogamia* y *poligamia*, intuimos que la palabra que buscábamos era *poliandria*. Pero para comprobarlo, deberemos pasar a la parte alfabética.

En esta sección del diccionario encontramos nuestra unidad léxica junto al grupo en el que se localiza.

poliandria
matrimonio 956

Ya solo nos queda ir al diccionario general que va incorporado a la obra, donde encontramos la definición de *poliandria*.

> **poliandria** *f.* Régimen familiar en el que se permite a la mujer la unión conyugal con varios hombres. **2.** Estado o calidad de la mujer que practica dicho régimen familiar.

¡Bingo!, ha costado, pero la hemos encontrado.

- **Vía corta.** Veamos ahora la vía sencilla para usar el diccionario ideológico. Si sabemos que *poligamia* está relacionado con la palabra que desconocemos, la buscamos en la parte analítica y nos indicará en qué grupo se encuentra. Basta ir allá y proceder como hemos indicado en la fase final.

El *Diccionario ideológico* de VOX tiene una versión para internautas en la página de la editorial. Es una versión a la que se puede acceder solamente mediante una suscripción no gratuita.

Diccionario de sinónimos y antónimos

Son los diccionarios que contienen términos equivalentes o de significado contrario a los que aparecen en las entradas. Estos que señalamos son algunos de los diccionarios de sinónimos y antónimos más conocidos.

- Á. López García-Molins, *Diccionario de sinónimos y antónimos de la lengua española*, Valencia, Alfredo Ortells, 1985.
- J. M.ª Zainqui, *Diccionario razonado de sinónimos y contrarios*, 2.ª ed., Barcelona, De Vecchi, 1997.
- *Diccionario avanzado de sinónimos y antónimos de la lengua española Vox*, Madrid, Bibliograf, 1997.
- M. Blecua, *Diccionario general de sinónimos y antónimos: lengua española*, Barcelona, Bibliograf, 1999.
- VV. AA., *Diccionario de sinónimos y antónimos*, Madrid, Espasa-Calpe, 2005.

Para qué sirve un diccionario de sinónimos y antónimos

Los diccionarios de sinónimos no definen el significado de las palabras, sino que presentan otras palabras que pueden ser equivalentes. Este tipo de diccionarios nos sirven para no repetirnos, para evitar la monotonía en nuestro discurso: en ocasiones, cuando estamos escribiendo un texto sobre una materia concreta, debemos hacer referencia a una misma cosa todo el tiempo, pero si siempre repitiéramos la misma palabra agotaríamos al lector, y nuestro texto resultaría pobre. Para encontrar palabras de significado semejante, por lo tanto, tenemos el diccionario de sinónimos. Los términos contrarios al que estamos utilizando se hallan en el diccionario de antónimos. Por lo general, sinónimos y antónimos se encuentran en la misma obra, porque ambos cumplen esa misma función de enriquecer el vocabulario.

Cómo se maneja un diccionario de sinónimos y antónimos

Un diccionario de sinónimos y antónimos es muy fácil de manejar: solo hay que buscar alfabéticamente la palabra de la que queremos conocer otros términos equivalentes o contrarios, y elegir uno de ellos.

Ahora bien, deberemos tener cuidado con los términos que elegimos: entre los lingüistas hay un gran debate en torno a la existencia o no de la sinonimia (y, por extensión, de la antonimia):

puede que dos palabras tengan significados parecidos, pero nunca idénticos, porque si no, obviamente, no habría dos palabras y nos bastaría con una. De modo que lo más recomendable, después de acudir al diccionario de sinónimos, y sobre todo si este no tiene una definición de los términos, es acudir a un diccionario general para comprender cuáles son las diferencias entre los dos términos y saber si podemos o no considerarlos como equivalentes.

Los buenos diccionarios de sinónimos y antónimos añaden marcas y otras informaciones que permiten al lector evaluar hasta qué punto son intercambiables las palabras que se presentan como alternativas.

Pongamos un ejemplo del *Diccionario de sinónimos y antónimos* de Ángel López:

ACUSACIÓN

(1) —— Imputación (a, m)
Inculpación (a, m)
Incriminación (a, m) —— (2)
Cargo (a, m)

(3) —— *Defensa* (a, m)
Exculpación (a, m)

Delación (n, a, m)
Denuncia (n, a, m)
Soplo ** (n, a, m)
Chivatazo (n, a, m)

Querella (a)

Fiscal (h)

---

① Sinónimos (en letra redonda, los sinónimos).
② Caracterizadores del término (a = 'abstracto', m = 'meta' o 'efecto', n = 'negativo' y h = 'humano').
② Antónimos (en cursiva).

En internet basta con teclear «diccionario de sinónimos» o «diccionario de antónimos» para que aparezcan numerosas páginas que nos ofrecen ese servicio. Un ejemplo de la versión en línea del *Diccionario de sinónimos y antónimos* de Espasa-Calpe citado es el siguiente:

(1) **riesgo** 🔊 ESPAÑA

● peligro, trance, contingencia, inseguridad, lance, ventura,

(2) fatalidad, desgracia, accidente, escollo

● Antónimos: seguridad, certeza

'riesgo' también aparece en estas entradas: arrostamiento - aventura - azar - compromiso - contingencia - ventura - crisis - embarque - escollo - peligro - posibilidad - posibilidades - precio

① Pulsar para escuchar la pronunciación
② Cada palabra es un hipervínculo.

LA GRAMÁTICA

La gramática estudia los elementos que forman parte de una lengua y su combinación para formar oraciones. Algunas de las obras de gramática más importantes del español de los últimos veinte años son las siguientes:

– E. Alarcos Llorach, *Gramática de la lengua española*, Madrid, Espasa-Calpe, 1994.
– L. Gómez Torrego, *Gramática didáctica del español*, Madrid, SM, 1998.
– I. Bosque y V. Demonte, *Gramática descriptiva de la lengua española*, Madrid, Espasa-Calpe, 1999.
– Real Academia de la Lengua/Asociación de Academias de la Lengua Española, *Nueva gramática de la lengua española*, 2 vols., Madrid, Espasa Libros, 2009. (Esta obra se completó en 2011 con el volumen dedicado a la *Fonética y fonología*. Además, aparecen las versiones *Manual* y *Gramática básica*, que contienen los conceptos fundamentales, pero son más concisas, menos detalladas, más didácticas).
– L. Gómez Torrego, *Gramática fácil de la lengua española*, Barcelona, Espasa Libros, 2012.

PARA QUÉ SIRVE LA GRAMÁTICA

Una gramática sirve ante todo para ayudarnos a pensar sobre el instrumento de comunicación que manejamos todos: el lenguaje. Ayuda a entender asuntos tan variopintos como los siguientes:

1. Por qué una palabra tiene una determinada forma.
2. Por qué a veces hay variantes para decir lo mismo.

3. Qué combinaciones de palabras son posibles.
4. Por qué son imposibles otras combinaciones de las palabras.
5. Cómo se crean nuevas palabras.
6. Cuál es la estructura de las palabras.
7. Qué sonidos componen la lengua.
8. Qué efectos se consiguen con las diferentes entonaciones.

En definitiva, consultar la gramática es consultar al experto. Cuando tenemos problemas con las cañerías de nuestra casa, acudimos a un técnico o a varios para que nos digan dónde puede estar el problema y nos den soluciones. En el lenguaje, las gramáticas sirven para esas mismas funciones y ante la duda lingüística conviene que acudamos al experto, o mejor, a los expertos, es decir, que consultemos varias gramáticas, pues no siempre la opinión de los expertos coincide.

Debemos aclarar aquí una cuestión importante: la Academia no dicta las normas que los hablantes debemos seguir para «hablar bien». El recorrido es el inverso: los académicos estudian qué está pasando en la lengua, qué estamos usando los hablantes y proponen las recomendaciones oportunas. Los hablantes decidirán si las siguen o no y, en caso de no hacerlo, la Academia debe volver a plantearse las recomendaciones, variar su postura o no hacerlo, y proponer nuevas soluciones a los hablantes: se trata de un diálogo permanente.

CÓMO SE MANEJA UNA GRAMÁTICA

Hay dos modos básicos de manejar la gramática:

1. Leerla entera de principio a fin.
2. Leer los apartados que nos interesen en cierto momento.

El segundo es el modo más frecuente de acercarse a la gramática y es el que suelen utilizar quienes se dedican a la tarea de escribir y de hablar en público: se encuentran con una duda o una dificultad y acuden a la gramática tratando de buscar una solución.

Son de mucha ayuda en este sentido los índices, tanto el índice general de la obra como los índices por materias o por palabras que se añaden al final de las obras. Para ejemplificarlo vamos a servirnos de la versión *Manual* de la *NGLE*, por ser una versión intermedia entre la versión completa y la *Básica*, pensada sobre todo para el ámbito escolar. Pongamos ejemplos de fenómenos lingüísticos que nos puedan interesar.

1. En la sociedad hay un debate en torno al género de las palabras: algunas personas consideran lenguaje sexista decir *todos*, en la forma masculina plural, y proponen decir *todos y todas*, o mejor, *todas y todos*, para colocar el femenino delante. Ante este fenómeno surgen numerosas cuestiones: ¿por qué antes no existía el doble uso y nadie se quejaba?, ¿no será más machista utilizar el femenino antes del masculino?, ¿por qué no usar solo la forma femenina? En el artículo «Empleo genérico del masculino» encontramos las respuestas y explicaciones que necesitamos: «el masculino es en español el género no marcado, y el femenino, el marcado. (...) El empleo del género no marcado es suficientemente explícito para abarcar a los individuos de uno y otro sexo. (...) En cambio, la doble mención se interpreta como señal de cortesía (...) acaso por extensión de la fórmula *damas y caballeros*».
2. Nos preguntamos por qué se ha extendido el tuteo a los superiores y si está admitido. En el índice general hay un apartado titulado «Las formas de tratamiento». Leyéndolo, sabremos que en los siglos XIX y XX el tratamiento de *tú* no era tan frecuente entre compañeros de trabajo o incluso entre familiares, que cada vez usamos más el tuteo a los profesores, que el *usted* deriva de la fórmula *vuestra merced*, o que *vosotros* viene de *vos*, aunque en algunas partes de España y en América (que se usa el voseo: la forma *vos*) no se utiliza, sino que se utiliza el *ustedes*.
3. Estamos escribiendo una frase como *La mayor parte de los trabajadores* pero nos surge la duda de si debemos poner el verbo en singular o en plural. Podemos acudir al índice por materias y allí veremos que *mayor parte* nos remitirá al apartado de las llamadas «construcciones partitivas», donde podremos ver que con expresiones como *la mayor parte, la mitad, el cinco por ciento* es correcto usar verbos en plural y en singular: *La mayor parte vino* o *La mayor parte vinieron*.

En internet no tenemos esta *Nueva gramática*, ni tampoco una gramática completa, pero sí contamos con páginas que nos pueden ayudar a solucionar las dudas gramaticales: las páginas dedicadas a la enseñanza de la lengua española suelen contener enlaces a una gramática básica.

LA ORTOGRAFÍA

La ortografía es el libro que nos ayuda a saber cómo se escriben correctamente las palabras. Algunas de las obras importantes de ortografía del español de reciente aparición son estas:

— J. Martínez de Sousa, *Diccionario de ortografía de la lengua española*, 2.ª ed., Madrid, Paraninfo, 2000.
— J. Martínez de Sousa, *Ortografía y ortotipografía del español actual*, 2.ª ed., Gijón, Trea, 2008.
— L. Gómez Torrego, *Ortografía práctica del español*, Madrid, Espasa Libros, 2009.
— Real Academia Española y Asociación de Academias de la Lengua Española, *Ortografía de la lengua española*, Madrid, Espasa Libros, 2010.
— L. Gómez Torrego, *Ortografía fácil de la lengua española*, Barcelona, Espasa Libros, 2012.

PARA QUÉ SIRVE LA ORTOGRAFÍA

Intuimos qué es la ortografía mucho mejor de lo que intuimos qué es la gramática, por todas esas veces que hemos escuchado aquello de «Eso es una falta de ortografía» cuando, por ejemplo, habíamos puesto una *v* en una palabra que se escribe con *b*. Pero la ortografía no solo se ocupa de cómo se deben escribir las letras de una palabra: la ortografía también nos indica cómo se escriben las abreviaturas, las palabras extranjeras que se adaptan a nuestro idioma, las mayúsculas iniciales, las siglas o las cifras, además de cómo se acentúan las palabras y de cómo se usan los signos de puntuación. Es decir: la ortografía se ocupa del conjunto de normas de escritura de una lengua.

CÓMO SE MANEJA UNA ORTOGRAFÍA

La pregunta «de acceso», por así decirlo, a una ortografía, es decir, lo que nos lleva a consultarla, puede ser: *¿cómo se escribe esta palabra?*,

¿se acentúa?, ¿pongo o no mayúscula inicial?... Para responderlas podemos acceder a la información mediante un libro de ortografía, o también podemos encontrar algunas respuestas en internet.

Usaremos la *Ortografía* de la RAE y la Asociación de Academias de la Lengua porque nos parece la más completa y el punto de referencia para todas las demás. Su claridad, la sencillez de sus explicaciones, las aclaraciones, la historia razonada de por qué algo es como es y, sobre todo, su exhaustivo índice inicial, favorecen que optemos por esta obra. Para manejarla debemos consultar el índice, que es bastante claro, para saber dónde tenemos que dirigirnos.

1. Cualquiera podría preguntarse de dónde viene nuestro alfabeto, y encontraría la respuesta entre las páginas de la *Ortografía*, en el apartado «Origen del abecedario español».
2. El uso de los textos electrónicos, especialmente los SMS, hace que a veces nos equivoquemos entre la escritura del dígrafo *ll* y de *y*, haciéndonos dudar sobre cómo se escribe, por ejemplo, el gerundio de *ir*. En los apartados que se ocupan de estas letras, encontramos unos recuadros que nos servirán de gran utilidad, titulados «Normas orientadoras sobre el uso de la letra *y* con valor consonántico» y «Normas orientadoras sobre el uso del dígrafo *ll*», donde leemos que los verbos que no tienen ni la *y* ni el dígrafo *ll* en su infinitivo, se escriben siempre con *y*: *yendo*, *vayamos*, etc.
3. ¿Se escribe *Viernes* o *viernes*?: en el capítulo dedicado al uso de las mayúsculas leeremos que, excepto si esta palabra se sitúa tras un punto o se trata de una festividad o un nombre propio (*Viernes Santo*), debemos escribirla con minúscula inicial.
4. ¿Cuándo hay que escribir *sino* junto y *si no* separado? Hay un apartado dentro del quinto capítulo que tiene exactamente ese título y que nos da la clave para distinguirlas: *sino* es átona y *si no* es tónica. Si al leer la frase creemos que el acento debe estar en el *no*, entonces tendremos que escribirlo separado. Así, por ejemplo, en *Si no estás, te lo pierdes* no pronunciamos ⊗[sinoestás], porque sonaría raro, sino que decimos [sinóestás], con acento en el *no*, mientras que en *No estaba en el parque, sino en su casa* pronunciaremos [sinoensukása] y no ⊗[sinóensukása]. Además, en este apartado tenemos la explicación completa de lo que suponen, gramaticalmente, una y otra expresión.

5. Hay algunas palabras que vienen de otros idiomas (especialmente del inglés) y que no sabemos cómo escribir en español: si como se escriben en su lengua original o adaptadas a nuestro idioma. Por ejemplo, la voz inglesa *paddle*. Para saber cómo se escribiría en español iremos al apartado de «Extranjerismos adaptados» y leeremos que en español lo correcto es escribirla como se pronuncia: pádel.
6. Gracias a la «Lista de abreviaturas» sabremos que *p.* es la abreviatura de *página*, mientras que la mayúscula *P.* se refiere a *Papa*.

En internet podemos encontrar muchísimas páginas que nos ayudan a dominar la ortografía del español. Muchas de ellas, además de contener las normas ortográficas, proponen ejercicios que permiten al usuario comprobar su nivel de dominio ortográfico y la mejora de este aspecto. Por otra parte, desde la página de la Fundéu (⇨ pág. 520) podemos descargarnos algunas de las novedades de la *Ortografía* académica.

MANUALES Y LIBROS DE ESTILO

Los manuales y los libros de estilo suponen un complemento más para profundizar en el conocimiento y en el buen uso del español. La ventaja de estas obras sobre las que se han citado en los apartados anteriores es que se centran en los aspectos más problemáticos que plantea el uso de la lengua y proponen recomendaciones específicas. Dentro de este gran apartado distinguiremos los diferentes tipos de manuales y libros de estilo que existen, para qué sirve cada uno de ellos y cómo los podemos manejar. Junto a las obras citadas en los apartados anteriores, las obras que aparecen aquí son referencias imprescindibles, y este libro es deudor de todas ellas.

PARA QUÉ SIRVE UN MANUAL O LIBRO DE ESTILO

Podemos diferenciar tres tipos de obras, cada uno de los cuales tiene un objetivo determinado.

- Los **manuales** son obras científicas que se ocupan de la norma culta de la lengua. A menudo están escritos con un lenguaje formal y técnico, aunque algunos de ellos tratan de acercarse al público general, simplifican las explicaciones y eliminan los tecnicismos. En este grupo se incluyen obras como las siguientes.

- L. Gómez Torrego, *Manual de español correcto*, Madrid, Arco/Libros, 1989.
- Agencia EFE, *Vademécum del español urgente*, 2 vols., Madrid, Agencia Efe, 1995 y 1996.
- L. Gómez Torrego, *Nuevo manual de español correcto*, 2.ª ed., Madrid, Arco/Libros, 2004.
- R. Sarmiento, *Manual de corrección gramatical y de estilo: español normativo, nivel superior*, Madrid, Sociedad General Española de Librería, 1997.
- Fundéu, *Manual de español urgente*, 18.ª ed., Madrid, Cátedra, 2008.
- F. Paredes, *Guía práctica del español correcto*, Madrid, Espasa-Calpe, 2009.
- J. Martínez de Sousa, *Manual de estilo de la lengua española*, 4.ª ed., Gijón, Trea, 2012.

Cada uno de ellos presenta novedades con respecto a los anteriores, en función de la nueva normativa o de las reflexiones y análisis del propio autor. A su vez, pueden estar escritos en un lenguaje más o menos técnico: la *Guía práctica* está dirigida a un público mucho más general que, por ejemplo, el *Manual* de la Fundéu. Pero todos coinciden en señalar aspectos de acentuación, morfológicos, sintácticos, léxico-semánticos y estilísticos.

- Los **libros de estilo** suelen estar vinculados a una institución o entidad, y en ellos se recogen las normas ortográficas, gramaticales y estilísticas que se usarán en esa institución, y que los redactores deben mantener. Algunos ejemplos de este tipo de libros son:
  - RTVE-Radio Nacional de España, *Manual de estilo para informadores de radio*, Madrid, 1980.
  - M. Pérez Calderón, *Libro de estilo de los servicios informativos de TVE*, Servicio de Publicaciones del Ente Público RTVE, Madrid, 1985.
  - Instituto Nacional de Administración Pública, *Manual de estilo del lenguaje administrativo*, Madrid, MAP, 1990.
  - El Mundo, *Libro de estilo*, Madrid, Unidad Editorial, 1996.
  - S. Mendieta, *Manual de estilo de TVE*, Barcelona, Labor, 1993.

— El País, *Libro de estilo*, 16.ª ed., Madrid, El País, 2002.
— Agencia EFE, *Manual de español urgente*, 16.ª ed., Madrid, Cátedra, 2005.
— ABC, *Libro de estilo de ABC*, 2.ª ed., Barcelona, Ariel, 2011.

- Los libros que explican cómo se debe escribir y hablar correctamente, son de carácter divulgativo y están escritos con un lenguaje sencillo y comprensible para todos. Cada uno de ellos se organiza de un modo diverso, en función de los intereses del autor, pero todos coinciden en tratar más o menos las mismas cuestiones: cómo escribir un texto o preparar un texto oral, qué pasos previos se pueden dar, cómo se pueden organizar las ideas, cómo se puede exponer nuestra argumentación, y qué otros materiales se pueden consultar para ampliar nuestro documento.

— L. Gómez Torrego, *El buen uso de las palabras*, Madrid, Arco/Libros, 1992.
— M.ª T. Serafini, *Cómo se escribe*, Barcelona, Paidós, 1994.
— F. Lázaro Carreter, *El dardo en la palabra*, Barcelona, Galaxia Gutenberg-Círculo de Lectores, 1997.
— A. Grijelmo, *Defensa apasionada del idioma español*, Madrid, Taurus, 1998.
— G. Reyes, *Cómo escribir bien en español*, Madrid, Arco/Libros, 1998.
— M. Alvar Ezquerra *et al.*, *Manual de redacción y estilo*, Madrid, Istmo, 1999.
— F. Lázaro Carreter, *El nuevo dardo en la palabra*, Madrid, Suma de Letras, 2004.
— A. I. Álvarez, *Escribir en español*, Oviedo, Ediciones Nobel y Ediuno, 2005.
— D. Cassany, *La cocina de la escritura*, 15.ª ed., Barcelona, Anagrama, 2008.
— J. Sánchez Lobato (coord.), *Saber escribir*, 3.ª ed., Madrid, Aguilar, 2010.
— A. Briz (coord.), *Saber hablar*, 3.ª ed., Madrid, Aguilar, 2011.

CÓMO SE MANEJA UN MANUAL O LIBRO DE ESTILO

Si queremos usar un manual o un libro de estilo, podemos acudir a cualquiera de los tres grandes tipos de obras que hemos mencionado, o bien podemos acceder a algunos de ellos a través de internet.

Como vimos antes, cada una de estas obras tiene una finalidad y un público determinados, por lo que algunas estarán más o menos especializadas, pero podemos acceder a ellas y manejarlas a partir de preguntas como estas:

1. ¿Cómo escribo *etcétera*? ¿Abreviado? ¿Con punto al final? Para responderlo, podemos acudir al *Manual de estilo de la lengua española*, de Martínez de Sousa, donde leeremos que la forma correcta es *etc.*, con punto, aunque se aconseja evitar la abreviación y elegir otros modos de expresar la idea.
2. Si no entendemos un mensaje que nos hayan mandado al móvil, porque no descodificamos la abreviatura, podemos acudir al manual de Sánchez Lobato, *Saber escribir*, y consultar su glosario de abreviaciones para SMS.
3. Si somos periodistas, estudiantes o simplemente tenemos curiosidad por conocer las normas de redacción que rigen en un determinado medio de comunicación, podemos consultar el libro de estilo correspondiente.

En internet contamos, por ejemplo, con el *Manual de estilo para los nuevos medios*, una página desarrollada por la Fundéu (⇨ pág. 520) que tiene un buscador para el DUD (*Diccionario urgente de dudas*), cuyos contenidos están en constante actualización.

RECURSOS EN LAS INSTITUCIONES, ORGANISMOS Y OTROS MEDIOS

Además de las obras que hemos ido mencionando a lo largo de estas páginas, podemos resolver las dudas que nos surjan acudiendo directamente a algunas de las instituciones que se encargan de estudiar la lengua española.

LA REAL ACADEMIA ESPAÑOLA Y LA ASOCIACIÓN DE ACADEMIAS DE LA LENGUA ESPAÑOLA

Las veintidós Academias de la Lengua Española, agrupadas hoy en la Asociación de Academias de la Lengua Española, tienen como misión principal defender el idioma y velar por su unidad e integridad. Para ello, trabajan de forma conjunta en la elaboración del diccionario general, la gramática y la ortografía, los tres pilares en los que se sustenta la norma lingüística del español.

La Real Academia Española ofrece diversas herramientas y recursos a través de su página electrónica. Además de las posibilidades de consulta en línea del *Diccionario de la lengua española* y el *Diccionario panhispánico de dudas*, como ya hemos señalado (⇨ págs. 495-496 y 501-502), ofrece otros recursos quizá menos conocidos.

— El *Nuevo Tesoro Lexicográfico de la lengua española*, que recoge todos los diccionarios académicos desde el *Diccionario de autoridades* hasta la 21.ª edición del *DRAE*, además de otras obras lexicográficas del español desde el siglo XV. En total, contiene casi setenta diccionarios, de manera que el *NTLLE* constituye el diccionario total de la lengua española. A través de su consulta es posible observar la evolución del significado de una palabra, el momento histórico en que se introdujo una voz en español, las palabras que se han usado en cada época histórica. Y todo ello se ofrece de una sola vez: basta una consulta para que el programa informático nos devuelva toda la información contenida en todos los diccionarios.

— Los bancos de datos lingüísticos, el Corpus diacrónico del español (CORDE) y el Corpus de referencia del español actual (CREA). El primero es un corpus de textos escritos de todas las épocas del español, desde sus orígenes hasta 1975, que incluye los diversos géneros textuales y las variedades geográficas e históricas. El CREA, por su parte, contiene textos orales y escritos del español actual, concretamente entre 1975 y 2004 (está en proceso de elaboración el Corpus del español del siglo XXI, que servirá para actualizar los datos incorporando textos del español de los últimos años). En total, estos corpus contienen más de cuatrocientos millones de palabras, cuya consulta es posible directamente en línea.

— A través de la Fundación Instituto de Investigación Rafael Lapesa, ofrece el acceso a otros bancos de datos como el Corpus del Diccionario Histórico, el acceso a los boletines del *Diccionario histórico de la lengua española*, publicados entre 1960 y 1962, así como al fichero general de la Real Academia, que consta de unos diez millones de papeletas con información léxica y lexicográfica. Todo ello tiene como objetivo principal la edición del *Nuevo diccionario histórico del español*.

— Permite realizar consultas lingüísticas a través de su departamento de «Español al día». El servicio está pensado para que tanto los hispanohablantes como los aprendices de español u otros hablantes que no tengan el español como lengua materna puedan resolver sus dudas relacionadas con el uso culto de la lengua española. Para acceder a la consulta, es necesario rellenar un formulario y posteriormente el usuario recibe la respuesta por correo electrónico.

Además de estos recursos en línea, la RAE ofrece también servicios diversos, como su catálogo de publicaciones, entre las que se incluye la edición de facsímiles o la colección de ediciones conmemorativas de obras de especial relevancia en la literatura española. La RAE también tiene una cuenta en Twitter (@RAEinforma) donde incluye a diario todos los artículos que se encuentran en su web y otras novedades que puedan ser de interés.

La Asociación de las Academias de la Lengua Española, por su parte, dispone de una página electrónica en la que se informa sobre los objetivos de la asociación, sus proyectos panhispánicos y otras actividades relacionadas con el español. La página de entrada da acceso, a su vez, a los portales electrónicos de cada una de las Academias de la Lengua Española.

EL INSTITUTO CERVANTES

El Instituto Cervantes es el organismo público que se ocupa de promocionar la lengua española y la cultura de los países hispanohablantes en todo el mundo. Para ello, desarrolla sus actividades de formación, promoción cultural y apoyo a los hispanistas a través de las sedes que tiene repartidas por todo el mundo. En los países no hispanohablantes organiza cursos generales y específicos de lengua española, así como de las restantes lenguas cooficiales de España, y es el encargado de organizar los exámenes y expedir en nombre del Ministerio de Educación los Diplomas de Español como Lengua Extranjera (DELE), cuya validez está reconocida internacionalmente. En el territorio hispanohablante desarrolla actividades de formación del profesorado y de actualización de los métodos de enseñanza, además de ocuparse también de la emisión del DELE.

A través de la página electrónica ofrece diversos servicios en línea relacionados con los fines del instituto. Entre ellos destacan los siguientes:

- Acceso al Centro Virtual Cervantes. Se trata de un espacio de internet que ofrece materiales y servicios sobre el español y su cultura para profesores de español, estudiantes, traductores y otros profesionales que trabajan con la lengua española, así como para los hispanistas de todo el mundo. La información se actualiza de manera constante para cada una de las cinco secciones en las que se organiza la información contenida en la web. Cada sección contiene un foro en el que los interesados pueden opinar sobre los asuntos que susciten su interés.
- Acceso al DELE. La página da información completa sobre este certificado y permite que el usuario pueda inscribirse en cualquiera de los centros autorizados para realizar el examen. Además de ello, la página ofrece a los alumnos modelos de exámenes de cada uno de los niveles y a los profesores fuentes y recursos de diverso tipo que le puedan ayudar en la preparación de esta prueba.
- Acceso al Aula Virtual del Español (AVE), el entorno de aprendizaje a través de internet destinado tanto a la enseñanza de la lengua española como a la formación de profesores. El servicio, que no es gratuito, está pensado para que puedan inscribirse los alumnos a través de las instituciones, escuelas y academias dedicadas a la enseñanza de español que tengan contratado este servicio con el Instituto Cervantes.
- Información y recursos sobre la lengua y la enseñanza. En el apartado correspondiente hay información sobre los cursos de lengua española en los centros del Instituto en el mundo, así como sobre cursos de las demás lenguas cooficiales de España. Además, el usuario puede encontrar recursos y materiales diversos, como la versión electrónica del *Plan curricular del Instituto Cervantes* o un servicio de traducción gratuita, entre otros.
- Información sobre publicaciones. En esta sección se proporcionan datos sobre publicaciones relacionadas con la

lengua española y su enseñanza, el valor económico del español y los blogs de la red de bibliotecas del Instituto Cervantes. Entre los servicios de interés que ofrece de forma gratuita destaca la posibilidad de descarga de audiolibros, el préstamo de libros electrónicos y la consulta de recursos electrónicos diversos.

El Instituto Cervantes está presente también en las redes sociales, a través de Twitter (@InstCervantes) y de Facebook, donde se da cuenta de las novedades más destacadas que atañen a la institución y a los fines que persigue.

OTROS

Además de las instituciones señaladas en los apartados anteriores, hay muchos otros organismos y personas que, de manera oficial o a título individual, se ocupan de difundir la norma del español y ofrecer consejos y herramientas para el buen uso de nuestro idioma.

Podemos destacar la labor de la Fundéu BBVA (Fundación de Español Urgente, patrocinada por el Banco Bilbao Vizcaya Argentaria), una institución sin ánimo de lucro que propone recomendaciones para los hablantes y, especialmente, para los medios de comunicación. Aparte del *Manual de español urgente* y del *Manual de estilo* ya vistos, su página electrónica, en constante actualización para ofrecer datos rigurosos y bien fundados, contiene artículos, breves y prácticos, sobre dudas lingüísticas (por ejemplo, los que llevan por título *currículo/currículum vitae, rallar/rayar* o *género/sexo*). La web dispone asimismo de un servicio de consultas lingüísticas, tarea que es posible también a través de su Twitter (@Fundeu), que va con copia directa a su página en Facebook. Por último, en su canal de YouTube podemos encontrar vídeos que explican dudas habituales en el uso de la lengua española.

Por otro lado, algunas universidades, especialmente aquellas que ofrecen estudios humanísticos (Filología, Literatura, Comunicación o Traducción, sobre todo), suelen tener un centro en el que responden a las dudas lingüísticas que puedan surgir a los alumnos de la propia entidad o al público en general. Cumplen esta función organismos como la Escuela de Escritura de la Universidad de Alcalá, el Centro

Virtual de Escritura de la Universidad de Buenos Aires o el Centro de Escritura de la colombiana Pontificia Universidad Javeriana.

Por último, numerosos lingüistas, profesores o simplemente hablantes preocupados, han desarrollado blogs y páginas donde podemos encontrar informaciones interesantes sobre el español. No todas las páginas que encontramos en la red son fiables, pero sí muchas de ellas, en las que sus autores llevan a cabo una labor de actualización constante y documentación rigurosa.

Conscientemente hemos omitido la mayoría de las referencias directas a los recursos electrónicos citados. No solo porque nos obliga a ello la extensión limitada que ha de tener la presenta obra, sino sobre todo porque el mundo de internet es tan cambiante que es probable que muchas de las referencias que podrían aparecer hubiesen quedado obsoletas antes incluso de que este libro viese la luz. En cualquier caso, la consulta de estos recursos resulta fácil a través de cualquier buscador de internet y animamos a los lectores a seguir buscando en la red nuevas páginas, nuevos sitios, nuevos blogs y nuevas herramientas que les sirvan para actualizar sus conocimientos y para mejorar el dominio de la lengua española.

Índice de materias y expresiones

Este índice recoge en orden alfabético las materias, autores, palabras simples y expresiones complejas que aparecen en la obra. Se utilizan los siguientes recursos tipográficos para diferenciar los elementos contenidos en el listado: la letra cursiva indica palabra o expresión y la letra redonda, materia o autor. Se distingue así, por ejemplo, cuando la obra trata el tema «apertura» (de la conversación) de cuando se habla de la palabra «*apertura*». Entre corchetes, la letra redonda indica pronunciación. Una «bolaspa» (⊗) antepuesta señala que la palabra o expresión se considera incorrecta y un asterisco (*) marca que es agramatical. Dentro de cada entrada, se usa la virgulilla (~) para sustituir el elemento que figura en el encabezado: así, en la entrada *antes*, la expresión ~ *de anoche* hay que leerla como *antes de anoche*. Por último, los números tras cada entrada remiten a la página en la que se cita el término correspondiente y la numeración en negrita indica las páginas en las que ese elemento se desarrolla por extenso.